国家社科基金艺术学西部项目
"基于地域文化特性的宁夏景观设计研究"（批准号：16EG190）经费资助

北方民族大学青年人才培育项目
"宁夏唐灌区乡土聚落景观设计与研究"（批准号：12021001084）经费资助

明至民国时期
宁夏唐徕渠对沿渠聚落格局的影响

王薇 ◎ 著

新华出版社

图书在版编目（CIP）数据

明至民国时期宁夏唐徕渠对沿渠聚落格局的影响 / 王薇著 .
-- 北京：新华出版社，2023.9

ISBN 978-7-5166-6981-5

Ⅰ．①明… Ⅱ．①王… Ⅲ．①唐徕渠—古建筑遗址—
保护—研究—宁夏—明代—民国 Ⅳ．① K928.6

中国国家版本馆 CIP 数据核字（2023）第 165822 号

明至民国时期宁夏唐徕渠对沿渠聚落格局的影响

作者：王薇
出版发行：新华出版社有限责任公司
　　　　　（北京市石景山区京原路 8 号　邮编：100040）
印刷：三河市龙大印装有限公司

成品尺寸：170mm×240mm　1/16　　　印张：25.5　字数：413 千字
版次：2024 年 11 月第 1 版　　　　　印次：2024 年 11 月第 1 次印刷
书号：ISBN 978-7-5166-6981-5　　　　定价：98.00 元

微店　　　　视频号小店　　　　抖店　　　　京东旗舰店

微信公众号　　　喜马拉雅　　　小红书　　　淘宝旗舰店

摘 要

在用的宁夏唐徕渠与其他古渠统称为"宁夏引黄古灌区",于 2017 年被列入世界灌溉工程遗产名录之中,得到宁夏水利厅等单位的重视、管理与保护。而沿宁夏唐徕渠堡寨聚落遗址被划归入宁夏西长城和北长城防御体系之中,并由宁夏文化和旅游厅等单位管理和保护。因此,宁夏唐徕渠和沿渠聚落遗址分属不同部门,各单位对各保护对象采用"单一化"、"静态化"、"封存化"的文化遗产理念管理与保护。迄今为止,沿唐徕渠的 21 座堡寨聚落遗址仅剩 3 座,唐徕渠系也已经历多次改动,"非整体观"的保护理念造成两者之间存有明显的保护和管理盲区。

自明代开始,历经清代、民国,直至今日,宁夏唐徕渠对沿渠聚落格局的影响实质是聚焦于人类行为与自然环境有机互动的结果,其特征符合世界遗产"文化景观"类遗产的演进潜在特质,两者的互动是唐灌区的自然生态环境和历史人文风貌格局的融合呈现,是人渠耦合关系演变过程的生动展示。

本书依照世界遗产的"文化景观"类遗产的"人类行为对自然环境的作用以及两者之间有机互动演进发展"概念,以城乡规划设计学的宏观、中观、微观视角为研究切入点,基于文化景观类型分类方法与价值研究理论。依赖古代舆图方法和图式分析策略,构建出本书的"时间维度—价值认知驱动—格局体系—类型—特点—价值—保护建议"研究技术路线。运用文化景观分类法和历史性城镇景观层积法,通过各类历史文献的文字梳理与舆图整理,运用现场调研与踏勘的手段对当代沿唐徕渠聚落展开现状调查,结合当代地理信息图像比对位置,将以上研究结果呈现于分析研究图纸之上，还原明至民国时期宁夏唐徕渠对沿渠聚落格局的影响演进过程，提取宁夏唐徕渠和沿渠聚落的景观构成要素，归纳唐徕渠系对沿渠聚落格局的影响类型，总结其特点与功能，剖析其空间形态与构架方式，揭示沿唐徕渠两岸的文化景观核心特征与影响价值。

本书的 3 个研究结论：

1. 明至民国时期宁夏唐徕渠对沿渠聚落格局的影响实质是不同朝代对宁夏平原的生态环境安全、国土边界安全、水利灌溉安全的控制过程。

明至民国时期，宁夏唐徕渠两岸的宏观格局始终以自然山水的基底和人工营造的干预为背景，呈现出沿山、水、渠、湖、田的纵横段平行复合段落式格局：明代为 5 纵 3 横段式，清代为 7 纵 5 横段式，民国时期为 7 纵 5 横段式。

2. 明至民国时期宁夏唐徕渠对沿渠聚落格局的影响揭示出历史时期唐灌区文化景观遗产人渠耦合关系的变化程度。

明至民国时期，宁夏唐徕渠两岸的中观格局发展因时间迁移，呈现文化景观格局类型递增态势，渠与聚落之间构建出分区分层分段中心网格化的多元景观要素配置方式，中观格局类型数量：明代 8 种，清代 11 种，民国时期 13 种。

3. 明至民国时期宁夏唐徕渠对沿渠聚落格局的影响核心聚焦于宁夏平原中心和重要城镇的抚育与发展过程。

明至民国时期，宁夏唐徕渠两岸的微观格局以银川城景观格局最典型，城池格局以城池为中心向边缘呈圈层化扩散体系，由城渠相依格局演变为城渠互动格局。城内外实景园林主题和类型发生变更，逐步演变成意向型集称文化景观。

本书的 3 个创新点：

1. 前人研究内容的新补充。厘清明至民国时期宁夏唐徕渠系的空间格局，围绕唐徕渠系而形成的聚落格局，揭示唐徕渠系的演变对沿渠聚落格局的影响。

2. 研究对象价值的探讨。扩展宁夏唐徕渠水利工程遗产的价值外延研究，进一步发掘唐徕渠对沿渠聚落格局的影响价值内涵研究。

3. 提供历史灌区文化景观遗产整体性保护和利用的新方法。本书试图建构"时间维度—价值认知驱动—格局体系—类型—特点—价值内涵—保护建议"。该研究方法可为宁夏引黄古灌区文化景观遗产保护与利用研究提供新视角，对宁夏中北部地区中心城镇的建设和规划具有理论支撑和现实指导意义。

关键词：唐徕渠系；沿渠聚落格局；文化景观；保护利用

目　录

图目录

表目录

1
绪 论

本章作为基础研究，主要从五方面展开论述：

1. 本书的研究背景。"天下黄河富宁夏"①，黄河是宁夏赖以生存的母亲河。引黄灌溉渠因黄河而生，因黄河而兴，在黄河水的不断滋润下，引黄灌溉渠系发育成长。引黄灌溉渠在宁夏平原延伸的过程中，因势利导，被黄河分为河东灌区和河西灌区。自古至今，宁夏唐徕渠为河西灌区中最长最古者。今天宁夏唐徕渠绵延至 314.6 公里，灌溉 6 个市县，120 多万亩农田，补给沿渠多片湖泊，是宁夏平原上的生命脉络。

虽然宁夏唐徕渠开凿时间不详，但唐徕渠的历史地位不容忽视。曾有多位学者聚焦于宁夏唐徕渠的历史发展与变迁研究，却忽略了宁夏唐徕渠系对沿渠聚落抚育的过程研究，对两者之间的结构、形态、空间、格局内容缺乏深入研究，有待补充。明至民国时期是沿宁夏唐徕渠聚落发展的重要历史时段，渠对聚落的影响至关重要，为当代沿渠聚落提供了历史依据和未来科学合理的布局方向。

2. 研究对象界定与概念解析。主要对本书中的关键性词汇与研究对象的定义和范围展开全面阐释。本书中的宁夏唐徕渠定义、宁夏唐徕渠流经范围等概念，可勾画出唐徕渠系的空间范围，使其直观化和可视化。针对本书中的堡寨聚落和城池聚落等概念之间的相似与差异进行对比与分析，

---

① 天下黄河富宁夏：在民间流传此语，显示出宁夏黄河的地位和重要性，天下黄河百害而宁夏地区却因黄河水而富足，引黄灌溉渠来源于黄河，使宁夏成为鱼米之乡，盛产粮食等农作物。

城池聚落实为堡寨聚落的升级版。本书具体所指的沿渠堡寨聚落和沿渠城池聚落，是沿唐徕渠左右两岸的堡寨聚落和城池聚落，它们之间产生的对应位置关系，聚落对象和范围的具体化，研究与分析问题的合理化。而研究视角则依据地理概念、城市规划概念中的空间尺度划分为三个层面：宏观、中观、微观，以三个视角分析唐徕渠系、渠系对沿渠聚落的布局结构、沿渠聚落位置和形态。

3. 国内外研究综述。从国外各种聚落类型进行整理与梳理，了解和掌握国外聚落的研究方法与研究动态，为本书提供研究视角和研究思路。因国内的研究内容和研究对象多而繁杂，国内聚落的研究可从广域空间进行全面搜集与整理。纵观国内聚焦于水系、城市、聚落研究的突出团队共两个：最早者为华南理工大吴庆洲先生，以吴先生为代表形成了第一个研究梯队；近六年时间，以北京林业大学园林学院组建了第二研究梯队。另外，关于国内军事堡寨聚落的研究，以天津大学建筑学院张玉坤教授带领的研究团队为代表。但宁夏地区无论从聚落研究，还是水系聚落的研究相对落后。迄今，宁夏大学燕宁娜老师等少数专家学者出版的专著和论文，仅聚焦于宁夏缺水地区和沙漠化地区的聚落营建策略研究。

4. 研究意义。明至民国时期宁夏唐徕渠对沿渠聚落格局的影响实际是对宁夏唐徕渠本体工程遗产体系，宁夏沿唐徕渠聚落与渠系之间的关联格局，即沿宁夏唐徕渠两岸聚落与渠系遗产的内在特点则与沿渠两岸的文化景观遗产所关注的尺度、位置、迁移、联系之间相契合，兼具物质与非物质、动态演变，这与文化景观中既涵盖自然又囊括文化的理论研究主旨相一致。文化景观在关注遗产的自然属性时，还兼顾关注遗产的文化属性，文化景观是一种概念，也是一种新研究视角，它可为当代世界遗产保护提供新理论、新视角和新方法。

综上，以文化景观的视域对明至民国时期宁夏唐徕渠对沿渠聚落格局的影响展开研究，有助于深入、全面把握唐徕渠对沿渠聚落格局体系的形成与演变，阶段性特征，格局特点等，亦可为唐徕渠沿渠两岸保护与利用提供重要的理论基础，分类分层级分区域梳理格局类型，科学定位，精准保护。

5. 研究内容和研究方法。沿渠聚落研究涉及多门学科，因建筑历史专业角度的阐述和研究需要借鉴多学科研究方法定能达到研究目标。本书运用文献调查法、田野调查法、历史性城镇景观法、个案研究法、比较法进行论文论据的搜集与分析。文献调查法是历史研究的根本依据，基于前人的文字和舆图记录，作为后世的研究者，通过文献整理与分析，厘清脉络，揭示主线，对研究对象展开剖析。田野调查法则是运用观察、考古、测绘手段，结合遗址现状，比对历史资料，直观的历史与现代互为应证方法，用以验证历史资料的正确性观点。历史城镇性景观法，即在以上两种方法基础上，通过图示解构表达方式呈现历史层积理论，使其可视化。个案研究法则针对典型化、范式化对象的剖析和揭示，以阐释中观概念的细节论据。比较法观察于整体文章研究的论证中，采用纵向比较、横向比较、时空比较、对象细节化比较，旨在揭示真相，发掘其规律和特点。

根据以上内容制定研究框架。这是本书核心概念与论证思考的起点和架构，图示方法展现逻辑推演过程和思考方式的直观内容，便于读者掌握本研究的目标、过程、结构、结论之间的论证思维、逻辑顺序、归纳分析。

1.1　研究背景

纵观世界历史，农业是人类繁衍和发展的生存根本，而水利重器则为农业之命脉，世界灌溉工程的建设为农业发展与粮食安全提供了物质基础和材料支撑。

1950 年，国际灌排委员会（The International Commission On Irrigation And Drainage，简称为 ICID）成立，该组织逐步在全球范围内挖掘、采集和收录传统灌溉工程的基本信息，由此出现了世界灌溉工程遗产（World Heritage Irrigation Structures，简称为 WHIS）一词。2012 年，在澳大利亚阿德莱德召开的国际灌排委员会执行理事会上，由时任国际灌排委员会主席、中国水利水电科学研究院总工程师高占义发起，经国际灌排委员会执行理事会批准并设立和启动"世界灌溉工程遗产"的相关工作。2014 年，正式设立事业灌溉工程遗产名录。① 以上关于世界灌溉工程遗产的评选与设立目录过程，意在梳理世界人类灌溉文明与灌溉技术的脉络，旨在保护、传承、利用与发扬。

截止 2021 年 12 月底，世界灌排会已在世界范围内评选出 8 批世界灌溉工程遗产名录。其中，世界古代灌溉工程遗产分布于 18 个国家，共 121 处。② 根据表 1.1 所示，至 2022 年底中国古代灌溉工程遗产达到 30 处。中国最古老的灌溉工程出现在春秋战国时期，距今 2400 年之久；最年轻的四川乐山东风堰灌溉工程亦有 670 年历史。

因此，中国拥有灌溉工程遗产具有以下特点：工程类型最为丰富、工程分布最为广泛、工程灌溉效益最为突出。③ 中国灌溉工程遗产既古老又多样，它展示着中国古人在各种环境下为求生存，运用治水与用水的智慧，并将智慧经验延续、传承和发扬。

表 1.1 世界灌溉工程遗产名录之中国篇统计表

序号	名称	始建时间	获批时间
1	四川乐山东风堰	清康熙元年（1662）	
2	浙江丽水通济堰	南朝萧梁天监四年（505）	2014
3	福建莆田木兰陂	北宋治平元年（1064）	
4	湖南新化紫鹊界梯田	先秦时期	
5	浙江诸暨桔槔井灌工程	春秋战国时期	
6	安徽寿县芍陂	春秋战国时期	2015
7	浙江宁波它山堰	唐代大和七年（833）	

---

①李云鹏. 从灌溉工程遗产看中国传统灌溉技术特征 [J]. 自然与文化遗产研究，2020，5（04）：94-100.

②实际，截止至 2022 年底，共有 9 批世界灌溉工程遗产名录，且每年都在增加，此处数据为 2021 年底的统计数据。

③王浩. 我国新添 3 处世界灌溉工程遗产 [N]. 人民日报，2021-11-27（001）.

续表

序号	名称	始建时间	获批时间
8	陕西泾阳郑国渠	战国末年	2016
9	江西吉安槎滩陂	南唐（937）	
10	浙江湖州溇港	春秋战国时期	
11	宁夏引黄古灌区	先秦时期	2017
12	陕西汉中三堰	西汉初年（前202）	
13	福建黄鞠灌溉工程	隋大业九年（613）	
14	四川成都都江堰	秦昭王五十六年（前251）	2018
15	广西兴安灵渠	秦始皇三十三年（前214）	
16	浙江衢州姜席堰	元至顺年间（1330-1333）	
17	湖北襄阳长渠	战国秦昭襄王二十九年（前279）	
18	内蒙古河套灌区	战国时期	2019
19	江西抚州千金陂	唐咸通九年（868）	
20	福建福清天宝陂	唐天宝年间（742-756）	2020
21	陕西渭南龙首渠引洛古灌区	汉武帝时期（前156-前87）	
22	浙江金华白沙溪三十六堰	东汉时期	
23	广州佛山桑园围	北宋建中靖国（1100）	
24	江苏里运河-高邮灌区	唐元和六年（811）	2021
25	江西潦河灌区	唐太和年间（827-835）	
26	西藏萨迦古代蓄水灌溉系统	宋末元初（1126）	
27	四川省通济堰	西汉景帝末年（前141）	2022
28	江苏省兴化垛田	唐大历二年（767）	
29	浙江省松阳松古灌区	汉建元三年（前138）	
30	江西省崇义上堡梯田	先秦时期	

（资料来源：根据中国知网知识元词条和多篇相关文章作者整理绘制）

1.1.1　现实背景

宁夏地区的年平均降水量在 167.2 毫米和 618.3 毫米之间，它处于中国的干旱与半干旱地带之中。同时，宁夏中北部地区蒸发量较大，达到 1600 毫米左右。即使如此，据宁夏回族自治区粮食和物资储备局 2021 年数据统计，年粮食总产量连续九年平均在 370 万吨以上，且中北部地区的粮食产量占总产量比为 17.6%。

在如此极端的自然气候条件下，宁夏中北部地区仍能达到高产量的粮食丰收状态，这都与宁夏中北部引黄古灌区的建设密切相关。迄今为止，宁夏引黄古灌区是一套完整的在用水利工程遗产体系，奔流于宁夏中北部各城镇乡村土地之间，继续发挥着它的农田灌溉功能。

2017 年 10 月 10 日，宁夏引黄古灌区跻身世界灌溉工程遗产名录之中。宁夏唐徕渠是宁夏引黄古灌区中重要的一员，它是一座典型的在用古代灌溉工程遗产体系。同时，宁夏唐徕渠是宁夏引黄古灌区中历史最悠久、延续距离最长、灌溉流域面积最广的一条引黄古灌溉渠。

基于以上现实背景，宁夏回族自治区水利厅严格按照宁夏建设黄河流域生态保护和高质量发展先行区的目标和任务，争取系统性地解决宁夏引黄古灌区灌溉工程遗产面临的保护、传承以及可持续利用等问题，从 4 个方面分阶段性地执行保护措施①：1. 保护规划先行制定。2019 年 12 月，《宁夏引黄灌溉工程遗产保护规划》经由宁夏自治区人民政府审定同意，由宁夏回族自治区水利厅、发展和改革委员会、文化和旅游厅联合印发，向社会正式发布。保护时间划定为 2018 年至 2035 年。② 2. 保护条例通过与施行。按照《宁夏引黄灌溉工程遗产保护规划》有关要求，由宁夏回族自治区水利厅负责起草《宁夏回族自治区引黄古灌区世界灌溉工程遗产保护条例》，经宁夏回族自治区第十二届人民代表大会常务委员会第二十一

---

①王飞. 宁夏引黄古灌区世界灌溉工程遗产保护与利用措施 [J]. 水利发展研究，2021.21（12）：5-8.

②宁夏回族自治区水利厅. 宁夏引黄灌溉工程遗产保护规划（2018—2035）[Z]. 2019.

次会议于 2020 年 7 月 28 日通过，自 2020 年 9 月 1 日起施行。① 3. 编制灌溉工程遗产保护名录。首先，确定遗产保护名录收录对象；其次，确定灌溉工程遗产保护名录编制标准；最后，编制成《宁夏引黄古灌区灌溉工程遗产保护名录》，并结合名录中重点灌溉工程遗产分布位置，按照普查中测得的经纬度绘制"宁夏引黄古灌区重点灌溉工程遗产点位分布图"。② 4. 遗产展示中心的建设与开馆。2019 年 4 月开始，宁夏水利厅启动宁夏引黄古灌区世界灌溉工程遗产展示中心（以下简称"遗产展示中心"）建设项目，展示中心位置选定在宁夏唐徕渠侧和具有 600 年历史的满达桥节制闸旁。预计在 2022 年底具备开馆条件。③ 宁夏古引黄灌区的保护以规划先行，并相应地制定保护对象、保护目标、保护范围、保护时限等，再根据保护规划要求制定保护条例，从理论保护转化为实践保护，划重点保护重要灌溉工程，标识位置、绘制遗产点位分布图等，最后建设展示中心，向公众开放和宣传。其保护实践路线归纳为：保护规划方案创建——保护条例制定——保护名录编制——展示中心建设。

即使如此，相关单位制定了相应的措施、条例与路线，但仍存在以下问题：中国的所有世界灌溉工程遗产存在"重利用，轻保护"的问题。从今天的中国古代灌溉工程遗产功能和利用上可分 4 种现状：1. 工程功能未变化，水利建筑结构与材料都发生了变化；2. 工程遗产功能、材料、结构等都没有变化；3. 工程遗产部分未变，但功能已改变；4. 遗产全部毁损，原址重建（见表 1.2）。

---

①宁夏回族自治区人民代表大会常务委员会. 宁夏回族自治区引黄古灌区世界灌溉工程遗产保护条例 [J]. 宁夏回族自治区人民政府公报，2020（20）：3-6.

②王飞. 宁夏引黄古灌区世界灌溉工程遗产保护与利用措施 [J]. 水利发展研究，2021. 21（12）：5-8.

③宁夏引黄古灌区世界灌溉工程遗产展示中心 [N]. 宁夏日报，2022-02-28（003）.

表 1.2　中国灌溉工程遗产名录的遗产现状统计表

序号	名称	遗产现状	工程类型	是否属于世界文化遗产
1	四川乐山东风堰	1	无坝引水工程	否
2	浙江丽水通济堰	2	有坝引水工程	否
3	福建莆田木兰陂	2	拒咸蓄淡灌溉+调节排洪工程	否
4	湖南新化紫鹊界梯田	2	山泉溪流灌溉工程	否
5	浙江诸暨桔槔井灌工程	1	古井蓄水灌溉工程	否
6	安徽寿县芍陂	3	蓄水工程	否
7	浙江宁波它山堰	2	拒咸蓄淡灌溉工程	否
8	陕西泾阳郑国渠	4	无坝引水工程	否
9	江西吉安槎滩陂	2	有坝引水工程	否
10	浙江湖州溇港	3	蓄水工程	否
11	宁夏引黄古灌区	4	无坝引水工程	否
12	陕西汉中三堰	2	有坝引水工程	否
13	福建黄鞠灌溉工程	3	无坝引水工程	否
14	四川成都都江堰	2	无坝引水工程+有坝引水工程	是
15	广西兴安灵渠	1	运河工程	否
16	浙江衢州姜席堰	1	有坝引水工程	否
17	湖北襄阳长渠	1	无坝引水工程	否
18	内蒙古河套灌区	1	无坝引水工程	否
19	江西抚州千金陂	1	蓄水工程	否
20	福建福清天宝陂	2	蓄水工程	否
21	陕西渭南龙首渠引洛古灌区	1	有坝引水工程	否
22	浙江金华白沙溪三十六堰	1	有坝引水工程	否
23	广州佛山桑园围	1	蓄水灌溉工程	否
24	江苏里运河-高邮灌区	1	运河工程	否

序号	名称	遗产现状	工程类型	是否属于世界文化遗产
25	江西潦河灌区	1	无坝引水工程	否
26	西藏萨迦古代蓄水灌溉系统	3	蓄水灌溉工程	否
27	四川省通济堰	1	有坝引水工程	否
28	江苏省兴化垛田	2	圩水灌溉工程	否
29	浙江省松阳松古灌区	1	无坝引水工程	否
30	江西省崇义上堡梯田	1	山泉溪流灌溉工程	否

（资料来源：根据世界灌溉工程遗产名录作者整理与绘制）

表 1.2 显示，30 处评选为世界灌溉工程遗产的中国水利工程除郑国渠被破坏严重，且属于重建工程之外，其他水利工程至今都尚在利用。其中，9 处水利工程保持原样，其功能、结构、材料等全部未曾更改，所占比例高达 30%，这种情况在全世界都罕见。但是，古代水利工程遗产的在用也带来了一个严重的问题，遗产需要延续在用，如何保持遗产完整和真实，遗产会不会面临在用过程中的二次破坏呢？然而，这个问题至今尚未解决。表 1.2 中有 15 处的灌溉工程遗产都或多或少地存在古代水利工程结构、材质、材料、形制被更改的问题。以宁夏引黄古灌区中的唐徕渠为例，闸坝、闸口、渠道等都已经不是古代构件，而且其位置也发生了偏移，大部分的设施多数都是近现代重建与修复的。今天的唐徕渠一直用于农田灌溉，因此其功能上侧重于灌田、排水、输送，且其在历史时期上都有被裁剪和迁移的记录，继而带来工程遗址本体的破坏与更改，维持原貌原样的想法是较为不现实的。

另外，《世界灌溉工程遗产名录》和《世界文化遗产名录》相比，虽然都属于世界级的遗产，都是人类历史与文明的象征和遗迹，但从评选委员会的知名度、评审知名度、评审要求等各方面相比，两者还存有差距，这也造成以上遗产的保护存在差异。显然，《世界灌溉工程遗产名录》在各方面知名度都低于《世界文化遗产名录》，且不为人们广泛流传，不具备良好的宣传基础，更提及不上重视和保护。根据表 1.2 所示，在中国的 30 处世界灌溉工程遗产中，仅四川都江堰于 2000 年被成功列入《世界文化遗产名录》之中。即使如此，四川都江堰是与青城山联动申遗，将灌溉工程遗产融入自然风景区，这样才能申遗成功，以此展示出更高的价值。

　　综上所述，如果想要从根本问题上保护世界灌溉工程遗产，不仅需要发掘其遗址本体的多层级和多角度的价值，而且应该扩大其保护范围，在维持原有灌溉功能和现有景观廊道功能的基础上，结合国家的重要建设方针和政策，用文旅融合发展策略打通文化赋能的脉络。其目的在于：激活沿唐徕渠聚落的历史基因，转译古代链接密码，搭建现代沿唐徕渠村镇与古代沿渠聚落之间的关联桥梁，运用文化景观的广域视角与保护方法，将各时期宁夏唐徕渠对沿渠聚落的景观格局重现，最终以此为起点，将宁夏引黄古灌区的整体保护层级纳入到世界文化遗产保护格局之中，实现由面——线——点的全方位保护，逐步深入渗透至中观化和微观化层面保护之中。

1.1.2　理论背景

　　目前，宁夏唐徕渠的研究与保护已初见成果，不仅被列入了保护名录中，而且还制定了相应的保护规划、保护对象、保护条例，这些对宁夏唐徕渠起到了一定的保护作用。作为灌溉工程遗产的唐徕渠研究仍存多处不足：宁夏引黄古灌区涉及规划范围大，带来了保护和研究的深度困难。涵盖整个宁夏引黄灌区范围，即灌区分布于银川平原、卫宁平原、盐灵台地、宁中山间平原、清水河中下游、河谷川地；行政区划涉及中卫、固原、吴忠、银川、石嘴山等 5 个地级市的 18 个县级行政单位。① 由此发现，宁夏引黄古灌区的研究范围涵盖整个宁夏北部地区和部分中南部地区。虽有重点和一般研究区划，分别为：1949 年以前建设的引黄古渠道灌区范围和 1949 年以后新增的灌区范围。但明显体量巨大、面积涉及广泛，

---

①资料来源：属于内部资料。中国水利水电科学研究院，宁夏回族自治区水利厅制定，宁夏引黄灌溉工程遗产保护规划（2018—2035）（送审稿），由宁夏文化和旅游厅马建军主任提供。

导致各条古渠系的研究不够细致化，仅有一个总体保护规划条例，至于沿渠两岸的聚落遗址研究却只字未提。

虽然是灌区的整体保护，但是灌区中各渠与沿线现状评估也没有相应的研究：渠道本体基础研究不够，一些关键问题尚未展开深入研究。七星渠、昊王渠、秦渠等重要古渠具体开凿年代，汉、唐、西夏、明、清等宁夏引黄灌溉发展的重要时期工程体系发展演变脉络，都需要尽快开展专题研究。① 由此再次说明，宁夏引黄古灌区虽然从整体上进行了规划和保护，但对于个体的研究需更进一步深入，梳理各条古渠的发展脉络、判定其历史边界、构架其工程体系的演进，更利于遗产本体的保护、修复、利用与展示。根据表1.3和表1.4内容所示，作为重要的遗产研究对象，宁夏唐徕渠物质遗产包括干渠1条，支渠15条，沿渠附属遗址：龙王庙及其他庙宇4座，石碑1座。另外涵盖非物质文化遗产——水利历史文献，它包括：清代张金城在《乾隆宁夏府志》中著述的《言渠务利弊书》等，文献多来源于明清宁夏地方志之中，或是民国时期的宁夏全省渠流概况，文字内容少，且涉及面广，没有针对宁夏唐徕渠的专题研究。再根据表格中的内容，在现存的唐徕渠遗产中，无论是物质文化遗产，还是非物质文化遗产，遗址质量差，除干渠、支渠（大罗渠、良田渠等）外，多数遗址为后期重新修建，遗产的真实性有待进一步考证和研究。

因此，宁夏唐徕渠对沿渠聚落的格局影响研究迫在眉睫，不仅需要从宁夏唐徕渠本体、沿渠聚落遗址进行研究，而且要从整体格局和两者之间的关联影响等方面架构进行研究。这需要提供新的研究视角，根据现实背景进行推演与研究。

---

①资料来源：属于内部资料。中国水利水电科学研究院，宁夏回族自治区水利厅制定，宁夏引黄灌溉工程遗产保护规划（2018—2035）（送审稿），由宁夏文化和旅游厅马建军主任提供。

表 1.3　宁夏唐徕渠物质文化遗产——干支渠现状评估一览表

名称		始建年代	灌溉面积（万亩）	引水流量（立方米/秒）	渠道长度	现护岸方式	现取水来源与其他信息	管理单位
干渠	唐徕渠	唐	80	127	154.6	累积砌护长度107.46公里，砌护率69.5%。多为混凝土板砌护	河西总干渠	唐徕渠管理处
支渠	大罗渠	明	0.3997	1.2	3.8	U型全断面混凝土砌护	1937 年改建	
	陈渠	\	0.0634	0.8	3	U型全断面混凝土砌护	1977 年改建	
	大闫渠	\	\	0.8	1	U型全断面混凝土砌护	已无灌溉任务，2015 年翻建	
	姜渠	\	0.137	1.3	4.1	U型全断面混凝土砌护	2010 年翻建	
	石渠	\	0.15	1.5	1.7	U型全断面混凝土砌护	1977 年改建	
	和尚渠	\	0.18	1.2	3.8	U型全断面混凝土砌护	1976 年改建	
	良田渠	明	0.9	6.0	15	部分砌护	原自新开渠古渠口，1974 年移至现渠口	
	大新渠	明	1	6.0	9	U型全断面混凝土砌护	1974 年改建	
	红花渠	明	\	1.2	8	T型全断面混凝土砌护	现仅给丽景湖补水，1967 年翻建	
	小达子渠	清	0.2125	3.4	10.9	U型全断面混凝土砌护	2013 年翻建	

续表

名称		始建年代	灌溉面积（万亩）	引水流量（立方米/秒）	渠道长度	现护岸方式	现取水来源与其他信息	管理单位
	北双渠	\	0.3818	2.0	3.3	U型全断面混凝土砌护	1980年翻建	唐徕渠管理处
	太子渠	\	2.3	6.0	12.8	U型全断面混凝土砌护	2002年翻建	
	马果渠	\	0.3104	2.9	3.5	U型全断面混凝土砌护	1970年翻建	
	西安子渠	\	2	2.5	4.6	U型全断面混凝土砌护	2002年翻建	
	边罗渠	\	0.22	1.7	6.1	U型全断面混凝土砌护	1980年翻建	

（资料来源：根据宁夏文化和旅游厅马建军主任提供的《宁夏引黄灌溉工程遗产保护规划（2018—2035）（送审稿）》中的附表数据作者绘制，该稿由中国水利水电科学研究院和宁夏回族自治区水利厅制定）

表1.4 宁夏唐徕渠物质文化遗产——附属建筑与碑刻遗产现状评估一览表

名称		始建年代	位置	遗产现状	管理单位
其他附属遗产	唐正闸龙王庙遗址	清	青铜峡市大坝镇韦桥村，唐正闸右岸	已废弃，改建为大坝管理所	大坝管理所
	唐徕渠龙王庙	2007	青铜峡市韦桥村，唐正闸下游150米	1976年被毁，后于2007年原址重建	所在地村管委会
	高庙（含龙王庙）	\	唐徕渠	1976年被毁，19世纪80年代重建，19世纪90年代扩建，此次包括龙王庙的重建	所在地村管委会
	双龙庙	\	良田渠以北	正扩建，庙内古碑在县文物局	驻庙僧侣

续表

名称	始建年代	位置	遗产现状	管理单位
通智碑	清	唐正闸左岸（桩号：5+930）	碑毁于1973年，2007年距原址150米修建砖木结构庙宇，名为王家庙，庙内陈设简陋，无供奉神像	所在地村管委会

（资料来源：根据宁夏文化和旅游厅马建军主任提供的《宁夏引黄灌溉工程遗产保护规划（2018—2035）（送审稿）》中的附表数据作者绘制，该稿由中国水利水电科学研究院和宁夏回族自治区水利厅制定）

实际上，宁夏地区较多研究学者普遍对宁夏唐徕渠的历史脉络进行过相关梳理与论证，但多从历史学角度论证。而从文化景观视角对宁夏唐徕渠本体遗产与沿渠聚落遗产的研究仍属于新课题。因此，具备文化遗产中的遗产路线特征的宁夏唐徕渠及其两岸研究应该从文化景观视角展开理论研究，获取新的理论和思维，构建新的研究框架，展开系统研究。

另外，由于宁夏唐徕渠历史悠久，可追溯至先秦时期。明代，当时的统治者出于对国家疆域安全的考虑，借助自然地势，依自然山水，重新疏浚人工水渠，并沿宁夏唐徕渠两岸开始布局大量的城池和堡寨聚落，且逐渐营建成一系列军事防御聚落体系。民国末年（1948），沿渠城池聚落及其边界瓦解后转型为城市，而沿渠堡寨聚落则由兵屯聚落转向民屯聚落，继而分散为村落。明至民国时期，宁夏唐徕渠逐步与沿渠湖泊相连，这为沿渠聚落的发展提供了水环境基础。在漫长的历史形成过程中，沿渠呈现了自然河湖——人工河渠——农田——城池堡寨为一体的系统化格局，这套沿渠体系始终以护卫粮食安全和国家安全为中心。

直至今日，沿宁夏唐徕渠大部分聚落多为堡寨遗址，而且多数堡寨遗址已消亡。即使有留存的堡寨遗址，其现状仍不容乐观（见表1.5）。沿唐徕渠堡寨是宁夏唐徕渠不可分割的内容，也是明至民国时期宁夏唐徕渠两岸历史景观不可或缺的组成部分，它们和唐徕渠之间的互动影响揭示着唐徕渠的演变与发展，是其历史变迁的见证者。

表 1.5 沿宁夏唐徕渠堡寨现状评估表

序号	堡寨名称	堡寨现状描述	序号	堡寨名称	堡寨现状描述
1	银川城	城址基本不存，已变为城市，仅剩下原城池西面一段城墙遗址，城内玉皇阁、鼓楼等为清代修建，并在 2018 年翻修过	12	杨显堡	堡址不存，同名村落已经搬迁，仅有少数村民居住。附近新修杨显庙，庙内有龙王庙
2	平罗古城	城址完全不存，已经变为城市，仅剩下城内鼓楼，并在 2019 年翻修过	13	平胡堡	堡址不存
3	大坝堡	堡址仅剩堡墙一处，其附近建有多座村落和河西总干渠管理所	14	新满城	城址不存，已成为银川市金凤区满城街区
4	蒋顶堡	堡址不存，在其附近有同名村落	15	张亮堡	堡址不存，在其附近有同名村落
5	邵刚堡	堡址不存，在其附近有同名村镇	16	桂文堡	堡址不存，在其附近有同名村落
6	瞿靖堡	堡址不存，在其附近有同名村镇	17	常信堡	堡址不存，在其附近有同名乡
7	玉泉营	堡址仍存，但保存状态差，南面一半堡址已消失	18	丁义堡	堡址不存，在其附近有同名村落
8	宁化寨	堡址不存，无同名村镇	19	高荣堡	堡址不存，在其附近有同名村落
9	宋澄堡	堡址不存，同名村落已经整体搬迁	20	周澄堡	堡址不存，在其附近有同名村落。堡寨遗址处于荒芜的农田与废弃地之间，盐碱化严重
10	曾刚堡	堡址不存，在其附近有同名村镇	21	姚伏堡	堡址不存，在其附近有同名村镇
11	靖益堡	堡址不存，在其附近有同名村落	22	威镇堡	堡址不存，在其附近有同名村落

（资料来源：根据现状调查内容作者整理与绘制）

根据表 1.5 所示，可发现，沿唐徕渠聚落除大坝堡、玉泉营堡、周城堡有遗存之外，其余聚落已经全部发生变化，城址和堡址不存，边界和位置较难辨认，而且聚落遗址周边出现了同名的城镇和乡村。即使现存的遗址，保存状态不佳：玉泉营堡仅留有不完整的堡墙与墙基；周澄堡堡址受到土地盐碱化的威胁；大坝堡仅剩一座土遗址。在调查过程中，很多人都不知道这些堡寨的存在，更谈不上对其历史形成认知。一旦堡寨遗址消失，这段疆域防御的历史则无从考证。

基于以上内容，只有将宁夏唐徕渠对沿渠聚落的格局影响进行分析与研究，才能恢复出沿渠两岸的文化景观生长脉络，重现历史，呈现体系。无论是宁夏唐徕渠，还是沿渠聚落，都是建设于宁夏北部平原山水景观格局之上的文化景观。

同时，文化景观的一般定义为："人类文化作用于自然景观的最终结果。"① 文化景观是人们出于一定的改造目的，利用自然物质加以创造的景观，它是一种附着在自然景观之上的人类活动形态。文化景观来源于自然景观基底，同时也受到自然景观的文化影响，自然构架于文化之下，互为影响与渗透，产生了特殊的、无可替代的、独创的景观。借助文化景观的理论为研究起点，深挖宁夏唐徕渠对沿渠聚落两岸的格局体系，剖析出多种要素之间的联系与影响，是极具理论研究创新性的。这不仅可修补宁夏地区文化与自然之间的裂痕，并能为宁夏唐徕渠乃至整个引黄古灌区中留存的各类聚落、历史建筑等的保护带来新启示。

1.1.3 总体思路

当代，沿唐徕渠聚落已演变成宁夏中北部地区重要的乡村和城镇。沿唐徕渠的城池聚落成为中心城市和重要县市，但多数沿唐徕渠堡寨聚落成为遗址，逐渐消失于近现代乡村建设和乡村振兴的浪潮之中。沿渠聚落曾是唐徕渠沿线上最重要的军事文化景观。目前，明至民国时期沿唐徕渠聚落格局也同样受到各种因素的严重破坏，导致其历史信息无从读取与传

---

① Sauer C. The Morphology of Landsacpe ［J］. University of California Pubilications in Geography. 1925. 2 （2）：19-54.

递，这反向影响了唐徕渠体系、沿渠村落、沿渠城镇之间格局的破碎化，最终造成唐徕渠本体的变化与破坏，而这是保护原有历史信息和历史风貌存在过程中最冲突的问题。

与历史时期的宁夏唐徕渠进行纵向比较，它之所以能够自然而健康地延续至今天。究其根本原因：明至民国时期沿渠聚落的格局营建始终以渠水为中心而展开，古人在水渠利用上更倾向于朴素自然世界观念，多以因势利导、顺应地势、减少人为干预等方式为出发点，对渠和沿渠聚落进行全面规划和系统营建，目的在于粮食增产，保障国家安全，护卫人民安居。

协同世界遗产保护发展趋势，结合世界灌溉工程遗产保护目标，针对明至民国时期宁夏唐徕渠和沿唐徕渠聚落研究与保护中存有的历史、现状问题与特点。本书以文化景观研究角度为研究出发点，以宁夏唐徕渠渠系及其沿岸为研究通道，以宁夏北部地区特有的一山一水为研究边界，将分散于沿唐徕渠两岸的城池堡寨聚落加以整合，构建出沿宁夏唐徕渠聚落格局，从宏观的山水格局，切入沿渠聚落中观格局，深入分析沿渠聚落微观格局。在研究过程中，渗透建筑学科基础，依据国内外历史地理学、文化地理学和中国传统舆图学等相关学科、理论与方法，关注沿渠聚落与渠系之间的历史阶段演进，山水格局与山水要素的基底排列，深入解析沿渠聚落的整体排列秩序和个体聚落之间的体系构成、聚落与渠系之间类型和布局。在时间和空间的演进过程中，厘清唐徕渠系和沿渠聚落之间的互动影响特点，揭示出其内在特征，由此梳理研究脉络与递进规律，以期提高对沿唐徕渠两岸的物质和文化景观遗产价值的认知水平，继而专注于焦点问题的研究，推进宁夏引黄古灌区整体文化景观的建设，聚焦于个体遗址的本体管理和保护，促进沿渠两岸文化遗产的高效高质量研究的开展，取得社会与经济效益的双收成果。

此外，宁夏唐徕渠对沿渠聚落格局的影响研究，不仅关注一条渠道和它的完整体系，还要对明至民国时期的唐徕渠干支渠结构、渠道之上的水利设施、渠道走向等问题做系统化和专门化研究，将沿渠聚落格局研究列入该范围之内，从文物本体的保护研究扩展为渠道遗址文化遗产线性体系的研究，再现历史沿渠聚落的文化景观格局，旨在指导当代宁夏沿唐徕渠两岸的规划建设与合理布局。

1.2　研究对象界定与概念解析

　　本书的研究时间跨度为：明至民国时期。首先，按照中国历史朝代时间顺序的划分方式将本书的研究时段划分为：明代时期（1368—1644）、清代时期（1645—1912）、民国时期（1912—1949），以上时期是宁夏古代引黄灌溉渠建设的一个高峰时期，各条引黄灌溉渠的历史沿革分布于各部宁夏地方志①相关条目记载之中（见图1.1）。

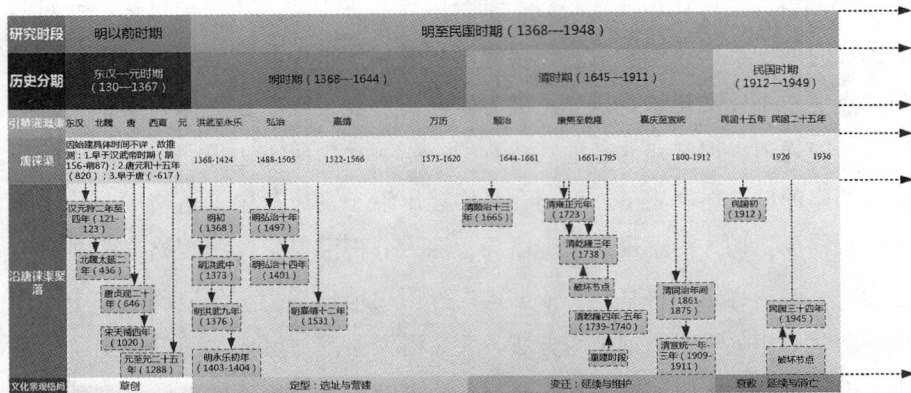

图1.1　研究时段（时间维度）划分图

图片来源：作者绘制

---

　　①此处宁夏地方志实为宁夏旧志。宁夏大学胡玉冰教授认为严格意义上志书共38种，传世33种，其中9种为孤本。完整传世最早宁夏志在明代，清代编成者传世数量最多。本书研究主要参考宁夏旧志：《宁夏志笺证》，该志由宁夏人民出版社于1996年出版；《弘治宁夏新志签注》，由宁夏人民出版社于2010年出版；《嘉靖宁夏新志》，该书根据宁波天一阁所藏《嘉靖宁夏新志》（1961年上海古籍出版社影印本，书中缺失第19和第26页）分段点校出版；《增补万历朔方新志校注》，由宁夏人民出版社于2015年出版；《陕西四镇图说》，判定其成书于明万历四十一年或之后，仅存延绥镇和宁夏镇两卷；《乾隆银川小志手抄影印本》，清代宁夏第一部志书，乾隆二十年成书；《乾隆宁夏府志》，乾隆四十五年刻印，由宁夏人民出版社于1992年出版；《宁夏珍稀方志丛刊》，由上海古籍出版社2018年出版。其中，［嘉庆］平罗县志、［道光］平罗记略、［道光］续平罗记略为本书研究重点；《民国朔方道志》，民国十五年刊印本；《宁夏省水利专刊》·各渠考述·唐来渠，民国二十五年刊。以上旧志：明代5部、清代4部、民国2部。各志书成书时间不等，记录内容时间段呈现不均衡：明正统（1436—1449）、弘治（1488—1505）、嘉靖（1522—1566）、万历（1573—1620）时期；清乾隆（1711—1799）、嘉庆（1760—1820）、道光（1782—1850）；民国十五年（1926）、民国二十五年（1936）。

唐徕渠隶属于宁夏引黄古灌溉区，其历史久远，它在明代以前（1367）早已经历起源、衰败、发展等多个阶段，各朝代对它都进行过反复疏浚，并加以利用。本书以唐徕渠疏浚与建设的历史变迁时期穿插期间，着重论述明至民国时期唐徕渠的变迁节点，对明至民国时期的唐徕渠干渠、支渠、闸坝的修建与更替事件做整理，勾勒出唐徕渠结构体系的变化脉络，总结其空间形态对同时段沿渠聚落的格局构成、类型划分与空间影响。

沿唐徕渠聚落的建设时间晚于唐徕渠，而且各沿唐徕渠聚落建成时间各不相同。即使如此，除宁夏镇形成时间早于明代，其他沿唐徕渠聚落都于明代建成：沿唐徕渠聚落的建成、破坏、增修、重修时间见图1.1。

本书以唐徕渠干支渠形成、变迁节点时间为辅线，以沿唐徕渠聚落的建成、迁移、破坏、增修、重建时间为主线，两者相为关联与交织。实际两者的重合和交集时间节点仍聚焦于明、清、民国三段历史时期之中，以此解析同时段的唐徕渠对沿唐徕渠聚落选址、聚落形态、聚落布局等格局的变迁影响。归根结底，明至民国时期唐徕渠对沿渠聚落的格局影响实为唐徕渠灌区文化景观的格局影响。因而，其形成明代格局变迁特征：营建固定；清代格局特征：继承发展；民国格局特征：衰败消亡。

1.2.1 唐徕渠

宁夏唐徕渠之名古已有之，对唐徕渠的认知分狭义与广义概念（见表1.6）。

表1.6 各文献中唐徕渠定义分析表

序号	文献来源	记录内容	信息倾向
1	中国水系词典[137]	又名唐来渠、唐梁渠、唐渠	名称变化
2	辞海·地理分册·中国地理[138]	又名唐梁渠，简称唐渠，是黄河青铜峡河西灌区四大干渠之一	名称变化、影响与地位、地理位置
3	辞海·工程技术分册[139]	一作唐来渠，或称唐渠。宁夏回族自治区北部黄河西岸灌溉渠道之一	名称变化、地理位置、地位、作用

序号	文献来源	记录内容	信息倾向
4	石嘴山史纲（上）[140]	宁夏河西灌区中的四大干渠之一，有别名唐来渠、唐梁渠、唐渠。石嘴山市境内全长41.2公里，唐徕渠系共有大小支斗渠236条，灌溉面积20多万亩	地理位置、影响、名称、作用跨越范围、灌溉长度、组成单元、灌溉面积
5	石嘴山市志（上）[141]	银川平原引水量最多、灌溉面积最大的渠系	引水量、灌溉面积
6	工程建设信息[142]	又名唐渠，建于唐武则天年间（690—705），后经各代整修，渠口开在青铜峡旁，经青铜峡、永宁、银川、贺兰等县向北流去，至平罗县结束，全长322公里，有大小渠道500多条，灌溉农田90万亩，居银川平原14条大渠之首	名称变化、始建时间、维修过程、渠口位置、灌溉区域、灌溉长度、灌溉面积、地位
7	唐徕渠志[143]	灌区涉及青铜峡市、永宁县、银川市、贺兰县、平罗县、惠农县的34个乡，225个行政村，1733个自然村和10个国营农场，112个机关、厂矿、农场，毛面积约为300万亩，渠长154.6公里，实灌面积110多万亩。渠水位高程由渠首1134.5米至渠尾（幸福渠）共1097.1米	灌溉行政区域、流经区域名称、流经地点数量、灌溉面积、水渠实际长度、渠首尾高程数据、渠尾结束的准确位置与名称

（资料来源：根据表中文献相关内容整理而成）

　　根据表1.6相关内容所述，宁夏唐徕渠是宁夏银川平原上的一条引黄灌溉古渠，位于黄河的西面。宁夏唐徕渠的总平面呈现出线性枝丫状，自南向北流经宁夏地方行政区：青铜峡市、银川市、贺兰县、平罗县，渠口至正闸长度为11.3公里，正闸至渠尾的干渠绵延长度为154.6公里，合计长度为314.6公里，灌溉长度和灌渠面积居宁夏灌区的水渠之首。因此，狭义指唐徕渠仅是一条干渠，自渠口延伸至渠尾，渠口即闸口，是唐徕渠总出水口，历史时期它的位置在不断迁移。至今，唐徕渠正闸闸口迁至宁夏青铜峡市大坝镇韦桥村第一村民小组西南300米处，此定义和概念适用于普遍意义和约定俗成的认知对象。

广义唐徕渠，实指以唐徕渠干渠为主导的引黄灌溉工程渠系，它由干渠、支渠、毛渠、农渠、斗口、闸口、坝、湃、排水沟等水利设施组成，按照灌、排、输、送等的输送和灌排水顺序组合出一套完整结构水利工程体系（见图1.2）。

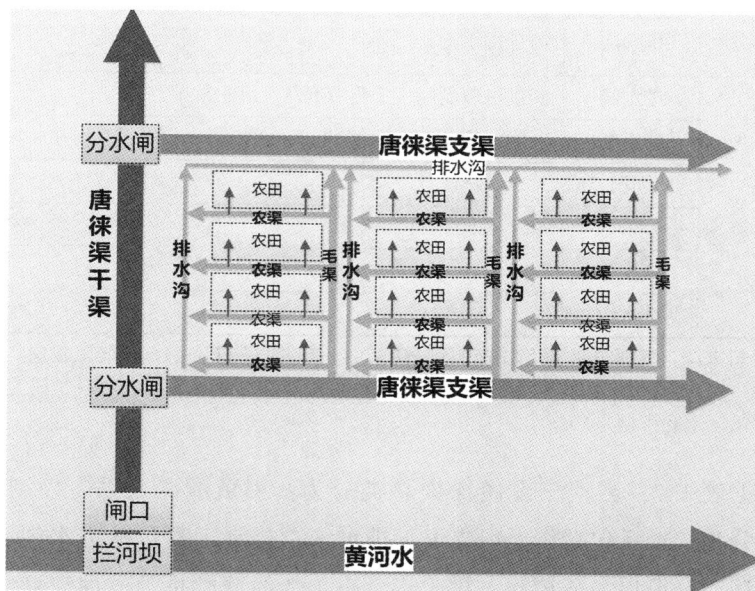

图 1.2 宁夏唐徕渠结构示意图

图片来源：作者绘制

1936年以前，唐徕渠控制工程建筑物为590座：节制闸为4座、退水闸4座、桥梁26座、涵洞0座、渡槽4座、跌水1座、斗口551座；干渠长度为211.8公里；灌溉面积为46.8万亩。[143]6因唐徕渠是在用的工程遗产类型，可严格按照水利工程遗产的保护分类方法，详见表1.7。

表 1.7　当代宁夏唐徕渠水利遗产工程保护对象构成表

总类别	亚类别	名称
引黄灌溉古渠系	干渠	唐徕渠、唐徕渠第二农场渠
	支渠	大罗渠、陈渠、大闫渠、姜渠、石渠、和尚渠、良田渠（新开渠古渠口）、大新渠、红花渠、小达子渠、北双渠、太子渠、马果渠、西安子渠、边罗渠
	排水沟	第三排水沟
控制工程	进水闸	跃进桥节制闸、宁化节制闸、满达桥节制闸
	退水闸	三闸（唐徕渠退水闸）
	涵洞	\
	分渠口	\
	分控闸	\
	排水沟	\

（资料来源：根据宁夏文化和旅游厅马建军主任提供的《宁夏引黄灌溉工程遗产保护规划（2018—2035）（送审稿）》中相关内容作者绘制，该稿由中国水利水电科学研究院和宁夏回族自治区水利厅制定）

　　根据表 1.7，当代宁夏唐徕渠总类分为：引黄灌溉渠系、控制工程；亚类别分为：渠系包括干渠、支渠、排水沟；控制工程包括进水闸、退水闸、涵洞、分渠口、分控闸、排水沟。表 1.7 的分类是为梳理宁夏唐徕渠控排工程的结构层次而设置的，并将其所包含的重要渠道、设施遗产情况加以直观表达。目前，宁夏唐徕渠上的遗产数量不仅限于包含以上表格内容，还包含其他较详细的遗产构成内容尚未列入其中。

1.2.2　堡寨聚落和城池聚落

　　秦汉时期特指称自然形成的聚落，一般称其为"聚"或"聚落"。而今长沙地区出土的简牍里称聚落为"丘"，用"丘"指称自然聚落是长沙郡一地的称谓习惯。[144]"在城曰坊，在关曰厢，在乡之聚落曰村，附于村者曰庄。村之巨者，有商贾、集市曰镇。"[145]"聚落一词，古代指村落。近代泛指一切居民点。"[146]"聚落"一词古已有之，历代称谓都有所不同。虽然从聚落变化为丘，再成为坊、厢、村、庄、镇，但其实质是人们聚居之所，人们居住、生活，且进行商品交易。古代聚落定义涵盖宽泛，但所指位置有所差异；近代聚落则特指人们的活动中心，它既包括人们的居住、生活、休息等各种社会活动场所，也涵盖人们的生产劳动场所。

作为早期用于军事防御的聚落则称为堡寨，它形成于一定的社会环境和地理条件之下，是古代人民为了抵御外侵而修建的。它是作为军事驻扎和乡民躲避战乱重要场所，主要以防御性为主。即使如此，堡寨虽然具备保护防御模式，但仍是人居聚落形态的一种类型，亦称为堡寨聚落，它"以具有外围线性结构的堡墙或周边险要地势为设防特征的、以防御为主要目的'群落'式防御聚落形式"。[147] 堡寨聚落是融居住和防御为一体，将土、木、石等原生材料垒砌成坚固外围护结构，围筑于村落外围，从而使聚落成员获得安全庇护的聚居建筑。[148]

城池是中国古代聚落的一种类型。城池亦被称作城市，它是由非农产业和非农人口集聚形成的居住地。[149]《韩非子·爱吕》："是故大臣之禄虽大，不得藉威城市。"[150] 中国古代城市则区分对待："城"是在都邑四周用作防御的墙垣；"市"则指生产商品与进行商品交换和商业活动的某些特定地区。古代各城市的形成情况过程有差异：或先筑城，后有市；或先有市，后筑城；或城与市同时产生。古代城市建设既有护卫领土、统治人民、划定区域的功能，也有居住和商业的功能。

无论是城池，还是堡寨，从本质上都是中国古代人居形态的一种，人们聚居于此，进行各类活动，后期因功能、人口、社会的变化，逐步分化成为城镇、乡村等。本书中的"堡寨聚落""城池聚落"是依照最早人居聚落形态进行称谓，其实质仍为人们聚居场所，为人们使用与生活。

1.2.3 沿渠堡寨聚落和沿渠城池聚落

通常，在地势较低与地形平坦的平原之上建设的沿水聚落被称为"平原滨水型聚落"。沿宁夏唐徕渠聚落都于唐徕渠两侧沿岸的平坦开阔地段上建造而成，其实质应属于宁夏平原滨水型聚落。因本书所有沿唐徕渠聚落都是该种类型，故此处不再做阐述，下文会做重点和详细解析。

运河类人工水道沿渠聚落与历史道路沿渠聚落有一定的相似处。"[151]

"人工水道通常经过渠化，因此人工水道对沿渠聚落的影响与自然水道还存在一定差异。"[151] 104 根据以上定义，本书人工水道则特指"宁夏唐徕渠"。因此，沿渠聚落则特指位于沿唐徕渠东西两岸 20 公里范围之内，且曾真实存在和现在依旧存在的聚落。

由于明代是沿渠聚落建设高峰时期，沿渠聚落全为军事防御性功能聚落。进入清代和民国时期，伴随宁夏唐徕渠系的变化，且每段时期存在结构化变化差异，故再沿用本章上小节聚落定义进一步划分，将所有沿渠聚落重新分类为"沿渠城池聚落"和"沿渠堡寨聚落"。以上两种聚落分布于唐徕渠的干渠、支渠两岸开阔地段或干支渠交界地段，其分布范围则以宁夏唐徕渠系为中心向水渠两岸延伸，辐射其垂直距离一般在五百米至二十公里范围之内。

因此，沿渠聚落特指明至民国时期的宁夏沿唐徕渠聚落，这些聚落依渠而建，聚落选址与位置具有层级叠加性与前后历史的承袭性（见表 1.8）。

表 1.8　沿渠堡寨聚落的古代与现代的地理位置统计表（除平胡堡之外）

序号	堡寨名称	明代堡寨位置	清代堡寨位置	民国堡寨位置
1	银川城	银川市兴庆区旧城区内	与前同	与前同
2	平罗古城	平罗县城关镇内	与前同	与前同
3	大坝堡	青铜峡市大坝镇韦桥村	与前同	有堡寨，但扩展为大坝乡，名为大坝村
4	蒋顶堡	青铜峡市大坝镇蒋顶村	与前同	有堡寨，更名为蒋顶村
5	邵刚堡	青铜峡市邵岗镇邵刚村	与前同	有堡寨，更名为邵刚村
6	瞿靖堡	青铜峡市瞿靖镇瞿靖村	与前同	有堡寨，更名为瞿靖村
7	玉泉营	青铜峡市邵岗镇玉泉营村	新旧营、旧营迁出后又迁回	有堡寨，更名为玉泉村
8	宁化寨	永宁县李俊镇宁化村	与前同	有堡寨，更名为宁化村
9	宋澄堡	永宁县望远镇宋澄村	与前同	有堡寨，更名为宋澄村

续表

序号	堡寨名称	明代堡寨位置	清代堡寨位置	民国堡寨位置
10	曾刚堡	\	永宁县望远镇增岗村	有堡寨，更名为增岗村
11	靖益堡	永宁望远镇靖益村	与前同	有堡寨，更名靖益村
12	杨显堡	永宁县胜利乡杨显村	与前同	有堡寨，更名为杨显村
13	平胡堡	银川市金凤区丰登镇平伏桥村	此时后堡寨消失后完全不存	\
14	新满城	\	银川市金凤区满城街一带	清末变为宁朔县城
15	张亮堡	贺兰县常信乡张亮村	与前同	有堡寨，更名为张亮村
16	桂文堡	贺兰县常信乡桂文村	与前同	有堡寨，更名为桂文村
17	常信堡	贺兰县常信乡	与前同	有堡寨，更名为常信乡
18	丁义堡	贺兰县丁义村	与前同	没有堡寨，更名为丁义乡
19	高荣堡	贺兰县洪广镇高荣村	与前同	没有堡寨，更名为高荣乡
20	周澄堡	平罗县姚伏镇周城村	与前同	有堡寨，更名为周澄村
21	姚伏镇	平罗县姚伏镇姚伏村	与前同	有堡寨，更名为姚伏村
22	威镇堡	平罗县城关镇二闸村威镇村民小组	迁出后又迁回	有堡寨，更名为威镇村

（资料来源：根据《宁夏历史地名考》、《宁夏文物地图集》中相关内容作者绘制）

沿唐徕渠聚落的类型根据唐徕渠的流域、走向、段落、干支渠结构划分为三类：渠首聚落、渠身聚落、渠尾聚落或者第一段、第二段、第三段沿渠聚落，以此类推。

按第一种聚落分类可划分，位于渠首位置的聚落即为渠首聚落：大坝堡；位于渠身位置的聚落则为渠身聚落：玉泉营堡、瞿靖堡、邵刚堡、平胡堡、姚伏堡、周澄堡等；位于渠尾位置的聚落则为渠尾聚落：威镇堡。

本书选取银川城为研究范本，其属于沿渠城池聚落，且由于各时期称谓不同。银川城在西夏时期称为兴庆府城，明代则称为宁夏镇城，清代变为宁夏府城，民国又更名为朔方道郡城和宁夏省城。虽然城池称谓不同，但城池形制具备前后代的继承特征，后世延续城池，并对其维修和建设。

1.2.4　宏观格局、中观格局和微观格局

格局特指规格、式样、结构与布局。本书所指唐徕渠和沿渠聚落的宏观格局、中观格局和微观格局，特指三种研究视角、空间结构、空间形态。

宏观格局即指宁夏唐徕渠区域的范围与边界，该范围东至黄河，西至贺兰山。在此广域空间中的山、水、湖、渠、田、聚落要素的组成方式与特点，研究其目的在于展示沿渠聚落的发育与生长条件，其包含着自然环境交织着人工意匠，以上要素成为唐徕渠系和聚落的自然基底，因其概念与范围涉及广泛，所以从宏观视角进行把控。宏观格局中包括明至民国时期的山水格局体系、军事防御格局体系、唐徕渠格局体系（唐渠格局体系），恰好与宁夏的国土边界、水利灌溉体系控制边界、生态环境边界相一致。

中观格局实指唐徕渠体系和沿渠聚落之间形态和结构类型的构建，运用图示研究方式与表达，从原型中提取要素，抽象出几何类型和位置组织关系。本书唐徕渠对沿渠聚落中观格局即是特指某座聚落与唐徕渠的关系位置排列方式，相对于唐徕渠来说，渠和聚落的位置关系，布局规律与特点，包括点、线、轴、边界、距离、尺度等内容，采用几何图示方式解构与文字阐释。

微观格局则以典型城池聚落银川为研究切入点，聚焦城池聚落与渠系的关系，从三个主要内容分析：城池形制、城池渠系、城池园林。根据唐徕渠的位置、走向、结构、长度，渠与桥梁，渠与城池之间的垂直距离，城池内外水系连结、城池内部水系分布，城池形制，城内外园林水系，城

内外园林类型，以此解构唐徕渠对沿渠聚落微观格局的影响内涵。

1.2.5 三大安全体系

在本书宏观格局研究中着重探讨三大安全体系：

其一，山水格局体系，对应生态环境和文明安全体系，实指宁夏地区的自然与地理环境，包括贺兰山、黄河、引黄灌溉渠、湖泊。在漫长的历史变迁过程中，是宁夏地区城镇区位和农业等发展的生态基底，它不仅涵盖山水和湖泊等自然资源，而且是宁夏地区文化成长的物质资源。

其二，国土边界安全体系，对应军事防御格局体系。中国古代每个建成的王朝或者政权，都对边疆区域有场所和边界的认知守卫举措。"明朝与蒙古的对峙是 14 世纪末期至 17 世纪中期世界格局中的一个主要特点，更是中国历史上前所未有的现象。"[1] 明代，统治阶级对疆土的完整和护卫观念更重视，为确保统治辖区的疆域安全，建立九边制度和防御体系，这是国土边界控制安全意识的侧面反映，同时这一举措对国力增强、国运变迁、军事布局等都有重要的影响和作用。与历史相比较，当代中国国家安全体系的涵盖内容更为广泛，全方位护卫领土、领海、领空等多位一体的边界安全。本书所指的国土边界安全体系实际是明代宁夏镇的军事防御体系，其实体包括防御格局控制，军事防御工事：边墙、墩堠、关隘、堡寨等，防御体系则为军镇和卫所，防御路线为五路：南、北、东、西、中五路协同联防。

其三，水利灌溉安全体系：原指为解决耕地灌溉和农村人畜饮水而修建的各类基础设施，其主要在于调节、改良农田水分涵养条件和地区水力资源的平衡应用。本书以唐徕渠格局体系为主，实指唐徕渠灌溉工程包含的干支渠、闸、坝、桥、渠口、泄水闸等，与唐徕渠定义一致，但涉及范围广。因唐徕渠系灌溉延伸至农田耕地范围之内，两者嵌套耦合而成大面积农田区域，它们都隶属于该安全体系。

以上三大安全体系研究构想恰与当代制定的国家城乡国土空间规划格

---

①田澍.国家安全视阈下的明代绿洲丝绸之路［J］.中国史研究，2017（04）：21.

局思想一致：2022 年 11 月底，宁夏国土资源厅在划定"三区三线"的成果基础上，开展科学适度有序的宁夏地区国土空间布局体系。[①] 这也印证了明至民国时期宁夏唐徕渠对沿渠聚落格局的影响，旨在守护国家三大安全体系与边界，意在构建稳定发展的区域国土空间格局。

1.3　国内外研究综述

1.3.1　国外聚落研究综述

1. 地理学科及其影响下的聚落研究

地理学作为一门科学，发端于古希腊，被拉丁语国家传播和失传，阿拉伯世界找回了地理学传统并在科层化的区域描述方法上进行创新，文艺复兴以后地理大发现和资本主义发展推动了地理学的科学化和世俗化，欧洲的德国和法国成为近代科学地理学创新发展的新源地。[②] 作为一门重要的学科，发源于古希腊，通过多国的传播和失传，再次找回后创新，并经历实践推动理论的一系列操作后，欧洲的德国与法国成为近现代地理学的创新和发展的中心。

1841 年，德国地理学家科尔（J·G·Kohl），开创国外聚落地理学的研究先河。他对城市、镇集、乡村等划分为不同类型的聚落进行分类比较研究，并将城市、修养地、纪念地、以教会为主的村落进行比较分析和研究，系统地探析聚落分布与土地关系，地形对聚落区位的影响。

英国人多梅（Dohme）的《英国房子》（《Das Englishe Hau》），瑞士人 A. 萨特（A. Sutter）的《瑞士景观与建筑图集》（《Schwezer Landschaftsund Architektur Bilder》），俄国人 M. W. 马特拉卡夫斯基（M. W. Matlakawski）

---

①"三区三线"是指农业空间、生态空间、城镇空间三种类型的国土空间，以及分别对应划定的耕地和永久基本农田、生态保护红线、城镇开发边界三条控制线。其目的在于理顺规划体系，实现"多规合一"，事关国家粮食安全、生态安全的大事。（资料来源于：宁夏"三区三线"划定成果正式启用. 宁夏日报［N］. 2022 年 11 月 4 日.）

②顾朝林. 近代地理学及其发展［J］. 中学地理教学参考，2022（07）：22-25+43.

的《波达洛的流行建筑》（Popular Architecture of Podhalo）[1]。这时期的聚落研究对象具体而细致，多从地理学角度对特定地区聚落深入研究。阿莫斯·拉波波特（Amos Rapoport）在《住房的形式与文化（House Form and Culture）》（已经翻译）[2]剖析影响聚落形态的四个主要因素：材料与技术因素、环境因素、社会文化因素、经济与政治因素，揭示了聚落形态形成的幕后主线与根本动因。

经过以上一系列的乡村聚落和住屋研究后，国外乡村聚落研究范围逐步趋向聚落的形成、演变、类型、规划、功能等方面。主要的代表性学者包括德国地理学家费迪南·冯·李希霍芬（Ferdinand Von Richthofen）等，其中尤以维达尔·白兰士（Paul Vidal de la Blache）开创欧洲人文地理学科研究的先河。

在法国维达尔·白兰士以前的地理学者多从"决定论"和"心理学"阐释人地关系。但19世纪末，维达尔·白兰士上溯希腊学者精神，认为大地一体（Terresital Unity），以"或然论"说明人地关系，伴随着地球上的自然环境是人类占有"自然"的认知，展开地理学的任务应该是阐明自然和人文现象在空间上的相互关系，人与自然相互影响。他强调研究区域要小，便于深入剖析和解构，通过区域所在的自然和人文现象及其关系揭示区域地理特征。但由于其研究深度不够，也没有相应的检验与实证标准，且没有实际的具体实施方法与模式，尚未解决人地关系的冲突问题。20世纪初期，因维达尔·白兰士及其学生白吕纳的引导，以他们为中心学派的法国学者极为重视区域社会、经济、人文、自然对聚落的影响研究和人地关系研究。

20世纪20年代，美国索尔（C. O. Sauel）在其著述的《景观形态》①，其研究注重景观对聚落的影响，索尔则成为美国文化地理学的聚落景观研究鼻祖。另外，在索尔的文章《文化地理的新进展》中将"文化景观"定义加以固定，即为附加在自然景观之上的各种人类活动形态，人类为满足

---

①Carl O. Sauer. The Morphology of Landsacpe [J]. University of California Pubilications in Geography, 1925, 2（2）：19-54.

某种需要，利用自然界提供的素材，在自然景观之上叠加，这就是人类活动结果后产生的景观。因此，索尔的文化景观定义是创立在文化地理学理论基础下，并将景观视作一种研究方法，固化了人文与自然的联系，形成新的一种研究视角与研究理念。虽然，索尔运用经验方法将观察的地理学方法强调景观分类之中，他仅把景观单纯认为文化过程的产物，但忽略了人们对文化的感知和了解的过程，忽略了景观还是人类价值观和思想历史的产物，只认为这是景观的一种表达方式。因此，索尔倾向于自然科学的景观研究，忽视了侧重于历史和人文社会科学的景观研究。

20 世纪 30 年代，德国地理学家克里斯塔勒（Christaller）通过对德国南部城市和乡村的中心聚落的大量调查和研究后，提出了著名的中心地理论（Center Place Theory），形成独立的中心地理论学说。① "中心地理论"是指城市空间组织和布局之时，可探索出一套最优化的城镇体系的城市区域构建理论，对城市或者乡村公共服务设施加以分级与布局具有重要的指导意义，公共设施特指零售、服务功能的空间结构可以采用三种层次原则构建体系：市场原则、交通原则、行政原则，以此形成人地关系，构建人与自然的空间关系，聚落模型形成关键作用在于经济和社会。中心地体系则取决于中心地的数目、互补区域（即中心地所服务的地区）的数目、互补区域的半径等。克里斯塔勒的中心地理论学进一步影响了 G. William Skinner 的中国明清时期城市群的研究，是其研究的理论基础。②

2. 考古学科的聚落形态研究

"聚落形态（Settlement Pattern）"③ 最初划定在人文地理学领域中，

①（德）沃尔特·克里斯塔勒著；常正文，王兴中等译. 德国南部中心地原理 ［M］. 北京：商务印书馆，2017. 08.

②（美）施坚雅（G. William Skinner）主编；叶光庭等译. 中华帝国晚期的城市 ［M］. 北京：中华书局，2000. 12.

③文化概念下形态学（Morphology），它是由希腊语中的 Morphe（形）+Logos（逻辑）组合而成的，意指事物构成的逻辑和生成原理与法则。起初，有生物形态学研究方法推及其他领域实践应用。西方古典哲学理论解构方法：第一，解析形成过程，由局部解析至整体解析；第二，时间概念推演，解释事物演变的完整过程，由过去、现在、未来三个阶段组合。18 世纪晚期——19 世纪初期，将哲学观点和理论解析方法渗透入聚落理论，即聚落的产生和发展方面的推演与规律，继而形成聚落形态学理论。

其概念和定义产生于 19 世纪 40-50 年代。以美国的考古学家戈登·威利（Gordon R. Willey）为代表，他关注于秘鲁威鲁山谷聚落的田野考察与聚落模式的研究。[184]他认为人类在他们栖居环境安置自身的方式，聚落反映了自然化境、建造者所拥有的技术水平。这些聚落既能反映社会自然环境还能映射技术发展水平，并反映了多重社会体系与文化的交融过程。1946年，戈登·威利先借用航照筛选遗址进行核实，后对选定的秘鲁威鲁山河谷史前聚落遗址展开田野调查。1953 年，戈登·威利出版了《聚落与历史重建——秘鲁维鲁河谷的史前聚落形态》一书①，该书的整套系统理论与方法应用于区域聚落形态研究，并成为当今国内外聚落形态考古的主流。1984 年，张光直老师将聚落形态考古理念与方法引入国内，并著述了《考古学专题六讲》，聚落形态考古学被国内考古学界迅速接纳和吸收②。通过地理学的"位置分析法"和民族学的"聚落单位划定""聚落单位之间的关系""聚落形态的伴存文化"相关方法依照聚落单位整理、聚落布局、宏观聚落形态研究、聚落形态变迁研究的四个步骤，最终创造出聚落形态考古的一种模式整体分析法，这种方法能全面展示出聚落中的环境信息和社会组织信息，后来这种研究方法与工作方式获得国内外考古学界赞誉，并为国内外学者所广泛应用，是 20 世纪 60-70 年代考古学发展趋势的一个缩影。近年开始流行的景观考古学，聚落形态研究在广大区域景观研究的背景中，对考古学的促进将日益重要。③ 但直至今日，戈登·威利的研究仍存三点问题：（1）"社区"概念的引入，该词汇过于现代化，适应于现代化聚落景观，概念使用适配度有待确定；（2）重视特殊建筑功能，却忽略了整个社会组织结构与体系；（3）理想化构建聚落形成的社会组织，有时会与实践研究存在自相矛盾。

3. 建筑学科的聚落研究

建筑学科的聚落研究相对滞后，大部分是基于聚落地理学基础之上的

---

①（美）戈登·威利. 聚落与历史重建——秘鲁维鲁河谷的史前聚落形态 [M]. 上海：上海古籍出版社. 2018.

②张光直著. 考古学专题六讲 [M]. 北京：文物出版社，1986.

③杰里米·A·萨布罗夫，温迪·阿什莫尔，陈洪波. 美国聚落考古学的历史与未来 [J]. 中原文物，2005（04）：54-62.

研究。由凯文·林奇提出了构成城市景观意象的五要素"道路"、"边界"、"区域"、"节点"、"标志物",将城市公共空间具象为"可读性"研究,其《城市意象》(The Image of the City)[3],成为了城市设计的经典理论指导用书。挪威建筑学家 Christian Norberg-Schulz 的《场所精神:迈向建筑现象学》[4]将哲学家海德格尔等阐释的现象学理论与建筑学理论加以融合,创立了建筑现象学理论先河。

20世纪60年代,日本学者原广司教授的《世界聚落的教示100》[5]通过对世界各地聚落的深入分析,以实地考察资料为基础结合自我实践经验,解析出世界不同聚落中涵盖的自然环境、物质环境、人的行为与感知。他认为全球聚落在具备多样化形态的同时,各聚落之间具有一定的相关性。

澳大利亚学者 Barrie Shelton (巴里·谢尔顿) 的《向日本城市学习——城市设计向东看》[6],该书作者通过观察、阅读、讨论日本建筑与城市空间,并对日本城市设计背后的文化进行剖析:日本城市形态背后的思维方式根源于日本书化,其完全区别于西方文化;某些日本城市虽有现代化外观,但内涵却是扎根于悠久的日本书化观念和价值观念;当代日本城市的多种特征虽根源于日本书化与历史,却也与西方现代哲学和科学思想存在密切联系,并以一种形式体现在当代日本城市设计方法上。

意大利米兰理工大学教授 Laura Anna Pezzetti (劳拉·安娜·佩泽蒂) 采用了城市空间和图形的"重写本"(palimpsest)方式,梳理历史、场地和设计之间的复杂关系,采用层次解读和描述方法,运用符号和意义的历史解读,决定是否保护场所,修复再生结构空间序列以弥补和生成"断续"空间的策略,将以上方法和策略融合为综合方法,最终走向"保护——修复"的可持续历史性城镇景观保护理论。

4. 国外学者对中国古代聚落的研究

国外学者对中国古代城市与聚落产生了浓厚的研究兴趣。G. W. Skinner 的《中华帝国晚期的城市》[7],该书跨越多门学科:历史学、社会学、地理学、宗教学、政治学等,学者运用以上学科理论对中国帝制晚期市场体系、城市化进程等全方位与系统化研究,并提出了宏观区域理论,这对中国社会史、城市史的研究提供了区域城市体系的理论和研究方法。此外，施坚雅的《中国城市与地方系统的等级》[8]123-124对中国古代聚落和城市进行多层面的剖析与解释。施坚雅是一位人类学家，但他运用跨学科分析与研究方法，运用克里斯塔勒的中心地理论学与人文地理学的方法和理论对中国明清城市展开全面研究，结合运用统计学方法，将人口数量统计、人口级数、城市数量、行政规模百分比等应用于研究之中，文中的700多张地图为读者提供了新的阅读体验。虽有以上开创性研究，但仍存较多疑点：（1）施坚雅暗示中华晚期城市一成不变，过于理性，忽略人的存在。（2）人口规模的推算存在不合理：城墙形制不变，城内人口外溢，所以运用城墙的规模推算城内外的居住人口数量不恰当；史料的来源缺乏可考和严谨的调研，史料数据来源于由东亚同文会所汇编的《支那省别全志》（简称《全志》），而该资料的城市人口数量则是1915年前后对光绪年间的推算和估测；城市人口不一定可以完全按照邮政级别、航运、铁路等情况来判定的，这样推算人口也不合理；西方游客的记录不一定准确和可信。

在《中国聚落形态的变迁》[8]一书中，日本学者宫崎市定对中国汉唐以前的中国聚落变迁展开研究。这包括：中国聚落的形态变迁、中国村制的确立、魏晋十六国北朝时期华北的都市、汉代的里制与唐代的坊制等；采用文献法、历史叙事深描法、田野调查法研究。宫崎市定认为，中国古代存在过都市国家，并发展了都市国家体制社会，战国时期多数人民居住在密集聚落里，周围环以城郭，郭中居住布局按照里制规格方式。东汉末年，出现"村"，后唐代形成"乡里制"。后来，中国古代城市坊市制崩塌，便形成"街巷制"，乡村中的里制消失，形成"乡村制"。以上两种制式影响中国当代城市和乡村的发展格局。

5. 中国学者对国外聚落研究

中国学者对国外聚落研究内容也做出相关整理。李范文主编的《国外中国学研究译丛1》[9]，该书由多位外国学者的研究论文集合而成。日本学者池田雄一的文章《中国古代社会聚落的发展情况》收录于《日本学者古代中国研究丛刊·中国古代的聚落与地方行政》①。

夏日云、张二勋主编的《文化地理学》[10]，开篇绪论对国外文化地理学方面的专著进行系统梳理，展示出文化地理学的研究与关注对象即为人类居住所在地，提出人文景观学概念下的人类居所研究新视角。

1.3.2　国内水系与城市、聚落的研究综述

国内自 1980 年开始，以吴庆洲先生为代表，开辟中国古代城市、建筑与防患水灾方面的关联研究。1982 年，吴先生的《两广建筑避水灾之调查研究》[11]以中国古代建筑防水患研究为中心；1986 年，吴先生的《中国古代城市防洪研究》[12]继续深入中国古代城市的防洪研究。吴先生相继著述相关方面的专著与论文：《中国古代城市防洪研究》[13]、《中国古城防洪的历史经验与借鉴》[14]、《中国古城防洪的历史经验与借鉴（续）》[15]、《中国古代的城市水系》[16]、《华夏遗产之珍——古城水系》[17]、《"水都"的变迁——梧州城史及其适洪方式》[18]、《保护古城水系，借鉴防涝经验》[19]、《中国景观集称文化研究》[20]、《古广州城与水》[21]、《广州古代的城市水利》[22]，以上研究侧重于水系分布丰富的广州、徽州等南方地区，多从城市水系的防洪，水系对城市选址，水系对城市景观的影响作用为研究切入点，通过古代城市与水系的关系研究，吴先生认为古代城市防洪体系完整，值得今人借鉴与学习。

在吴庆洲先生指导和影响下，以华南理工大学为研究中心而产生了一系列城市与水系研究的硕博论文。吴左宾的《明清西安城市水系与人居环境营建研究》[23]、徐好好的《意大利波河流域历史城镇城市遗产的保护和更新研究》[24]、杨颋的《古济南城水系与空间形态关系研究》[25]、贺为才的《徽州城市村镇水系营建与管理研究》[26]、关菲凡的《广州城六脉渠研究》[27]、陈建华的《广州山水城市营建及其形态演进的研究》[28]，以上研究对象跨越于西安、济南、徽州、意大利、广州等多个区域，都以古代城市水系与城市关系为切入点进行研究，以城市人居环境、空间形态、城市

①池田雄一.中国古代的聚落与地方行政［M］.上海：复旦大学出版社.2017.

营造、城市形态作为研究重点。

此外，华南理工大学还有另一批学者聚焦于水系与城市的关系研究。蔡宜君的《广州古城水系景观营建研究》[29]、邓颖贤的《羊城八景与广州市城市形态演变关系研究》[30]、刘卫的《广州古城水系与城市发展关系研究》[31]，刘卫将其博士论文整理后出版了同名论著《广州古城水系与城市发展关系研究》[32]。至此，华南理工大学开创了广州城本土化、地域化的水景与城市、城市与水系、城市与山水格局、文化景观与城市的持续性与关联性研究。许自力等的《濠泮风流——广州旧城水系景观的历史演变》[33]和江帆影等的《广州玉带濠沿岸城市历史景观演变探究》[34]，在以上研究基础进一步剖析广州玉带濠沿岸不同历史阶段所展现的物质与非物质历史景观研究。

李裕宏的《水和北京——城市水系变迁》[36]整理了北京城内外多条水系——城外的莲花池、玉泉水、昆明湖等水系，城内的紫禁城水系，城池护城河水系，并阐述了以上水系的来源和功能，总结出北京城郊水系的历史变迁规律，以此对当代北京城水系环境的发展提出参考建议。

天津大学张玉坤教授指导的赵斌博士论文《北方地区泉水聚落形态研究》[35]，该论文以泉水聚落为研究对象，阐述北方地区泉水乡村聚落的类型、空间、形态特征，并针对目前泉水聚落的萎缩与滞后问题，提出泉水聚落的保护、利用、开发、更新的关键性技术与策略。

其他相关研究内容：孙贝的《中国传统聚落水环境的生态营造研究》[37]、潘建非的《广州城市水系空间研究》[38]、《水利因素影响下的城市形态变迁研究：以慈城为例》[39]、《水系变迁与合肥城市发展关系研究》[40]、《隋唐运河通济渠与沿岸聚落空间关系初探》[41]、《渭河水系与西安城市形态变迁研究》[42]、《成都城市形态与河流水系的关系变迁：适应性智慧及启示》[43]。以上研究多从城市形态、城市水系等方面着手历史变迁梳理的研究，古代城市形态多因城市水利和水系的影响改变城市营造与布局方式。以上论文中，博士论文研究涵盖面广，由理论深入实例研究，阐述聚焦问题且研究内容全面。而期刊论文关注在一个问题并围绕该问题展开研究，各作者认为水系是古代城市和聚落演变的根本因素，且水系对城市形态影响作用大。

1.3.3　国内聚落的专门研究综述

国内聚落研究文献数量最多，且处于多种学科交叉研究的范畴之中，多学科为：历史学、社会学、人类学、考古学、建筑学、生态学、旅游学。因建筑学科本身即为一门交叉型学科，本节关注于国内建筑学科范围的聚落梳理与研究。

国内从建筑学科出发，与历史学、地理学、民族学、人类学等学科进行交叉研究的团队即：张玉坤团队、陆元鼎团队。张玉坤团队以古代防御军事体系建筑为切入点，对长城沿线各地区的古代军事聚落展开系列研究，开辟了线性遗产廊道下中国古代聚落理论研究的领域：张玉坤等的《遵化长城建筑》[44]、《分统举要，纲维秩序——明辽东镇军事聚落分布及防御变迁研究》[45]、《明长城西北四镇军事聚落研究》[46]、《清代长城北侧城镇研究——以漠南地区为例》[47]、《明长城宣大山西三镇军事防御聚落体系宏观系统关系研究》[48]、《明代海防聚落体系研究》[49]、《齐长城沿线军事聚落研究》[50]。陆元鼎团队提出中国东南地区聚落研究的方法论和体系论——自然生态、经济技术、文化观念、社会组织等多体系：《中国东南系建筑区系类型研究》[51]、《湘赣民系民居建筑与文化研究》[52]、《越海民系民居建筑与文化研究》[53]、《两宋时期中国民居与居住形态研究》[54]。之后，张玉坤团队在 2018 年至 2019 年出版了一系列明代沿长城的各地区军事聚落研究专著：谭立峰等的《明代海防防御体系与军事聚落》[55]、李严等的《明长城九边重镇防御体系与军事聚落》[56]、刘建军等的《明长城甘肃镇防御体系与军事聚落》[57]、王琳峰等的《明长城蓟镇防御体系与军事聚落》[58]、魏琰琰等的《明长城辽东镇防御体系与军事聚落》[59]、杨申茂等的《明长城宣府镇防御体系与军事聚落》[60]。

常青的《历史·理论·范式——"建筑学硕士"专业学位课程—"建筑历史与理论"教学大纲》[61]、《略论传统聚落的风土保护与再生》[62]、《建筑人类学发凡》[63]、《人类学与当代建筑思潮》[64]，杨毅的《集市习俗、街子、城市—云南城市发展的建筑人类学之维》[65]，都从建筑人类学角度对聚落、建筑遗产保护提供新思路，开辟人类学科视角下的建筑学聚落理论研究新领域。

高兴玺的《明清时期山西商帮聚落形态研究》[66]、郝文军的《明清时期晋东南堡寨聚落地理研究》[67]、田毅的《山西传统民居地理研究》[68]、曾艳的《广东传统聚落及其民居类型文化地理研究》[69]、闫杰的《秦巴山地乡土聚落及当代发展研究》[70]、王韡的《徽州传统聚落生成环境研究》[71]、牛会聪的《多元文化生态廊道影响下京杭大运河天津段聚落形态研究》[72]，其中对不同区域——山西、四川、陕西、安徽、天津、广东等为地理区域进行聚落地理、文化、形态的研究，其研究时间段多为明清时期，尤以文化遗产廊道——京杭运河为研究视角。

国内建筑学科的聚落研究有以下特点：首先，研究方法为文献法、归纳法、案例法、田野调查法，历史时期的聚落研究多以史料文本记述为研究基础，建筑学聚落研究方法多采用学科交叉方法，通过千丝万缕的联系将其组织出新信息和观点。建筑学科交叉法既注重史料研究，又发挥出图像学剖析方法针对研究对象的深入剖析，采用文字结合图像立体化和关联性可视化研究。建筑学的研究方法既偏重于古代聚落历史文献文本研究法，又将人类学观察与记录的田野调查法融入现存聚落遗址和实物的研究过程，将文本和实物、历史与现代、图像与文献之间的研究互为关联，采用宏观、中观、微观视角的历史层积映照方式解析与研究对象。

其次，国内聚落研究对象聚焦于乡村聚落的研究，而城市聚落研究内容所占比重小。研究对象覆盖地理区域以中国南方居多，北方地区则侧重于中国的山东、河南、陕西、河北等行政区域。

最后，国内研究结论关注历史、社会、人文、宗族、地理等综合方面对各地区聚落形态影响的因素，证实出聚落历史变迁的复杂性与多变性。虽然聚落的个案研究不能代表中国所有聚落的整体性研究结论，但多区域多数量多类型的聚落实例得出的共性研究结论，凸显出国内聚落的乡土性、自发性、区域性特点，为区域聚落研究夯实了理论和实践基础，提供了区域聚落的未来研究方向。

1.3.4　宁夏地区的研究综述

本节以宁夏水利、宁夏引黄灌溉渠历史、宁夏境内聚落三方面研究进行梳理与综述。宁夏水利自 1981 年全面开始，立足引黄灌区的渠道历史、水利开发、水利灌溉方面的研究。宁夏引黄灌溉历史方面聚焦学者较多，对渠道历史展开论证，研究成果丰富。宁夏境内的聚落研究侧重于宁夏南部山区和宁夏中北部沙漠地区等极端环境中的人居聚落类型、结构和发展策略研究。

1.3.4.1　宁夏水利的研究

叶祖灏的《宁夏纪要》[73]，书中第七章的"水利"小节中概述了宁夏地区水利现状，并将宁夏境内引黄灌溉渠的历史沿革、维修和增修记录、管理与使用情况进行了条理化整理。

宁夏水利的全面研究可追溯至 1981 年宁夏举办的"宁夏水利学会举行专题学术讨论会"。该会议认为：宁夏水利事业在中国农业发展史上扮演着重要的角色，且水利与农田互为依存，水利成为农业之根本。《宁夏引黄灌区盐渍地水利改良的途径》[74]则从技术层面围绕宁夏引黄灌溉区中的盐渍地问题展开研究，提出了改良的途径和策略。

姚汉源的《中国水利史纲要》[75]和《中国水利发展史》[76]、王成敬的《西北的农田水利》[77]中有少量篇幅写到了宁夏灌区的发展，梳理了宁夏灌区的历史发展概况，主要引黄灌溉渠的名称和来源，总结出宁夏灌区中各引黄灌溉渠的优缺点和现存状况。

宁夏水利学会编的《宁夏水利今昔》[78]中编录了宁夏古代水利建设，古代水利制度，历代水利艺文等方面内容。宁夏水利志编纂委员会编的《宁夏水利志》[79]全面概述了古代宁夏水利历史沿革与宁夏水利现存状况，从宁夏自然地理、水利条件、水资源、水灾、水利史等进行全面梳理，并系统地介绍与调查宁夏两个引黄灌区和一个山区灌区中各条引黄灌溉渠，是一本全面的宁夏水利文献资料。

卢德明在《宁夏引黄灌溉小史》[80]、《宁夏水利新志》[81]、《宁夏平原引黄灌溉的历史》[82]、《宁夏引黄灌溉史略》[83]、《关于宁夏引黄灌溉创始年代问题》[84]中，卢先生系统地阐述了宁夏平原引黄灌溉的起源和发展历程，根据史书记载推断宁夏平原灌溉渠及其分布位置，认为宁夏平原最早灌溉时期应在汉代，至迟在西汉武帝中期已全面开始。自西汉以来，宁夏平原的引黄灌溉渠虽因封建王朝的兴衰而更替，呈现出时进时退的现象，但总趋势是在历史过程中不断发展与改进的，宁夏引黄灌溉渠的背景可大力发展宁夏屯田事业。

吴忠礼等的《塞上江南：宁夏引黄灌溉今昔》[85]，按历史演进过程梳理宁夏地区治水屯田的发展与历史过程，对宁夏水利方面的杰出人物和经验及其发明创造做系统性介绍。他认为古代宁夏引黄灌溉工程建设离不开历代政府的支持和科学调查。

高安泽的《中国水利百科全书著名水利工程分册》对宁夏古灌区的水利工程历史沿革、各渠道概况介绍[86]；菜蕃的《元代水利家郭守敬》[87]记述了元代著名水利专家郭守敬对宁夏引黄灌渠全面走访后，对西夏时期的引黄灌渠进行全面修复，并采用因势利导的修复方式。郑连第的《宁夏引黄灌溉溯源》收录在《科学研究论文集第 22 集（水资源、灌溉与排水、水利史）》[87]中，与其同名论文内容相同，不赘述。汪一鸣的《汉代宁夏引黄灌区的开发——两汉宁夏平原农业生产初探》被收录在《水利史研究会成立大会论文集》[89]中，与下文论著中内容相同，不赘述。郑肇经的《中国水利史》[90]中提到了古代宁夏引黄灌溉的作用、地位等。《中国水利史稿》[91]对宁夏引黄灌溉渠历史沿革、各渠情况，水渠现状做了详细描述。

汪一鸣的《宁夏人地关系演化研究》[92]，该书由多篇文章汇集而成，从宁夏地理、历史到银川的历史与演变历程至宁夏地区风物景观等都做了论述和分析。其中的文章：《宁夏平原渠名考》[93]、《试论宁夏秦渠的成渠年代—兼谈秦代宁夏平原农业生产》[94]，考证了历史时期宁夏著名引黄灌溉及其名称演变，并对宁夏秦渠建成年代做进一步解析。汪先生对宁夏地区城市建设、城市旅游、城市文化等方面提出自己的观点和建议。

岳云霄的《清至民国时期宁夏平原的水利开发与环境变迁》[95]，主要论述了清至民国宁夏平原的水利建设历史，着重揭示宁夏平原的水利技术和水利制度研究。潘春辉的《西北水利史研究—开发与环境》[96]，书中第二章节专门阐述了元明清时期宁夏平原水利，从河工制度、河渠管理、水利技术等。左书谔的《明代宁夏屯田述论》[97]，主要论述明代宁夏屯田的三个历史阶段与特点。而左老师的《明清时期宁夏水利述论》[98]，则从明清宁夏水利概况、制度与管理、经验与教训三方面进行了论述，揭示了水利与屯田事业的密切联系。王岚海主编的《宁夏水利史话》[99]概述了宁夏水利的组成——河流、水渠、湖泊等，以上类型水资源的开发及其背后的建设人物。吕卓民的《明代宁夏屯垦区的水利建设》[100]论述了明宁夏卫所制度下的屯垦区水利建设事业和成就。即使遭遇历史上的宁夏干旱少雨时节，明代屯垦事业却得到了引黄灌溉渠的支撑而延续发展。郑连第的《宁夏引黄灌溉溯源》[101]、陆超的《宁夏引黄古灌区流润千秋》[102]、周文君的《宁夏引黄古灌区的历史与文化价值》[103]、王薇的《宁夏引黄古灌区古渠时空分布特征研究》[104]都以宁夏引黄灌溉历史发展脉络为主要研究内容，且后两篇文章在历史学基础上，从文化遗产学角度揭示宁夏引黄古灌区的历史、文化、水利、社会等方面的科学价值，将宁夏古灌区渠道分布位置予以确定，并认为应通过宣传、传承、旅游、保护、盘活等手段对宁夏古灌区中引黄灌溉渠的价值加以发挥与利用。

宁夏唐徕渠多在以上研究内容中提及，但针对宁夏唐徕渠的专门研究内容少。张元主编的《长渠流润—唐徕渠历史与新貌》[105]，书中整理了唐徕渠的相关事宜：宁夏水利的开发、唐徕渠史略、唐徕渠主要支渠、唐徕渠文化、开发水利的相关人物、管理、组织、灌溉收费、工程建设、相关湖泊与水系等。该书为本书研究提供了一条重要线索和多种资料来源的启示。《唐徕渠志》[143]从唐徕渠渠道沿革、整治旧渠、工程管理、灌溉管理、经营管理、新建二农场渠、水利大事记等方面进行整理，渠道相关数据截止于1990年前。

郭小凡的《"海绵城市"理论下的河渠改造研究——以银川市唐徕渠改造计划为例》[106]、庞亚平等的《唐徕公园的规划与建设》[107]。以上文章多以宁夏银川段唐徕渠及其两岸的唐徕渠公园为研究对象，引入海绵城市设计理论与思考、规划与设计方法等对宁夏银川段唐徕渠和唐徕渠公园的改造、规划与设计提供整改建议。

杨志和吴晓峰等的《唐徕渠支渠灌溉专家决策系统应用研究》[108]、李梅婷的《宁夏引黄灌区唐徕渠高地下水位渠段砌护方式研究》[109]、苏笑曦的《宁夏引黄古灌区农业水资源科学管理的实践与思考——以宁夏唐徕渠灌区为例》[110]，多以唐徕渠的渠道改造、建设、保护、管理工程为研究内容，采用相应技术与手段防范和施工方面的研究。

殷锋的《唐徕水文化的实践与探索》[111]、张前瑞的《唐徕渠灌区为水资源管理现状分析》[112]，或从宁夏唐徕渠水文化特征与应用，采用方法与实践作出分析；或从唐徕渠水资源管理状况加以判断与分析，对唐徕渠水资源的利用提出了新方法，旨在改善水资源环境。赵竹君的《阅海经济区：从水系特征看银川城市特色风貌塑造》[113]以银川阅海经济区内分布的水系为研究对象，提出西北干旱与半干旱城市滨水空间设计要重视原水生态环境，做到沿岸建筑与景观设计的控制。张郗的《基于遗产认知的宁夏唐徕渠灌溉工程遗产展示系统构建研究》[114]，该文以宁夏银川市中心城区段唐徕渠为研究对象，以文化遗产视角对该段唐徕渠的物质与非物质文化遗产要素做详细梳理：宁夏唐徕渠共131处遗产要素，灌溉工程实体为24处；档案文献遗产12处，其他相关城镇遗址10处，非物质要素共85处。水利遗产体系的展示与利用多以城镇中心段唐徕渠为主，形成闭环式灌渠体系设计，强调可识别性。

综上所述，宁夏水利研究积累多，但研究深度略显欠缺。宁夏水利工程考古调查和现场发掘资料的缺失：一方面受到唐徕渠自身规律影响，灌溉渠历史遗迹遭受自然水体的破坏；另一方面现存引黄灌溉渠都属于文物再利用状态，历代反复疏浚和维修同样造成了引黄灌溉渠水利工程物质遗产的辨识度低，不利用挖掘和研究。在以上情况的影响下，宁夏水利研究仅限于历史沿革方面的宏观尺度研究状态。因而，大部分研究局限在史料梳理过程中，特别是水利历史沿革资料积累过度，也由于历史文献资料重合，研究方法的单一，造成全部按照前人的研究得出结论，没有中观、微观尺度量化研究，故很难呈现宁夏水利研究方面的新内容和新观点。

1.3.4.2 宁夏地区聚落的研究

侯仁之的《历史地理学的理论与实践》[115]中的《从人类活动的遗迹探

索宁夏河东沙区的变迁》，主要通过对宁夏河东沙区中的红山堡、铁柱泉城、兴武营等几座古代军事城堡进行了实地考察，结合历史文献考证出各城堡遗迹位置，探析其消失原因，旨在探索今天城镇建设中的合理化垦殖与放牧，防范地区水土流失，改善城镇生态环境，使之可延续发展。

张维慎的《宁夏农牧业发展与环境变迁研究》[116]，以宁夏地区农牧业的历史发展为线索，探讨宁夏地区的发展演变与自然环境变迁之间的关系，部分章节对宁夏地区历史和地理发展进行量化研究。

张玉坤的《中国长城志—边镇·堡寨·关隘》[117]中概述了宁夏聚落环境、历史沿革、基本布局、构筑特点，并阐述了明代边镇、堡寨、关隘类型与特点。

杨建林的《20世纪80年代以来国内明代宁夏镇研究综述》[118]，该文综述了20世纪80年代以来国内对明代宁夏镇的研究：从明代的军制设立入手，涉及到宁夏镇的布局、驻防等各类情况；作为九边重镇之一的宁夏镇的治所体制研究；宁夏镇个案分析研究；考古学视角下的宁夏镇城防军事体系即宁夏长城防御设施相关研究。

燕宁娜的《宁夏西海固回族聚落营建及发展策略研究》[119]、《宁夏西海固回族聚落营建及发展策略研究》[120]，该专著来源于作者博士论文，主要研究不同历史时期的宁夏西海固聚落选址特征：宁夏史前聚落多选址在自然资源丰富的区域；北宋形成城——寨——堡为一体的聚落，其选址一般在险要地势区域，成为当代城镇和乡村的基础，文末对南部山区的3种聚落规划与设计模式进行探析。

王晓霞的《宁夏秦汉渠灌区回族社会历史变迁研究——清代至民国时期》[121]、王曼曼的《盐池县乡村聚落时空演变与优化研究》[122]，前者通过人类学和社会学整理了该地区的调查和走访情况等，力图勾画出清至民国秦汉渠灌区中的回族文化、历史、人文变迁过程；后者则对宁夏沙漠化较为严重的盐池地区乡村聚落形成和变迁过程深入解析，提出针对该地区乡村聚落的优化与发展策略。

冯晓多的《宁夏地区明代城镇地理研究》[123]对明代宁夏北部军事城镇历史沿革、城镇格局等做详细研究。马依楠的《宁夏纳家户回族聚落空间特色研究》[124]对宁夏永宁回族聚落的形成与发展、空间与布局、建筑特色等加以分析。

常玮的《宁夏地区明长城军事防御聚落的修筑特点与演变》[125]、温胜强的《生态移民安置区聚落形态研究——以宁夏滨河家园安置区为例》[126]、拓晓龙的《西北军事堡寨聚落形态变迁影响因素解析——以宁夏地区为例》[127]、康扬眉的《宁夏乡村聚落空间布局探索——以中卫市郭滩村为例》[128]、庞超的《沙区聚落生态安全评价——以宁夏北部风沙区为例》[129]、孙贵艳的《黄土高原地区宁夏西吉县乡村聚落空间变化及其影响因素》[130]、李钰的《宁夏西海固地区乡村聚落规划方法构建与策略更新研究》[131]、燕宁娜的《西北地区回族聚落营建研究基础与构想——以宁夏西海固地区为例》[132]、吴秀芹的《沙区聚落模式及人居环境质量评价研究：以宁夏盐池县北部风沙区为例》[133]，以上所有文章以宁夏地区某一时间段某一地点或者特定回族聚落为研究对象，揭示了宁夏中卫、盐池、西吉、海原、固原等宁夏南北部地区聚落演变、聚落形态、聚落空间、聚落环境、聚落生态沙漠化等极端化现状问题。

王超琼等的《明代宁夏镇园林植物景观特色研究》[134]证明明代宁夏镇园林景观分为三种类型：私家园林、寺观园林、衙署园林，历史园林景观形成的两大因素：一为宁夏镇的自然气候条件，二为社会条件。在其影响下，以上三种园林植物景观特色：粗犷与灵秀并存，生产与观赏结合，多宗教文化共生。历史景观可为当今宁夏植物景观设计与构建提供方向：绿地布局与选址多以水体为主，植物突出季节色彩设计。在构建农业景观的同时，文本重现历史经典园林景观。

段诗乐的《明长城宁夏镇军事聚落分布与选址研究》[135]，该文结论：宁夏镇军事聚落分为——镇、卫、所、堡共4级，其可分为3种类型聚落——中心、沿边、腹地，各屯堡的分布受到引黄灌渠制约。段诗乐的《区域水系影响下的明代宁夏镇城园林特征与风格研究》[136]，该文结论为：明代宁夏镇城园林因湖渠立园、环水塑景、水系多样、立意深远，以此证实明代宁夏镇城地理环境的重要性。

宁夏聚落研究的文献与专著很少，系统化和专业化的聚落专著少，期刊类文献也不多。宁夏聚落研究内容偏重于单个典型聚落案例研究，且有重合之处：宁夏明代防御军事聚落研究就是一个典型实例。采用量化研究的宁夏聚落多偏重于典型聚落的格局和特征。

宁夏地区聚落研究范围多分布在宁夏偏僻、干旱和沙化等气候极端恶劣地区，集中在以上区域中现存典型聚落的研究。虽然这些聚落颇具独特性，但也会因研究对象的特殊化，而影响宁夏境内历史聚落特征的概念化和模糊化，割断了历史背景与形成变迁过程。研究对象太关注于回族聚落，因历史因素影响，造成回族聚落多选址在极端气候区域之中，其聚落本身具有明显特征。宁夏城市聚落的形成与变迁过程研究少，而乡村聚落研究比重大。

研究者分布范围在西北地区，其中以宁夏、陕西、甘肃地区研究者居多，地缘性质造就了研究者聚焦于此。其中，宁夏本土研究者占最大比重，学者所在单位为：宁夏大学、陕西师范大学、宁夏地方文献馆、宁夏社科院、北方民族大学等。宁夏地区的研究者起步早，但研究方法、研究视角、研究深度，处于传统历史分析法，缺乏系统化的交叉学科研究。

宁夏聚落研究方法上，采用地理信息学中的 GIS、统计学中的 SPSS、数学中的层次分析法、历史文献法等，建筑学研究方法属于多学科交叉方法，其涵盖：建筑类型法、田野调查法、图像分析法等。其中，建筑学视角下的宁夏聚落研究，采用历史文献法时，明显对史料的呈现、解析、对照存在偏差。至于宁夏聚落景观方面的研究仍然停滞在古代宁夏八景文化的梳理和现代宁夏景观设计方面，缺乏历史景观与现代景观的延续与研究，方法与思维来源于其他地区景观设计模式的移植与套用。

宁夏聚落研究存在以下不足：研究对象要全面、整体、系统、具体。既要关注聚落选址、形态、布局等宏观尺度的研究，还关注聚落中的单体建筑研究，覆盖三个尺度空间层次。研究方法要多样化，传统文献法、地理信息研究法、田野调查法等互为补充和利用。聚落研究侧重城市聚落和乡村聚落的研究，建立两者之间的联系，保持平衡研究态势。

1.4　研究意义、目的和内容

在以上国内外研究综述基础上，本书立足于建筑学科的建筑历史研究领域之中，借用文化景观学、历史景观学理论、景观层级研究法、景观考古法等，综合宁夏地方志和文史资料的文字与舆图对研究对象信息展开梳理。这种梳理从历史景观层级视角出发，将明至民国宁夏唐徕渠和沿唐徕渠聚落的空间分布位置、聚落轮廓、聚落形制、聚落布局等历史阶段信息完整勾勒和呈现，以此为依据对明至民国沿宁夏唐徕渠聚落格局进行深入剖析，对不同历史时期的信息与脉络做补充，最终揭示唐徕渠对各类型沿渠聚落的影响机制规律与特征，旨在从历史和文化景观视角为今天的唐徕渠沿渠格局保护与建设提出新视角和新思维，这对保护宁夏引黄古灌区、营造山水城镇景观具有理论和现实意义。

在挖掘文化历史遗址的同时，寻找历史根源的过程记忆，文化景观作为记忆必备载体，具备景观三要素特征：人类活动的历史文化记忆、自然生态的环境变迁记忆、格局营造的实体空间文化景观风貌记忆。探讨今日沿唐徕聚落历史景观的复原与设计方法，解析其路径，以期解决今日沿唐徕渠风貌的规划和设计上存在的根本问题，最终切实做到恢复沿渠生态、保护灌溉渠遗址景观、保护现存的沿渠堡寨和标志水利建筑，以乡土文化重合地方文化景观，延续唐徕渠两岸的文化景观，呈现历史场所的域场功能，再现与传承独特的地理风貌。

1.4.1　研究意义

近年，在 UNESCO 和其相关组织支持下，文化景观遗产已不再是一个陌生的主题，从而一跃成为整理保护的一种新方法和一种新思路。文化景观不仅关注自然遗产属性，更重要关注于自然属性中的文化特征，双重属性下的当代遗产保护成为世界遗产保护可持续的重心。明至民国宁夏唐徕渠对沿渠聚落的格局影响极为符合广域空间、线性延伸、大尺度、动态化、物质与非物质、自然与文化的多种特点，这与文化景观遗产属性相契合，从文化景观视角入手，有助于宁夏唐徕渠两岸的遗址保护与研究，可为沿宁夏唐徕渠两岸的文化遗产发掘、利用、保护、研究等各层次需要提供理论和实践基础。

1. 为宁夏引黄古灌区灌溉遗产的研究提供理论框架和理论支撑

明至民国时期宁夏唐徕渠对沿渠聚落格局的影响研究明显存在着整体性理论支撑的不足：研究理论不充分、研究学科有待丰富化、研究方法的创新与补充，本论文从文化景观视角，对文化景观概念、遗产组成、遗产体系构架展开阐释，利用再解读和深层剖挖的方式，寻求文化景观遗产视野下的宁夏唐徕渠对沿渠聚落格局的落脚点和关注点。在此研究过程中，在文化景观研究背景下，将历史景观城镇的层积法实践与实证，提升研究对象的整体观认知水平，为当下和未来灌区遗址的保护与研究奠定理论基础，为其研究构建理论框架，为其提供新的研究工具，便于途径的实施和理论的支撑，弥补现存研究的不足。

2. 梳理明至民国宁夏唐徕渠渠系对沿渠聚落格局影响的演变过程与特点

立足文化景观视角，借助历史性城镇景观的层积理论与实践方法，可将宁夏唐徕渠对沿渠聚落格局的影响核心特质：体系化、物质与非物质、自然与文化、沿线态化、大尺度空间等，从研究对象中提取自然和人工景观要素，从宏观山水格局、军事防御格局、水利灌溉格局，逐步渗透至微观的独体城池和堡寨的格局研究。宏观与中观格局的演变过程正是沿唐徕渠聚落的文化景观属性印记。明代古人对山水格局的认知和人工水利工程格局的营建，这都是军事防御体系格局的成型基础，沿渠各座堡寨的选址分布、设施布局、水系构建都离不开宁夏北部特有的山水自然环境，研究其互动影响，分析各时期层积态势，为进一步研究和深化宁夏引黄古灌区沿渠体系的核心特点提供框架和体系支撑。

3. 提升明至民国沿宁夏唐徕渠聚落遗产价值的整体认知水平

虽然目前宁夏引黄古灌区已经成功列入世界灌溉水利工程遗产名录之中，但是遗产的保护任务任重而道远。基于文化景观的视野，宁夏引黄古灌区涵盖范围大，存有大尺度、动态化的特点，各古渠道沿线明显兼顾物质和非物质，融合自然和文化的双重属性，这些特质明显与文化景观中的文化路线有着契合点。因此，宁夏引黄古灌区应该学习四川都江堰，最终申报世界遗产成功并列入世界遗产名录，这应是核心化和关键性的意义。以上思路恰与当前国际推进世界遗产保护工作的可持续化发展不谋而合，世界遗产委员会及其多个相关组织越来越重视世界各地文化景观类遗产的整理、研究、申报、保护。首先，挖掘宁夏唐徕渠对沿渠聚落的影响与特点，再逐步扩展整片灌区中各古渠的沿线影响与特点，最后涉及整个古灌区。申遗的过程就是研究过程，深入研究提升明至民国沿宁夏唐徕渠聚落遗产价值的整体认知水平。同时，这一研究还可加强国家和各级文物保护部门、国家水利局、宁夏水利厅等之间的协作和管理，深入探索文化景观遗产体系的研究，为挖掘宁夏引黄古灌区的遗产价值奠定理论基础，提供更多的保护思路和方式。

1.4.2　研究目的

1. 从文化景观研究视角叠合历史性城镇景观的研究方法，最终厘清明至民国宁夏唐徕渠对沿渠聚落格局的影响演变过程和层次关系。

2. 通过以上视角和方法的研究，揭示宁夏引黄古灌区的工程遗产价值，提供区域文化景观遗产价值的理论支撑与研究框架。

3. 明至民国宁夏唐徕渠对沿渠聚落格局的影响可提供宁夏唐灌区文化景观遗产保护利用方法，并延伸至宁夏引黄古灌区的价值挖掘、保护与利用。

1.4.3　研究内容

基于本书的全面性、整体性保护和研究问题的提出背景下，引入本书的研究内容：在文化景观和历史性城镇景观的研究视角下，明至民国宁夏唐徕渠对沿渠聚落的格局会产生哪些功能、类型、特点、形式上的实质影响，其分别构成何种布局和形态，继而构成怎样的空间类型，分属于文化景观类遗产的哪种类型。

子问题进一步探索和深入研究内容：

1. 明代宁夏唐徕渠对沿渠聚落的格局影响特点研究。明代宁夏唐徕渠渠系的变化，在其影响下的沿渠聚落数量、分布、位置、形制，明代沿渠聚落的山水格局、军事格局等，宏观、中观、微观三种格局的关联与类型特点。

2. 清代宁夏唐徕渠对沿渠聚落的格局影响特点研究。它包括清代宁夏唐徕渠渠系的变化，基于其影响下的沿渠聚落数量、位置、形制、排列方式，宏观格局对应山水格局、军事格局等，唐徕渠对沿渠聚落格局的影响演变过程与特点。

3. 民国宁夏唐徕渠对沿渠聚落的格局影响特点研究。民国宁夏唐徕渠渠系的变化，在其影响下的沿渠聚落数量、位置、形制，民国沿渠聚落格局的分布、特点与变化。

4. 典型聚落——银川城格局特点的研究。明至民国银川城的内外格局变迁特点：城池边界变化、城内园林水系、城内外格局类型及其特点。

5. 作为半干旱干旱区域银川城与其他地区的古城进行比较，侧重于城内外水系营建特点、城内外园林的营造方式、城池的格局特点研究。

6. 对比三个历史时期三种格局影响类型的相似点和差异性，厘清不同历史时期的格局变迁特点。

1.5　研究章节、方法、重点、难点和技术路线

1.5.1　研究章节

本书包括四部分内容。第一部分，对应第 1 章绪论。包括本书的研究背景：现实背景、理论背景，现实背景分析了宁夏唐徕渠的世界灌溉工程遗产价值，但目前的保护尚存问题：一方面需要提升宁夏引黄古灌区的价值，扩大其知名度，应该立足于世界文化遗产的研究和方法之下。另一方面，多座沿渠堡寨遗址的现状令人堪忧，仅剩三座沿渠堡寨——大坝堡、玉泉营堡和周澄堡。因此，两个问题交织在一起，提出多视域下的交叉学科的沿渠聚落保护与研究方法，扩大渠道保护范围，从广域尺度、动态化

视角、多样化视角整体保护唐徕渠与沿渠聚落势在必行，以此为思路构架了文化景观和历史性城镇景观视角下的明至民国唐徕渠对沿渠聚落格局影响的研究立意。研究的理论和实践背景形成后，划定研究对象，厘清研究对象的相关概念：唐徕渠、堡寨聚落和城池聚落、沿渠堡寨聚落和沿渠城池聚落、宏观格局和中观格局，其释义以备后续解析和阐述。以研究背景为中心，对国内外研究展开述评，以期从中寻找写作的空间和研究的方向，即国内外研究的理论、视角、方法的可取之处，以及国内外研究的不足之处。研究意义、研究目的、拟解决关键问题等是一系列连锁问题，也构建于研究背景、研究对象和研究综述之下，宣明研究意义，明确研究目标，提出研究对象的存在问题，最终确立研究内容，围绕问题展开论述，并选取适当的方法、路径，制定技术路线，但伴随提出问题和研究过程的展开，会面临研究的重点和难点。

第二部分，关键性问题的解析研究。根据传统历史编年体和宁夏唐徕渠的历史发展时段，将各历史时期宁夏唐徕渠对沿渠聚落的格局的影响，即明代、清代、民国三个历史时期作为时间界限划分。梳理出明代唐徕渠、明代沿唐徕渠聚落、渠对沿渠聚落格局的影响类型；清代唐徕渠、清代沿唐徕渠聚落、渠与聚落之间的关系和格局类型研究；民国唐徕渠、民国沿唐徕渠聚落、渠对沿渠聚落格局的影响类型，以上三个问题各成一章，分别为本书的第 2、3、4 章，对照研究框架和理论方法，对明、清、民国三个历史时段宁夏唐徕渠历史发展、渠系构成、聚落分布、渠对沿渠聚落格局的影响类型梳理，探讨演变特点，分析互动影响之中暗含的动因与机制。选取典型案例银川城，对其分析和研究，是本书第 5 章。基于以上格局研究的基础与方法体系，选取沿唐徕渠典型聚落案例作为微观格局深入研究，即明至民国宁夏唐徕渠对银川城格局的影响展开个案研究。采用层级式递进方法将宏观、中观格局部分尚未交代清楚内容继续深入剖析。仍将传统历史时段融入个体内容之中：明代、清代、民国时期银川城的城池历史和形态演变、城池内外唐徕渠的位置分布，其对城内外园林位置的分布。在唐徕渠的影响下，明代银川城内外水系构成城池存在的基础，并由此不断发展和繁荣；直至民国末期，城内外唐徕渠水系被破坏，城池内外格局至衰败。

第三部分，本书第 6 章。通过比较研究，总结出明至民国宁夏唐徕渠对沿渠聚落格局的影响类型及其特点，依据文化景观遗产的概念和类型进行划分，发掘宁夏唐徕渠对沿渠聚落格局的影响类型价值特点及其内涵。根据相关研究，关注唐灌区格局影响的保护和利用，提出保护规划建议：划定保护规划范围，继续挖掘整理遗产价值，建设唐灌区文化公园等。

第四部分，结论。梳理本书表面现象及其结果，总结本书核心结论与观点，归纳本书创新点。

1.5.2　研究方法

本书采用的研究方法是在学科和理论体系下建立的，建筑学学科涉及多门学科，是典型的交叉学科，包括：历史学、地理学、类型学、社会学、人类学等，与之相应学科使用相应的研究方法：文献调查法、田野调查法、历史性城镇景观法、个案研究法、比较法，每种研究方法在本书的应用与实施，即将在以下小节内容里进行解析，将材料和方法互为应用结合具体展开，这些都会呈现于后续内容的论证过程之中。

1. 文献调查法

它亦称为历史文献法。本书的文献调查法即将所有包含研究对象——唐徕渠、唐徕渠系、明至民国的沿渠聚落等详细地理位置信息的文献进行甄别与梳理。

文献资料来源于：（1）宁夏地方志。明代地方志为《宁夏志笺证》《弘治宁夏新志》《嘉靖宁夏新志》等。清代地方志为《乾隆宁夏府志》《银川小志》等。民国方志为《民国朔方道志》。其他历史文献资料，包括《明实录宁夏资料辑录》《清实录宁夏资料辑录》等。（2）金石录。专门记录某段时期的碑刻，如《汉唐二坝记》《修唐徕渠碑记》等。（3）考古资料和文物地图集，如《宁夏文物》《中国文物地图集宁夏分册》。（4）曾在历史时期探访过宁夏地区的名家著作，如《中国的西北角》等。（5）宁夏历史地理专著，如《宁夏历史地理变迁》，《宁夏历史地理考》《宁夏历史地名考》①。

以上文献包含多类信息：（1）文字信息。对于宁夏唐徕渠、唐徕渠水系、唐徕渠沿渠的聚落、宁夏镇、宁夏府的文字记录，以上研究对象在某一时间段落中呈现出的状态记于文献中。（2）图像信息。宁夏地区的古代舆图，宁夏地区文物地图，宁夏地区水系图，历代宁夏历史区域图等。图像即影像图片，记录某一时段宁夏唐徕渠沿渠的文物建筑、水渠建筑、村落聚落等多类影像图片，据此可以勾画出该时期宁夏地区文物建筑形制、构成、状态等，以此作为研究该段时期与之相关内容的实证。（3）数据信息。它包含研究对象的整理和分析信息的数据，沿渠堡寨尺度、该段的唐徕渠干渠和支渠的长度、宽度、灌溉面积，唐徕渠和堡寨遗址之间的距离。

2. 田野调查法

在经过以上充分的文献整理基础后，田野调查法则是考证历史文献和资料的一种重要的实地调研途径和方法，是一种理论在实践中的具体应用过程。借助田野调查法，实地应用聚落考古法，对研究对象的实地取证、搜集实物、观察文物现状，在以上过程中，还要与遗址周边的村民进行语言交流，田野调查的方法实际是一种比照历史和现代的重要实施路径。以此方法不仅可以充实文献资料中存在不足和矛盾争议之处，而且是对沿唐徕渠两岸的聚落现状情况如实记录和还原历史信息的一种有效途径。田野调查法中的多种手段：访谈、交流、观察、问卷、考证等，它们会进一步证实本书研究中的现状材料与历史材料之间的联系和印证。但实地调查方法不是一蹴而就的，还需要结合本书的展开与演进层次与时间线索。基于文献调查法的阶段性基础，对不断挖掘的历史文献进行甄别和筛选，结合与本书相关的一系列历史文档、影像以及数据文字资料，经过耐心与反复整理、科学论证和分析之后，再步入实地进行缜密调查和研究。

结合研究阶段，具体研究工作方法：（1）现场踏勘与调研。虽然通过

---

① 详见本章 1.2 中的研究对象界定与概念解析相关内容.

文献调查法，获取了沿唐徕渠聚落的历史与现代信息——数量、位置、分布、环境、渠和聚落的关系图，但这些信息还需要进一步考证，寻找到聚落遗址，展开踏勘和调研。踏勘偏重在聚落遗址的边界，周边衍生村落的数量与分布，唐徕渠、聚落遗址、衍生村落之间的确切距离等数据考证。调研的目的在于观察和测绘，不仅对沿渠聚落的物质空间环境与渠系体系的实物观测，还要将周边居民对水渠和聚落空间的使用方法进行观察与理解，获取聚落空间的直观形态与格局，用以研究对象的验证与考辨。（2）图纸、影像的实地信息采集和比对。在建筑学学科的研究背景下，图纸信息可分为草图绘制、现场测绘图纸、遥感卫星图纸、影像图纸。传统图纸手段记录即为草图绘制和现场测绘、现场影像拍照，它们可以从宏观、中观两种尺度来记录聚落的形状，从专业角度解析沿渠聚落的信息：聚落总平面环境、聚落单体平面、聚落内部组成、聚落空间范围等，从草图的示意逐步细化为测绘的详尽数据呈现。遥感卫星图纸结合航拍飞机图纸，可以纠正以上图纸的偏差，生成直观和精准的聚落影像图纸。此方法可为沿渠聚落景观的再现与复原提供依据和途径。（3）访谈。两类访谈者为关注重点。第一类为文物保护专业人员，与他们交流可获取遗址的确切位置、考古细节、与之相关的历史信息等，补充历史文献中的不足，快捷掌握研究对象的基本地理空间和物质环境信息；第二类为周边居民，与他们交流可获取唐徕渠、沿渠聚落遗址的文化组成、形成背景、历史沿革、民间传说、景观要素等口传历史信息，主要实施手段为录音和文字记录，后采用文字和图纸整理直观呈现。

3. 文化景观类型的分类与研究方法

根据文化景观遗产的概念衍生出其类型的分类与研究方法。首先，文化景观遗产的定义中包含：人类与自然共同创造的作品、连接文化和自然遗产的纽带，即文化景观是某个区域长期以来，经历历史积淀，人对自然改造或者创作，最终形成的地域景观，不仅包括有形物质基础，还涵盖无形精神价值内涵，对其认知和保护实际是揭示和保存人类与自然环境的相互作用，凸显多样性、活态性等特征，保护已经消失的传统文化和以及，将容纳和包含它的场所视为文化景观，应属于世界遗产名录。其目的在于缝合文化遗产和自然遗产之间的分割状态，运用历时性、空间性、整体性、地域性观念全方位扩展保护范围，不仅保护遗址、历史建筑、线路、体系的本体，还保护了其所在的自然环境，进而延伸至精神文化与传统的保护，从有形文化遗产保护延伸至无形文化遗产的保护。

本书以世界遗产委员会所推行的国际常用的标准类型分类法为研究范本。世界遗产委员会在《实施世界遗产公约操作指南》里将文化景观分为三大类。（1）人类规划、创造并设计的文化景观：园林景观、公园景观等，简称为有意设计类的景观。（2）通过有机演进形成的景观：与社会、宗教等人类活动与周围环境关联形成的新形态景观，形成因素、演变过程与规律是核心价值所在。简称为有机演进类的景观，包括两个字类型：残遗（或化石）景观，也可称为遗迹景观，其主体由历史遗迹、历史遗存组成；持续性或活态性景观，地区或区域受到社会、传统、生活方式的影响而发生持续演变，且演变一直延续，透过演变现象发现社会发展的过程与脉络，是社会变迁的见证。（3）关联性景观，属于无形的、精神化意识形态景观，能够增加人们对特定区域文化、社会、艺术等方面的认知和理解，文化景观遗产的分类生成过程见图1.3。综上，三类文化景观逐步从物质形态延伸至意识形态，从"有形"扩展至"无形"，而且这些文化景观有时间和空间特性，前后具有连续性，有表面特征和形态，还有内部关联和意义。

依照研究过程，结合文化景观的分类方法，明确主题，提取要素，聚焦格局类型，梳理所有要素信息，解析格局内涵与城市景观设计中的位置内涵对应，继而分析景观的特点与功能，汲取历史真实信息，最终以文化景观遗产评价物质与价值要素的评判标准进行研究目标的指导，以实现价值内涵的梳理和发掘，以期最终应用于保护理论与实践之中（见表1.9）。

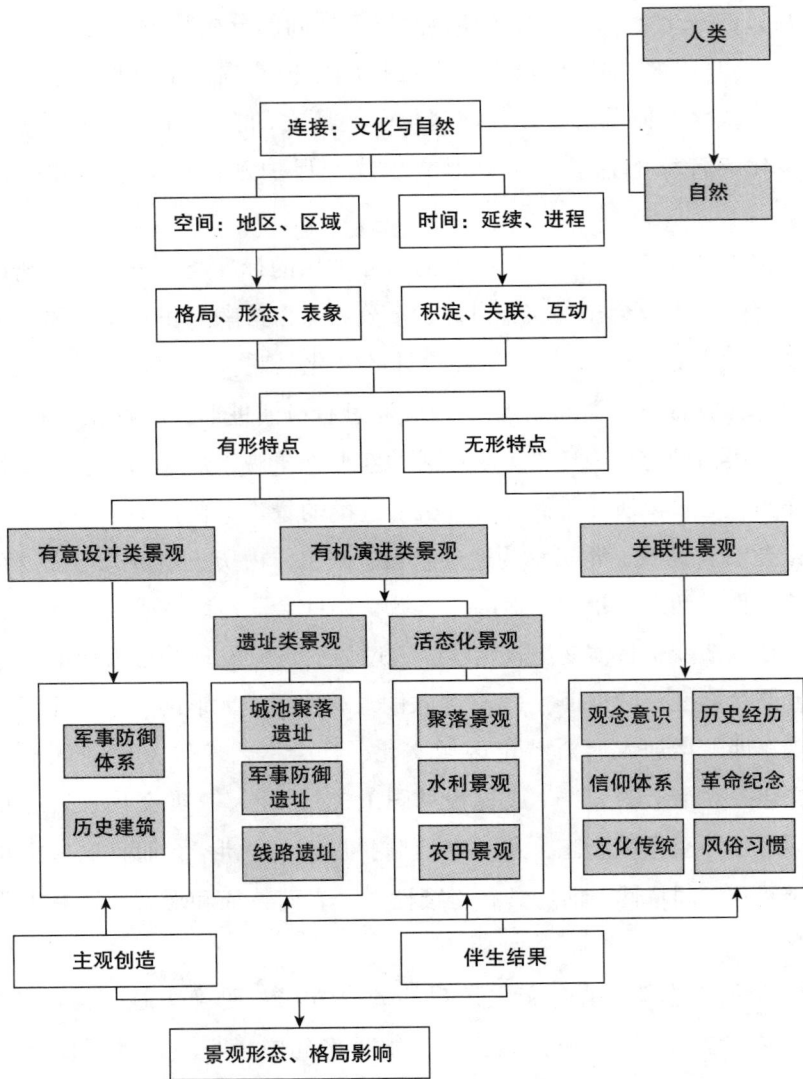

図 1.3　世界文化遗产委员会对文化景观遗产的分类生成解析图

图片来源：根据世界遗产委员会的《实施世界遗产公约操作指南》相关内容作者绘制

表 1.9 本书格局影响中的景观要素价值提炼研究范本示意表

时间维度	景观要素	景观类别	景观格局	格局价值内涵	景观价值与特点	历史真实信息（典型代表）
明代↓清代↓民国	自然	山	山水格局	边界	地理标识、观赏、天然军事防御边界、山河主题之一景	贺兰山：巍然屹立，山崖峭壁，翠峰森，峻极于天
		河		边界	地理标识、观赏、水利灌溉之源、天然军事防御边界、山河主题之一景	黄河：自兰会界来，经中卫入峡口，经镇城东北而去。引渠溉田数万顷
		湖		水系	地理标识、观赏、泄洪、灌溉、饮水	金波湖：俱在丽景园内
	人工	渠	唐渠格局	水系（轴线）	灌溉、引水、泄洪、军事防御防御	唐徕渠：凿引黄河，绕城西北流……
		关隘	军事格局	人工军事防御边界	增强山体护卫边界、瞭望、指示、驻留、控制	镇远关：平虏城北八十里
		斥堠		人工军事防御边界	瞭望、预警	旧设空塔儿等墩
		堡寨		人工军事防御中心	屯守、护卫、生活、生产、居住、防御	大坝堡：有官军仓场
		城池		人工军事防御护卫中心	屯守、指挥、商业、居住、游玩、生产、生活、防御	宁夏镇城：元昊所居兴州故址也，周回十八余里……
		桥渡	唐渠格局	人工水利交通设施	交通、观赏、构筑物永通桥：南薰门外	

续表

时间维度	景观要素	景观类别	景观格局	格局价值内涵	景观价值与特点	历史真实信息（典型代表）
		街道	城池格局	人工设施	交通联系、市集商业	南薰街：\
		寺观		建筑物	宗教、信仰	黑宝塔寺：演武场北
		衙署		建筑物	行政办公、居住	庆王府：萧蔷，高一丈三尺……
		塔楼		建筑物	瞭望、观景	来青楼：乐游园内。大坝楼：跨唐坝口
		市集		公共场所	买卖商品	靴市：王府西北角
		园林		人工造景	游玩、赏析	小春园：丽景园南
		亭		建筑物	观景	牡丹亭：俱在小春园内
	人文	贺兰晴雪	朔方八景①	景观意象	记忆、咏颂、伤怀、留恋、慨叹	月湖夕照：在张亮堡。陈德武诗：百顷平湖月样圆，光涵倒影欲黄昏。天边乌兔端相望。水底鱼龙不敢吞。
		汉渠春涨				
		月湖夕照				
		黄沙古渡				
		黑水故城				
		官桥柳色				
		梵刹钟声				
		灵武秋风				

（资料来源：根据《弘治宁夏新志》《嘉靖宁夏志》中的相关文献作者整理与绘制）

---

①"景观集成文化发源自西周，繁盛于唐代，风行于宋代。城市名胜景观集称有：无锡八景……"引自吴庆洲著. 文化景观营建与保护［M］. 北京：中国建筑工业出版社. 2017：39-40. 故本书中则为明代镇景观集称，名曰"宁夏八景"。但因明初期宁夏地方八景尚未定论，至明庆王时期官定为"宁夏八景"，最早一版八景名为"朔方八景"。

4. 历史性城镇景观方法

景观涵盖的是一种综合体集成概念，它能整合不同学科视野，实现多类学科的融合，它还能够从不同维度来处理空间、功能、心理过程。景观方法即采用一种整体性和包容性方法，可保持城市遗产的多样性和连续性。在可持续理念的影响下，城市遗产的变化与管理需要一种更为整合方式，将景观作为一种方法对城市历史进行管理和研究，任何一个地区或者区域的不同历史维度与属性可以处于这种掌控之中。历史性城镇景观方法改变过去将文化视为独立的区域或特定要素，它转化了今天的全域历史维度及其可感知性强调，这种链接方式与思考从根本上拓展了历史保护的对象及其保护方法的科学性和兼容性。把城市、乡村、街区视为一个整体，强调考虑城市、乡村历史发展的每一层有形和无形信息存在和发掘的必要性。它从深度、广度两个层面对城市、乡村历史全面解读与呈现，将"当代"与"历史"借助时空方式整合，对城市、乡村发展过程中的各个历史阶段延续痕迹爬梳，揭示各历史片段中的关联性和价值性。

历史性城镇景观方法的理念在于提倡因地制宜的保护与设计方法。联合国教科文组织自2011年起，鼓励各缔约国寻求适宜本国本土的具体操作方法与工具，旨在通过实践的保护方法总结和梳理其要领。在2011年之前或更早时间，已经有成功的保护案例，但由于当时尚未全面普及，故本节对多个案例进行回复与提示，通过案例研究，对历史性城镇景观的方法过程与实践效果做出整理，目的在于突出这一理论的实践意义（见表1.10）。

表 1.10　历史性城镇景观的实例研究与效果评价统计表

序号	案例名称	时间	主持人	具体方法	效果评价
1	阿西西城（Assisi）改造规划	1955 年	乔瓦尼·阿斯腾戈（Giovanni Astengo）	对历史中心和周边景观的保护规划与发展规划两者之间做出调试，通过城市设计实现新旧融合，协调保护与发展的关系	创造性地将历史中心和城镇景观作为同等重要的艺术品对待，其外部的农业化背景也被当作一种艺术成就展示
2	乌尔比诺（Urbino）总体规划	1964 年	德卡罗	新设计的大学建筑被和谐融入到整个城市景观中，通过历史中心的建筑设计规则和谐地应用于新建部分的组成模块当中，在历史中心插入新要素，通过新建方案来干预历史遗存环境，达到整体环境的和谐	一种新的景观在历史城市中心被建立，其每个部分被控制着，形成一种既有特色又新旧平衡的城市意象，异质元素能较好地设计与干预。随着历史城市发展和演变，异质元素将陆续融入历史肌理之中，让历史区域具有包容性
3	博洛尼亚（Bologna）的整体保护	1967 年	Giuseppe Campos Venuti & Pierluigi Cervellati	"限制发展速度"，"将人与房子一起保护"，将次要建筑、自然环境和主要历史建筑一起保护，将城市遗产以及产生城市遗产的环境作为一个整体进行保护	在全球范围内，创新性提出"整体性保护"观点，不仅要保护城市中的历史建筑、历史街区，还要保护完整的城市生活和人文生态环境
4	澳大利亚的巴拉瑞特市（Ballarat）发展战略	2013 年—2040 年	\	保持遗产价值和社区特色保护与可持续发展之间的平衡，坚持历史性城镇景观所倡导的社区参与法，通过"巴拉瑞特意向"的管理秩序，实现全社区参与的组织方式	更关注如何解决遗产保护与发展之间的冲突。城市管理提出更高要求，城市的发展必须引入新的概念，创造出新的模式，以应对管理的变化

序号	案例名称	时间	主持人	具体方法	效果评价
5	上海虹口港保护更新编制	正在编制中	上海虹口港政府管理部门	抢救性地对历史环境中的各种要素进行再识别,寻找具有延续性的城市空间,重点考虑改善当地居民的生活品质和生活条件,研究城市保护与地区发展之间的良性运作方式	从历史建筑的保护逐步转变成对整个地区的保护,到形成地方保护与发展的整体框架,试图包容新建筑新肌理、新空间,将其作为积极要素融入历史地区的城市更新

(资料来源:根据顾玄渊的《历史性城镇景观(HUL)视角下的城市历史空间研究》[①]相关内容作者整理与绘制)

根据表 1.10 整理与发现,历史性城镇景观是一套完整的保护与管理的实践理论体系与方法,过程由研究—评估—制定策略—实践模式—计划应用—管理运营为一体的操作范式进行。研究的核心在于对历史性城镇景观的认知与梳理,认知其价值,不是片面化的而是真实性与完整性的,价值的意义侧重于对层级性的梳理,把历史性城镇看作意义的层积[②],发掘其层积价值。对于遗产本身,要从静态化片段转变为多层级多空间立体化的历史层积演进体,即遗产具备"历史层级和随时间演变的概念"(尤嘎·尤基莱托,2010)。对于遗产环境的认知,需从整体观念改变原有的孤立化和片面化。对于遗产保护的目的,保存历史的转变是为了明日的可持续发展。因而在这种新思想新范式影响下的遗产保护技术方法就是价值的层积发掘,这种方法还可以用于实践保护应用之中。

历史性城镇景观方法从宏观上可以概括为行动策略和意义主旨。行动策略上主要是指利用现有的一系列保护规划工具:文物知识,历史文献,保护规划准则,保护规划表达、应用与展示方法,景观与规划(Mapping),社区参与、规范条例、金融支援等多种工具。基于不同环境和不同背景的保

[①]顾玄渊.《历史性城镇景观(HUL)视角下的城市历史空间研究》[M].北京:中国建筑工业出版社.2020:32-38.

[②]顾玄渊.《历史性城镇景观(HUL)视角下的城市历史空间研究》[M].北京:中国建筑工业出版社.2020:33-34.

护与管理办法采用适当工具进行有条理地运营。意义主旨上可以总结为：由于广泛讨论和实际的应用，对已有的遗产保护方法展开反思；根据行动策略中各类工具的应用，历史性城镇景观的保护是全方位的方法应用集合体，根植于城镇保护的历史核心之中；对遗产保护方法和理念的传承和延续，同时进行实时修正，具有现代化意义；各缔约国的实践融入，展现了保护的文化多样性、本土化，尊重地方文化背景、习俗和价值；将保护结合地方现代化建设进程，将历史遗产当作城镇重要的文化资源遗产，持有可持续化和现代化理念，和谐推进保护与发展双重并举。

5. 案例分析法，也称为案例研究法

针对个体对象或者群体对象的材料收集、记录、整理、分析，并逐步解析个案研究对象的特征与本质。在个案研究中，既有历史文献调查法，也有田野调查法，集结了收集文献、整理文献、描述文献、观察、测试、问卷、图像资料的手段。

本书个案研究对象分为两类。

（1）沿唐徕渠典型聚落概括景观格局的研究。从宏观和中观尺度对聚落形态、结构、形成、布局等方式全面展开描述、统计、图形分析，以梳理明至民国的沿渠聚落整体景观特征。

（2）以沿宁夏唐徕渠的两座城池聚落和堡寨聚落为个案的具体研究对象。首先，确定对象：大坝堡、蒋鼎堡、瞿靖堡、邵刚堡、玉泉营堡、银川城、姚伏堡、周城堡、平罗古城、威镇堡等（见1.2.3小节详细说明）。其次，收集和分析资料：对以上各堡寨的文献搜集结合实地调研展开研究，将文字和图像资料到实地调研和论证。侧重分析沿渠各堡寨遗址的现状情况：遗址存在情况、占地范围、周边衍生的城镇数量、城镇位置等。最后，针对以上内容展开分析。对沿渠各堡寨的分析和调查，前者是反复论证，后者目的是为进一步剖析清楚其特点和形成过程，制定针对性的典型个案研究的一种方法。

6. 比较分析法

本书针对沿宁夏唐徕渠聚落所处特定地理区域和特定历史阶段过程中的景观形成与演变分类分层次研究，基于历史观、类型学方法、空间分析法的视角划分为两类比较研究。比较研究法旨在揭示历史聚落的共同性和差异性，根本在于梳理沿渠聚落发展脉络与规律的一种串联式呈现。

（1）采用时间轴的形式进行历史脉络的纵向比较。将宁夏唐徕渠和沿唐徕渠聚落的历史阶段信息分类收集与整理，明确不同历史时期唐徕渠形态、结构、体系，确定同步历史时期的沿渠聚落特征：形态、选址、结构、边界、标志物、建筑等，梳理形成和演变过程，比对后寻找变化因素，同时结合田野调查法中实地观察和测绘，与现今分散后衍生出的新兴聚落数量、形态互为印证和比对，获取传统聚落、堡寨遗址与现代村镇形态关系的图像差异性，继而把握演变和发展的历史脉络与规律，进一步揭示沿渠聚落景观与唐徕渠之间影响关联内动因的本质。

（2）历史阶段演进过程中同类型沿渠聚落景观的比较。在同一时间片段中，分布于唐徕渠体系结构上的不同个体聚落，节点共有三段：渠口、渠身、渠尾。各区段聚落周边唐徕渠形成的水环境、湖渠的发育环境，比对出唐徕渠对沿渠聚落环境景观构建营造过程的历史片段化呈现。

1.5.3　研究重点和难点

明至民国时期唐徕渠及其渠系的演变，明至民国时期沿唐徕渠聚落的名称、位置、分布，明至民国时期沿唐徕渠聚落的宏观格局和中观格局，渠系与聚落之间的格局分类，明至民国时期银川城的格局分布与特点。以上研究重点即沿渠聚落的三个视角：宏观、中观、微观，由片缩至线到点，面——线——点的三维空间中的文化景观再现。

其一，因明代以前的史料单一和不足，所以只能以明代史料及其之后史料为研究起点。在成一农先生著述的《空间与形态——三至七世纪中国历史城市地理研究》中提及："中国古代文献中极少有与城市选址直接相关的史料，与城市分布有关的直接史料更是少之又少……因此，在治所城市地理位置的记载上经常会出现一些有意无意的错误，使用这些材料来研究城市空间分布的变化，实际上并不完全合适。"① 这说明中国古代文献中鲜少出现城市选址的直接史料，不能够轻易地指示出古代城市的确切地理位置。在记载上还时常会出现错误，城市名称、城市位置都会出现纰漏，所以成一农先生认为用这些史料来探究城市空间分布的变化，确实有欠稳妥，他进一步以《元和郡县图志》为例展开说明不妥之处，共有三点：其一，记载错误。该书中的城市地理位置出现偏差，建置设置时间的错误，城址迁移的错判。这些都强调了史料记载上的错误。其二，记载缺失。城址迁移位置的缺失、城址迁移时间的缺失、城址是否迁移的缺失、城址迁出迁回的缺失。以上诸多问题尚未完整。其三，记载模糊。由于政区变化大，加之语言的含糊不清，故造成史料中对城址的继承、迁移关系等记载的模糊。

明代以前的宁夏地区存在着建置变化大、政区分合、记载不详、记载模糊、迁移位置不清晰。而且偏重记载重要地名，并未出现详细的沿唐徕渠聚落之名，不能判断出明以前的沿渠聚落和史料上的堡寨之间的联系，也不能判断出是否沿唐徕渠进行分布。故本书划定时段在明至民国时期，也因明代以前的史料研究与成先生的研究情况有相似之处，不能逐一而论。本书研究时间起点则从明代开始，并以民国为结束，对沿唐徕渠各聚落进行逐一解析，因此段史料充足，各沿渠聚落的迁移位置可清晰判断。

其二，遗址不存带来的多个问题。遗址地点的不精确性：在沿唐徕渠的各个聚落中，宁夏镇城是在明代以前就已经存在的，而且沿用旧城址。根据文献资料可以初步判断出位置和大致轮廓，但要想更精准地确定地理数据坐标，还要有赖于考古数据和地理测绘信息的确定性。此外，因遗址地点的不确定性，结合实地考察和调研之后，最终确认沿渠聚落中仅有三处堡寨遗址尚存：大坝堡、周澄堡、玉泉营堡，三堡具体情况有详细记录。而剩余的所有沿渠聚落地点，由于堡寨遗址全部被毁，只能判断出大致方位和地点。在实地调研中，作者与宁夏平罗地方文物局工作人员进行

---

①余太山主编，成一农.《空间与形态——三至七世纪中国历史城市地理研究》［M］，兰州大学出版社，2012：21-26.

实地调查和图纸地点确定，也仅能判断出其中几座堡寨地点：威镇堡位于今天二闸乡威镇村 9、10 队附近的农田北面，其西北角建有现代仿古庙宇建筑群。而且其他堡寨遗址都是依照地方文物局工作人员和实地调查进行了比对和确认。即使如此，多数沿渠堡寨的位置仍完全确定精确。同时，遗址的不存也为实地调研和测绘带来难度以及测绘数据的偏差。

表 1.11　当代沿渠堡寨的遗址现存状况统计表

序号	堡寨名称	遗址是否尚存	遗址存在状态	保护级别
1	银川城	是	城墙仅存 2 小段西城墙，长约 400 多米，其位置在今天的中山公园西门外。为矮土墙，墙底砌筑城砖，墙身上有多个孔洞，墙内曾挖设防空洞，今已填埋。随时间推移和风霜雨淋，墙体逐步消减。南薰门为原址重建，形制已经改变	城墙和南薰门都为市级文物保护单位
2	平罗古城	是	城墙已毁，仅有城内鼓楼与城外玉皇阁尚存	鼓楼和玉皇阁为省级文物保护单位
3	大坝堡	否	仅剩一处堡墙遗址	\
4	蒋顶堡	否	原堡墙、建筑等都不存	\
5	邵刚堡	否	原堡墙、建筑等都不存	\
6	瞿靖堡	否	原堡墙、建筑等都不存	\
7	玉泉营堡	是	北段堡墙较为完整，但墙体高度不够。南段堡墙已经消失。西段和东段堡墙仅剩下一半。整体堡墙毁损严重，都为黄土夯筑墙体。堡内东北角修建有一组仿古建筑	县级文物保护单位
8	宁化寨	否	原堡墙、建筑等都不存	\
9	宋澄堡	否	原堡墙、建筑等都不存	\
10	曾刚堡	否	原堡墙、建筑等都不存	\
11	靖益堡	否	原堡墙、建筑等都不存	\
12	杨显堡	否	原堡墙、建筑等都不存	\
13	平胡堡	否	原堡墙、建筑等都不存	\

续表

序号	堡寨名称	遗址是否尚存	遗址存在状态	保护级别
14	新满城	否	原堡墙、建筑等都不存	\
15	张亮堡	否	原堡墙、建筑等都不存	\
16	桂文堡	否	原堡墙、建筑等都不存	\
17	常信堡	否	原堡墙、建筑等都不存	\
18	丁义堡	否	原堡墙、建筑等都不存	\
19	高荣堡	否	原堡墙、建筑等都不存	\
20	周澄堡	是	地面存有堡墙，占据了一定面积。堡址略呈正方形，东西长约300米，南北宽约250米。堡墙和堡基都为黄土夯筑，在堡东北角有高耸的角台，附近设有遗址界碑。	县级文物保护单位
21	姚伏镇	否	原堡墙、建筑等都不存	\
22	威镇堡	否	原堡墙、建筑等都不存，但近现代建有城隍庙	\

（资料来源：根据现状调查资料作者整理与制作）

其三，历代渠道变迁图的推演。鉴于数据保护，宁夏唐徕渠灌区的测绘图纸存在着尺度不明、比例不明，绘制内容不详的问题。2020年7月，作者至唐徕渠管理处查询资料，虽经多次交涉，但尚未获取准确的图纸和数据资料，因唐徕渠管理处也仅存一张2018年的唐徕渠灌区测绘图，该图纸由宁夏测绘局制作，但该图纸竟然没有绘制出对应的比例尺和规范图例。作者虽获得了宁夏文化和旅游厅等相关单位的帮助，且将《宁夏引黄灌溉工程遗产保护规划（2018-2035）送审稿》纸质版内容用于参考资料，但图纸绘制的质量仍存一定差距（见图1.4）。

以上内容是作者在研究过程中遇到的最为棘手和不为抗拒的因素。另外，由于作者能力有限，竭尽作者所能展开调查和研究，研究中若有不足之处，请各位专家予以谅解。

图 1.4 宁夏引黄灌溉工程遗产现状图

图片来源：《宁夏引黄灌溉工程遗产保护规划（2018—2035）送审稿》

1.5.4 研究技术路线

1. 研究思维过程的梳理

明至民国时期宁夏唐徕渠对沿渠聚落格局的影响实为唐徕渠灌区人文景观的营建过程，其实质是人与自然的人地关系演进过程，在时间维度上具有顺应和继承的关系：民国沿用清代，清代延续明代，唐徕渠系结构，唐徕渠段落划分，沿渠聚落形制和功能都有时间上的前后对应。根据以上内容，本书初步研究思维导图是基于研究对象与研究内容的表面化思维梳理而推演而成。它虽扣紧研究的核心思考内容，但具体的方法和结构还需细致化呈现（图1.5）。

2. 研究理论体系的思考

本书的研究框架依据文化景观理论体系进行构建。因文化景观是人类的活动作用在自然环境的结果，人类围绕建筑进行居住、生活、生产、交往等各类活动，以建筑物形成了人工场所和人工环境。因此，不同类型的文化景观中包含多种建筑，故而建筑成为文化景观中一个必备的构成要素。审视多学科角度建筑，涵盖多重含义：空间上，各种类型和功能的建

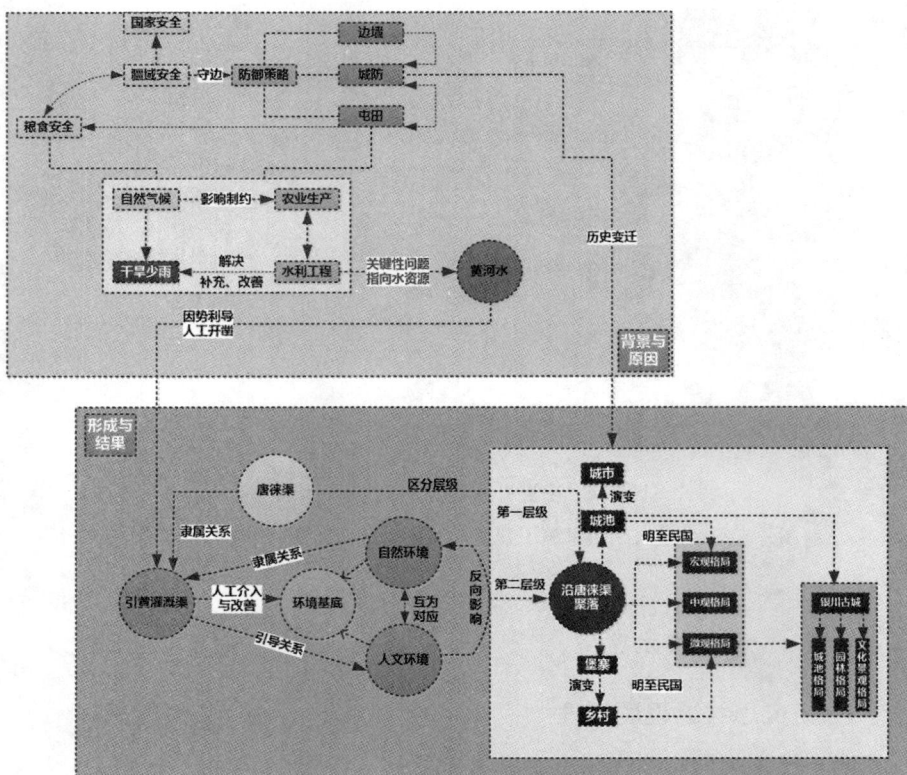

图 1.5   研究内容搭建过程图

图片来源：作者绘制

筑物和构筑物构成了城市、乡村，是支撑人工环境的物质基础；时间上，古代民居、园林、衙署、城池、道路、桥梁、给排水设施构筑了古代城市的物质基质，承载了人们的营建智慧和文化内涵，积淀、贯穿、驻留，最终成为城镇历史中心和历史街区。由于本书立足建筑学科，故以建筑元素——堡寨、城池、城墙、园林等为切入内容居多，但景观元素也不可缺少，用以构建元素之间的互动形成最终研究结果——格局，即自然与人工的互动影响结果呈现（见图 1.6）。

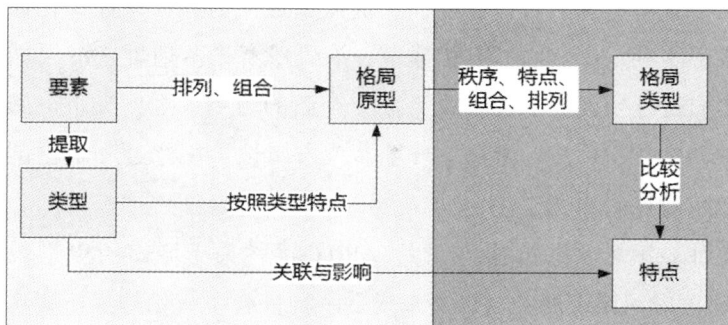

图 1.6 要素与格局的关系分析图

图片来源：作者绘制

划分类型是为进一步全面深入剖析文化景观，以此准确理解沿宁夏唐徕渠两岸的文化景观的本质与价值特点，实现物质与价值更能趋向世界文化景观遗产的评价标准，用以对沿宁夏唐徕渠两岸的文化景观实施有效保护。沿宁夏唐徕渠两岸的文化景观兼具多种类型特征，加之渠系两岸的复杂结构与周围场景，可强调沿渠两岸文化景观的不同类型。

综上，本书采用哲学方式思考与研究，厘清研究思路："问题—现象—本质—解析"。问题即对本书研究对象提出：为什么研究明至民国宁夏唐徕渠对沿渠聚落格局的影响，其格局的形态、构成、要素、特点是关注核心。通过以上格局的现象梳理，揭示唐徕渠与聚落之间的排列组合方式，宏观发现整体格局分布形态，中观解释渠与聚落的类型划分，微观阐释格局细节特征，三种视角弥补沿渠聚落中文化景观研究的不足。由宏观潜入中观和微观，格局类型与特点逐步凸显，明确价值与问题之间的互为解析关系，最终立意揭示沿渠聚落格局营建过程与特点，以山水格局为自然基底，嵌套军事格局和水利格局，沿渠沿线布点布阵，再现古人的搭建沿渠安全格局理论思考与行动实践的协同保护机制进程。

3. 研究工具的使用

历史性城镇景观理念可以积极引导人们采用整体历史保护观念、方法、原则认知当代自身沉浸总体历史环境的重要意义。本书中的宁夏唐徕渠及其沿渠聚落所处的整体环境，从价值和意义上具备线性文化遗产的概念，水渠、水利设施、水利祭祀建筑、沿渠堡寨聚落遗址、沿渠城池聚落等各类历史遗址要素的搭建架设于一个全面的历史景观框架下，阅读和解释了景观的文化、历史、地理、环境、考古属性，在此过程中也剖析了以上要素的阶段性时空状态。

历史性城镇景观的方法与工具。2011 年《关于城市历史景观的建议书》①："还考虑到城市遗产对人类来说是一种社会、文化和经济资产，其特征是接连出现的文化和现有文化所创造的价值在历史上的层层积淀，以及传统和经验的累积，这些都体现在其多样性中。"根据以上内容，历史性城镇景观强调自然形态和社会演变之间的联系，把历史城市界定成整合了自然和人工要素的体系，这具备历史的连续性，并体现着历史上各种表现形式的层层累积关系。

实际上寻找景观的方法根源在于：借鉴文化景观中文化地图的分层研究法，对城市历史空间进行分层剖析。具体实现的路线："对构成整体环境价值层积的主导作用以及结构性要素进行剖析，解释不同层积间相互交织的复杂过程，提炼出历史层积中的结构性要素及其在整体环境中的作用。以时间维度的延续作用为基础，以空间维度的关联作用为核心。"

在《建议书》引言中"为在城市大背景下识别、保护和管理历史区域提出了一种景观方法"。由于建议书指出城市地区由文化自然属性和价值历史性积淀的结果，城市遗产可通过一种对价值的历史剖析，即价值层级（layer of values），Laying 方法来定义层级。景观方法从景观和规划理论基础出发，其实现路径以历史层积法为工具，其目的是使用文字工具和绘图工具强调《建议书》中提倡的"这些手段将包括记录和绘制文化特征和自然特征"。结合建筑学科专业特点的历史层级工具即历史文献法（文字记录）、中国传统舆图（图形绘制）、Mapping（图形绘制）。

历史文献可以梳理清晰文化景观相关所有内容的历史阶段，历史性城镇的起源、发展、破坏、延续、结束等脉络，以文字厘清历史性城镇的历

①本书件的中文版来源于联合国教科文组织官方网站，以下称为《建议书》.

史变迁脉络，把控其起源和发展的整体框架，有助于保存和记录历史性城镇的文化与自然变迁及其特点，对整个研究对象的整体环境具有全面的认知和掌握，查漏补缺所有相关内容。世界遗产委员会一再提倡遗产的保护实践要因地制宜，视本土情况而定，故而中国所特有的图示表达空间示范的研究，离不开中国传统舆图。

中国传统舆图涵盖着中国历史上各朝代的疆土开拓、行政区划、地理环境、规划布局、城池营建、水利疏导等重要信息与过程，它并非杂乱无章，而是自成一套体系，划分为多种类型：行政区划图、河渠图、军事防御图、各路图、城图等，它可以直观呈现古代人对自己生活区域中的自然地理、行政疆域、人文风情、物产资源等方面的认知与表达。虽然与现代测绘图纸比较，在数据化和精准化上有所缺失，但是兼具直观、通俗、易懂的直观化特性，从舆图中各层次观者可清晰阅读出绘制者的表达意图。如在河渠图中，读者能够清晰判断出河渠中河道、水渠形状、长度等，河渠的分布位置与城池及其他建筑物和构筑物的空间关系，河渠干支流的位置、方向、距离。中国传统舆图采用叠加绘图方式，运用二维和三维图形叠合强调地理要素、空间距离、环境内涵，它是中国古人特有空间地理观念的传输与表达。故而，传统舆图的阅读、分析和研究不应该完全聚焦于图形的准确性和表达性，要从遗产本体中的空间、人、自然、环境等各要素入手，在感性层面上探讨中国遗产的历史价值，再现历史空间，发掘历史空间的内涵，寻求中国本土化遗产研究的工具。

Mapping 在景观及设计领域的定义、作用与方法尚未形成一致见解。[①] Mapping 在韦氏英语词典中是一个动词，译为"制作地图的行为或过程"，鉴于制图人的差异，最终图纸呈现的内容和效果各有不同，该词汇是一个舶来之语，仍与地理空间的科学测绘仍存差异，却和中国传统舆图有所联系。此外，具有分层剖析方式与文化地图的 Cultural Mapping 中的 Mapping 亦有相似之处，Mapping 强调是一种制图方式，意在多方式的融合与交织

①刘京一，张梦晗，李欣怡等．复杂景观的认知与设计：Mapping 的作用、逻辑与机制研究 [J]．景观设计学（中英文）．2021.9（5）：80-102.

方式。Map（地图）体现的是事物之间的水平向和垂直向距离关系，尺度与规模等。文化地图中的核心要素包括位置、场所、关联，将区域各类时空要素通过结构搭建在一起。著名设计师 Conner 认为 Mapping 指出的图示特征外，还具备设计的主观性与创造性内在特质。① 综上，图纸的制作工具：中国传统舆图与 Mpping。两者在图示特征和内在特征、绘图内涵上都有相通之处。由此，中国传统舆图可用作本书的实践操作与工具，这在本书第 2、3、4、5、6 章中多加应用。

本书借鉴的历史性城镇景观的层积法是对研究对象的历史信息加以梳理、记录、保存的一种手段，从建筑学、规划学、景观学科角度加以实践计划，即通过图像、文字、数据的整合、表征、传达等方式综合展示，以图纸为主，以文字、标识、符号、色彩等辅助说明，使观者能够直观阅读与释义，从中获取二维地理、历史、场域、位置、大小、形态等各种空间物质要素信息。

本书框定研究对象的 3 层重要时间维度：明代——清代——民国，第 1 章中的时间界定已详细说明，此处不赘述。3 层时空轴线的交错纵横：宏观格局类型、中观格局类型、微观格局类型。以此三者为视角，厘清明代、清代、民国唐徕渠系三个时期的时空布局，明至民国时期沿唐徕渠聚落的时空布局，渠与聚落之间形态影响构架的格局形态，由大尺度地理范围缩小至小尺度空间场所。为进一步说明，聚焦研究一个典型案例：银川城，使用同样的研究技术路线详细剖析出明至民国时期银川城的营建过程，渠系的演变过程，强调了渠系对城池聚落文化景观格局影响的形态、外延、内涵、价值的重要作用和核心功能。

基于以上工具的应用，借助文字、图像、数据信息，在历史性城镇景观的理论方法指导下进一步实现空间转译方法。对明至民国的宁夏唐徕渠及其渠系、沿唐徕渠的各聚落中涵盖的文字和舆图适度结合奥维地图中的遥感地球信息图像、实地摄影照片等历史地理和现状地理信息进

---

① CORNER J. The Agency of Mapping：Speculation，Critique and Invention［M］//DENIS C. Mappings. London：Reaktion Books，1999：213-252.

行分层分类整理与解读，以空间和图示要素的形式加以提取，根据现代地图、考古资料和现场调研后，通过比对和矫正，将各层各类历史信息落实和叠加到现代新城市地理地图之上，便于研究者和阅读者的直观理解和应用，此过程可称为空间转译方法，也可称为历史性城镇景观再现与复原方法。

4. 研究技术路线的搭建

本书以文化景观为研究理论基础，以世界文化景观遗产的分类研究方法和历史性城镇景观的层积方法为研究途径，以历史性城镇景观的实践操作工具——中国传统舆图、历史文献法为核心工具，结合宏观、中观、微观的倒金字塔模式为研究结构，界定时间维度 3 个历史时期——明、清、民国时期，对 3 个时期的宏观、中观格局采用平行结构分析，微观格局模型的聚焦以点带面，以宁夏银川古城为典型范例，铺垫明以前的银川古城格局，梳理 3 个时期银川城的典型格局形态。平行式研究脉络是区域、面状、线状意向化的线索研究，聚焦银川古城是点状的具象化线索案例的研究，以面、块、线带点，由意向化分析转化为具象化阐释研究。

根据历史性城镇景观方法具体研究途径："原型框定—要素梳理—类型划分—特征阐释—价值挖掘"。无论是历史性城镇景观方法还是文化景观理论，它们都以价值主导保护，探究真实性，整体性延续景观，价值内涵核心指向遗产价值的进一步释放，建议文化景观遗产的保护与发展之间协调和匹配，令其可持续性发展。因此，本书制定的研究技术路线："时间维度—价值认知驱动—格局体系—类型—特点—价值内涵—保护建议"（见图 1.7 和图 1.8）。

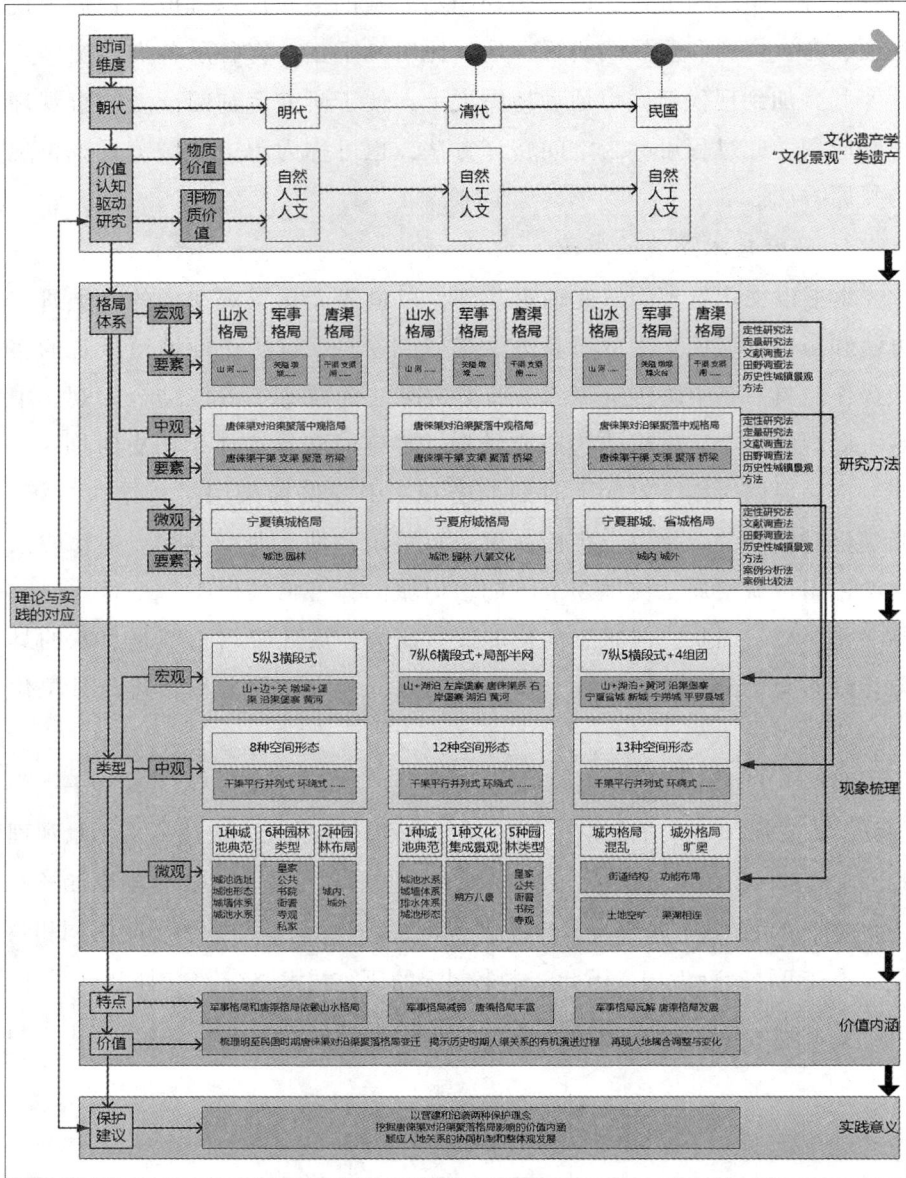

图 1.7　论文研究技术路线搭建过程图

图片来源：作者绘制

论文框架图

第一部分 绪论

研究背景 — 水利灌溉工程遗产与世界文化景观遗产

研究内容、方法、重点、难点和技术路线 — 研究内容 研究方法 研究重点 研究难点

研究对象界定与概念分析 — 宁夏唐徕渠对沿渠聚落 沿渠堡寨和城池聚落 宏观格局 中观格局 微观格局

本文研究技术路线 — 研究思维过程的梳理

国内外研究综述 — 国外聚落研究 国内水系与聚落研究 文化景观研究 宁夏地区研究

研究理论体系的思考

研究工具的使用

研究意义、目的和拟解决的问题 — 研究意义 研究目的 拟解决的关键问题

研究技术路线的搭建

时间维度—价值认知驱动—格局体系—类型—特点—价值—保护建议

第二部分 现象梳理——平行线结构研究

明以前徕渠与沿渠聚落概况

明代宁夏唐徕渠对沿渠聚落宏观和中观格局的影响

清代宁夏唐徕渠对沿渠聚落宏观和中观格局的影响

民国宁夏唐徕渠对沿渠聚落宏观和中观格局的影响

民国宁夏唐徕渠与沿渠聚落概况

明代宁夏徕渠与沿渠聚落概况

明代徕渠对沿渠聚落宏观格局的影响

明代徕渠对沿渠聚落中观格局的影响

清代宁夏唐徕渠与沿渠聚落概况

清代宁夏唐徕渠对沿渠聚落宏观格局的影响

清代宁夏唐徕渠对沿渠聚落中观格局的影响

民国徕渠对沿渠聚落宏观格局的影响

民国徕渠对沿渠聚落中观格局的影响

第二部分 现象梳理——点状结构聚焦范本研究

渠对明以前银川城格局的影响 — 城池位置：趋水而居 逐渠而建 城池形制：人形城 半座城

渠对明代宁夏镇城格局的影响 — 城池格局：东西连城 长方形城 南北关城 园林类型：6种类型 众星拱月 沿渠建园

渠对清代宁夏府城格局的影响 — 城池格局：凸字形外墙、城墙水关 园林类型：5种类型、朔方八景

渠对民国宁夏郡城格局的影响 — 内部格局：东盛西衰 2轴1园1街 外部格局：旷奥郊野之景

银川城与其它城池格局的比较 — 城池选址：迎渠而建 城池水系：城墙体系排水补水 渠绕城设 城池形制：规则布局 结构清断 城池园林：类型多样 渠水造园

第三部分 观点研究

格局影响的类型及特点 — 类型：山水格局完整 自然和人工要素齐全 规模较大 体系完整 建造自然观 特点：依托山水建设 守卫疆域边界

格局影响的价值及内涵 — 价值：历史价值、科技价值、社会价值、文化价值 内涵：文化与技术的传承、水利技术应用、"人-自然-社会" 三元共生、人水耦合过程的实践产物

格局影响的保护与利用 — 保护：国家三大安全体系 整体观 协同保护和管理 利用：划定保护边界 遗址本体调查与分类 制定文物保护法细则 构建乡村振兴新格局 国家公园+博物馆模式

第四部分 结论

研究结论 — 挖掘深层价值内涵；稳固三大安全体系，把握生态底线和农田底；"整体化" 协同保护与管理机制；保护与利用发展并存

研究展望 — 沿渠堡寨聚落遗址的保护策略；宁夏唐徕渠水利文化遗产展示体系；沿宁夏唐徕渠沿岸乡村聚落景观保护与开发

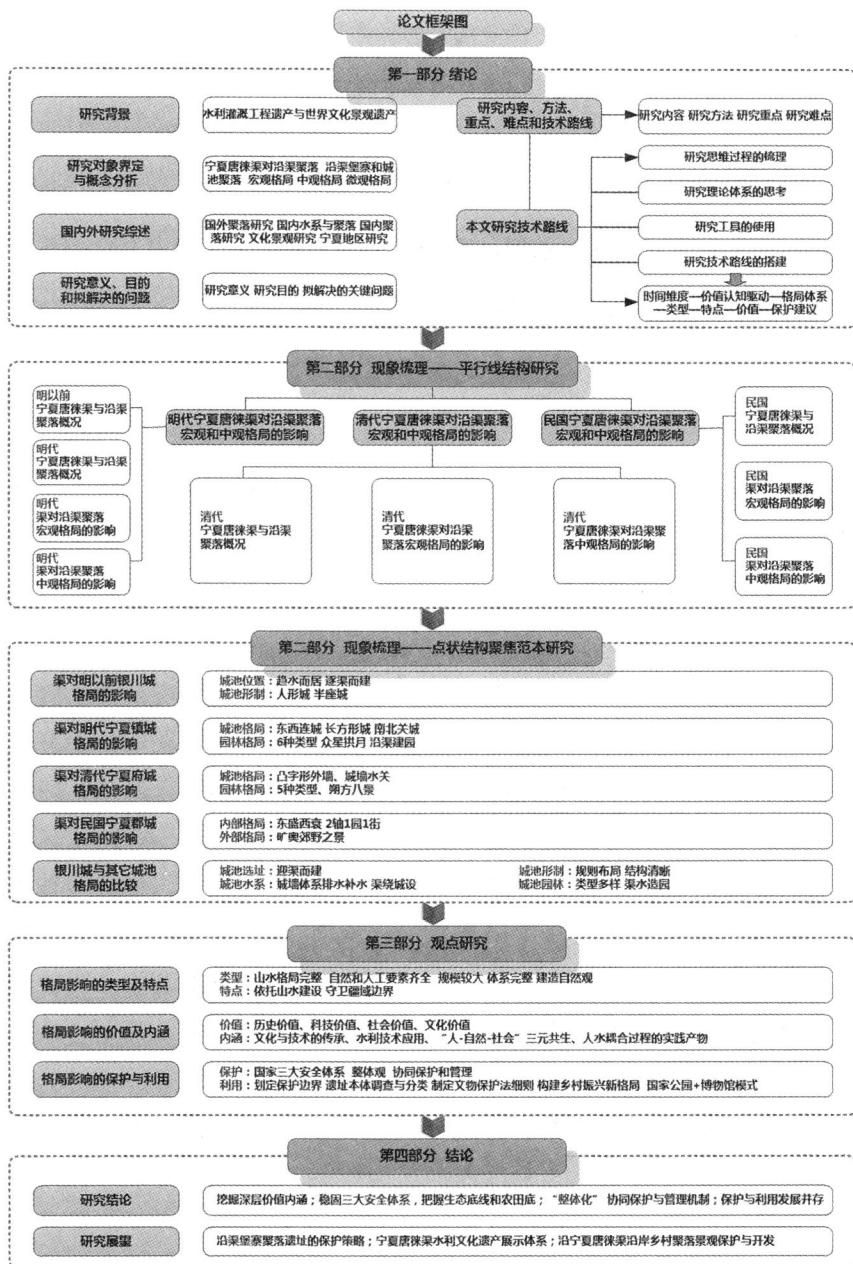

图 1.8 论文框架图

图片来源：作者绘制

2

明代唐徕渠对沿渠聚落宏观和中观格局的影响

　　明代宁夏唐徕渠一直都在历朝历代的建设下而日趋成熟。故而本章将对唐徕渠的自然环境、明以前唐徕渠的起源与发展、明以前沿唐徕渠聚落的分布与概况等内容展开论证和分析，以作为本书明代唐徕渠对沿渠聚落格局的影响研究切入点。

　　今日宁夏唐徕渠的东踞黄河，西屏贺兰之势，其之所以能够开凿于宁夏银川平原山水之间的核心腹地，源于古人对宁夏银川平原天然地势的深刻认知：自古，宁夏银川平原本身呈南高北低和东高西低之态势，引黄河水出唐徕渠水，顺应地势自然灌溉，后向北偏西而流，汇入黄河，这都是灌溉区域形成的先决条件。古人观之悟之并对其加以利用，这是一种顺应天地之势的朴素世界观，从中散发着智慧之光。在这样的地理认知观念下，明以前唐徕渠多次被开发，虽时有兴废，但古人善加利用。明代唐徕渠就是在这样的背景下兴盛与传承，后清代和民国时期继续沿用，从而延续至今。

　　虽然明以前的唐徕渠早已有之，但仅有渠名记录，尚未涉及沿唐徕渠或唐徕渠灌区的详细情况。明以前沿渠聚落的出现与发展并未有相关记载，除西夏时期的兴庆府城进行沿渠建设与发展，其他沿渠聚落没有出现。明以前的渠与沿渠聚落概况仅通过少量文献加以片段式推断，但西夏时期建设的兴庆府城则属于一个沿渠聚落的典型案例，以此可判定明以前的渠与聚落关系格局的形成，折射出明以前依水建城的一种雏形意识。

　　明代唐徕渠已架构出完整的水利灌溉体系，沿渠聚落的成型与建设是围绕于明代"九边"护卫国家政权的宏观军事策略而展开。基于传统的自然山水格局，依托边疆安全格局创设人工军事防御体系，这都是明代兴渠和建城的必要条件。自明代，沿渠聚落赫然林立于唐徕渠及其他灌溉渠沿岸，沿渠聚落绝非自发生长，因地缘而生，而是在自然山水体系、军事防御体系、水利工程体系的建构与成熟背景下运用而生。军事堡垒需要人员驻守，而驻守人员则需要粮食供给，粮食又源于农业，农业需要农田水利。在建设人工军事防御的背景下，驻守、种植、供水、供给之间形成一套内在逻辑的闭环，缺一不可。水利灌溉体系直接关系到国家安全防御体系的存亡，水利成为防卫的核心和终端问题。经过历代历朝的时间和空间变化，明代沿渠聚落实则成为宁夏北部区域的重要文化遗产。同时，唐徕渠与沿渠聚落之间构建出古代宁夏银川平原的文化景观特定区域，"文化景观随最初的农业而出现。农业区围绕着城镇，所以人类农业最早的地区就成为文化源地"①。唐徕渠与沿渠聚落的文化景观格局实为古人在宁夏银川平原开发与建设的成果积淀，是人与自然互动过程的映照与折射，是一种典型的文化景观遗产。

　　因此，本章研究内容包括：明以前的唐徕渠与沿渠聚落概况、明代唐徕渠与沿渠聚落概况、渠对沿渠聚落宏观格局的影响、渠对沿渠聚落中观格局的影响。重点研究内容为：渠对沿渠聚落宏观格局的影响和渠对沿渠聚落中观格局的影响。

　　渠对沿渠聚落宏观格局的影响，它是在山水基底和防御策略的影响下形成，也是古代人对自然山水进行改造的结果。宁夏唐徕渠灌区地理概况则从自然、气候、降雨等方面铺垫出宁夏银川平原的自然条件：干旱少雨，年均降雨量稀少。即使如此，宁夏银川平原却拥有"塞北江南"的美名，这些都离不开"黄河"与"灌溉渠"的功劳，它们是宁夏银川平原的命脉，是农田的生存根本。自明初开始建设，直至明嘉靖十二年（1531），沿唐徕渠聚落已全部建成，形成体系。

　　明代统治者清晰认知宁夏银川平原的自然地理边界，以贺兰山、黄河

①吴庆洲著．文化景观营建与保护［M］．北京：中国建筑工业出版社．2017年：5.

作为军镇地理边界，制定相应的军事政策，依托自然山水和人工灌渠设立军事防御体系：由边墙、烽堠、沿山堡寨、灌溉渠系、沿渠堡寨等个体要素构建而成。以山河为界，是沿渠聚落的山水基底，水利灌溉体系和军事防御体系互相依存，聚焦于沿渠聚落，其肩负着国土安全、屯守备战、农田垦殖的多重职能。

自明代沿唐徕渠聚落选址于唐徕渠沿渠大部分，且两岸聚落的位置在后世尚未发生迁移。沿唐徕渠聚落分布范围：最远距离未超过10公里，最近距离则为500米。聚落沿唐徕渠干渠两岸排列，并与其他军事防御要素形成联动防御体系，采用圈层式联防模式护卫宁夏银川平原核心区域。在延续至今的宁夏唐徕渠灌区地理条件下，回溯明代唐徕渠的历史发展阶段概况为：明初，唐徕渠以重开和复修为主；明中后期，则以疏浚和维护为主。明代唐徕渠开创于前代，明廷对其投入大量的人力和物力，予以重新利用，并将其纳入到重要的边防建设工程之中。

明代唐徕渠在空间分布上已自成体系，干渠自渠口由南而北流向渠尾，采用无坝引水方式，其渠系由渠口、干渠、支渠、泄水闸、槽等设施组成，其功能以出水、排水、输水、引水、泄水互为补充运行。明代唐徕渠不仅是南北延伸纵向带状结构，并兼顾东西走向的横向三段落式结构。故明代唐徕渠对沿渠聚落的宏观格局影响结果为：5纵平行3横段落式。

渠对沿渠聚落中观格局的影响。中观格局则由明代唐徕渠与沿渠聚落空间位置关系，即干支渠与聚落的对位关系。由沿渠聚落的位置分布展开研究，从舆图中的原型提取要素，比对现代地理信息图，由此阐释渠与聚落的疏密关系，划归于对位的类型空间，并解析该格局的功能与特点。

2.1　明以前的唐徕渠与沿渠聚落概况

2.1.1　明以前的唐徕渠历史概况

宁夏唐徕渠的起源时间经多位学者反复论证：汪一鸣学者认为宁夏唐徕渠是在唐以前的旧渠道"御史渠"之上加以疏浚和扩建；吴忠礼等学者

认为宁夏唐徕渠起源时间早于汉武帝时期；薛正昌学者则认为宁夏唐徕渠是在唐代元和十五年（820）疏浚和扩建的。即使如此，宁夏唐徕渠的确切起源时间尚未定论。

明代以前的宁夏唐徕渠变化情况偏重于渠道名称的记录与变更，对于流域的地理、环境等情况记录少。在《宋史·外国二》中卷四百八十六记录："甘、凉之间，则以诸河为溉，兴、灵则有古渠曰唐来、曰汉源，皆支引黄河。故灌溉之利，岁无旱涝之虞。"[155]文献中的两条古渠即"唐来渠"和"汉源渠"。宋史中的"唐来渠"则是历史文献中首次出现的宁夏"唐徕渠"之确切名称，虽然"来"与"徕"字义有所区别，但发音相同，实为历史上的宁夏唐徕渠正名之开端。而此时的西夏，也因唐徕渠支引黄河水灌溉农田而获得丰收。

元世祖至元三年（1266）五月，"丙午，浚西夏中兴汉延、唐来等渠"[157]。元史记录：1266年5月，在宁夏境内对两古渠"汉延""唐来"的疏浚事件。此时，两古渠早已有之，只是此时间节点对古渠进行了复浚，以备农田灌溉之功用。

后自元代至明代，宁夏唐徕渠被称为"唐来渠"，宁夏地方志上也多以"唐来渠"为其称呼。至清代，唐徕渠之名有所变化。清人吴广成著述的《西夏书事校证》中："一特进渠，《唐书》：长庆四年（824）开，今在灵州西，与夏州汉源、唐梁两渠毗接。"[158]这是史书中第一次将"唐来渠"称为"唐梁渠"，而且认为"唐徕渠"是唐代的特进渠，但西夏史料中尚未见到此称谓且未解释出该渠来源于唐代的特进渠，突然出现这一渠水名称，疑为作者考证错误。一些史书还出现"唐东渠"之名，此称谓不知其源。

根据以上内容，可判断："唐徕渠"渠名最早出现在《宋史·夏国传》中，称为"唐来渠"，虽不知其准确的历史起源，但在唐代以前渠水就已存在，随着渠道的反复疏浚，鉴于民间传说和民众的口传历史方式可认为唐徕渠建成于唐代以前，甚至更早。

西夏时期，其命名为"唐渠"，省去一个"来"字，是一种简称方法，因该段历史相对模糊，记录不够详尽。此外，在《西夏书事校证》的"唐梁渠”称谓，极可能因作者笔误而造成，抑或后期誊抄时改变了渠名；元明两代的古渠称谓可看到两者之间的继承性和延续性，且没过多改动，也全部延续宋代的古渠称谓。基于《新元史》撰著者为民国之人，其资料缺乏新意，多为作者杜撰和抄写造成著述史料内容的错误，“唐东渠”或“唐凉渠”之名亦为杜撰或者抄错，不在此详述。清代出现不同称谓：“唐渠”“唐梁渠”等，多为继承前代名称，但在《清史》和清代宁夏地方志中多以“唐渠”来简要命名。

因此，唐徕渠名称在历代都有微小的变化。在史料文献中：二十四史的《宋史》、宁夏地方志的《宁夏弘治新志》等。唐徕渠多被称为“唐渠”和“唐来渠”。至民国时期，唐来渠正式更名为“唐徕渠”，同音不同字，与前代仍存联系，“唐徕渠”之名一直延续至今。

作者认为宁夏唐徕渠起源的具体时间无法判断，但应早于唐。由于唐以前，朝代更替频繁，宁夏地区疆界变化复杂，古渠虽被开发，但没维持较长时间后受战乱多种因素影响而废弛。至唐代，与汉渠同口同源的唐徕渠，得到大力疏浚和开凿，才真正发挥出了农业灌溉的作用与功能。后经各代不断的建设和维护，特别是进入明代，宁夏唐徕渠得到全面开发，呈现出三个时期三种发展趋势特征：明代时期在前代基础上重构渠系；清代时期继承明代渠系，且继续维护和开发；民国时期扩展各支渠的小支渠，渠系日益丰富，令渠水灌溉更多的农田。

2.1.2　明以前沿唐徕渠聚落概况

汉时期以前宁夏境内居民多为少数民族部落与族人，少部分为后期频繁迁入迁出的内地居民。宁夏境内居民不固定，构成复杂，流动快，造成境内屯兵屯田和垦田模式的不稳固，水利灌溉建设也难形成固定规模。在以上情况的影响下，宁夏唐徕渠处于时改时废之态，且利用率低下，少数民族部落依赖于随遇而安和择水而居的生活方式，没有固定屯垦的经营土地模式。所以，汉时期以前宁夏地区为“水草丰盛”的“放牧天堂”。

汉时期，宁夏境内聚落可根据《汉书·武帝纪》中的人口分布进行判断。元狩四年（前119）冬，自“关东贫民徙陇西、北地、西河、上郡、会稽凡七十二万五千口"。[152] 实际上,元狩二年(前 121)夏,已经从内地迁移了大批平民,加上元狩四年(前 119)的这次移民大迁徙。汉代的宁夏属于汉北地郡行政区划范围内,宁夏境内的居住人口多由内地汉族居民和少数民族部落族人组成,则形成汉族和少数民族混居模式。

南北朝时期,北周建德三年(574),开启宁夏境内的固定居住模式。北周大败陈国,将俘获的南朝将士上万人迁居于宁夏灵州境内。自此,境内汉族居民数量再次增加,且混居人数比例中汉人比重增大。

隋唐时期,宁夏虽地处边境,但国朝与外族关系稳定。唐统治者鼓励少数民族部落居民大量迁入宁夏境内,这里一度成为突厥、铁勒、吐谷浑、党项、粟特等民族聚居区。唐统治者曾在宁夏境内设置羁縻州府,以便安置各游牧部落,各部族以其特有的聚落组织和居住方式而分布。唐统治者还将部族首领委派为"都督"或"刺史"继续管理原部族的居民。"自太宗平突厥,西北诸蕃及蛮夷稍稍内附,即其部落列置州县,其大者为都督府,以其首领为都督、刺史,皆得世袭。"[153] 唐统治者为各部落选择"水草丰美、农牧相宜"地域来安置,"择肥饶之地,设州县以处之"[154]。但各部族居住模式发展不均衡:突厥一族曾成为宁夏境内重要居住者;伴随着吐蕃的逐步渗入,羌族党项、吐谷浑等迁入呈现出多元居住模式;至唐中期时,回鹘成为宁夏地区的重要居住者。故隋唐时期宁夏境内居住者多为游牧民族,其多居于水草丰美的地带边缘,采用族群群居和部落共同放牧的方式,这是一种开放式聚居模式。在季节和气候的影响下:春季时接近于水岸之边,方便饮水放牧;冬季时则回归早期部族领地。于是,各部落居民多使用帐篷、毡包等可拆卸和搬运的建筑材料,往返迁移,随时搭建居住建筑。

宋元时期,党项族、蒙古族、回鹘混居于宁夏地区,但内地军民继续迁入宁夏境内:"自六盘至黄河立屯田,置军万人。"[156]338 "时徙鄜民万余于西夏,有司虽兴廪食,而流离颠沛犹多。裕与安抚使独吉请于朝,计丁给地,立三屯,使耕以自养,官民便之。"[155]2877

宋代,宁夏全境属于西夏国土范围。西夏党项人是马背之上的民族,其居住方式也多以游牧迁居状态为主,因而其居住方式存在聚族而居和居无定所的普遍性。史书中曾记载西夏部族的居住场景：戎夷帐族，交杂踰百万家口；或者部族一家号一帐，小族数百帐，大者千余帐。[158]西夏党项人以族群聚居形式为主，且以一个氏族帷帐为一组居住单元，多座帷帐则组合成多单元的混居部落形式。西夏与宋在两国边境上进行着一系列商品、贸易等经济交流协作。在此过程中，西夏人逐步汲取汉文化的营养来改变自己的生活方式：不善驻足和固定居住的西夏党项族人，也开始学会垦荒田和浚水利的屯田技术，逐步从游牧迁移方式过渡成农耕定居方式。自此，西夏人掌握的"渐峻井田"等各类农业技术，极大地推动了宁夏境内水利灌溉体系的发展。

综上所述，明以前宁夏沿唐徕渠聚落选址呈现不固定模式。北周时期沿唐徕渠聚落处于一种自由居住形态，且未经过统一规划与布局，各少数民族部落多以水资源较为丰富的地段设置暂居之地。隋唐以前，宁夏境内出现过几座城池和军营，但沿宁夏唐徕渠的聚落仍未出现，宁夏地区仍处于游牧迁移聚居和屯守聚居混居模式。受唐代羁縻州府制的影响，"突厥、回纥、党项、吐谷浑隶关内道者，为府二十九、州九十"。[153] 1119-1120唐代统治者对宁夏境内的聚落采用固定的管制，分不同区划，安排各部固定居住。隋唐时期，沿宁夏唐徕渠聚落点逐步开始固定，但聚落模式仍介于固定和迁移的方式之间，具有灵活与机动性。

西夏时期，"夏全境垦田约200万亩，全国总人口约150万。"[156]宁夏境内西夏人口众多，多以农业屯垦为生存模式。"国人赖以为生者，多以河南膏腴之地。"[158] 322此时，宁夏境内的西夏居民不再外迁，而是以引黄灌溉农田和精细化耕种方式维持生计。西夏时期宁夏境内的迁移式居住模式得以改变，成为了一种固定居住形态。伴随着宁夏境内引水灌溉体系的发展，堡寨与城池也开始了扩建，但大部分堡寨多建设在宋夏边界的固原、海原等地区，或贺兰山沿线区域之中（见图2.1）。

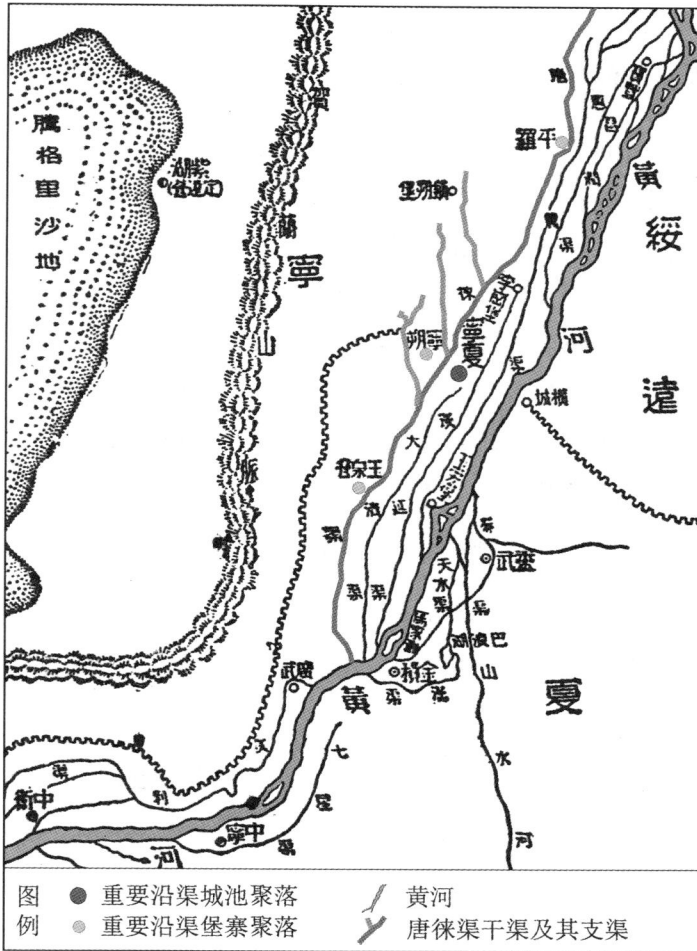

图2.1 西夏时期宁夏沿渠聚落分布示意图

图片来源：宁夏十大干渠图

　　明以前，由于宁夏境内居民构成复杂，且时有迁移与游走，这对宁夏境内的居住模式造成一定影响。宁夏境内的居住模式不断变化，由散居与迁移居住模式为主逐步发展为聚居与固定居住模式，最后固定为分区分片的聚居模式。唐代建设的怀远城，即为银川城前身，但该城池远离唐徕渠，沿唐徕渠两岸只出现固定居住片区，但尚未形成固定的堡寨聚落模式。

2.2 明代唐徕渠与沿渠聚落概况

宁夏唐徕渠的形成不是一蹴而就的，它生长和发展的过程与宁夏自然地理息息相关，自然环境是宁夏唐徕渠发育的必要基础。明代以前宁夏唐徕渠的发展过程是模糊而不确定的，从何时开凿宁夏唐徕渠，其发展态势如何，何时出现衰败和鼎盛的时段，这些问题有待厘清。在此背景下，明代以前宁夏地区聚落具有迁移性，沿唐徕渠聚落也随之呈现流动性和迁移性。但明以前宁夏地区的疆域变化频繁，加上古代宁夏建置的变更，对宁夏唐徕渠的历史脉络发展研究造成困难，更谈不上唐徕渠具体的起源时间和形制，故而仅能将明代以前的发展历程层层剥离，构架一个雏形轮廓，为明代、清代、民国唐徕渠对沿渠聚落格局的影响研究提供研究的基础材料。

2.2.1 明代唐徕渠历史概况

"国朝初，立宁夏府。洪武五年，昭弃其地，徙其民于陕西。"[159]明早期，宁夏地区因受到边域游牧部落的侵扰，且于明洪武五年（1372）下令迁移境内大量人口至今陕西地区之中。"至洪武九年……立宁夏卫，缮城郭以守之。"[159]洪武九年（1376）开始建设宁夏卫，营城守郭。故洪武五年（1372）至洪武九年（1376）的四年间里，宁夏境内尚无人居住，宁夏唐徕渠在此背景下没任何建设条件。

明洪武十二年（1379），宁夏卫官军开始修筑唐徕渠和汉延渠，引水屯田，令官兵能够自食其力。明洪武十三年（1380），皇帝诏令：陕西诸卫（包括宁夏卫）军士三分之一守城，剩余人等屯田供食，省却了粮食转运的环节，节省了人力和物力。明洪武二十五年（1392）至明宣德元年（1426），针对宁夏镇守的军士屯田各类细则进行讨论和分析：来年粮食种子的存储分配与方式，屯卫中的耕牛缺少情况统计，多种植旱田，少种水田等，说明水利灌溉中屯田守则更为重要，需要细化的详细执行。明宣德六年（1431），宁夏诸卫官员豪强占用膏腴土地和掌管水利以饱私囊，镇守军士陷入饥困之境，故同年设立水利提举司，以监管水利，兼收仓粮。明正统二年（1437）至正统十三年（1448），唐徕渠遭遇兵祸，且有经常淤堵和正闸决口的情况。景泰五年（1455），由于宁夏豪强兼并屯田水利，但提举司"袖手高作，虚縻廪禄，故省之"。明成化元年（1465），革去宁夏河渠提举司一职。明成化六年（1471），请更换唐坝为石坝。弘治十三年（1500），唐徕渠再次浚修。明嘉靖三十年（1551），设专职管理屯田。明嘉靖四十四年（1565），黄河改道，屯田变为荒田。明隆庆六年（1572），建议修筑唐渠石闸用以解决每年浚修之劳的问题。明隆庆年间（1567—1572），河西道汪文辉，在引水口下 20 里之唐坝堡（今大坝）重新改建石正闸 1 座，退水闸 2 座[162]。明万历十一年（1583），设立宁夏屯田水利都司一职，屯田水利再次引起重视（见表 2.1）。

表 2.1　明代与唐徕渠相关的水利屯田事件统计与解析表

序号	时间	事件	解析
1	洪武十二年（1379）	宁正兼领宁夏卫事，至则修筑汉唐旧渠，令军士屯田，引河水灌田数万顷，兵食以足	宁夏唐徕渠、汉延渠的重新修筑为灌溉农田提供了水利条件，以使士兵自给自足
2	洪武十三年（1380）九月	诏陕西诸卫军士三分之一守御城池，余皆屯田给食，以省转输	在此时间节点下，宁夏卫当时处于陕西都司辖区，故三分之一军士留守城池，剩余士兵屯田，以自给自足
3	洪武二十五年（1392）二月	户部尚书赵勉言：陕西临洮、岷州、宁夏等卫军士屯田每岁所收谷种外，余粮请以十分之二上仓，以给士卒之城守者。上从之。因命天下卫所军卒自今以十分之七屯种，十分之三城守，务尽力开垦，以足军食	明统治者根据下属谏言颁布屯田规定：每年屯田所收稻谷如有剩余，将其十分之七作为来年的谷种，十分之三拨及军士自足，鼓励屯田军士积极垦种
4	永乐元年（1403）二月	宁夏四卫马步旗军二万四百一十三人……其余宁城正军并纪录幼小之属不置（广本、抱本置作计，是也。）外，实用一万四千一百八十四人，耕田八千三百三十七顷有奇，据汉延、唐来二渠，人当用耕牛一，今缺牛四千一百有奇	宁夏镇城驻军士 14184 人，耕地 8337 顷。因汉延渠、唐徕渠两渠引水灌溉农田，需要驻城军士人手一匹牛耕田，但缺少 4100 多匹牛

续表

序号	时间	事件	解析
5	永乐三年（1405）二月	何福言：宁夏旱田再艺，水田惟一艺。且种水田则费力多而获利少，乞屯种罢水田，惟耕旱田。从之	宁夏两种屯田：旱田、水田。水田耕种费力且获益少，何福请示多种旱田，准奏许之
6	宣德元年（1426）二月	陕西按察（广本察下有司字。）金事饶安奏：宁夏、甘肃重兵镇戍，供给粮饷，民力甚难。其地皆极肥饶，官军且耕且守，最为良法……上嘉纳之	宁夏镇因引水灌溉，且土地肥沃，镇守官军应采用宜耕宜守的方式，自给自足
7	宣德六年（1431）二月	时陕西参政陈琰言："宁夏、甘肃田地可引水灌溉，虽旱亦收。然二处膏腴之地皆为镇守官及各卫豪横官旗所占，俱不报官输粮，间有报者，十仅得一；其卑下瘠地则分与屯军，致屯粮亏欠，兵士饥困，而官员豪强之家日以恣横"	宁夏、甘肃等地的屯田之法受到了地方官吏的做法影响。由于强占膏腴之地，屯守士兵只能耕种贫瘠之地，使得官兵难以自足，陷入饥困的情况
8	宣德六年（1431）二月	宁夏各卫仓递年收粮，宁阳侯陈懋令治文书者不作实数，侵盗有已……又私役军种粮三千（广本千作十。）余顷，夺民水利	官员盗卖屯粮，指使屯兵私种农田，水利情况不容乐观
9	宣德六年（1431）九月	罗汝敬言：宁夏等卫屯军旧种田一顷，纳屯粮一十八石。然一顷之中地多沙碱，有名无实，今请开豁。所种田皆肥饶，每五十亩仍令纳粮一十八石。又，宁夏、甘州田土资水灌溉，有势力者占据水道，军民莫敢与争，多误耕种……支掌水利，兼收仓粮，俱属部院官提督，则屯田不废，边储有积	虽然宁夏镇因资水灌溉，肥沃田地，但有势力者占据着水渠，普通官兵不敢发声，导致耕种贻误
10	宣德六年（1431）九月	设陕西宁夏、甘州二河渠提举司	建立设立陕西都司统领下的宁夏和甘州两地的河渠提举司
11	正统二年（1437）六月	今贼又犯唐来渠，纵横劫掠，实尔等之咎	因镇守懈怠，宁夏唐徕渠再次受到边虏贼寇来犯

序号	时间	事件	解析
12	正统四年（1439）	金濂言："镇有五渠，资以行溉，今鸣沙州七星、汉伯、石灰三渠久塞。请用夫四万疏濬，溉芜田千三百余顷。"	宁夏镇境内五大干渠：唐徕渠、汉延渠、汉伯渠、秦家渠、七星渠。除汉唐两渠之外，在鸣沙州内的三条古渠一直处于淤塞状态，所以时任宁夏巡抚都御史的金濂希望朝廷能够拨款，以雇佣四万民夫来疏浚三条古渠。疏浚后，可使荒地变为农田，灌溉面积达千顷以上
13	正统十三年（1448）	筑宁夏汉、唐坝决口	唐徕渠渠口再次溃决，需要重新进行修筑
14	景泰五年（1455）二月	省宁夏河渠提举司副提举二员、司典三名	由于监管不利，建议省去宁夏河渠提举司的其他职位
15	成化元年（1465）九月	革宁夏河渠提举司	革去宁夏河渠提举司
16	成化六年（1471）四月	宁夏屯守之资，全赖黄河水利。前人创立唐、汉二坝，引黄河之水分为二渠以资灌溉，启闭蓄泄，专人掌之。先以边警，展筑唐（广本作塘。）坝关堡，独汉坝城堡未立，累被抢掠，欲得如例修筑。且请易二坝之木以石，环以周垣，庶便屯守。事下，工部以为须持覆实乃报。从之	前任创立的唐徕渠、汉延渠两坝，两渠引水灌溉农田，开闸闭闸全靠专人控制。为了护卫边域，在唐徕渠闸口建塘坝堡。汉延渠闸口无堡，经常受到侵扰。两坝闸口原有木质材料修建，地方官员希望重修为石闸，还要围合的石墙和关堡用以屯守
17	弘治十三年（1500）二月	王珣等奏：臣闻本边旧有古渠三道，东为汉渠，中为唐渠，今见通水利，可为守御。惟西一渠逼在山下，首尾三百余里，渠两岸高峻，中广二十余丈，相传亦汉、唐旧渠，故道虽存，已多淤塞	宁夏镇境内原有古渠三条，东为汉延渠，中为唐徕渠，西为昊王渠。汉、唐两渠仍在使用，昊王渠已堵塞，仅存部分渠道

续表

序号	时间	事件	解析
18	弘治十三年（1500）	巡抚都御史王珣言："宁夏古渠三道，东汉、中唐并通。惟西一渠傍山，长三百余里，广二十余丈，两岸危峻，汉、唐旧迹俱堙。宜发卒峻凿，引水下流。"并从之	宁夏唐徕渠旧迹仍存，但因年久失修，处于衰败状态。宁夏镇巡抚考虑到唐徕渠的重要，向朝廷请示银两来资修唐徕渠和其他古渠。唐徕渠的疏浚是建立在古渠道之上
19	嘉靖三十年（1551）六月	本镇开垦荒田七百三十余顷，设官管理。从之	宁夏镇开设荒田百亩，开设专员管理水利和农田
20	嘉靖四十四年（1565）四月	……近年河流改涉（抱本、库本作徙，是也。），水利不通，屯田半为蒿莱	黄河河道改道致宁夏境内水利不通，屯田荒废长满各类杂草
21	隆庆六年（1572）十一月	一、建石闸以省繁差。汉、唐二渠，节年挑扒，既已劳民，渠口岁修本（广本、抱本作木，是也）闸，费尤不资	建立石闸的好处可省却汉、唐二渠每年的浚修之累
22	万历十一年（1583）十月	起原任陕西都司掌印署都指挥金事姜河为宁夏屯田水利都司	重新启用宁夏屯田水利都司一职掌管水利

（资料来源：根据《长渠流润：唐徕渠的历史与新貌》中第66至第71页；《明史》第八十八卷·河渠六等内容作者绘制）

宁夏唐徕渠是古代旧渠，明代则按照前朝之制，在古代旧渠上反复疏浚和修筑，但唐徕渠在开挖时存在隐患：渠口过高，导致黄河水中泥沙过多时，就会出现反复淤塞，故而引发决口和拥堵等一系列问题。而且唐徕渠渠口的闸坝使用木质材料，本身坚固性就很差，时常被冲毁。"每年春发军丁修治之，所费不资。四月初，开水北流，其分灌之法，自下流而上，官为封禁。"[160]即使唐徕渠每年开春在官方指导下，耗费物力财力进行疏浚，但仍会出现淤堵的情况。宁夏唐徕渠关系着各类屯田事宜，一旦地方监管不利，会让屯守官兵陷入困顿之境，所以明代唐徕渠总处于反复疏浚、反复维修的过程之中，以维持正常运行。

2.2.2 明代沿渠聚落历史概况

自明代宁夏镇成立后，明廷逐步采用相应的军事策略来调整和制定宁夏镇的军事防御体系布局。在规划好的总体防御布局下，明廷进一步设立镇城、卫城、所城、路城、堡城等一系列不同级别的防御堡以巩固体系。其中，城池和堡寨都是防御的重要载体，关联着战争中的人员安排和调动，最后决定战役的胜利。城池和堡寨按照等级和堡城内的驻守人数布防：镇、路、卫、所。与其他军事设施相比，城池本体的设计和营建最复杂。城池多由城墙、城壕、角墩、瓮城、角楼、关楼、马道、箭楼、水门、水道等建筑和构筑物组合而成。而堡寨中的军堡和屯堡级别、职能相当，既肩负御敌职责又兼有屯田责任，但其组织架构上仍存在差异：军堡更侧重于军事职能，平时观察墩堠的烽火预警情况，上报后由镇进行管理和调动各堡寨内的官兵抗敌实施行动。

明代沿唐徕渠堡寨是宁夏境内防御堡寨体系组成中的一部分。宁夏镇城早在隋唐时期名为怀远城，宋与西夏时期在唐徕渠东岸建成了西夏兴庆府城，沿用至元代。而明代宁夏镇城就在以上旧城的基础上建成。其他沿渠聚落全部在明代时期新选址和新修建。故除宁夏镇城外，其他沿唐徕渠堡寨聚落全部修建于明代。其中宁化寨不属于明代宁夏的任何一个卫所，始建时间不详。明代平虏城、玉泉营、大坝堡、平胡堡、姚伏堡、威镇堡始建时间不同；其他沿渠聚落堡寨始建时间多在明弘治十四年（1501）之前。至明嘉靖十二年（1531），所有沿渠堡寨聚落陆续修建完毕。[①] 各沿渠聚落堡寨的具体始建时间详见表2.2。

---

①所属卫或所始建时间：宁夏镇，至迟建文四年（1402）；宁夏卫，草创洪武九年（1376），洪武二十六年（1393）置，洪武二十八年（1395）废，永乐元年（1403）重置；宁夏左屯卫，洪武二十五年（1392）置，建文四年（1402）复置；宁夏右屯卫，洪武二十五年（1392）置，建文三年（1401）复置；宁夏前卫，洪武十七年（1384）置，建文四年（1402）复置。

表2.2 明代沿唐徕渠堡寨始建时间统计表

序号	堡寨名称	堡寨始建时间	所属卫或者所
1	大（唐）坝堡	明洪武九年（1376）	宁夏右屯卫
2	蒋鼎堡	明弘治十四年（1501）之前	宁夏左屯卫
3	瞿靖堡	明弘治十四年（1501）之前	宁夏左屯卫
4	邵岗堡	明洪武九年（1376）	宁夏左屯卫，南路守备驻扎
5	玉泉营	明洪武中（1373）	\
6	宁化寨	\	\
7	宋澄堡	明永乐初	宁夏前卫
8	靖夷堡	明弘治十四年（1501）之前	宁夏右屯卫
9	杨显堡	明弘治十四年（1501）之前	宁夏右屯卫
10	平胡堡	明嘉靖十二年（1531）	宁夏右屯卫
11	宁夏镇城	城在西夏（1023）兴庆府城故址之上修建	宁夏总镇、宁夏卫、宁夏左屯卫
12	谢保堡	明永乐初	宁夏前卫
13	张亮堡	明永乐初	宁夏前卫
14	桂文堡	明弘治十年（1497）	宁夏右屯卫
15	常信堡	明弘治十年（1497）	宁夏右屯卫
16	丁义堡	明永乐初	宁夏前卫
17	高荣堡	明弘治十年（1497）	宁夏右屯卫
18	姚伏（福）堡	明弘治十年（1497）	宁夏右屯卫
19	周澄堡	明弘治十四年（1501）之前	宁夏前卫、右屯卫
20	平虏城	明永乐初	宁夏前卫
21	威镇堡	明初建（1368）	宁夏前卫

（资料来源：根据宁夏地方志相关内容作者绘制）

2.3   渠对沿渠聚落宏观格局的影响

2.3.1   山水格局体系

宁夏山水格局体系是在宁夏的自然地理基底上形成和积淀的。宁夏地理坐标为：东经 104°17′至 107°39′、北纬 5°14′至 39°23′。宁夏西北接内蒙古西北部，东南连陕西北部，西南接壤甘肃，它的疆域轮廓形状则是南北长，东西窄。其南北相距约 456 公里，东西相距约 250 公里，占地面积 6.64 万平方公里。

宁夏地理地形概貌相对特殊，造成原因：其一，由于宁夏平原的东、北、西三面被毛乌素、乌兰布和腾格尔沙漠包围，是典型的温带大陆干旱与半干旱气候交界地带。宁夏北部位于贺兰山与鄂尔多斯高原之间，平均海拔在 1100 至 1200 米之间，素有富饶平坦的"宁夏平原"之称。[185] 其二，贺兰山与宁夏平原高差在 500—2000 米之间，其间形成此起彼伏和交错分布的地形地貌：地形复杂，平原占总面积的 34%；山地迭起，占总面积的 16.4%；盆地错落，丘陵起伏，占总面积的 41.7%；沙漠横亘，沙地占总面积的 6.1%；黄河穿流，湿地广布，水面占总面积的 18%[185]① （见图 2.1）。这种地形地貌造成宁夏南北地区气候差异大，且宁夏南、北、中三块地区年均降水量呈现出不均衡状态。宁夏南部山区年降水量年均在 400mm 以上，故南部山区的北部地区处在半湿润与半干旱区分界线之间。宁夏中北部引黄灌区年均降水量达不到 200mm，且其处于季风气候和非季风气候的分界线之间，同时也是中国干旱区与半干旱区分水线之间。宁夏北部和南部之间的中部干旱地带，年降水量保持在 200mm—400mm 之间。

总体而言，宁夏降水季节分配不平衡，夏秋多，冬春少，降水时间相对集中。因此，宁夏地区的降水量制约着本地区的农牧业和生态环境的发展。

---

①这里测算总数为 116.2%，不知原著引文是否标注有误？

　　宁夏不仅位于中国西北部内陆偏北部地区，而且属于黄河上游地区。宁夏唐徕渠恰好处于贺兰山与黄河之间的开阔宁夏平原①之上。贺兰山位于宁夏平原西面，是抵御干旱与半干旱气候的天然屏障。黄河奔流于宁夏平原东岸，为宁夏平原提供水资源。"黄河，古称河，或称河水。隋唐间，以河水多泥沙而色黄，故又称黄河至今……经青海、四川、甘肃进入宁夏，形成宁夏冲积平原。"[167]326清代《乾隆宁夏府志》记载："宁夏古朔方也，黄河绕其于东，贺兰峙于西……地大半尽属沙碱必得河水乃润，必得浊泥而沃。"[163]"河入中国，宁夏独食其利，支渠酾分，灌溉府境。"[168]历史上宁夏银川平原黄河多次改道，但摆动位置不清晰。黑山峡与青铜峡之间被称为"卫宁平原"，青铜峡以北地区则为"银川平原"。青铜峡峡口成两山相夹之势，将黄河分为两段。黄河水自峡口分流后向北延伸，这就是宁夏境内引黄灌溉的源头所在。"青铜峡到平罗一段，河道多有变迁……比较大的一次改道约在三国至东晋十六国，但史载不详。《水经注》和郦道元的注释可找寻证据……薄骨律镇城、典农城之北，又有上河城，故上河北界，已经在今天的青铜峡市东北境。"[167]296-297

　　基于以上天然的地理基底，形成了宁夏北部平原的背名山而面洪流、左河津而又重塞的山水格局。在明代宁夏志上，多有描绘和强调这种自然山水格局：左距丰盛，又带兰会；黄河绕其东，贺兰耸其西；西北以山为固，东南以河为险；黄河襟带东南，贺兰蹲跱西北；背山面河，四塞险固；西据贺兰之雄，东据黄河之险。[161]10

　　沿渠堡寨聚落选址于贺兰山和宁夏平原中心位置，其山水格局依旧：背山面水。山，即贺兰山，它是宁夏平原西北边界的一道自然防御屏障。水，即黄河，它是宁夏平原东南边界的另一道自然防御天堑，故宁夏平原可居可守。黄河自西南向东北横贯宁夏平原大地，因黄河水和引黄灌溉渠水的多年冲刷，沿渠聚落所在区域地形多样，西南部的牛首属山丘陵地带，西面为高耸的贺兰山山地，东面为广袤的平原地带，呈现山地、丘

---

　　①宁夏平原：宁夏境内黄河两岸平原的泛称，它包括卫宁平原、银川平原两部分。平原范围南起中卫沙坡头，北至石嘴山，西抵贺兰山，东临鄂尔多斯高原边界，沿黄河呈南北态势延伸，南北长约为275公里，东西宽度范围在10—50公里以内。

陵、平原 3 种地貌类型。

明宁夏镇依托的山水格局以贺兰山和黄河展开。除此之外，还包括莎罗模山、峡口山等，这些山脉实属贺兰山支脉，分布在宁夏镇西、西南、北、东北四个方位，虽距离沿渠堡寨远，但明显呈半包围形态，将沿渠聚落的所在地自西南、西、北、东北四面环绕（见表 2.3）。

沿渠聚落的水系环境也涵盖在山脉包围之中。这些水系环境包括：河水、泉水、湖泊。河水即为黄河和黑水河；泉水是指暖泉，自山间涌水；湖泊数量最大，分布在宁夏镇城东、东南、东北、北、西等方位，唐徕渠与湖泊时有相连，构建了宁夏镇城之外渠湖密布的水系格局（见表 2.3）。

"快活林"是明代宁夏镇城外稀有的一片水草丰茂绿洲之地，它既不是湖泊也不单是林地，属于沼泽林地。在此适宜放牧和游赏，并融于宁夏镇城的宏观山水格局之下（见表 2.3）。

表 2.3 明代宁夏镇的山川湖渠位置与特征分析表

序号	名称	特征	位置	备注	文献出处
1	贺兰山	巍然屹立，山崖峭壁，翠峰森，峻极于天。山路险恶，羊肠萦回，山多松。峰峦苍翠、岩壁险峭、崔壁险削，沿亘 500 余里	城西六十里	上有颓寺百余所，即寺庙（已颓）、李元昊行宫遗址、樵牧之人结草庐、官兵驻守之地	《宁夏志笺证》、《嘉靖宁夏新志》、《弘治宁夏新志》
2	莎罗模山（娑罗模山）	地涌泉	城西南一百里，近贺兰山灵武口	水口下的龙王祠（已毁），为贺兰山东麓小山，在今天的青铜峡境内，现名为柳木高山，有大、小之分	《嘉靖宁夏新志》、《弘治宁夏新志》
3	峡口山	两山相夹，黄河经其间，古名青铜峡	城西南一百四十里	有古塔一百八	《嘉靖宁夏新志》

续表

序号	名称	特征	位置	备注	文献出处
4	省嵬山	\	城东北一百四十里	过黄河	《嘉靖宁夏新志》
5	石嘴山	突出如嘴	城东北二百里	\	《嘉靖宁夏新志》
6	黑山	其形如虎踞	城东北二百里切，贺兰山东北尾也	下引黄河，亦一抗隘也	《嘉靖宁夏新志》
7	西瓜山	形如西瓜	城北二百八十里	\	《嘉靖宁夏新志》
8	麦垛山	形如麦垛	城东北三百里	在大河东，产铁	《宁夏志笺证》、《嘉靖宁夏新志》
9	黄河	水质多有泥沙，呈现黄色	经镇城东北而去	\	《嘉靖宁夏新志》
10	黑水河	\	位于黄河西，西流注入黄河，城东十五里	\	《嘉靖宁夏新志》《弘治宁夏新志》
11	三塔湖	\	位于黄河西，城东北三十里	\	《嘉靖宁夏新志》
12	高台寺湖	高台寺位于府城东南角，是一处著名西夏胜景，清代仍存在。	位于黄河西，城东十五里	\	《嘉靖宁夏新志》
13	巽湖	\	城东南三十五里	\	《嘉靖宁夏新志》
14	观音湖	在贺兰山大水口下	城西北九十三里	\	《嘉靖宁夏新志》
15	月湖	以形似名，月牙形湖泊	城北三十五里	\	《嘉靖宁夏新志》
16	长湖	带状湖泊	城南十五里	\	《嘉靖宁夏新志》

续表

序号	名称	特征	位置	备注	文献出处
17	暖泉	\	城西北八十里	\	《万历朔方新志校注本》
18	沙湖	周围布满沙丘，水在沙中	城东二十里	\	《嘉靖宁夏新志》
19	快活林	丰水草，可畜牧	城西四十余里	\	《宁夏志笺证》、《嘉靖宁夏新志》
20	昊王古渠	与贺兰山山脉走势平行	城西南六十余里	南北长三百里，西夏旧渠；弘治十三（1500）年，王珣请开，沙深不可浚。未成，仍为废渠	《弘治宁夏新志签注本》

（根据《宁夏志笺证》《弘治宁夏新志签注本》《嘉靖宁夏新志》《增补万历朔方新志校注》中相关内容作者绘制）

根据上表，贺兰山主脉贯穿于镇城西侧，自南向东北绵延 500 里，峡口山、莎罗模山、石嘴山、黑山为其支脉，峡口山位于贺兰山南端，黄河自峡口山中穿流，峡口山的西面建 108 塔，其下和东面则是古代宁夏唐徕渠引水口，黄河自此分流出多条引黄灌溉渠。莎罗模山接近峡口山，是一座山口，山中有地涌泉，并设著名的莎罗模龙王祠。石嘴山和黑山处于贺兰山的北端，石嘴山突于整体山脉之外，形如嘴，黑山是贺兰山的结束之处，同时由于山势陡峭，借此形成一座关隘，黄河水穿于其下。除以上山脉之外，西瓜山、麦垛山、省嵬山在贺兰山北端附近，且不与贺兰山连为一体，后两者位于黄河东面。贺兰山大水口下有片观音湖，位于宁夏镇城西北。昊王古渠已荒废，虽然在明弘治十三年（1500）重新疏浚，但没有成功，仍是一条废渠。黑水河汇入黄河，分布于宁夏镇城东北。宁夏镇城东、东北、东南、南、西南、西北都有丰富的泉水和湖水资源：暖泉在城西北，沙湖在城东，快活林在城西，长湖在城西南，巽湖在城东南，高台寺在城东，三塔湖在城东北，分布距离最近者为十余里，最远者八十里。

这种山水为界，环抱平原腹地的态势，不仅体现在文献中，在明代地方志的舆图中都多有表现，但图纸的精准度和方位坐标相对较为粗略，都是表示大致位置和形态，除贺兰山主脉、黄河、西瓜山在图纸上呈现，其他贺兰山支脉、渠、河、湖等要素未见（见图2.2、表2.4）。

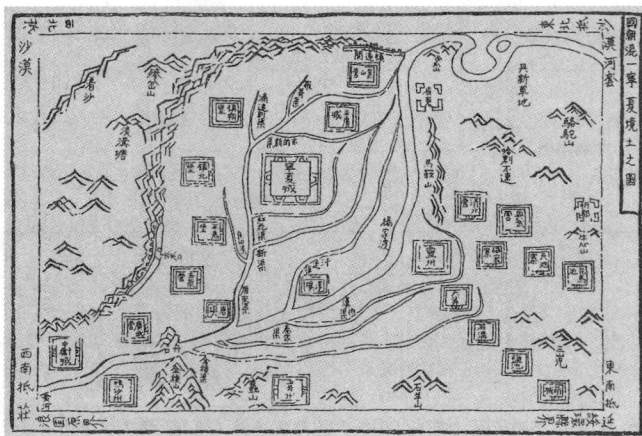

图2.2　（明）国朝混一宁夏境土之图

图片来源：明代嘉靖宁夏县志

表2.4　明代地方志舆图中山、河的绘制分析表

序号	符号	名称	绘制方式	方位
1		贺兰山主山脉	采用线条方式将山脊、山形进行象形概括，但没有表明山体的名称	位于图纸左侧，向东北延伸，代表主山脉由西南向西北的走向
2		西瓜山	采用线条将山形进行象形描述，标注山体名称	位于图纸中上偏右，表示该山脉位于黄河拐弯之处，以镇城、平虏城为坐标，在其东北角
3		黄河	采用两条平行线绘制黄河的宽度和长度	位于图纸横轴三分之一处，自西南向西北，贯穿整张图的对角中心

（资料来源：根据图2.4的内容作者绘制）

通过以上内容的比对，结合明代文献和地方志舆图的文字和地图信息梳理，得出结论：在明代，宁夏银川平原的山水格局早已被古人认知，且作为地方的自然地理和自然资源广为利用，明代宁夏山水格局以贺兰山及其支脉、黄河水为地理边界，在自然山水格局之间的平原之地建设人工设施，此时文化景观遗产已初现空间格局，山水格局界定了明代宁夏地区最早的自然生态边界。延续至今，山水格局边界是最重要的两条生态保护红线，它划定了宁夏由古至今的永久生态空间界线，其具有重要的生态功能，是保障国家生态安全的底线和生命线。

2.3.2 军事格局体系

然而，宁夏镇虽有天然的地理优势，但也亦有漏缺。宁夏镇靠近宁夏平原北部，北部仍有一块凸出之地未囊括于贺兰山范围内，此处与虏辖区连为一体，这便是今天的平罗和石嘴山一带区域。一旦山东面的"虏"进犯宁夏平原，造成北路防御压力大，随之东、北、西三面再腹背受敌。所以不能将所有堡寨沿山沿河进行布置，反之设置在宁夏平原中心地段最为合适。

明初，宁夏镇面临兵患，且其多在河西。明太祖朱元璋的军事指导核心思想为：保守防御、以守为攻。明成祖永乐二年（1404）丙申，敕宁夏总兵官左都督何福曰："宁夏多屯，虏猝至，恐先守，可于四五屯间，择有水草者浚壕，广丈五尺深半之，筑土城高二丈，开八门，便出入，旁近屯辐……无警则各耕牧，有警则固守待援。朕遥计其攻守之策。而自深筹之。"[207]金幼孜在明北征录里曾记录："永乐八年（1410）二月初十日，上亲征北虏……二十日，（以下文原本缺）去……今灭此残虏，惟守开平、兴和、宁夏、甘肃、大宁、辽东，则边境永无事矣。"[208]宁夏镇军事防御不仅包括守、防、战、御等任务，还包括屯田。宁夏镇采取耕战结合的防御方式，并配备专门预警和作战者的屯防官兵，也配备兼顾的作战和耕种两种任务的屯防官兵。故而堡寨的建设是为屯守官兵而服务的，其主要分派为三守城、七屯田。屯田的核心区域则为黄河灌区与引黄灌区，而唐徕渠刚好处于灌区的中心位置。

明宣德（1426—1435）以前未出现成熟的军事防御体系策略，仅提出宏观策略和防御思想，定下基调为以守为固。明宣德（1426—1435）之后，宁夏虏据套，内患在河东，特别是平虏至花马池三百余里尤盛。宁夏镇"犄角榆林，屏蔽固原"，其军事地位重要，"故设后卫"，下辖东、西、南、北、中五路，以守卫宁夏镇境内国土的安全。明正统八年（1443），防御体系逐步变为分路防御，先设东、西路，后设中路。明宣德至正统（1426—1449）后，明廷逐步完善军事防御体系。明正德五年（1515），宁夏镇已布局成东、西、南、北、中五路防御体系，全面防御宁夏镇。

明代军事防御策略不仅出现在文字史料中，也反映在古代军事舆图中。魏焕著述的《皇明九边考》[186]中曾出现大量军事地图，主要关注以下几点军事要素：各重镇的地理位置，军事要素，即自然要素和人工要素。其中，自然要素指山、河。人工要素则指驿铺、关隘、斥堠（墩）、台、边墙、营堡、关堡、城池等。这些要素在绘制时，全部使用古代舆图中的图式符号来重点表明防守重点位置，并在战争中能根据以上军事要素作出防御策略，维护疆土安全。

明代，宁夏北境主要以军事防御为主。借助天然山水基底，形成独成一体的人工军事防御格局：镇—卫—所—堡寨—关隘—驿站—边墙—墩堠。宏观格局即防御格局呈现为5道平行线，其走向自南而北延伸，东西平行排列：最西边界的第1道防线即贺兰山东麓由自然山体、边墙、关隘连成单线或双线结构。第2道防线为墩堠和堡寨的双线点状连线布局，散布于贺兰山和靖虏渠以内的平原之上。第3道防线为靖虏渠系。第4道则引黄灌区中的沿渠堡寨，包括沿唐徕渠堡寨：宁夏镇、平虏城，邵刚堡、瞿靖堡等。第5道防线即为东面的黄河。唐徕渠、沿渠堡寨、堡寨西面的墩堠、汉延渠、沿渠堡寨等则是防御的核心区域。

明代沿唐徕渠堡寨聚落多东面临渠，西面靠山，在山水之间，多数堡寨分布在地形趋于平整和坡度变化小的平原开阔地段。为达到防御的目的，在山体制高点设置墩堠，在山口要道设置关隘，多点之间连接边墙，再配置堡寨、城池、点将台等军事驻点。沿唐徕渠沿岸形成以军事秩序为主布置的空间序列，建立完备的军事化防御体系，核心区域重点在于保卫各沿渠堡寨聚落与农田水利安全。

明初，明廷采用北起西域边疆东至鸭绿江，西至嘉峪关沿线，逐年逐步修建了绵延上千里的边墙。边墙不仅成为隔绝内地和西北边疆的一道人工屏障，而且还是一道保卫内部国土边界安全的心理防线。边墙不单纯是一条线性载体，而集合了多重军事功能的设施：构筑物、建筑物等，形成一套庞杂的军事防御体系。宁夏唐徕渠灌区东北接两道边墙：西边墙和旧北边墙、西边墙，始筑于明成化九年（1473），其自中卫（今中卫市沙坡头区）黄河南岸芦沟堡，北跨黄河接镇关墩，再自东向北，逾金胜关，北连石空寺等各口，从打硙口至贺兰山扁沟与旧北长城相连，共4段。宁夏镇和平房镇防区内的边城防御区属于西边墙的第4段，从赤木关延伸至红果儿沟段后，形成旧北边墙，即红果子边墙，其主要分布于沿贺兰山东北麓一带，西起贺兰山扁沟，东至黄河西岸，现存遗址约6公里。① 旧北边墙南修筑北长城，又称边防北关门墙，位于大武口境内，西起今平罗县高庄乡金星村，经大武口区明水湖农场、兴民村，止于贺兰山枣儿沟山墩，现全长19.7公里。②

因贺兰山中某些地段存在人可通行的山口，故边墙不是封闭一体的，而是分段设置，且设置关隘连接边墙和增强军事戒备。故而，在山口处设置关隘是边墙防御体系的重点。明代，贺兰山中山口共36个，相应关隘依次由北向南沿山排列（见表2.5）。

表2.5　明代宁夏镇附近的关隘口统计表

序号	名称	位置与特征	序号	名称	位置与特征
1	黄草坡口	今石嘴山市境内	19	水吉口	今银川市境内
2	野马川口	位置同上	20	黄峡口	位置同上
3	打硙口	今石嘴山市境内，位于平房城西北。有险可凭，旧有三关	21	滚钟口	位置同上
4	阿武坡口	位置同上	22	金塔口	位置同上
5	刺滩口	位置同上	23	赤木口（今三关口）	平房城西南，与打硙口南北呼应
6	归德口	今平罗县境内	24	磨石口	今永宁县境内
7	大风口	位置同上	25	独树儿口	位置同上
8	小风口	位置同上	26	干沟儿口	位置同上

①薛正昌. 明代修筑的宁夏镇北长城［J］. 宁夏画报，2022（10）：84.
②薛正昌. 明代修筑的宁夏镇北长城［J］. 宁夏画报，2022（10）：86.

续表

序号	名称	位置与特征	序号	名称	位置与特征
9	汝其口	位置同上	27	山嘴儿口	位置同上
10	大水口	位置同上	28	双山北口	今青铜峡市境内
11	小水口	位置同上	29	双山南口	位置同上
12	西番口	今贺兰县境内	30	灵武口	位置同上
13	塔峡口	位置同上	31	林泉口	位置同上
14	贺兰口	位置同上	32	哈喇木口	今中宁县境内
15	新开口	位置同上	33	碛石口	位置同上
16	宿鬼口	位置同上	34	黄沙口	位置同上
17	拜寺口	位置同上	35	观音口	位置同上
18	镇北口	今银川市境内。平峦盘古，无高岗、垒嶂之险	36	大佛寺口	位置同上

（资料来源：根据嘉靖宁夏新志·卷一·宁夏总镇［六］关隘的相关记载作者整理而成）

　　除贺兰山中的关隘外，在黄河北岸的北边墙上还设置 2 处重要关隘：河西关，黄河西岸，距城南四十里；河东关，黄河东岸，距城西关十里。2 处关隘专门管理黄河以东和以西的防御事务，是北面门户。此外，关隘的关门一般设为一道或数道，关门两侧连接两座土房或设障墙，后与自然山体及其附近边墙连接，组成密实的线性军事防御结构体系。

　　贺兰山东麓因地势平坦，需设置预警装置：墩堠，其又名烽墩或斥墩，一般分布在边墙和堡寨以外开阔地段。每座墩堠呈四棱台状，底部大，周长为 10 丈，顶部周长为 6 丈，通高 1 丈 5 尺，上砌筑土房一间，常年由 2—5 人值守。大型墩台四周环有城壕，每座墩堠间隔距离控制在 15 里，设置在交通沿线的墩堠距离控制在二十里之内。旱地墩堠采用土筑，水泽地墩堠则采用石筑。宁夏全境共计墩堠 615 座，宁夏镇北部防区内共 488 座，占全景墩堠比重为 80%，而且大部分墩堠设置在贺兰山东麓。

　　"河东城四围山前后，旧设空塔儿等墩共一百四十处……其中沿靖虏渠墩二十二处。"[162]48 明弘治七年（1494），宁夏镇巡抚王珣向上奏请重新浚河西傍山的靖房渠，引水下流，并用渠内淤土填筑渠东，后在水渠沿线修建兵营城堡屯兵来防止山外之敌的偷袭。因此，设置水渠沿线的墩堠数量多且密，目的在于保护沿渠聚落和水渠安全。宁夏境内重点防护区内的墩堠：平罗营墩共 15 处，其中 3 座墩堠——虎尾渠、双渠、王奉闸则沿水渠和闸口布置。在整个军事防御体系中，墩堠虽是点状布局，但根据防护需要，各个墩堠之间多为线性形态布局（见图 2.3）。

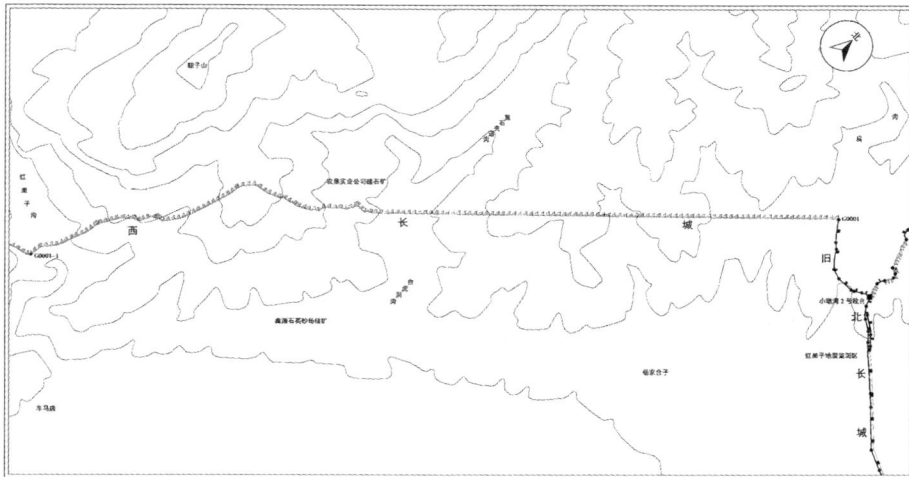

图 2.3　宁夏惠农区红果子镇—王泉沟山险长城走向图

图片来源：宁夏自治区文物考古研究所长城调查组

墩堠之外，还须配备驿站和递运所：驿站用于传递军事情报、接纳投递人员，并为投递人员提供休息场所；而递运所则负责运送物资、人员及上供物品。宁夏镇城内东南角设置了在城驿，平罗城内亦设置城驿，距离宁夏镇约 120 里。两驿站便于两城之间的信息往来，或落于军事布防线路之上，或分布在线内外 3 公里范围以内。

2.3.3　唐渠格局体系

明代宁夏唐徕渠为无坝引水水利工程，它主要由干渠、渠口、坝、渠身、泄水闸、扬水闸、槽、支渠、支渠口等组成一套复杂的灌溉结构体系。

明代宁夏黄河过宁夏青铜峡峡口时，自此口分出唐徕渠和汉延渠，所以唐、汉两渠同口同源。唐徕渠位于峡口西岸，汉延渠位于峡口东岸。明弘治年间（1488—1505），干渠流经宁夏左、右、前、中屯卫，位于黄河西岸。明代渠口自开设后，没有变化。明庆隆年间（1567—1572），唐正闸向北下移20公里处，在大坝堡设立唐坝口（见表2.6）。

明干渠长度：延袤四百里。明弘治年间（1488—1505），宁夏唐徕渠长四百里；明万历年间（1573—1620），唐徕渠延长四百里；明代唐徕渠的总长度未变，始终为四百里。明唐徕渠干渠走向：峡口—唐正闸—宁夏镇城西—西河。从峡口向东北流，经过20里，进入唐正闸，出闸口，继续向东北流，绕城西后，向城东北方向流动，最后汇入西河，即再次流入黄河。

表2.6 明代唐徕渠干渠体系构成统计表

干渠位置	干渠长度	渠口	渠口位置	渠身与走向	泄水闸	扬水闸	槽	渠尾	文献来源
宁夏地方、黄河西	四百里	大坝	峡口北	闸口至渠尾	\	\	\	西河	《宁夏志笺证》[159] 196
宁夏四卫（左、右、前、中屯卫）	四百里	城西南汉渠口之西（汉延渠口在城西南峡口之东）	峡口西	绕城西北而流	\	\	\	黄河	《弘治宁夏新志签注本》[160] 45-46
\	四百里	汉渠口之西（汉渠自峡口之东）	峡口西	绕城西逶迤而北	\	\	\	黄河	《嘉靖宁夏新志》[161] 20
\	四百里	唐坝、唐闸	河口（峡口）西	流绕镇西	关边、宁安、平头、石头	哈三	4处	黄河	《增补万历朔方新志校注》[162] 37-39

（资料来源：根据《宁夏志笺证》《弘治宁夏新志签注本》《嘉靖宁夏新志》《增补万历朔方新志校注》中相关内容作者绘制）

在以上明唐徕渠流经的位置里，最为准确的是："城"，即明宁夏镇，也就是今天的宁夏银川市兴庆区。唐徕渠穿流过镇城西侧，而其他区域——左、右、中屯卫的具体流经地点没做详细阐述。

明万历年间（1573—1620），干渠渠口有四个泄水闸口：关边、宁安、平头、石头；扬水闸一处，名为哈三；槽四处，未命名。泄水闸口、扬水闸口、槽的出现，说明明万历年间（1573—1620），唐徕渠干渠口做了改进，采用泄、扬分开运行，跨槽设渠，有序沟通。

明唐徕渠自渠口流经至宁夏镇城附近时，开始分出支流。这些大支流绕过镇城周边后向北流。干支渠的结构像总—分—分的形态。宁夏唐徕渠通过这种结构方式，逐步扩散到宁夏中北部平原地带，滋润着灌区内的土地和良田，灌溉面积达4700顷以上。

明唐徕渠大支渠共7条：铁渠（贴渠，即旧贴渠）、新渠、红花渠、良田渠、满答剌渠、西南小渠、西北小渠。此外，东南小渠是红花渠的支渠，即为唐徕渠支渠的支渠，而实为小支渠。

明唐徕渠大支渠绕于城东或城西，流动趋势全部为：自南向北流，大概位置都处于宁夏省城与宁夏县城之间的郊野地带。具体大支渠的走向：贴渠在唐徕渠口西岸，与唐徕渠同口同闸，从镇城西南方向继续向北流，贴渠离镇城最远。新渠：由银川市南向东而流，流长约四十里。灌溉银川市东南大新乡一带。红花渠：唐徕渠从黄河西岸分出向北流向银川城西侧，其干渠向北流时则分出红花渠。作为唐徕渠的一条支渠，红花渠在离城南五里的位置与干渠分流向东北。唐徕渠干渠绕城西向北流，而红花渠则自城南向北流经后又自西向东流。红花渠却始终在城东、南、东南、东北、北方向环流，渠水半面环抱宁夏镇新城。红花渠自城东向北流后，再与唐徕渠干渠、满达剌渠汇合，向北流。良田渠：流经银川市西北，流长约五十公里，灌溉银川市新城区一带农田。满达剌渠：由银川市西北转东北流向，流长约三十里，灌溉银川市郊区满春乡一带农田。

宁夏镇城的东南、西南、西北飞槽架设了三条小支渠，即东南小渠、西北小渠、西南小渠。东南小渠引红花渠水，灌溉城内西南角一片区域，而西北、西南两小渠则引唐徕渠大支渠，分别灌溉城内西北和西南角区域。东南小渠、西南小渠、西北小渠依靠飞槽跨越入城一角，东南小渠跨入旧城东南一带，其他两条小渠跨入新城后，灌溉新城西北、西南一带。明代西北小渠位于兴庆区西，其流经城西北而得名。明朝初年，开凿唐徕渠水入城供居民使用，今流经中山公园一段西北小渠仍在使用（见表2.7），详见本书第5章5.2.1小节内容。

表2.7　明代唐徕渠支渠体系构成统计表

支渠名称	支渠位置	支渠流向	支渠陡口	支渠陡口数量（处）	湃口	支渠灌田数量	文献来源
红花渠	城外	自西南转东北而去	\	\	\	四千七百一十八顷七十三亩	《宁夏志笺证》[159] 196
铁渠	\	\					
良田渠	\	\					
满答喇渠	\	\					
新渠	\	\					
新渠	城南	东北流	\	380	\	\	《弘治宁夏新志笺注本》[160] 45-46
铁渠	城西南	北流					
良田渠	城西	北流					
满答喇渠	城西北	东北流					
红花渠	抱城南门	东北而流					
西南小渠	城西南	新城西南一方					
西北小渠	城西北	新城西北一方					
铁渠（与唐坝同口而异闸）	城西南	北流	\	800	\	\	《嘉靖宁夏新志》[161] 21
新渠	城南	绕东北而流					
红花渠	抱城南门、东门	绕城南、东而流					
良田渠	城西	北流					
满答刺渠	城西北	转流东北					
西南小渠	城西南	跨槽入城					
西北小渠	城西北	跨槽入城					

续表

支渠 名称	支渠 位置	支渠 流向	支渠 陡口	支渠陡 口数量 （处）	湃口	支渠灌 田数量	文献 来源
贴渠（与 唐坝同口 而异闸）	城西南	而流北	良田、大 新、果子、 杨召、满 达喇、阿 里八字、 丰登、亦 的小新	808	张贵湃 （贴渠东 岸）、陈 敬雍水湃 （支属唐 渠，宁化 寨段）	\	《增补万 历朔方 新志校 注》[162] 3 8—40
新渠	城南	绕东而 流北					
红花渠	抱城东南	而流北					
良田渠	城西	而流北					
满达刺渠	城西北	转流东北					
西北小渠	新城西北	跨槽入城					
西南小渠	新城西南	跨槽入城					

（资料来源：根据《宁夏志笺证》《弘治宁夏新志签注本》《嘉靖宁夏新志》《增补万历朔方新志校注》中相关内容作者绘制）

此外，宁夏唐徕渠支流数量在明代逐年递增。明弘治年间（1488—1505）的380处，明嘉靖年间为800处，明万历年间为808处。因此，支渠陡口数量也随之增加。渠口名称与支渠对应：良田、大新、果子、杨召、满达喇、阿里八字、丰登、亦的小新等。

明唐徕渠系主要由正闸口、干渠、绕银川城周边的大小支渠、各大支渠渠口、坝口组成。虽然明代宁夏地区以卫所制度进行分片管理，但卫所的边界模糊，所以唐徕渠流域的范围则为宁夏镇左、右、前、中屯等五卫及其周边区域，沿唐徕渠大支渠两岸的地区是宁夏镇的核心地段。虽有支渠数条，但支渠具体走向与流经范围并不能清晰与准确判定。

明代宁夏唐徕渠不仅纵向延伸，而且渠口至渠尾整段存在明显的横向段落结构：渠首段即为青铜峡口至唐坝堡段，渠身位置上以宁夏镇城以北的谢保堡段为第二段，从谢保堡以北至渠尾为最后一段。实际上，根据以上干支渠的分布范围也可以发现，渠口段、宁夏镇城段、渠尾段为最明显渠身转折节点。所以，明代宁夏唐徕渠的空间结构划分为横向三段式，干渠由南向北延伸，干渠之上延伸出 7 条大支渠，多分布于干渠口东岸、宁夏镇城东南西北面、平虏城南北东面。

2.3.4　宏观格局特点

"成化以前，虏患多在河西，自虏据套以来，而河东三百里间更为虏冲，是故窥平固则犯花马池，之东入灵州等处则清水营一带是其径矣。"①明洪武至成化年间（1368—1487），北元远遁漠北，兵患多在河西，宁夏唐徕渠位于该区域之内。因而，这一时期建设沿渠聚落是最重要的任务。明宣德至正统年间（1426—1449）之后，虏据河套，所以兵患由河西向河东迁移，特别是平虏城至花马池三百里范围内最为严重。

综上，宁夏河西沿渠聚落的格局早已在明成化年间（1465—1487）建立和成型，且聚落和唐徕渠系关系密切。以"背山面河、四塞险固"[161] 10 的天然地理背景为环境条件，贺兰山占据西界，黄河临近东界，黄河从宁夏境内自西南向东北方向穿越整个宁夏北部平原，平原之上一览无余，仅有黄河水和引黄灌溉渠，这里是背山面水的开阔平原腹地，负山面水，易守难攻。平原西北方向的贺兰山处于宁夏北部平原的天然防御屏障环抱中。沿渠聚落坐落于山、河、湖、渠、泉共同交织的复杂自然地理单元的中心，聚落的选址多从自然资源出发，由此建立生存资源。其次，占据平原水资源两岸的有利地势，水源即黄河水和引黄灌溉渠水，相较黄河水而言，因引黄灌溉渠水是人工取水，其流量稳定且离河水区域有一定的距离，是最安全可靠的水资源，沿渠周边还拥有可控的湖泊水源等。在此宏观背景下，沿渠堡寨聚落分布其间，既可依托水源发展农业以屯防军事粮食的供应，又可借助渠水进行屯卫。

另外，军事防御体系、唐徕渠结构与贺兰山走向趋于平行。人工军事和水利体系依托自然山河基底，后沿渠聚落整体呈线性结构，单体聚落嵌入结构体系之中。以山河为界，借山势修建防御工事，省力而为。在以上

---

①[明] 魏焕 . 皇明九边考 · 宁夏 · 中国西北文献丛书 · 西北史地文献 · 第 4 册 [M]. 兰州. 兰州古籍书店，1990：131.

基础上，人工军事防御体系从镇—卫—所层级展开联动，以五路（前、南、北、后、中屯）方位展开护卫宁夏镇城，实质上兼顾守护水利灌溉体系。由于陆地防御体系较为完备，针对自然地势地貌，利用天然地理条件，布置层级的军事防线，空间布局中建立出联动的网络防御体系，用于传递信息，互为联合，多路高效防御，最终达到护卫核心——宁夏镇城的目的。

最后，作为核心的唐徕渠干支渠体系存在段落式结构，与以上平行格局垂直且划分为横向三段式：渠口、渠身、渠尾。各段干支渠联纵沿渠堡寨，堡寨护卫水渠，水渠为堡寨提供多功能价值。

基于以自然山水为基底，贯穿军事防御政策与防御布局思想，明沿唐徕渠堡寨聚落应用而生，将此宏观格局加以巩固和奠定，并贯穿于整个明时期，延续于后世。

2.4 渠对沿渠聚落中观格局的影响

2.4.1 沿渠聚落分布

明代宁夏镇的军事防御体系格局清晰地反映在明代宁夏地方志的舆图上，这些图示是明代人对宁夏镇总体格局的认知和展示。舆图既不采用尺度比例绘制，又没有明确的标识，只是出于最为朴素的认知：以中国传统山水画的方式展示明代宁夏镇总体格局。虽然缺乏科学性，读取不出地理范围和尺度，但传统舆图通常采用长方形画面构图，图内对所示地方的所有地理要素特征和表达意图指示清晰，读取性强，适合人们直观读图以理解内容。

根据明《嘉靖宁夏新志》中《国朝混一宁夏境土之图》所示：宁夏境内地理概况绘制于长方形图框中，正长轴三分之一的位置即为宁夏唐徕渠，向右三分之一绘制了黄河。此图右下角垂直方向标有"西南抵莊"字样，水平方向标有"固原界"字样。这是以文字指示着宁夏北部地区境内西南方位之法，黄河由此即宁夏北境西南向东北流，流入西南角峡口后，向东南分出清水河、汉伯渠等 3 条渠，再向东北分出唐徕渠、汉延渠。此种绘制方式恰好印证宁夏河东、河西两引黄灌溉区中的各渠道分布方式。唐徕渠西、西北、北、东北部环绕着贺兰山，山外散布着小山脉。

　　贺兰山西北侧为一段边墙，标注文字"赤木口"。沿贺兰山东面排列着堡寨聚落：镇北堡、镇朔堡等；沿唐徕渠两岸排列着堡寨聚落：唐坝堡、宁夏镇城、平虏城。唐徕渠向北流分出良田渠、新渠、红花渠、满达剌渠、亦的小新渠等。宁夏镇城、平虏城处于唐徕渠支渠环绕中。唐徕渠尾汇入渠东面的黄河，此处也是贺兰山的北边墙和镇远关所在处，黑山营位于镇远关和唐徕渠之间。

　　此图呈现的格局即渠和沿渠聚落之间的关系，西面为山脉，东面为黄河，唐徕渠在其核心位置，各沿渠堡寨平面为方形，呈散点式布置在山和唐徕渠之间。宁夏镇城位于唐徕渠东岸，其城池尺度明显大于其他沿渠聚落（见图 2.4）。

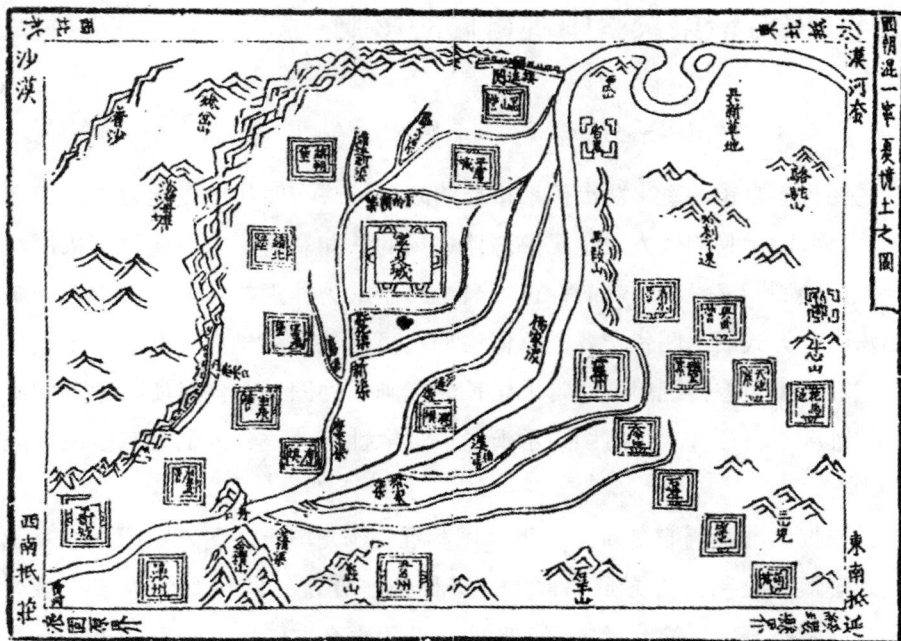

图 2.4　明代国朝混一宁夏境土之图

图片来源：《嘉靖宁夏新志》

　　根据明代陕西四镇图宁夏镇中的河西总图、北路图、南路图所示：在河西总图中，自东向西排布着三个重要的地理要素，左为半环绕的贺兰山，中为唐徕渠，西为汉延渠，在三者之间空白处排布着整齐有序的方形堡寨聚落。唐徕渠的最北面为边墙，上开设两门"西关门"和"东关门"。唐徕渠南面为唐坝口，唐坝堡坐落于干渠之上。唐坝口南面绘制的是黄河通过青铜峡的画面。唐徕渠和汉延渠之间堡寨数量多，分布密集；唐徕渠和贺兰山之间堡寨数量少些，按秩序沿山沿渠走向排布。唐徕渠分出两道支渠，向干渠西侧延伸，干渠向东北流，穿过北边墙后结束。汉延渠没有支渠，与唐徕渠结束方向一致。北路图是河西图的局部，对宁夏镇以北的河西区域地理情况以展示。该图中，贺兰山、唐徕渠、汉延渠，自上而下等距排列，沿贺兰山两岸的关隘名称与图示逐一整齐排列，并表示关隘附近的标志建筑，如拜寺口双塔。唐徕渠干渠之上分出两支渠，一条向贺兰山方向流动，另一条支渠自干渠分出环绕镇城后汇入干渠，这与文字中的红花渠走向一致。堡寨聚落沿渠布局，汉延渠和唐徕渠之间的堡寨数量较多，分布密集。但各堡寨平面变成长方形，东西长、南北短。南路图是北路图的延续，也是河西总图的局部。南路图绘制方式与北路图一致，关隘、水渠、堡寨都是延续北路图上的内容，依照平行线格局布置。

　　对比河西总图和北路图，再与现代地理信息地图比较，发现两图中的沿唐徕渠堡寨位置存在错误：河西总图中的蒋鼎堡、邵刚堡、高荣堡、丁义堡、周澄堡；北路图中的周澄堡、徐鹤堡、常信堡（见图2.5至图2.7）。

图2.5　明代陕西四镇图说宁夏镇南路图原图和分析图

图片来源：根据明代《陕西四镇图说》南路图作者整理

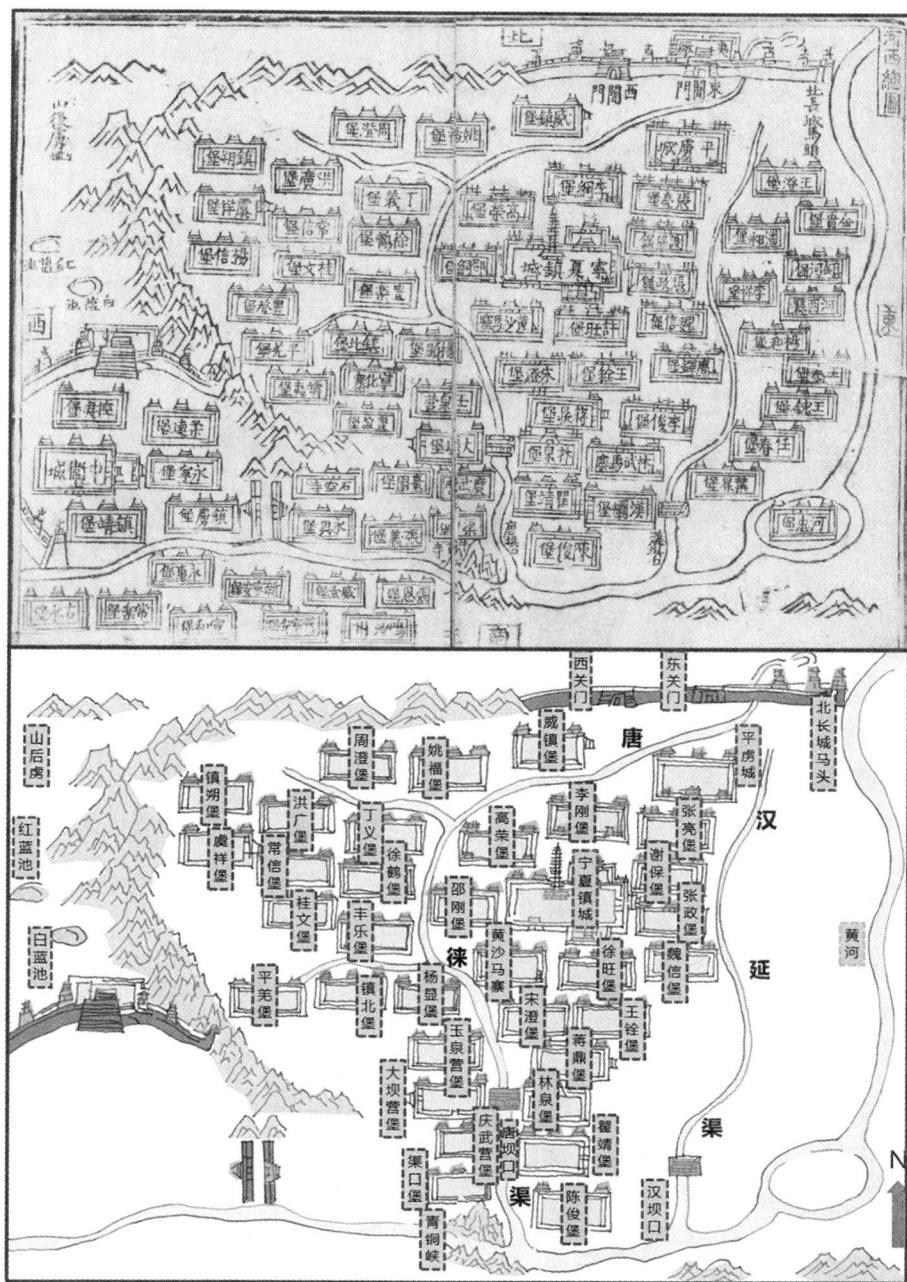

图 2.6　河西总图原图和分析图

图片来源：根据明代《陕西四镇图说》河西总图作者整理

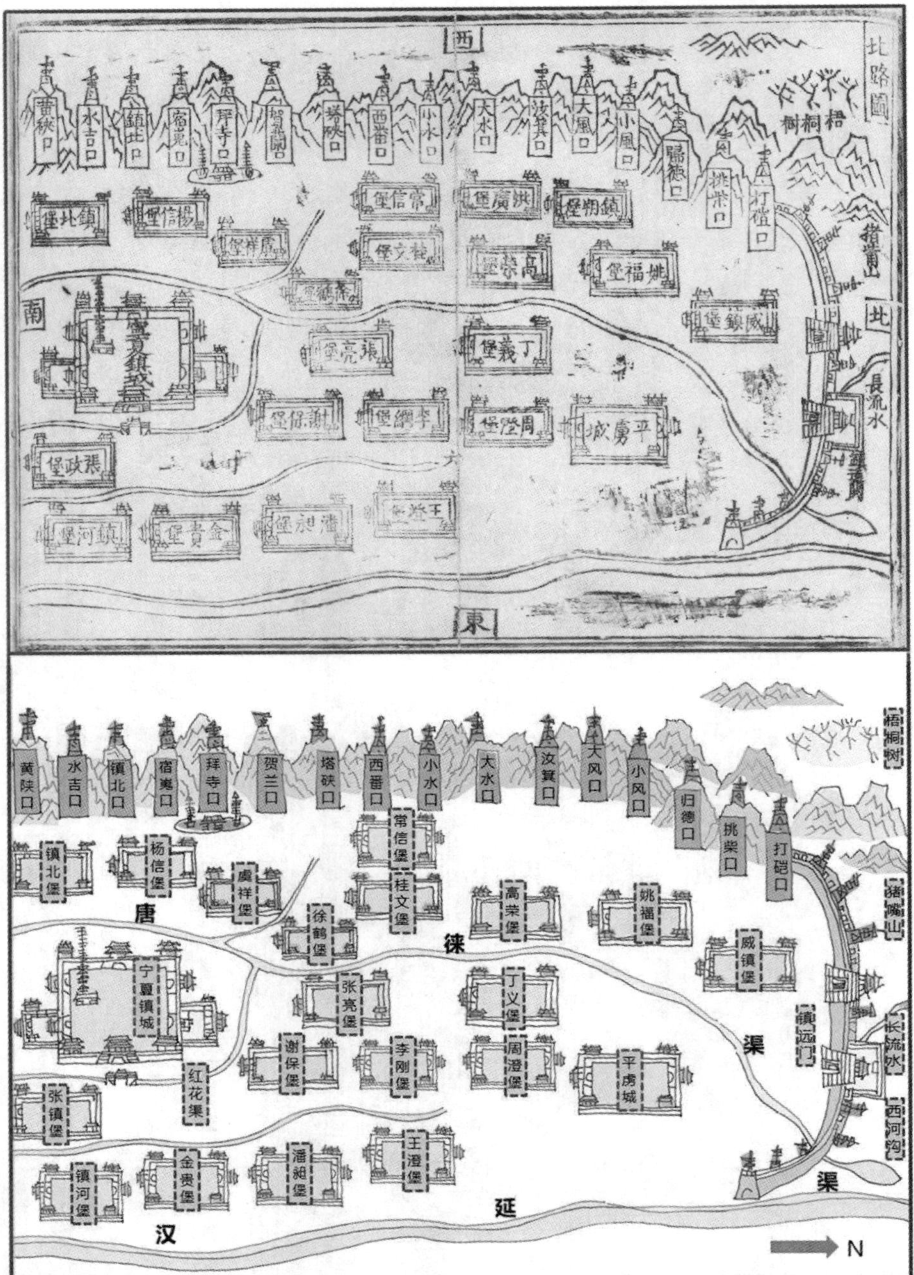

图2.7 北路图原图和分析图

图片来源：根据明代《陕西四镇图说》北路图作者整理

因此，结合文献记录、历史舆图、现代地图信息、现场踏勘等方法查证，明代"沿渠聚落"共计 21 座。所有沿渠堡寨聚落的分布按照干支渠结构体系进行分布：唐徕渠干渠呈一条不规则似鱼骨的曲线，其支渠像鱼刺。堡寨聚落以唐徕渠干渠为中轴线，两侧堡寨聚落呈点状坐落于靠近鱼骨的空隙之地（见图 2.8）。

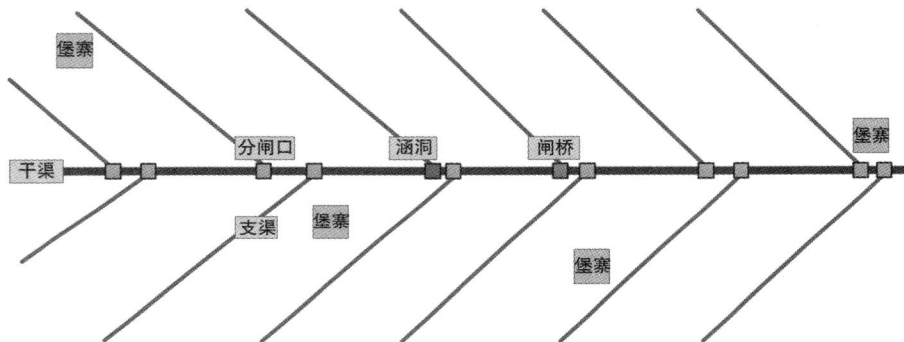

图 2.8 唐徕渠的鱼骨状干支渠与堡寨关系示意图

图片来源：作者绘制

此外，根据《宁夏历史地名》《中国文物地图集宁夏分册》等文献的记载，借助谷谷地球、谷歌地球专业版的现代卫星地图定位，结合实地考察的定位多种方式对图像、位置、坐标、海拔进行重合、比对、对应，确定出由南向北沿渠各堡寨的位置、地理的标识，内容详见表 2.8。

表 2.8 明代堡寨的地名和位置统计表

序号	堡寨名称	今天的地名位置	与唐徕渠的位置关系	海拔（米）	经度（东经）	纬度（北纬）
1	大坝堡	青铜峡市大坝镇大坝村	干渠西岸	1138.00	105.99	37.94
2	蒋鼎堡	青铜峡市瞿靖镇蒋顶村	干渠东岸	1133.60	106.03	38.03
3	瞿靖堡	青铜峡市瞿靖镇瞿靖村	干渠东岸	1130.86	106.04	38.08
4	邵岗堡	青铜峡市邵岗镇邵刚村	干渠东岸	1127.38	106.06	38.16
5	玉泉营	青铜峡市邵岗镇玉泉营村	干渠西岸	1133.43	105.98	38.14

续表

序号	堡寨名称	今天的地名位置	与唐徕渠的位置关系	海拔（米）	经度（东经）	纬度（北纬）
6	宁化寨	永宁县李俊镇宁化村	干渠东岸	1128.83	106.05	38.21
7	宋澄堡	永宁县李俊镇宋澄村	干渠东岸	1123.06	106.12	38.23
8	靖夷堡	永宁县望远镇靖益村	干渠西岸	1121.37	106.13	38.28
9	杨显堡	永宁县胜利乡杨显村	干渠西岸	1121.31	106.21	38.31
10	平胡堡	银川市金凤区丰登镇平伏桥村	干渠西岸、良田渠西岸	1112.44	106.16	38.47
11	宁夏镇城	银川兴庆区老城	干渠东岸、支渠北岸、南岸、东岸	1112.65	106.27	38.46
12	谢保堡	贺兰县城习岗镇	干渠东岸	1108.35	106.34	38.56
13	张亮堡	贺兰县常信乡桂文村	干渠东岸	1107.52	106.33	38.63
14	桂文堡	贺兰县常信乡张亮村	干渠西岸	1106.69	106.37	38.60
15	常信堡	贺兰县常信乡	干渠西岸	1105.99	106.33	38.67
16	丁义堡	贺兰县丁义村	干渠东岸	1103.25	106.36	38.68
17	高荣堡	平罗县姚伏镇（洪广镇）高荣村	干渠西岸	1103.39	106.40	38.73
18	姚伏堡	平罗县姚伏镇姚伏村	干渠西岸	1103.84	106.46	38.74
19	周澄堡	平罗县姚伏镇周城村	干渠东岸	1100.79	106.47	38.78
20	平虏城	平罗县城关镇	干渠西岸	1101.34	106.54	38.90
21	威镇堡	平罗县城关镇二闸村威镇村民小组	干渠西岸	1097.86	106.52	38.96

　　（资料来源：根据《宁夏历史地名考》《中国文物地图集宁夏分册》中相关内容结合谷歌地球地理数据信息作者绘制）

　　部分堡寨接近唐徕渠支渠：平胡堡分布在干渠和干渠西岸的支渠之间的空旷地带。有些堡寨，遇到沿渠两岸的自然湖泊，会另择湖岸高地或湖岸空地进行布局：瞿靖堡和邵刚堡位于唐徕渠干渠东面，但该处有大面积的湖泊，两堡则在湖泊东面择址建城。

　　位于唐徕渠西面的堡寨为 11 座，多数临近唐徕渠干渠：杨显堡就在唐
徕渠干渠西岸最近处选址。位于唐徕渠东面的堡寨数量为 10 座，且有些堡
寨聚落更靠近汉延渠西岸，如瞿靖堡和邵刚堡。位于干渠西岸的堡寨数量
多，但密度低，一侧沿山，一侧沿渠，在山和沿渠堡寨之间星点分布着一
些堡寨，这些是早期存在的沿山军事堡寨。与之相反，分布于唐徕渠东岸
的堡寨数量少，但分布集中。平罗段沿渠聚落分布集中，在相对的较小范
围内，共聚集 6 座沿渠聚落。位于唐徕渠干渠口、干渠尾的堡寨聚落数量
少。位于渠口的聚落仅有大坝堡，该堡附近设有多条灌溉渠道的出水口。
位于渠尾聚落只有威镇堡，虽然干渠不能延至威镇堡，但多条唐徕渠支渠
流经该堡。

　　唐徕渠西岸堡寨聚落数量多于东岸堡寨数量。由于宁夏沿唐徕渠两岸
属于黄河冲积平原，该地区内地质松软，多为沙土和黄土。根据上表所
示：沿唐徕渠堡寨分布的海拔高程范围在 1098 米至 1138 米之间，处于
1000 至 1500 米的地势高程之间，该高程属于宁夏平原贺兰山山脉较低处。
且整个宁夏平原南面地势高于北面地势，水流也随地势高程由南向北延
展，此过程中地势自西向东倾斜。故沿渠堡寨的地势高程也由南向北部逐
步降低，海拔随之逐步降低，最高地势的沿渠堡寨：大坝堡，海拔高度为
1138.00 米与最低地势的沿渠堡寨：威镇堡，海拔高度为 1097.86 米，它
们之间的最大高度差为 40.14 米。当同时位于唐徕渠两岸时，西岸沿渠堡
寨海拔高度稍高于东岸堡寨，如常信堡为 1103.39 米，丁义堡为 1103.25
米，相差高度在 0.14 米。唐徕渠西岸的沿渠聚落海拔高度高于沿渠东岸的
聚落海拔高度，进一步证明唐徕渠所在的自然地势，即南部高于北部，西
部高于东部。唐徕渠在行进过程中，总体走向呈现为自南向北，同时水流
还借助天然地势自西向东流动。所以造成了唐徕渠上游地区的东岸地势低
于唐徕渠西岸，唐徕渠东岸受水冲刷严重，故唐徕渠东岸沿聚落分布数量
较少：平罗段的沿渠东岸聚落数量明显少于沿渠西岸聚落数量。沿渠东岸
数量较少，由于一些堡寨位于汉延渠和唐徕渠之间的开阔地段中，既属于
沿汉延渠堡寨又属于沿唐徕渠堡寨，故选取部分距离唐徕渠近的聚落。而
且这些堡寨呈密集的线性结构 2 层或 3 层，这也说明了渠水的灌溉为堡寨

提供建设条件，渠水的灌溉面积越大，灌溉区域内的堡寨建设数量越多。

表 2.9　明代沿唐徕渠堡寨统计表

序号	堡寨名称	到唐徕渠的垂直距离	序号	堡寨名称	到唐徕渠的垂直距离
1	大（唐）坝堡	500 米	12	谢保堡	1.4 公里
2	蒋鼎堡	3 公里	13	张亮堡	2.85 公里
3	瞿靖堡	8 公里	14	桂文堡	2 公里
4	邵岗堡	7 公里	15	常信堡	2 公里
5	玉泉营	2 公里	16	丁义堡	1.68 公里
6	宁化寨	500 米	17	高荣堡	2 公里
7	宋澄堡	2.8 公里	18	姚伏堡	1.2 公里
8	靖夷堡	850 米	19	周澄堡	685 米
9	杨显堡	90 米	20	平虏城	445 米
10	平胡堡	10 公里	21	威镇堡	1.3 公里
11	宁夏镇城	710 米			

（资料来源：根据明代宁夏地方志、实地测绘数据结合奥维 2019 版地图信息等相关内容作者绘制）

　　根据表 2.9 所示，明代堡寨聚落离干渠垂直距离在 1 公里至 10 公里范围之内，且各堡寨聚落离唐徕渠干渠垂直距离各不等。在 500 米以内的堡寨：宁化寨、杨显堡、大坝堡、平虏城；在 500 米和 1 公里以内的堡寨：靖夷堡、周澄堡、宁夏镇城；在 1 公里至 2 公里以内的堡寨：谢保堡、丁义堡、姚伏堡、威镇堡；在 2 公里至 3 公里以内的堡寨：蒋鼎堡、玉泉营堡、宋澄堡、张亮堡、桂文堡、长兴堡、高荣堡；在 3 公里之外的堡寨：平胡堡、邵刚堡、瞿靖堡。

　　究其原因：其一，唐徕渠干渠渠口附近分布的堡寨聚落除大坝堡外，其他堡寨由于按照渠道线性行进行排列，故离唐徕渠干渠渠口越来越远。其二，作为水口的大坝堡，它离唐徕渠干渠渠口在 500 米，便于控制大坝正闸口的水利正常运行，守卫水口。其三，明代宁夏境内黄河水会因环境变化而常出现泛滥、决堤等事件。唐徕渠自身存在隐患，且多就地取黄土挖壕成渠道。在水渠边界设置各座堡寨时，一定要考虑防御水患的安全距离，尽量将堡寨设置在渠道外围的1—3公里范围外。

此外，堡寨设置在支渠口和干渠较远的位置时，还考虑到：可避免堡寨被渠水冲毁、冲塌，保障沿渠聚落的城堡安全；在保障渠水量恒定的情况下，不仅采用自然水流灌溉农田，而且利于各沿渠堡寨官兵的取水和用水；唐徕渠两岸的地势趋于稳定且高差变化较小，即使遇到黄河水的泛滥而影响到渠水运行突发的情况时，由于渠身与沿渠堡寨具有一定距离，这样也不会对沿渠堡寨造成毁灭性破坏。所以，以上沿渠堡寨聚落在选取位置时择取水草丰茂之地的同时，既要屯田灌溉的便利，又要照顾城内官兵取水的便利，还要保障堡寨城址设施的长期存在，故选定的安全距离就控制在500米至3公里范围内。至于超出3公里之外的平胡堡、邵刚堡、瞿靖堡，在三堡附近有大面积湖水，能够满足各堡的屯守条件。

唐徕渠干渠口设防的大坝堡，主支渠分岔口和山口出处关键点的玉泉营堡，衔接宁夏镇城与南路各堡的重要南路守备——邵刚堡以及北路守备——平虏城。这四座堡寨既是宁夏南北部军事守备设置的关键位置，又是唐徕渠干支渠上的关键沿渠聚落。它们的位置明显，且规模多为关堡，表明堡寨在军事设防的同时最关注唐徕渠系的水利运行。

明代沿渠聚落依渠而建，自渠口沿渠东西两岸发散为三条线性结构布局：第一条为唐徕渠干渠，第二条为唐徕渠东岸沿渠聚落，第三条则唐徕渠西岸沿渠聚落。除瞿靖堡、邵刚堡、平胡堡呈独立点式分布，其他沿渠东岸和西岸聚落，或落于线上，或在线内外分布，辐射距离在3公里以内。

2.4.2 中观格局类型

上小节对唐徕渠渠系和沿渠聚落整体之间的空间关系类型做出分析。在以上内容研究基础上，针对每座沿渠聚落个体形态与所在区域的唐徕渠渠系形态之间的格局类型进行解析。按照唐徕渠的走向规律和本书聚落概念的界定，沿渠聚落可划分为四类：第一类，依照唐徕渠渠系位置，21座沿渠堡寨划分为干渠渠口、干渠渠身、干支渠渠身、干渠渠尾至少四种类型；第二类，依照渠系的区域，可划分为上段、中段和下端三种类型；第三类，按照聚落属性划分为：城池、一般堡寨、特殊堡寨——关堡三种类型；第四类，将二类和三类结合生成：渠口堡寨聚落、渠身堡寨聚落、渠身城池聚落、渠尾堡寨聚落四种类型。这四类堡寨类型仅概括出堡寨的位置与形制特征，不能完全覆盖每座聚落空间格局特征。

针对这种情况，将明代 21 座沿渠聚落做空间形态的详细结构分类，再借助建筑类型学方式归纳出沿渠聚落的共性和个性特征（见表 2.10 至表 2.11）。

表 2.10　沿渠聚落与唐徕渠段关系类型分析表

序号	聚落名称	与唐徕渠渠系关系和所在区域	聚落属性	聚落类型
1	大（唐）坝堡	干渠、渠口	城池	渠口堡寨聚落
2	蒋鼎堡	干渠渠身、上段	堡寨	渠身堡寨聚落
3	瞿靖堡	干渠渠身、上段	堡寨	渠身堡寨聚落
4	邵岗堡	干渠渠身、上段	堡寨（关堡）	渠身堡寨聚落
5	玉泉营	干渠渠身、上段	堡寨（关堡）	渠身堡寨聚落
6	宁化寨	干渠渠身、上段	堡寨	渠身堡寨聚落
7	宋澄堡	干渠渠身、上段	堡寨	渠身堡寨聚落
8	靖夷堡	干渠渠身、上段	堡寨	渠身堡寨聚落
9	杨显堡	干渠渠身、上段	堡寨	渠身堡寨聚落
10	平胡堡	干支渠渠身、中段	堡寨	渠身堡寨聚落
11	宁夏镇城	干支渠渠身、中段	堡寨	渠身城池聚落
12	谢保堡	干渠渠身、中段	堡寨	渠身堡寨聚落
13	张亮堡	干渠渠身、中段	堡寨	渠身堡寨聚落
14	桂文堡	干渠渠身、中段	堡寨	渠身堡寨聚落
15	常信堡	干渠渠身、下段	堡寨	渠身堡寨聚落

续表

序号	聚落名称	与唐徕渠渠系关系和所在区域	聚落属性	聚落类型
16	丁义堡	干渠渠身、下段	堡寨	渠身堡寨聚落
17	高荣堡	干渠渠身、下段	堡寨	渠身堡寨聚落
18	姚伏堡	干渠渠身、下段	堡寨	渠身堡寨聚落
19	周澄堡	干渠渠身、下段	堡寨	渠身堡寨聚落
20	平罗城	干渠渠身、下段	城池	渠身城池聚落
21	威镇堡	干渠、渠尾	堡寨	渠尾堡寨聚落

（资料来源：根据奥维 2019 版卫星地图作者绘制）

表 2.11 唐徕渠对沿渠聚落空间格局类型影响分析表

序号	聚落名称	渠与聚落的关系图	分布类型	特征总结
1	大（唐）坝堡	见大坝堡图	跨干渠连接式	沿渠一侧分布，堡寨两道大门，堡寨本体上开堡门一座，堡寨对面开一座门，两门之间跨越大坝桥。堡寨离渠近，两门位于干渠一侧，防御性强
2	蒋鼎堡	见大坝堡图	干渠平行并列式	在干渠一侧，与渠保持距离，渠上设桥，沟通渠两岸
3	瞿靖堡	\	\	\
4	邵岗堡	见大坝堡图	干支渠节点式	位于干支渠交界口处，保持一定距离，支渠上设桥
5	玉泉营堡	见玉泉营图	干渠平行并列式	距离干渠近，桥梁设于干渠之上，连接交通
6	宁化寨	\	\	\
7	宋澄堡	\	\	\
8	靖夷堡	\	\	\
9	杨显堡	\	\	\
10	平胡堡	\	\	\

续表

序号	聚落名称	渠与聚落的关系图	分布类型	特征总结
11	宁夏镇城	见宁夏镇图	干支渠环绕式	干渠分出支渠，支渠半环绕城，干渠在城一侧，形成环绕格局
12	谢保堡	见宁夏镇图	支渠平行并列式	在红花渠一侧，与支渠保持距离，接近支渠渠尾
13	张亮堡	见宁夏镇图	支渠垂直式	垂直于支渠，与谢保堡平行且保持一定距离
14	桂文堡	见洪光营图	干支渠节点式	在干渠和支渠附近，与干渠平行，保持距离
15	常信堡	见洪光营图	支渠垂直式	在支渠一侧，与干渠保持距离，干支渠之上设桥，沟通高荣堡和常信堡两堡
16	丁义堡	见李刚堡图	干渠平行并列式	在干渠一侧，与渠保持距离
17	高荣堡	见平虏城图	干渠平行并列式	在干渠一侧，与渠保持距离，干渠之上设桥，沟通高荣堡和常信堡两堡
18	姚伏堡	见平虏城图	干渠平行并列式	在干渠一侧，与渠较近
19	周澄堡	见平虏城图	干渠平行并列式	在干渠一侧，与渠保持距离，干渠之上架桥，沟通高荣堡和常信堡之间
20	平虏城	见平虏城图	干渠半环绕式	干渠环绕城呈半圆弧，城与渠保持距离
21	威镇堡	见威镇堡图	干渠平行并列式	在干渠一侧，与渠保持距离

（资料来源：根据陕西四镇图说宁夏镇中大坝堡、玉泉营堡、洪广营、李刚堡、宁夏镇城、平虏城、威镇堡等各图信息作者绘制）

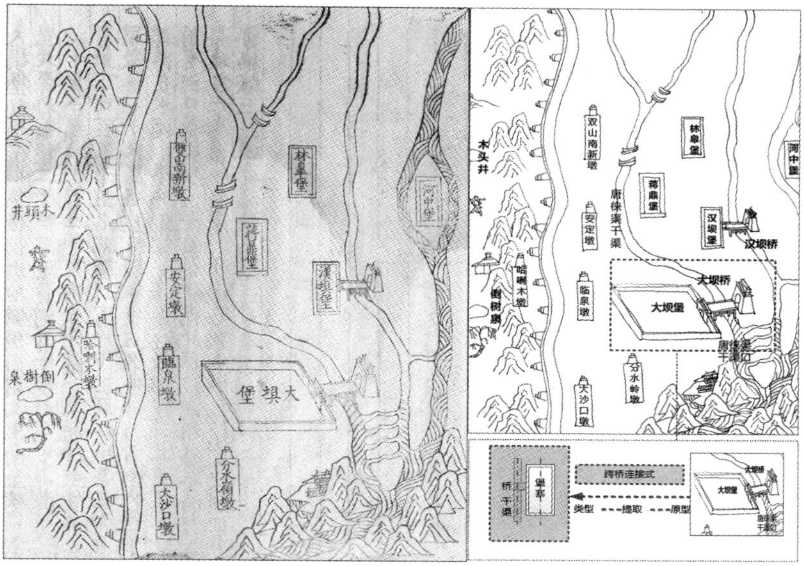

图 2.9　明代大坝堡原图和格局类型分析图

图片来源：《陕西四镇图说》宁夏镇大坝堡图作者整理和绘制

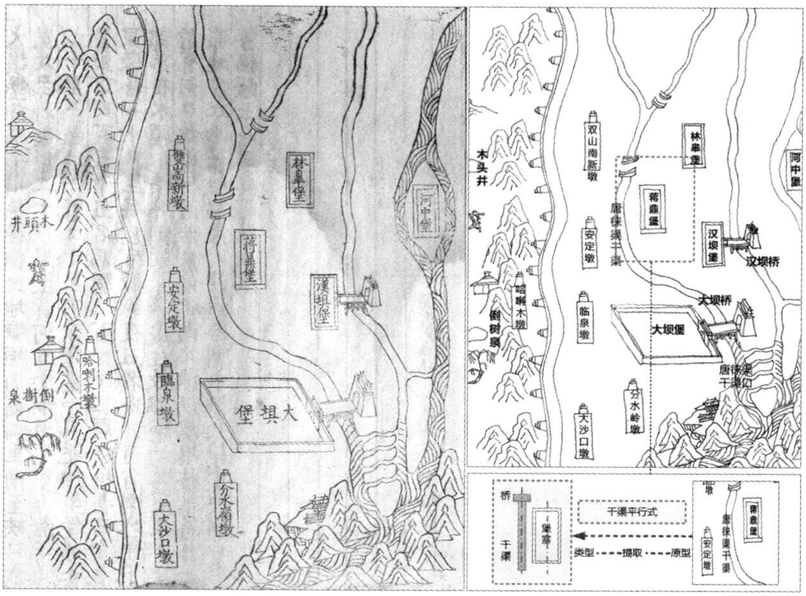

图 2.10　明代蒋鼎堡原图和格局类型分析图

图片来源：根据《陕西四镇图说》宁夏镇大坝堡图作者整理和绘制

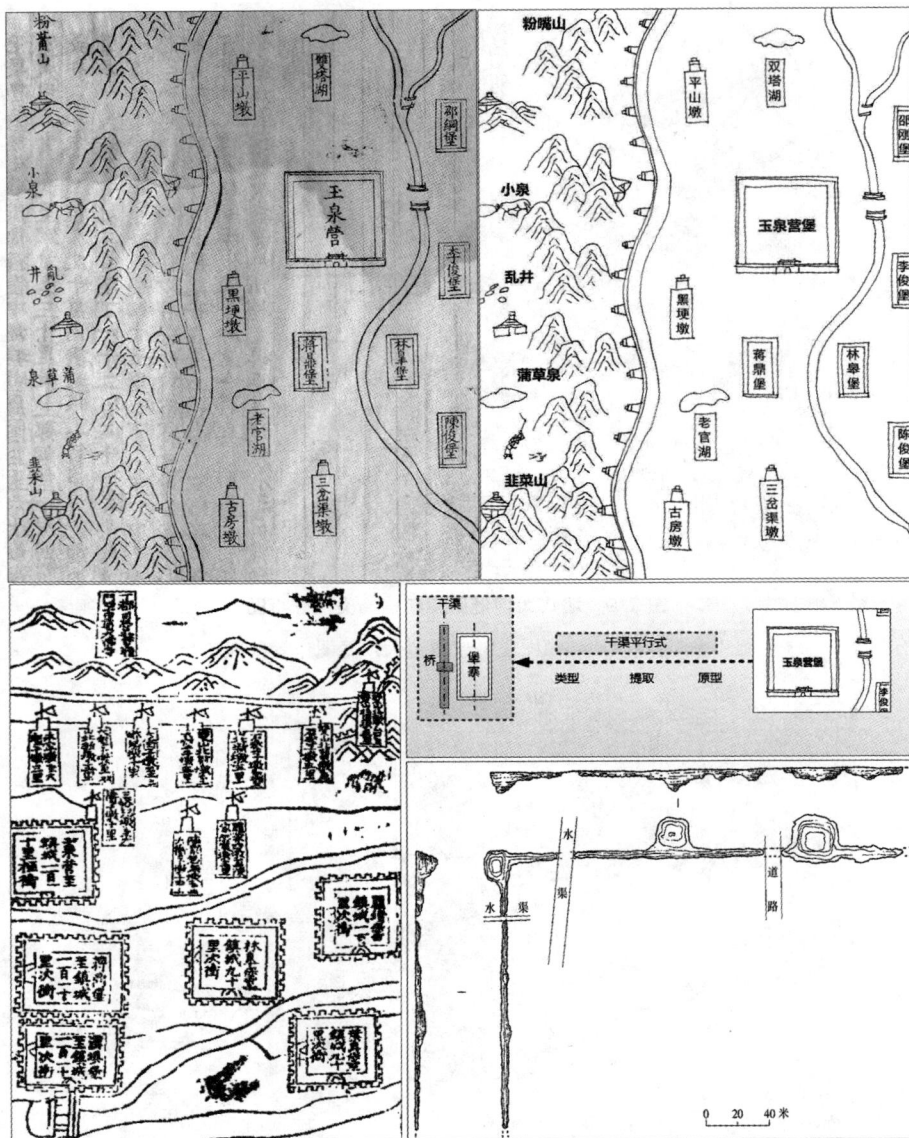

图 2.11　明代玉泉营堡原图、格局类型分析图、考古现状平面和立面图

图片来源：玉泉营堡考古现状平面图和立面图

由宁夏自治区文物考古研究所长城调查组提供，结合根据

《陕西四镇图说》宁夏镇玉泉营堡图等相关内容作者整理和绘制

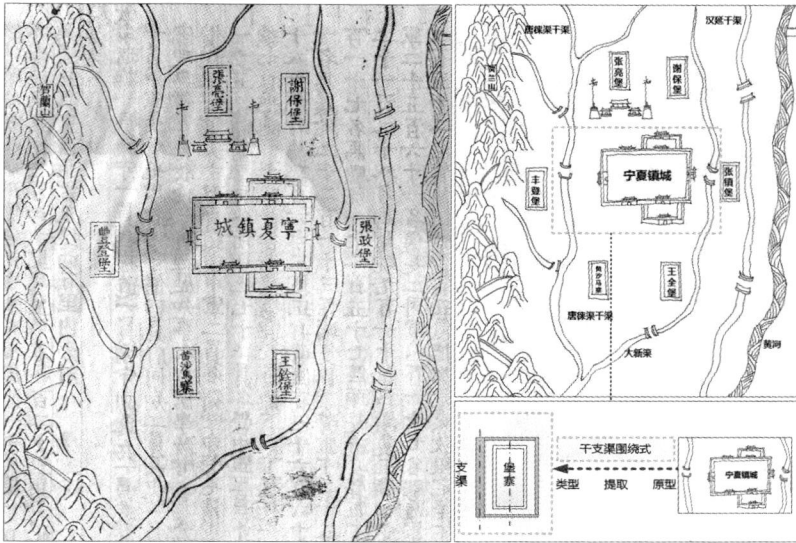

图 2.12 明代宁夏镇城原图和格局类型分析图

图片来源：根据《陕西四镇图说》宁夏镇城图作者整理和绘制

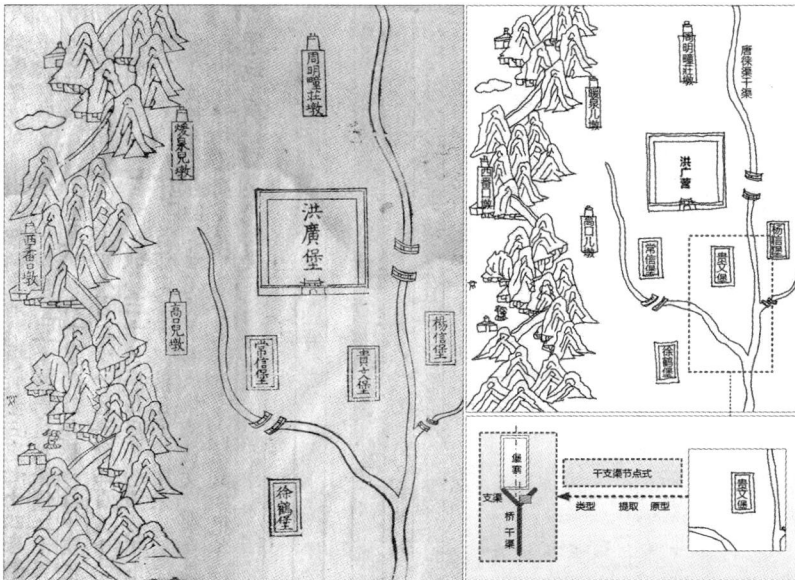

图 2.13 明代桂文堡原图和格局类型分析图

图片来源：根据《陕西四镇图说》宁夏镇桂文堡相关内容作者绘制

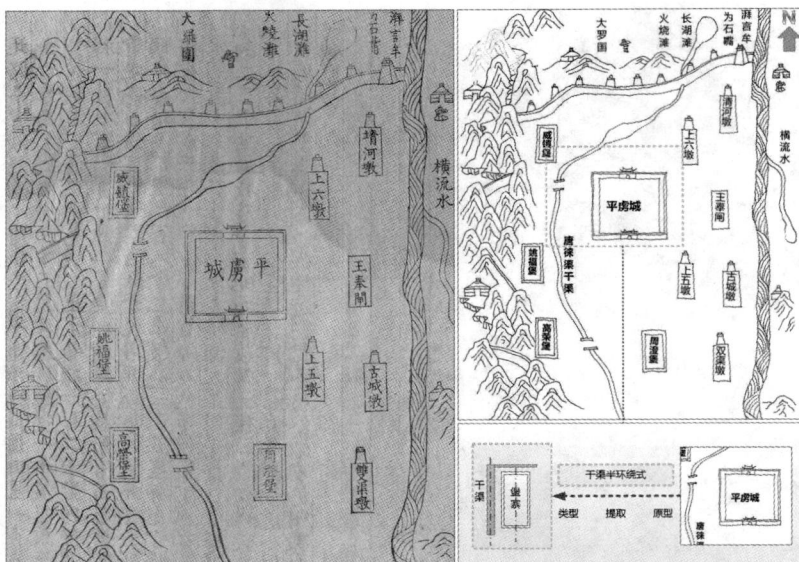

图 2.14　明代平虏城原图和格局类型分析图

图片来源：根据《陕西四镇图说》宁夏镇平虏城作者整理和绘制

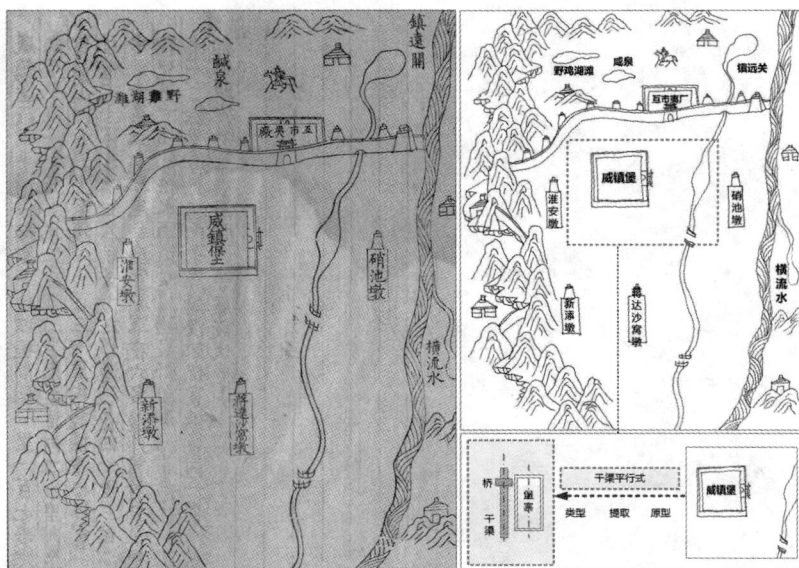

图 2.15　明代威镇堡原图和格局类型分析图

图片来源：根据《陕西四镇图说》宁夏镇威镇堡图作者整理和绘制

2.4.3　中观格局特点

在明代的 21 座沿渠堡寨中，大坝堡、玉泉营堡、宁夏镇城、平虏城、威镇堡都有详细放大的局部舆图，其他沿渠堡寨都在以上舆图之中，还包括洪广营舆图、李刚堡舆图，其标识小区域的堡寨位置关系。瞿靖堡、宁化寨、宋澄堡、靖夷堡、杨显堡、平胡堡共六座堡寨没有舆图的标识，故没有直观的堡寨布局依据。大坝堡为跨干渠连接式，干渠穿越于桥梁和塞寨之下；宁夏镇城为干支渠环绕式，干支渠环绕于城外，构成复杂的城外渠系网络；平虏城为干渠半环绕式，干渠从城半面川流而过；邵刚堡和桂文堡为干支渠节点式，干支渠相交汇出节点，两堡在节点附近分布；张亮堡和常信堡为支渠垂直式，两堡长轴垂直于支渠；谢保堡为支渠平行并列式，堡寨位于支渠一侧，平行于支渠；其余堡寨为干渠平行并列式，各堡位于干渠一侧，与渠身平行（见表 2.12）。

表 2.12　明代渠与堡寨空间关系类型归纳表

序号	类型名称	堡寨名称	功能特点	格局体系构建的内涵
1	跨干渠连接式	大坝堡	护卫水源、屯兵防御	（1）利用自然山水、灌溉渠系构建军事防御体系，这能为现存或已消逝的明代宁夏军事防御文化传统提供独特的或至少是特殊的见证；（2）明代沿渠聚落建筑、人类居住区和农业用地都生动地展示出沿唐徕渠景观随着时间有机和谐的演化；（3）明代沿唐徕渠两岸修建的军事堡寨聚落的定型过程，是片段与时空交织的结果
2	干渠平行并列式	蒋鼎堡	关城中心、穿插支援、守田屯兵、防御体系	
		玉泉营堡		
		丁义堡		
		高荣堡		
		姚福堡		
		周澄堡		
		威镇堡		
3	干支渠节点式	邵刚堡	灌田屯卫	
		桂文堡		
4	干支渠环绕式	宁夏镇	防御中心、民众生活、商业贸易、观赏游息、宗教信仰、园林艺术、集称文化、行政中心	

续表

序号	类型名称	堡寨名称	功能特点	格局体系构建的内涵
5	支渠平行并列式	谢保堡	穿插支援、守田屯兵	
6	支渠垂直式	张亮堡	就近取水、守田屯兵	
		常信堡		
7	干渠半环绕式	平虏城	重点防御,北部中心、商业贸易、观赏游息、宗教信仰、园林艺术、集称文化	
8	未知	瞿靖堡	\	
		宁化寨		
		宋澄堡		
		靖夷堡		
		杨显堡		
		平胡堡		

（资料来源：根据表 2.10 内容作者整理与绘制）

2.5 本章小结

考古资料显示，宁夏域内早期文化遗址与后世城镇村落的选址位置发生重合或地点接近的情况。宁夏早期自然环境特别是土地用地环境的变迁相对稳定，从而影响了宁夏境内居住地点的选址与分布。在自然环境中，人们往往会倾向选择水土丰茂的水泽区域或者近河水岸，灌溉与取水可帮助人们长期而固定居住。

明代沿宁夏唐徕渠堡寨聚落和宁夏早期沿水文化遗址有共同特点：所有防御堡寨聚落沿渠和山脚分布。这种分布方式影响了后世沿渠城镇村落的分布。在明代军事策略的主导下，利用自然山水格局，人工灌溉水渠的建设，两者互为体系，以它们为依托修建沿渠军事堡寨聚落。沿渠堡寨聚落既是边界和中心军事防御体系的护卫者，也是水利灌溉体系的受益者。明代沿渠两岸的宏观格局由自然山水、边界军事防御体系、人工水利灌溉体系构成，呈纵横段平行复合段落式布局：山—西边墙—关隘—墩堠—堡寨护卫西边界；干渠—支渠—沿渠两岸堡寨聚落—黄河防御东边界；峡口山—唐正闸—大坝堡辖制南边界；北边墙—北关门辖制北边界，唐徕渠两岸防御体系互为渗透和嵌套，辅助相成。明代宏观和中观格局核心护卫区域即唐徕渠对沿渠聚落的安全格局。

3

清代唐徕渠对沿渠聚落
宏观和中观格局的影响

　　清代唐徕渠以明代唐徕渠为底本，继承与发扬。唐徕渠系得到了新的开发，对渠道实行分段化治理和监控，依照明代引黄灌溉渠体系的管理方法，又增设了备用预案启动方式，达到了渠道稳定和鼎盛时期。沿渠农田面积的增加，渠道体系的复杂化，都表明了清代唐徕渠的建设步入一个新阶段。沿渠聚落在渠系的影响下，聚落数量虽未变化，但中心聚落却发生圈层化和分散化结构变化。单一的平行复合段落式体系格局被打破，组团状和节点状格局嵌套其间。

　　本章分为三部分阐述。研究材料和数据来源于《清实录宁夏资料辑录》、清《乾隆宁夏府志》、清中期《宁夏河渠图》①。清《银川小志》和《民国朔方道志》都作为辅助和补充材料，前者内容和《宁夏府志》重合较多，后者可以验证史料中的不确定性，前后比较和分析，来勾画出研究对象的真实轮廓。再按照清代历史纪年表，将不同时间节点的事件整理、罗列、阐述、分析，用于呈现清代唐徕渠系时空形态。

　　第一部分，清代唐徕渠历史沿革和沿渠聚落历史概况。清康熙四十七年（1706）以前，宁夏地方军队人数有限，既要忙于疆域战事，又要进行屯田垦种，人力不足以修建水渠，唐徕渠仅限于维持明代时期的状态。清

---

　　①刘仕格，张萍．国图藏清彩绘本《宁夏河渠图》绘制时间考［J］．文献，2022（04）：74－86+2．根据该文推论和判断：清代《宁夏河渠图》图册最早成图时间不早于清乾隆六年（1741），最晚于清乾隆三十四年（1769），时间界定与此时间段内，属于清中期。

康熙三十八年（1699），始创大清渠，该渠实为唐徕渠大支渠，补充唐徕渠和汉渠的不足，灌溉两渠之间的大片土地，改善了唐徕渠上半段的窘况，由此进入了唐徕渠建设的盛期。清康熙四十七年（1706），宁夏监收同知王全臣，于旧贺兰渠口以上 3 里马关嵯附近新开渠口，扩延渠道至宋澄堡。清雍正十二年（1734），大清渠大修过。清乾隆三年（1738），宁夏大地震造成各渠和沿渠堡寨的重创。历经四年后，唐徕渠身上的裂缝都未完全修补好。后又经历多年，终于修缮完毕。此时进入到了清后期，国朝动荡，局势不稳。即使如此，清宣统元年（1909），仍开凿了湛恩渠，以解决满营内的士兵自主耕地和生存问题。清代沿渠聚落的名称和数量有变化，一些聚落废弃消失，另一些聚落扩张。

第二部分，渠对沿渠聚落宏观格局的影响。山水格局依然不变，湖泊湿地数量增加，沿渠聚落水环境丰富化。军事格局体系前期沿用，中后期伴随边疆政策的改变，体系逐步瓦解。清代唐徕渠系不仅由干支渠、闸口、扬水闸、槽等构成，而且将纵向渠系结构划分为六段横向段落式结构：前五段距离短，最后一段距离长，这也是视唐徕渠输水量而定的。横纵体系的划分，说明渠系结构趋于复杂，支渠数量剧增。清中期的支渠多沿干渠两侧分布，其垂直方向开凿多条小支渠，个别支渠流入沿渠湖泊，为聚落提供水环境。宏观格局的呈现是因渠而发生的，有意识有序列地延展了区域空间，丰富区域地段的核心层次化架构。清代伴生聚落新兴，沿渠城池聚落扩张，由中心城池扩散为多个城池和村落，构建出多轴多组团结构，形成唐徕渠节点区域的圈层化和半网络化格局。

第三部分，渠对沿渠聚落中观格局的影响。清代唐徕渠系的扩散和延展，影响沿渠聚落的局部环境构成肌理。与明代沿渠聚落类型比较，类型多样，形态复杂，单一化格局类型聚落减少，复合化格局类型聚落增加，渠对沿渠聚落的格局影响趋向多样性。

3.1　清代唐徕渠与沿渠聚落概况

3.1.1　清代唐徕渠历史概况

清代唐徕渠在继承明代唐徕渠基础上，统辖于地方政府的管理，仍采用冬季备料，春季疏浚，遇渠道崩塌等情况时及时拨款，予以维护或重筑。在多种手段的官方管控下，唐徕渠的建设迎来繁盛时期。

表 3.1　清代与唐徕渠相关的水利屯田事件统计与解析表

序号	时间	事件	解析
1	顺治十五年（1658）	巡抚黄图安奏请重修（唐徕渠）	重修宁夏唐徕渠
2	顺治十八年（1661）二月丁末	工部议复宁夏巡抚刘秉政请令灵州营兵疏浚河道一疏。得旨：设立营兵原以防守边方，剿彻败寇，平时须休养训练，方于战守有裨。若疏浚河道，原非营伍事务……何独不念劳兵？大不合理	工部认为屯防兵士的任务应该是休养生息备战，疏浚河道影响养兵
3	康熙三十八年（1699）	有一小渠，名曰贺兰渠，宽数尺，长十余里。乃前任宁夏道管据居民所请开浚者，别引黄河之水，灌田数顷①	大清渠为宁夏道管竭忠据民所请创开
4	康熙四十七年（1706）八月壬戌	谕户部：据宁夏民黄品奇等叩阍，言都司何卜昌浚唐、汉两渠，连年大获。自伊罢任后，两渠淤塞，每遇旱岁，米谷欠收	都司何卜昌早年疏浚唐、汉两渠，但自从何卜昌罢任之后，唐、汉两渠淤塞造成旱年谷物欠收

---

①在《大清渠录·点注本》中《上舒抚军渠务书》记录了贺兰渠的宽度及其位置，但没有写明水渠的始创时间。后由点注本作者推断出的宁夏道管任职时间为清康熙三十八年（1699），故而就把大清渠的始创时间断为康熙三十八年（1699）．

序号	时间	事件	解析
5	康熙四十七年（1706）九月	初一开大清渠，十三日告发竣。（大清渠）灌溉陈俊、蒋鼎、汉坝、林皋、瞿靖、邵刚、玉泉、李俊、宋澄九堡田地……至宋澄堡地方，仍汇入唐渠……彼陈俊等九堡田地，乃素用唐渠之水者，大清渠既成，则不须唐渠灌溉	历时十三天，大清渠修建完成。大清渠的开凿为唐渠带来了以下几点益处：补充唐渠水源的不足，助其大势；省去唐徕渠灌溉九堡的水资源；不需要汉渠之水的补充
6	康熙四十八年（1708）五月	先是，宁夏民黄品极叩阍，称宁夏汉、唐两渠历久不修，水泽於塞……惟唐渠地居上流，口高于身，水势不能通畅……犹恐水不足用，请于唐渠上流逼近黄河之处，开河引水，并酌建木石闸坝，以资蓄泄。下部议行	在之前的请奏下，将宁夏汉、唐两渠的淤塞情况再次提出，并针对宁夏唐徕渠的具体问题进行了分析。建议开河引水、重新修建木石闸坝
7	康熙四十八年（1709）	甘肃巡抚舒图言："唐渠口高于身，水势不畅。应引黄河之水入宋澄堡。如水不足用，更于上游近黄处开河引水，酌建闸坝，以资蓄泄。"从之	宁夏唐徕渠渠口高于渠身，导致流水不畅。导引黄河水入宋澄堡。水源不足，在上游接近黄河的地段酌情建坝，利于灌溉
8	康熙四十九年（1710）	大清渠，康熙四十九年濬，于汉渠南承河流，北过双塔湖合唐渠。唐渠于县南青铜峡受河流，东北纳支渠十余，入平罗	大清渠的修建，从汉延渠南面承接黄河，向北过双塔湖后，汇入唐徕渠。此时的唐徕渠在县南青铜峡承受黄河，流向东北方向时，纳入十余条支渠，最后经过平罗
9	雍正二年（1724）七月	川陕总督年羹尧疏奏："宁夏地方向资渠水灌溉，因渠堤日久失修，奉旨令臣相度增筑。臣亲至宁夏渠口，中为汉渠，东为秦渠，西为唐渠，而唐渠之中向东分流者则为我朝大清渠。见在各渠尚无倒坏漫溢，即间有冲决，修筑甚易"	年羹尧亲自到宁夏渠口查看发现：中为汉渠，东为秦渠，西为唐徕渠。唐徕渠东侧分流的则为大清渠。各渠没有塌陷冲毁，仅一些冲决的地方，重新修筑没有难度

续表

序号	时间	事件	解析
10	雍正二年（1724）九月	裁陕西宁夏水利都司、行都司	裁撤陕西宁夏水利都司、行都司的官职
11	雍正四年（1726）二月	其地尚暖，易于引水，如西河、六羊河皆系古河渠，大河、黑龙口、倒流河、新河、黄泥河、董家河皆系引水分水之路，遗弃年久，虽有形迹，俱皆沙泥淤宽……仿汉、唐诸渠法，开渠一道，建正闸一座，挡水闸、稍闸各一座，压水坝一道……今宁夏卫汉、唐二渠之支流，有百家、良田、满达剌等渠，向在插汉拖辉左处	仿汉、唐等各渠的建制，开引一道古水渠。宁夏汉、唐两渠的古代支渠：百家、良田、满达剌等，流向平罗插汉拖辉西岸
12	雍正六年（1728）十一月	一、汉、唐二渠设水利同知一员专司其责……	汉、唐两渠专设水利同知一职管理
13	雍正七年（1729）七月	敕封陕西宁夏大渠龙神为宁渠普利龙王之神	皇帝敕封陕西宁渠普利龙王之神是所有大渠龙神
14	雍正八年（1730）	帝以宁夏水利在大清、汉、唐三渠，日久颓坏，命通智同光禄卿史在甲勘修	宁夏水利最重要的是三渠：大清渠、汉延渠、唐徕渠，日久冲毁，皇帝委派通智、史在甲踏勘维修
15	雍正八年（1730）三月	谕内阁：宁夏地方万民衣食之源，在大清、汉、唐三渠水利……自历年官员疏忽怠玩，以致闸道堤岸损坏冲决，日见浅窄。而三渠之中惟唐渠为尤甚。近来其口过低，其稍过高，水势不能逆流而上，多误小民耕种之期。虽每春定有岁修之例，然不能以一月之工程整十数年之荒废也	唐徕渠在三渠中损害最严重，渠口太低，渠稍太高，水不能顺势灌溉田地。即使每年维修，但一个月也不能修整近十年的渠道荒废
16	雍正八年（1730）十一月	本年三月奉旨查勘大清、汉、唐三渠水利事务。查三渠应行修浚之处甚多，惟唐渠尤甚……明春兴工	唐徕渠是三渠中修浚之处最多的一条水渠

续表

序号	时间	事件	解析
17	雍正九年（1731）	发帑重修，督修官：侍郎通智、御史在甲、宁夏道鄂昌等人	拨款重修水渠，督办官员：通智、史在甲、鄂昌等人
18	雍正九年（1731）	重修，西自宁朔入，皆东北入平罗	重修唐徕渠，从西自宁朔进入，转东北再进入平罗
19	雍正十年（1732）正月	谕内阁：宁夏为甘省要地，渠工乃水利攸关，万姓资生之策莫先于此……又命修理大清、汉、唐三渠，以溥万民之利……非比唐渠之必应及时速成也	维修三渠，唐徕渠的修建最为紧迫
20	雍正十二年（1734）十一月	甘肃巡抚徐容疏报：宁夏大清渠闸工告成	唐徕渠之东的大清渠及渠上的各类水闸工程重修完毕
21	乾隆元年（1736）十一月	今夏雨水甚多，黄河泛涨，以致冲决堤岸，淹浸民田	今夏雨水过多，黄河泛滥，堤坝冲毁，淹没了农田
22	乾隆四年（1739）十二月癸巳	谕："……上年宁夏等处陡遇震灾，旋被水溢，摇坏三渠，损塌老埂。荷蒙天恩，多方抚恤，同于再造"	宁夏大地震中，大清渠、唐徕渠、汉延渠被损坏。同年，发帑开始重修三渠
23	乾隆七年（1742）六月	宁夏大清、唐、汉三渠及各大小支渠，前因设处地震摇塌，各渠所有裂缝处甚多，急需修筑坝岸桥闸，被老埂长堤之工，请动项兴修。从之	宁夏三渠及各大小支渠，损坏太严重，急需维修堤坝、岸、桥、闸等渠工建筑设施
24	乾隆七年（1742）九月	应请自乾隆七年为始，凡宁夏、宁朔、灵州、平罗、中卫各属之大清、唐、汉、西河、惠农、秦汉、七星、美利以及一切官、民等渠，俱按田亩之分数，一律出备夫料……从之	开始准备修建宁夏境内的各水渠
25	乾隆八年（1743）十二月	宁朔县迤南地名青龙滩……逼近唐渠正闸，土旷平衍，尽堪树艺。只以地高于渠，水不能入，废弃已久……现已动工挑浚	唐渠正闸以上土地空旷。地面高于渠身，渠水断流，荒废很久，开始动工疏浚唐徕渠

续表

序号	时间	事件	解析
26	乾隆三十七年（1772）三月	山田旱地虽未透足，因上年天寒冻旱，今春融化，土膏滋润……宁夏府属岁修渠工亦委员督办，俾渠水通流，以资引灌	宁夏府属每年督修各渠，以此灌溉农田
27	乾隆四十二年（1778）六月	唐徕渠三百二十里，加培高厚	唐徕渠绵延三百二十里，加高加厚
28	乾隆四十二年（1778）	宁夏王廷赞请借帑重修大清渠	借资请修大清渠
29	乾隆五十年（1785）十一月	甘肃布政使福宁奏：宁夏府属汉延、唐来、大清、惠农四渠，关系民田。因夏间黄水涨淤，应行修浚	奏请维修宁夏汉延渠、唐徕渠、大清渠、惠农渠
30	乾隆五十年（1785）	修宁夏汉延、唐来、大清、惠农四渠	维修宁夏汉延渠、唐徕渠、大清渠、惠农渠
31	乾隆五十一年（1786）	宁夏各渠蒙恩借帑普修，嗣后每年培浚，请派府佐、州、县春分前赴各渠点检料物，清明动工，立夏报竣……得旨：允行	宁夏各渠借资备修
32	嘉庆八年（1803）九月	宁夏府属民田亦被黄河猛涨漫淹	民田受到黄河暴涨而淹没
33	嘉庆二十五年（1820）九月	缓征甘肃中卫、宁夏、宁朔、平罗、大通五县被水、被雹庄堡新、旧钱、粮，并抚恤中卫、宁夏、宁朔、平罗四县冲塌房屋、淹毙牲畜各户	宁夏五县大面积受水灾，造成房屋坍塌等结果
34	同治八年（1869）十月	兹据金顺所陈大股陕回糜集宁、灵东西两岸，唐、汉两渠并被挖断各情，与左宗棠奏报不符	唐徕渠、汉延渠在回乱中被挖断，遭到了破坏
35	光绪十三年（1887）	\	大清渠大修①

---

①刘建勇等注释．大清渠·点注本［M］．郑州：黄河水利出版社，2020：3．

续表

序号	时间	事件	解析
36	光绪二十八年（1902）四月	举办农工商务，筹修宁夏渠工疏通水利，并推广于各属。得旨：兴修水利实有益于国计民生，著即认真经理	举办农工商务，兴修水利，利国利民
37	光绪二十九年（1903）四月	……名曰"水利新军"。俟水利事竣，再做屯田之用，以期一举两得。得旨：仍著切实兴办，期收水利实效	兴办水利，计划屯田
38	光绪三十年（1904）	\	大清渠大修①
39	光绪三十四年（1908）	\	大清渠大修②
40	宣统元年（1909）	宁夏都统志锐，为满族兵员从事农业计，请帑由宁朔县靖益堡，于唐渠左岸开湛恩渠，引水灌溉贺兰山坡一带荒地，惜上段为风沙所淤，原渠已废	新开湛恩渠，目的在于让满城兵士从事农业种植。湛恩渠与昊王渠后半段连成一体

（资料来源：根据《清实录宁夏资料辑录》、《清史稿》、《唐徕渠志》、《大清渠录·点注本》③ 中的相关内容作者整理与绘制）

根据表 3.1 所示，清顺治十五年（1658），巡抚黄安图奏请重修。清顺治十六年（1659），黄安图被降五级调用。清顺治十八年（1661），唐徕渠出现淤塞，地方官员请修。根据以上内容，清顺治年间（1688—1661），政府官员曾至少两次奏请疏浚唐徕渠，但由于宁夏府官员的任免以及边域屯防战事的紧迫，使得地方政府和官兵无暇顾忌唐徕渠和汉延渠的全面修缮。即使如此，汉唐两渠仍能连年大获。故而修缮唐徕渠势在必行，而且大为裨益。

清康熙四十七年（1708），唐徕渠运行状态仍然不佳，且正闸之口一

①刘建勇等注释. 大清渠·点注本［M］. 郑州：黄河水利出版社，2020：3.
②刘建勇等注释. 大清渠·点注本［M］. 郑州：黄河水利出版社，2020：3.
③刘建勇等注释. 大清渠·点注本［M］. 郑州：黄河水利出版社，2020：20-22.

片河泽。清康熙四十八年（1709），仍建议移修唐徕渠正闸，最好修建在黄河附近，便于资水灌溉，当时采纳了此意见，唐徕渠正闸口即在同年重建。清康熙四十九年（1710），开凿了大清渠。"疏凿千秋纪汉唐，谁通一脉出中央"①，这里的一脉就是大清渠，它实为唐徕渠大支渠，位于汉延渠和唐徕渠之间，既能弥补唐徕渠灌溉的不足，又能提高两渠灌田的供给效率。

清雍正二年（1724），宁夏唐徕渠等各渠水利情况得到了一定的改善，期间只进行过小规模的修缮和清理，后在同年裁撤了水利都司等职。清雍正六年（1728），又设水利同知一职，执掌各渠渠务。再次说明，水渠的运行还需要专人专管。清雍正八年（1730），由于宁夏唐徕渠年久失修和长期维护不利，基本处于废弛状态，不利于沿渠农田的灌溉。清雍正九年（1731），清廷拨款重修唐徕渠，这次修缮持续到雍正十二年（1734），唐徕渠等各渠才修缮完毕。因此，清雍正以前，唐徕渠正闸口迁移，解决了早年渠口过高的隐患。开凿了大清渠，联通汉唐两渠，增加了两渠之间农田的灌溉面积。后又将唐徕渠全面维修，令其能正常运行。

清乾隆三年（1738）冬季，宁夏大地震造成宁夏平原的地面建筑和设施的重创，致使平罗地区新建两座城池——新渠城和宝丰城的城墙倒塌，城池几近毁灭。同时，各渠道扭曲，渠身两侧护埂崩塌决口，致使渠水涌出渠身。由于水渠和城池之间互为串联，大地震带来的水渠崩塌、渠水肆虐、泛滥成灾，继而使得城池周边渠水的大面积泄灌。当时正值冬季，气候寒冷，各城内外皆成一片冰海。这是历史上宁夏平原的一次灾难事件，也是唐徕渠受创最严重的一次。

清乾隆四年（1739）发帑重修，承修官员为宁夏道钮廷彩。乾隆四年（1739）后，唐徕渠虽自身仍存不足，也面临各种自然灾害，但在清政府的有力维护下，确保水渠每年得到疏浚、维修，以保持其能正常运行和活力顺畅。清乾隆八年（1743），各渠全部修缮完毕，唐徕渠也全面恢复和正常运行。清乾隆三十七年（1773）唐徕渠重修。清乾隆四十二年

---

①刘建勇等注释．大清渠·点注本［M］．郑州：黄河水利出版社，2020：35.

（1778）大清渠重修。清乾隆时期（1736—1796）是唐徕渠维修次数最多和维修力度最大的时期，水渠建设和维护达到了鼎盛时期。

清代唐徕渠的维护制度与明代一致，每年浚修是属于水渠的正常维护工作，针对渠身的小部分淤塞和破败处进行修补。如遇以上灾害或灌溉受阻的情况，则会拨款专项维修，唐徕渠就是在这样的制度下得以发展。

清嘉庆年间（1796—1820），由于河水泛滥，水渠经营和监管不利，造成大面积房屋和农田的淹没。清同治八年（1869），宁夏回乱致使唐徕渠被挖断，这是第一次人为破坏渠身。清光绪二十八年（1902）到光绪二十九年（1903），官方提倡兴办农工商，大力兴修水利，旨在利国利民，这是清代唐徕渠发展的第二个高潮。

清宣统元年（1909），为鼓励满营内的官军自食其力，开渠水溉田以自足。所开新渠灌溉满营一带，并命名为湛恩渠。伴随着清王朝的覆灭，清代唐徕渠建设告一段落。

3.1.2　清代沿渠聚落历史概况

清康熙以前，沿渠聚落发展受战乱、地震、兵祸等多种因素的影响，沿渠堡寨聚落仍作为守军、布防的重要军事据点。与此同时，以水利灌溉建设发展为起点，大面积开垦荒地，逐步扩增原有耕地，招徕新住户居住，人们在新开垦的土地之上耕田种地。清雍正年间（1722—1735），平罗县城周边地区兴建两座堡城，名为新渠县城、宝丰县城。其中，新渠县城位于唐徕渠大支渠新渠东岸。修建两城时，主要充分考虑利用原渠道，不仅大力开发和延长唐徕渠大支渠，并开设出新渠道——昌润渠与惠农渠。

清乾隆三年（1738），宁夏大地震造成严重灾难，唐徕渠、汉延渠以及沿渠聚落、平罗县城周边堡寨都受到极大影响。新渠县城和宝丰县城直接震毁；宁夏府城和平罗县城城池遭受重创，几近倒塌；各渠渠身摇坏，多处有泄露之口。

清乾隆五年（1740）后，清廷大力拨款重修城池、堡寨和水渠，平罗城及其周边地区逐步恢复正常耕种状态。加之，平罗县城周边聚落数量的增加，从侧面反映出宁夏大地震后的平罗地区，一度出现了以农田为主兴盛的农业景观，该地区始终保持着稳定的农业经济发展局面。

以上良性情况也仅延续至清末。清末，宁夏地区居住的回汉民族群众，受到陕甘总督的挑唆，民族矛盾上升，导致两者之间互相残害，造成严重的社会动乱。在这种情况下，人们无法正常生活，更谈不上垦田种地。交通瘫痪、粮食紧缺、人口锐减，宁夏地区的各类建设陷入停滞阶段，沿渠聚落的建设亦走向低谷。

清代沿渠聚落是在明代沿渠聚落基础上发展而来，其数量从明代的 21 座至清代增加至 27 座，但这包含清代宁夏府城及其周边增加的 3 座聚落，分别名为前在城、左在城、宁左城，以上 3 座聚落出现时间节点不详，推断为宁夏府城向外扩散的 3 座村落，它们的位置贴近宁夏府城。宁夏府城始终在原址上反复建设，视情况而定重修或局部维修。所有清代沿渠聚落或多或少地受到宁夏大地震影响。即使如此，在地震后，多数沿渠堡寨依旧原址重建。各堡寨的具体变化时间和事件参见表 3.3。此外，平胡堡具体拆除时间不详，取而代之的为新满城。在乾隆年间（1736—1796），玉泉营堡不仅增设仓场，且军事管辖范围比明代范围更广，同时还承担着营讯、塘汛等瞭望职责，堡内仓场的增设表明该堡开启了自给自足的守备状态。清末周澄堡在堡寨内设置一座寺庙，其他信息不明（见表 3.3）。另，被赋予城名的各聚落形制和规模不详，建设时间不明确。

表 3.2　清代沿渠堡寨统计表

序号	名称	变化时间与事件	其他信息
1	大坝堡	清乾隆三年（1738），震毁。 清乾隆五年（1740），重修。 清同治年间（1861—1875），兵焚	驻把总
2	蒋鼎堡	\	\
3	瞿靖堡	\	\
4	邵岗堡	具体时间不详，隶属宁朔县	\

续表

序号	名称	变化时间与事件	其他信息
5	玉泉营	清乾隆年间（1711—1799），玉泉营堡一直为军官驻地。清乾隆四年（1739），建仓场	驻游记、守备，辖烟墩101座，营汛17处，内地塘汛17处，并由玉泉营内拨派军士瞭望
6	宁化寨	\	\
7	宋澄堡	\	\
8	曾刚堡	\	\
9	靖益堡	\	\
10	杨显堡	\	\
11	平胡堡	具体时间不详，被拆毁	\
12	新满城	清雍正元年（1723）筑旧城。清乾隆三年（1738），震废。清乾隆五年（1740），移筑平湖桥附近。清乾隆六年（1741），城告竣	\
13	宁夏府城	清雍正二年（1724）置宁夏府。清顺治十三年（1656），修缮。清康熙元年（1662），继修。清乾隆三年（1738），城尽毁。清乾隆五年（1740），重建城。清乾隆六年（1741），城告竣。清同治二年（1865），封闭西北振武门。清宣统元年（1909），西门外城砖倒塌三十丈。清宣统三年（1911），南薰门城楼被焚，北门楼倒塌	\
14	前在城	具体时间不详	\
15	左在城	同上	\
16	宁在城	同上	\
17	丰登堡	同上	\
18	谢保堡	同上	\
19	张亮堡	同上	\
20	桂文堡	同上	\
21	常信堡	同上	\

序号	名称	变化时间与事件	其他信息
22	丁义堡	同上	\
23	高荣堡	同上	\
24	姚伏堡	清康熙三十六年（1697），康熙帝西征葛尔丹时上驻跸过"尧甫堡"。清乾隆三年（1738）地震后撤县，县域归属于平罗县	\
25	周澄堡	清末，堡寨内建有天台寺	\
26	平罗县城	清乾隆三年（1738），震塌。清乾隆四年（1739），重修	\
27	威镇堡	建设时间不详	设把总

（资料来源：根据清《乾隆宁夏府志》和《宁夏历史地名考》相关内容作者绘制）

3.2　渠对沿渠聚落宏观格局的影响

3.2.1　山水格局体系

在清代《乾隆宁夏府志》中唐徕渠与沿渠聚落的山水格局依然如前代，其山水格局仍建立在宁夏银川平原山水湖渠的自然地理资源之上。论宁夏者曰："三面据边，独以一面屏蔽关陕，此岩疆也。"[①] 又曰："擅河渠之利，丰稻秋，足鱼盐，此沃壤也。"[②] 清代的唐徕渠与沿渠聚落山水格局以贺兰山和黄河为东西界，贺兰山依然矗立于银川平原西面，绵延400里，成为抵挡西北寒流的天然屏障。贺兰山东麓洪积平原广阔，其西南为破碎的台地。银川平原地势平坦，沟渠纵横，湖沼众多，沙丘散布其间。黄河奔流地段东面，自中卫而来，出青铜峡，分列各渠，沿途灌数田万顷（见表3.3）。

---

①（清）张金城修，（清）杨浣雨纂，陈明猷点校．乾隆宁夏府志［M］．银川：宁夏人民出版社，1992：4.

②（清）张金城修，（清）杨浣雨纂，陈明猷点校．乾隆宁夏府志［M］．银川：宁夏人民出版社，1992：4.

表3.3 清代宁夏府的山川湖渠位置与特征分析表

序号	要素类型	名称	特征	位置	备注
1	山	贺兰山（阿兰鄯山）	山之草树，远望青碧如驳马。巅常戴雪。水泉甘洌，色白如乳，各溪谷皆有。延亘五百余里	府城西六十里	山口内各有寺，多少不一，大抵皆西夏时旧址。元昊宫殿遗墟，断壁残甃
2		省嵬山	\	府东一百四十里黄河东岸	清属套内
3		卑移山	汉志在廉县西北，此皆在贺兰山后山。	\	\
4		娑罗模山	有水涌出，流入玉泉地。	府南一百里，近贺兰山灵武口	山中涌泉，玉泉营以此得名
5		笔架山	三峰矗立，宛如笔架	在贺兰山小滚钟口	下出紫石，可为"砚"，俗称"贺兰端"
6		大青山	\	贺兰山后	\
7		占茂山	\	贺兰山后，去黄峡口三十里	清乾隆二十一年（1757），山后郡王建嗽嘛寺祝敕
8		宗高谷	\	贺兰山后	\
9		西瓜山	\	平罗县北二十八里	\
10		石嘴山	\	平罗县北	\
11		老虎山	\	平罗县东北一百八十里，黄河岸上	\
12		黑山	形如虎踞	平罗县北三百里	贺兰山之尾，引河扼隘
13		居中山	\	平罗县东南	\
14	林	快活林	丰水草，宜畜牧	府西四十余里	\

续表

序号	要素类型	名称	特征	位置	备注
15	河	黄河	\	府东三十里	唐、汉各渠口比列焉。西为唐、汉各渠，溉田数万顷
16		西河	\	平罗县东五里，北流入黄河	惠农渠并唐、汉支渠剩水泄焉
17		三岔河	\	府东南，黄河西岸	黄河曲折处
18		黑水河		府东九十里	明、清都在河套内
19	泉	暖泉	\	府城西北八十里	\
20		涧泉	\	平罗县北三十五里	\
21		九泉	\	平罗县西北四十五里	\
22	池	大盐池	\	府城北四百里	清属边外
23		小盐池	池中凝结盐	府城东一百七十里	
24	湖	长湖	淳泓浩渺，水光澄碧	张政堡，离府城一十五里	\
25		观音湖	\	府城西北九十三里，贺兰山大水口下	\
26		清水湖	\	叶升堡	\
27		月湖	形似月故名	张亮堡，府城北三十里	\
28		黑渠湖	\	杨和堡	\
29		沙湖	\	府城东二十里	\
30		大莲湖	\	镇河堡	\
31		塔湖	\	河西寨堡	\
32		巽湖	\	府东南三十五里	\
33		龙头湖	\	魏信堡	\

续表

序号	要素类型	名称	特征	位置	备注
34		张浪湖	\	许旺堡	\
35		高台寺湖	\	府东十五里	\
36		滋泥湖	\	王全堡	\
37		暖泉	\	府城西北八十里	\
38		白家湖	\	王洪堡	\
39		陈家湖		玉泉堡	
40		解而湖			\
41		野猪湖	\	潘昶堡	\
42		杨家湖	\	邵刚堡	\
43		位光湖	\	王泰堡	\
……		……	……	……	……
70		池子湖	\	丰登堡	\

（资料来源：根据《乾隆宁夏府志》《银川小志》中相关内容作者绘制）

根据表3.3所示，清代《乾隆宁夏府志》中记录的宁夏山水格局构成要素类型：山、林、河、泉、池、湖，共6种。其中，"山"为贺兰山、省嵬山等12座，与明代相比，山名有所增加：大青山、占茂山，其地理位置有以府城为相对中心，有以平罗县为中心，但所述空间位置相对宽泛。省嵬山、老虎山、黑山、居中山都为独立山体，其他都属于贺兰山支脉。"林"则仅为"快活林"，与明代一致，仍是府城之外的一处游牧栖息之所。"河"即黄河、西河等，西河流入黄河，是清代唐、汉渠的泄水河。"泉"则为暖泉、涧泉、九泉，多在贺兰山山中和东麓。"池"有大小两盐湖，大盐湖在边外，小盐湖离府城一百七十里，池内产盐。"湖"的数量最多，大大小小近46片，都在宁夏府城南140里和府城北40里范围内。湖的地理位置坐标多以沿渠城池和堡寨为中心标识："老鹳湖，在李俊堡，出鱼。周围数十里，水澄清……尤宜。"[1] 平列湖和老鹳湖一样，其水质清

---

①（清）张金城修，（清）杨浣雨纂，陈明猷点校．乾隆宁夏府志［M］．银川：宁夏人民出版社，1992：90

冽，既能产鱼，又能泛舟，观赏和经济价值颇丰，多处于唐徕渠沿渠上段，位于宁夏府城以南。除明代著名的长湖、观音湖、月湖、沙湖等，又出现了滋泥湖、陈家湖等，陈家湖、解而湖在玉泉营堡，杨家湖在邵刚堡，平列湖在瞿靖堡等，可见清代沿渠聚落周边湖泊数量和面积增加，至少一堡一湖，而丰登堡和丰盈堡附近湖水更是连成片。但清代《乾隆宁夏府志》中舆图的绘制依然仅有概况，以上所有类型要素的个体位置指示不准确（见图 3.1）。

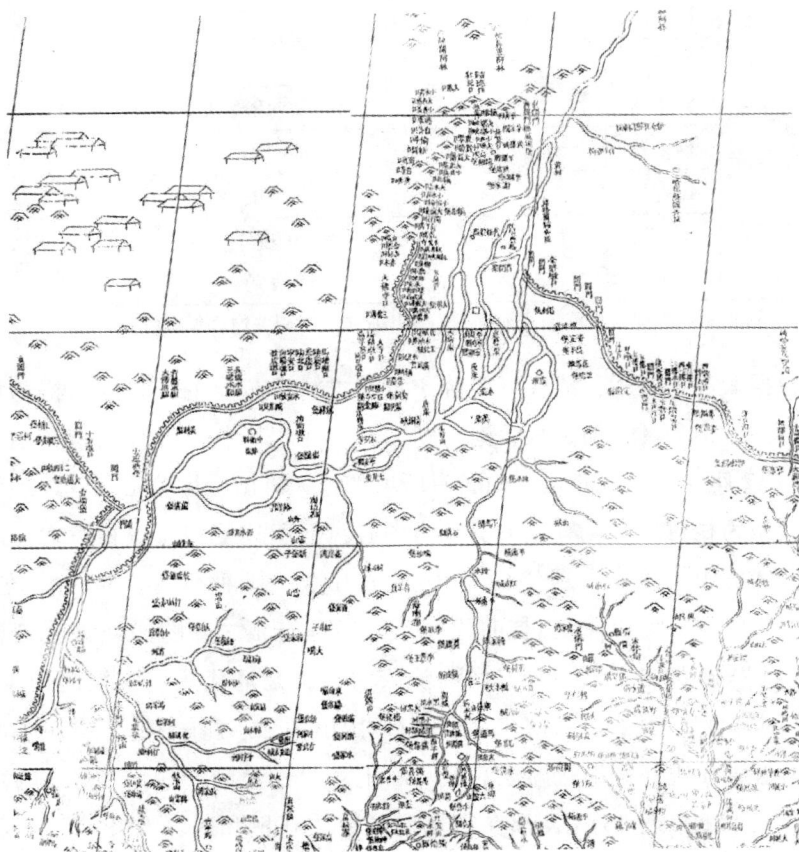

图 3.1　清代乾隆内府舆图中宁夏部分（缩印版）

图片来源：《宁夏测绘志》①

①倪孟金著. 宁夏测绘志［M］. 银川：宁夏人民出版社，1999：286.

表3.4 清乾隆内府舆图中宁夏部分（缩印版）中的山水要素绘制与分析表

序号	符号	名称	绘制方式	方位
1		贺兰山	采用折现，画出一座山体外形，重复出现多座，疏密关系表示连续和单体山脉	位于截取的图纸左上侧，向东和北部延伸，密集小山体代表主山脉由西南向西北延亘
2		黄河	采用两条平行线绘制河道宽度和长度	位于图纸右偏上，自西南向东北，由一股分为多股，多支分流

（资料来源：根据图3.1相关内容作者绘制）

　　根据图3.1和表3.4内容分析：《清乾隆内府舆图》① 主要采用经纬网直线斜交的伪圆柱投影方法绘制，整个图面按照经纬网格可分为104块小图，其中第九排西一和西二两块图即为《清代宁夏境土图》，该图反映出的清代宁夏境内的少数自然要素，以贺兰山和黄河为主，而其他湖泊、泉、林等都没未显示与标注。这种舆图绘制方式趋于抽象化和符号化，贺兰山的绘制采用象形山体符号，没有连贯的山脉，也没有贺兰山和支脉的名称。黄河的绘制采用平行曲线，虽有起点和结束点，但流向都是写意式的，在其东面上端标识出黄河名称。此舆图虽然使用经纬线交织方式绘制，但没有准确数据和信息，仅判断出最为凸显的宁夏自然地理要素，其他湖泊的位置无从读取，类似写意山水图，仅供参考和辨识。

　　清代山水格局依然以贺兰山和黄河为边界，其构成要素类型与明代相比，类型的数量一致，要素方位一致。但清代与明代比较的最大区别：沿唐徕渠的湖泊数量明显增加、面积增大，多数湖泊分布于沿渠堡寨周围，表明清代沿渠聚落的水环境结构复杂，水资源丰富，功能多样，更突出"鱼米之乡"的文化景观内涵。

---

　　①清乾隆二十五至二十七年（1760-1762），何国宗、蒋友仁以《皇舆全览图》为基础，编制而成《乾隆内府舆图》。该图版本主要为乾隆二十五年（1760）的木刻墨印本、乾隆年间（1736-1795）铜板直格本、乾隆四十年（1775）铜板印本。民国十四年（1925）五月，北京故宫博物院发现故宫所藏铜板地图块，经专家鉴定为《乾隆内府舆图》。

3.2.2　军事格局体系

清顺治十二年（1655）二月十九日，甘肃巡抚黄图安对宁夏镇的兵马……屯田、备荒等八个方面进行改革。① 屯田政策一改明代以军事防御为主，改成"变兵为民"的政策，这样结束了"无兵之用，有兵之费"的严峻局面，士兵由军人转变为自耕农民，依赖种田、自力更生、缴纳田税，调动了他们的积极性。在这样的背景下，清代唐徕渠与沿渠聚落的军事防御体系虽仍存，但屯田主力由军转民，军事功能明显倾向于农业耕种功能。清康熙三十九年（1700）七月，又谕户部："国家要务，莫如贵粟重农。"由于清政府积极推行"贵粟重农"的政策，田租优惠，因而大量荒地被开垦。至清康熙五十三年（1714）六月，包括宁夏在内的全国已是"今人民蕃庶、食众田寡、山地尽行耕种"的局面。

清代宁夏的军事地理边界定义为"宁夏三面距边"。宁夏"西边以贺兰山为障，隘口四十余处，皆通人骑往来。其中赤木口尤冲，口阔八丈，通车舆，容千骑"。② 实际上，清代宁夏军事防御体系仍延续着明代军事防御体系，西面以贺兰山这一自然山体为天然防御屏障，山中设置关隘口，共有四十余处，具体名称未提及。关隘口不是封闭的，人和马匹皆可通行。其中，最难防守的关隘口即为"赤木口"，其宽度在八丈，能够通行车辆和容纳千名骑兵，这对于防守极为不利。所以，"明巡抚杨守礼扼险筑关，有石砌边墙一道、斩山一道"。

清代对于各关隘口的防御策略与方式却没有全部提及，仅有西、北长城的文字记载，其中包括明代旧志对个别关隘口防御局势的记载。"西长城，旧志不载修筑年岁。有暗门。去中卫县西四十里。今为兰、靖孔道，设驿孤山、长流水等处，经番部二百里。"③ 中卫县志："鸣沙州南有旧边

---

① 吴忠礼，杨新才. 清实录宁夏资料辑录（上册）［M］. 银川：宁夏人民出版社. 1986：22.
② （清）张金城修，（清）杨浣雨纂，陈明猷点校. 乾隆宁夏府志［M］. 银川：宁夏人民出版社，1992：66.
③ （清）张金城修，（清）杨浣雨纂，陈明猷点校. 乾隆宁夏府志［M］. 银川：宁夏人民出版社，1992：67.

一道。跨山直至定边。俗称古长城。"① 清代西长城即明代西长城，其记载时间不详，被称为"古长城"。"西长城，自靖远芦沟界迤北，接贺兰山。山四百一十一里，迤北接北长城。自西而东三十里，接黄河。"② 西长城位于中卫县西四十里，长城之上有暗门，清代设驿孤山、长流水等地，离番部二百里，该段被称为"兰、靖孔道"。西长城从靖远芦沟向北接贺兰山，贺兰山绵延四百一十一里，长城也延续了同样的长度，向北连接北长城，自西向东延续三十里后接黄河，再接东长城。这样巧妙地利用自然山体，融合闭环的人工防御工事，形成闭环军事防御体系，省力而为。

"北长城，在平罗县西南五十里。有镇远关，关南五里为黑山营。正德初，弃之于外。后王圯口自河抵山又筑北门关，北去平罗四十里……（明）巡抚杨守礼疏谓：'镇远关……西沿山四十里有打硙口，东西联属，烽火严明，贼难轻入。宏治前，饷缺卒逋，关营不守。打硙口山水俱从里出，竟致冲塌，迹尚可考。正德间，大贼奔入，或从旁干关、枣儿沟、桃坡等口入，或渡河而过……故平罗城北十里许，自山至沙湖，东西筑城约五十里。'"③ 北长城的具体方位以平罗城为中心坐标，位于其西南五十里，设有镇远关，关南五里处设黑山营。明代认为镇远关和北长城最为重要，它是山河交界之处，但明弘治（1488—1505）之前，缺乏饷银，驻守的士兵纷纷逃亡，镇远关和黑山营无人看守，导致打硙口内山洪暴发，关隘被冲塌，仅留有遗迹。明正德年间（1506—1521），打硙口等多处关隘被蒙古人所破，限于平罗城兵力不足，又在县城北十里设置东西纵横长为五十里的长城。

"国朝以石嘴口为界，去县城北一百一十五里，有市口与东西两番部

①（清）张金城修，（清）杨浣雨纂，陈明猷点校. 乾隆宁夏府志［M］. 银川：宁夏人民出版社，1992：67.
②（清）张金城修，（清）杨浣雨纂，陈明猷点校. 乾隆宁夏府志［M］. 银川：宁夏人民出版社，1992：67.
③（清）张金城修，（清）杨浣雨纂，陈明猷点校. 乾隆宁夏府志［M］. 银川：宁夏人民出版社，1992：68.

交易，月三次。"① 至清代，以石嘴口为界，在平罗县城北一百一十五里处，设有市口和交换货品的番市，设定平均一个月三次进行固定货品交易。显然，清代宁夏西、北交界之地的军事防御体系是在明代基础之上建设和巩固的，但是此时边域冲突和矛盾已缓和，通过"变兵为民"和"互市交易"的策略，西北长城军事体系仍是边域界线，但其军事防御职能已弱化，军事体系开始松动与瓦解。

3.2.3 唐渠格局体系

清代唐徕渠与明代唐徕渠系构成一样，多由干渠、支渠组成，干渠又分为渠首、闸口、坝、渠口、渠身等，支渠则由分闸口、支流构成，支渠之上再分出支流，逐步由枝丫型演变为毛细枝网型，但网纹并未互为交集和联通。清代唐徕渠名改动小，与明代继承的渠名一致；干渠走向和明代流向也一致。在原有干渠和大支渠基础上，基于灌溉农田面积的增长需求，继续发展了更多数量的小支渠，但各小支渠修建时间不等。

清代唐徕渠的流经地区与河西灌区和黄河流向一致。无论古代还是今天，唐徕渠一直属于河西灌区中的一条主要渠道。清初，河西灌区的渠道起点为"唐堡"和"汉堡"，终点为"威镇堡所在的边墙"。由此发现，河西灌区所有渠道实为唐徕渠和汉延渠的大支渠。清代河西灌区覆盖范围最长延伸距离为 150 公里左右。清代唐徕渠干渠长度为"三百二十里七分一十三丈"[163]244，渠系灌溉面积为"五千七百六十三分亩"[163]244。经对比测算，清代唐徕渠干渠长度为 323 里，灌溉面积达 5780 亩。

清代宁夏境内黄河流域情况："黄河，在府东三十里。自中卫来，出青铜峡，为宁朔县地，汉各渠口比列焉。又北经宁夏县界，又东北入平罗县界。"[163]88清代，宁朔县辖境相当于今银川市、永宁县、青铜峡市、贺兰县部分地区。[167]263宁夏县，辖境相当于今银川市、贺兰县、永宁县大部和青铜峡市局部地区。[167]61平罗县辖境相当于今平罗县、惠农县、石嘴山市

---

①（清）张金城修，（清）杨浣雨纂，陈明猷点校. 乾隆宁夏府志［M］. 银川：宁夏人民出版社，1992：67.

全部和贺兰县西北部等地。[167]267因此，根据以上文献所示，清代宁夏唐徕渠流经区域在宁夏、宁朔、平罗三县辖区境内，流经了今天的青铜峡市、永宁县、银川市、贺兰县、平罗县、石嘴山市、惠农县大部地区。唐徕渠口在今天的青铜峡境内，其渠尾在今天的平罗县境内，渠道流向和黄河一致，自宁夏平原西南角流入后，向东北扩散后，干渠水流至平罗县威镇堡以北后向东，汇入黄河。

清代唐徕渠不仅有线性结构特征，一点发散多条线段，线段之间互为靠近和相连。不仅分为干支渠构成，而且采用分段式的方法以监管和使用。清代宁夏府城外的唐徕渠系情况与明代一致。在明代的建设基础上，宁夏唐徕渠疏浚与修缮的次数明显增多，并采用分段式监管。

至清代中期，宁夏唐徕渠干渠分六段，且在段落区域中还分布着小支渠。第一段，正闸和贴渠段。渠道走向由唐坝堡起，至正闸和贴渠附近结束。贴渠在该段的中部位置，并将所在区域的地块划分为两部分。一段至汉坝堡，而另一段至蒋鼎堡，该段被称为石正闸段。第二段，正闸至玉泉桥段。渠水由正闸向西北流，延伸至玉泉桥下，此段称为上上闸段。第三段，玉泉桥至良田渠口段。渠水向东北流，再转向水渠西侧的良田渠口，此段称为上段。第四段，良田渠口至西门桥段。渠水自良田渠口开始，向西北侧蜿蜒，至西门桥下，此段称为上中段。第五段，西门桥至战马桥段。干渠流过西门桥，转向西北方向后，再转流至站马桥下，此段称为下中段。第六段，战马桥至威镇堡段。渠水由站马桥北流，后流至威镇堡稍末，此段称为下段。唐徕渠各个段落的划分是根据干渠自然水流的规律而考虑的。但唐徕渠整体存在着以下特征：由于渠口水量较大，渠道经常发生摆动，导致渠道上游属于难以控制的局面，所以为了解决这一问题，只能将渠道上游进行细化式分段管理，以便监控每个区域，只有解决好上游的水源输送问题，才能保证中下游的水量稳定供应和水利正常运行，而对于水流流至中下游段时，明显渠水量已不足，故不会出现大面积的渠水泛滥情况，这可长段或者整段地进行保障和控制。因而，唐徕渠的第一段划分距离较短，第二段次之，第三、四、五段保持均衡，而第六段划分距离最长。另外，渠道的分段以水上交通的桥梁，或各支渠口出水位置作为转折节点：一是便于明确段落的位置，二是桥梁和渠口等就是水渠之上的重要水利工程设施和节点，它们呈点状分布，既是水流转折的重要关键点，又用来控制和设置水渠流转的闸坝等各类水利设施，既存在水流动态的特点，又存在实用功能，辨识度高，利于管制。

基于以上分段，清代唐徕渠干渠流向仍与明代一致，而且干支渠情况也有相似的情况：流经清代宁夏府城时，仍处于府城西侧，且自南而北流。宁夏府城周围的唐徕渠干渠和大支渠的空间与方位没有太大变化。在清代地方志中，宁夏唐徕渠干渠的位置、走向与明代地方志中的唐徕渠干渠不存在较大差异，唐徕渠的流经方向、流经位置记录更详实。

清代继承的明代唐徕渠支渠为：贴渠、满达剌渠、良田渠、红花渠、东南小渠、西北小渠、西南小渠。"新贴渠，由旧贴渠分水……"[163]246贴渠与唐徕渠同口异闸，它是唐徕渠的第一条支渠，但清代有明显变化。贴渠经过重新分流后，形成新旧两条贴渠。新贴渠从旧贴渠旁流出后，并与大清渠汇合。而旧贴渠自唐徕渠正闸开口后，向北与汉渠汇合。此时，清代贴渠将唐徕渠、汉渠、大清渠三者互连，便于三渠的水流量平衡。旧贴渠长24里，开设31个陡口，而新帖渠长56里，开设28个陡口。

"大新渠，在城南，绕东而北。"[163]246唐徕渠自东南方延伸后，分出大支渠大新渠，该渠较贴渠离城近一些。大新渠位于城东南方，自东环绕离城一段距离后向北蜿蜒而行，渠长76里。

"良田渠，在城西，北流。"[163]246唐徕渠干渠流经府城西面时，分流出良田渠，该渠向城西北方向流，位于城正西南方向，良田渠口距城垂直距离为12.5公里，良田渠绵延长度为99里。

从干渠东面分出红花渠，该渠由城西南向东北流，流经府城南门、东南角、东面、东北角，后继续向北。红花渠离府城最近，故渠口与城池的垂直距离为3.3公里，红花渠的绵延长度为28里。

东南小渠、西南小渠、西北小渠等三条小渠，仅在文献中提及"明何福由此渠引水入城"[163]246等与明代相似的信息。西北小渠和西南小渠仍从唐徕渠干渠开设，是唐徕渠的两支渠，始终跨槽入城且位于府城西北角和西南角。而东南小渠则从红花渠上跨槽入城，位于府城东南角。清乾隆年间（1736—1796）的唐徕渠干支渠：红花渠、东南小渠、西北小渠、西南小渠等仍绕城而设，与明代的渠绕城模式一致。以上三条小支渠都没有记录长度。

"满达剌渠，在城西北，转东北流。"[165] 2947 唐徕渠过宁夏府城西面后，自城西北转向城北流，延续一段距离后，自唐徕渠干渠西侧分出满达剌渠，其离城较远，且与城的垂直距离为 12 公里，渠长为 60 里。

除以上各支渠外，清乾隆年间（1736—1796）大支渠达 25 条之多：白塔渠、新济渠、大罗渠、小罗渠、掠米渠等。所有支渠的地点都以附近的堡寨和城池来标示：　　"白塔渠，在桂文堡……高荣渠，在高荣堡。"[163] 247-248 白塔渠在桂文堡区域范围内；小罗渠在常信堡附近；和集渠在周澄堡周边；高荣渠则在高荣堡附近。各渠名称的命名各有特色：柳新渠、果子渠则指水渠周围的特色景物；柳郎渠则以人名来命名水渠。依据以上内容，统计各堡寨范围内的支渠数量如下：靖益堡、丰登堡、桂文堡、镇朔堡、洪广堡、周澄堡、张亮堡附近仅 1 条支渠；常信堡、高荣堡附近 2 条支渠；平罗城附近支渠数量最多，共 5 条。由此可见，城池堡寨周边的支渠水系极为丰富，在城池建设的同时注重水渠的扩散。

以上各条支渠不仅有名称，还有绵延长度，但各支渠长度各不相等：平罗城附近的扬招渠延长距离最短，二里半；其他水渠长度十里、十几里、二十几里、六十几里各不相等。这说明清代唐徕渠的建设仍采用人工导引自然水流，一般在开设支渠时，都采用支渠垂直于干渠的结构，且主要水流方向则由干渠流向而定，各支渠的流经距离和地点也因干渠引水量和支渠流经的地势而决定（见表 3.5）。

表 3.5　清代唐徕渠支渠统计表

序号	名称	位置	长度
1	旧贴渠	大坝堡、陈俊堡之间	24 里
2	新帖渠	大坝堡、陈俊堡、蒋鼎堡、瞿靖堡、玉泉堡一带	56 里
3	东南小渠	府城东南	\
4	西北小渠	府城西北	\

序号	名称	位置	长度
5	西南小渠	府城西南	\
6	大新渠	府城南	76 里
7	红花渠	府城东南	28 里
8	良田渠	府城西	99 里
9	满达剌渠	府城西北	60 里
10	他他渠	靖益堡	15 里
11	掠米渠	丰登堡	18 里
12	白塔渠	桂文堡	29 里 3 分
13	新济渠	镇朔堡	65 里
14	大罗渠	洪广堡	25 里
15	小罗渠	常信堡	20 里
16	罗哥渠	常信堡	60 里
17	果子渠	高荣堡	23 里 5 分
18	高荣渠	高荣堡	20 里
19	和集渠	周澄堡	17 里
20	柳新渠	平罗城	9 里
21	黑沿渠	平罗城	15 里
22	亦的小新渠	张亮堡	20 里
23	柳郎渠	平罗城	20 里半
24	曹李渠	平罗城	10 里
25	杨招渠	平罗城	2 里半

（资料来源：根据清《乾隆宁夏府志》卷八水利相关内容作者绘制）

　　此外，在清道光平罗记略中，平罗县属大支渠除以上大支渠外，包括：千渠、火渠、双渠、边渠、营前渠、营后渠、虎尾渠、大化延渠、小化延渠、老唐渠，以上各渠长度为：5 里、5 里、7 里、3 里、7 里、7 里、5 里、4 里、3 里、4 里。

　　以上是文字资料中显示出宁夏唐徕渠干支渠的结构空间情况，与之相对应的图纸在清代被划归于各类水利图之中。图纸共分三类：黄河图中的宁夏段河渠图、方志中的宁夏段河渠图、宁夏段单幅工程河渠图。① 第一种不赘述，图纸内容相对概括，表达粗略。第二种方志类宁夏段河渠图即清乾隆四十五年（1780）刊行的《乾隆宁夏府志》中所绘《唐汉各渠图》。

此图默认坐标以上为北，河流采用闭合平行双曲线绘制，黄河水自西南向东北蜿蜒，其西由南至北排列为：唐徕渠、大清渠、汉渠、惠农渠及昌润渠。唐徕渠位于黄河西岸，且由南向北流，在宁夏府城北分出四条支渠：唐徕渠干渠、良田渠、红花渠、大新渠。大清渠位于唐徕渠干渠东岸，向北接入唐徕渠。唐徕渠干渠、大清渠之间则分布着新旧贴渠，这和之前的文字资料记录相一致。汉渠处于大清渠右侧，汉渠北上后，汇入西河尾，且有三处暗洞。惠农渠在汉渠右侧，惠农渠北上之后，流经宝丰县城，汇入西河尾，一并融入黄河，其上为两处埂堤。图中的府、州、县用双层方线框绘制，堡寨则使用单层方线框，线框内部用文字标注名称。

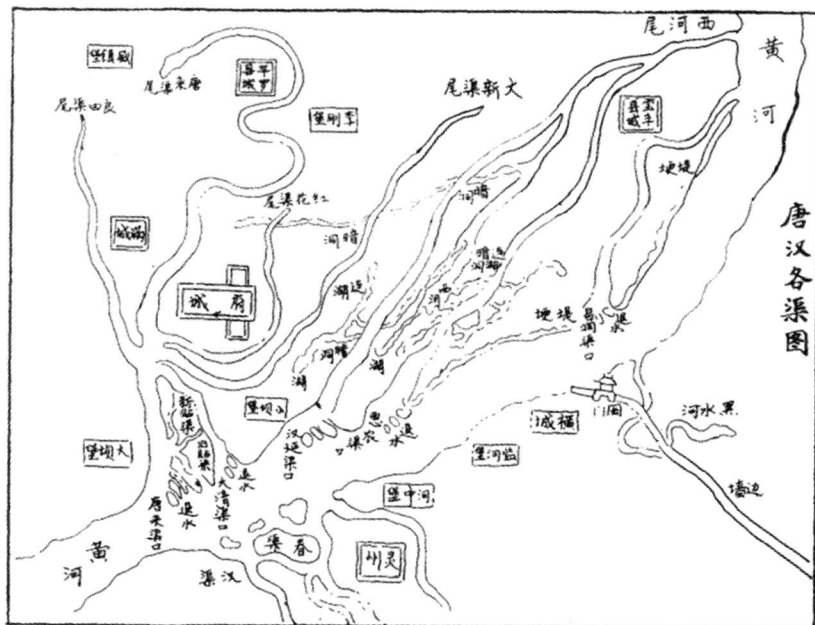

图 3.2 清代唐汉各渠图

图片来源：清《乾隆宁夏府志》唐汉各渠图

---

① 王悦明. 清代宁夏段黄河水利图初探［J］. 大庆师范学院学报. 2022（07）：99-105.

　　第三类单幅宁夏河渠图则指中国国家图书馆藏《宁夏河渠图》，该图中绘制唐徕渠等各渠与文字资料记载内容一致：唐徕渠干渠仍自城东南向城东侧流，后偏向于城东北角，再向北蜿蜒。根据文字资料记载：唐徕渠干渠两侧分布着多条大小支渠，离城最近者为5条支渠：王家渠、周家渠、史家渠等，5条水渠宽而长，都分布在唐徕渠西岸。分布于唐徕渠西岸的还有其他20条小支渠，像毛细血管一样细而密。平罗县城附近的唐徕渠东岸小支渠共30条：大红花渠、小红花渠、贺家渠、李家渠、小李家渠、孔家渠等。无论唐徕渠东岸还是唐徕渠西岸的唐徕渠大小支渠都是垂直于唐徕渠干渠，呈连续"非"字形结构。《宁夏河渠图》中的双渠和营后渠末梢与惠农渠汇合，并修有西河灌洞，排入西河内。其余平罗县属大支渠都是唐徕渠大支渠，密布于平罗县城四周（见图3.2至图3.5）。

　　与《唐汉各渠图》相比，旧贴渠没有汇入汉渠，属于绘制失误。黄河东岸两渠：春渠、汉渠（汉伯渠）。结合文献，春渠应为秦渠，此为另一处错误。

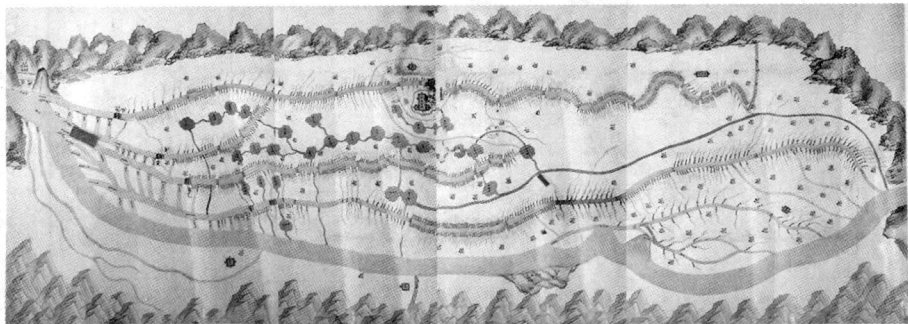

图3.3　清中期《宁夏河渠图》（最上端为唐徕渠）

图片来源：宁夏水利厅展厅

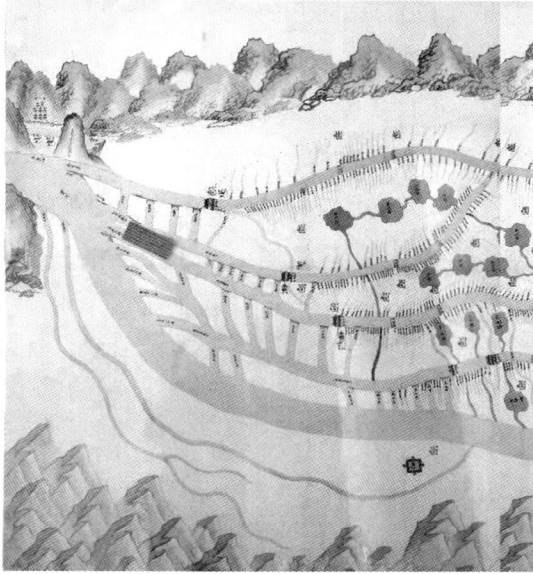

图3.4 清中期《宁夏河渠图》首段原图（最上端为唐徕渠）

图片来源：宁夏水利厅展厅

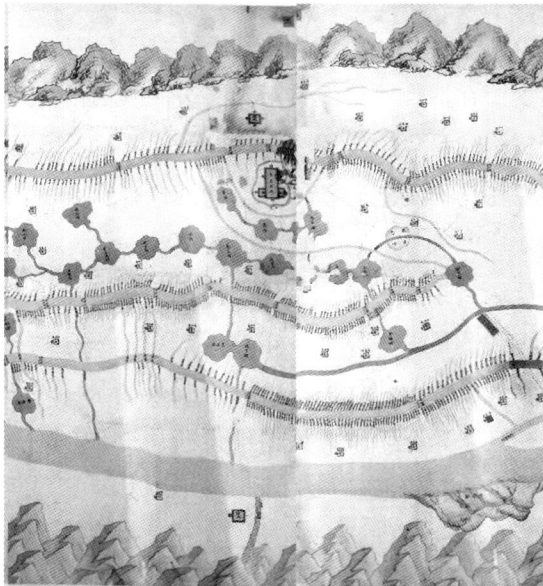

图3.5 清中期《宁夏河渠图》中段原图（最上端为唐徕渠）

图片来源：宁夏水利厅展厅

　　清康熙四十七年（1708），新开的大清渠实属唐徕渠大支渠。大清渠渠口开设在宁朔县大坝堡马关嵯附近，延续一段距离后，在宋澄堡附近再次流入唐徕渠干渠，即渠口从唐徕渠干渠流出，又流入唐徕渠干渠，水渠位于唐徕渠东岸。大清渠渠长72里，大小陡口229道，灌溉范围大，而且它解决了唐徕渠和汉延渠之间的高田不能进行全面灌溉的问题。

　　清光绪二十九年（1903），满达剌渠分出小支渠——白雀寺渠，该渠仍位于府城西北方向。在《甘肃全省新通志》[①] 中记录着光绪末年（1908）唐徕渠增加的支渠渠名：清塞渠、老唐渠等，但各渠具体位置不详，无从考证。

　　"宣统元年……唐徕渠西岸旧渠口接筑渠堤引水分注……以便旗民学习农业名之曰湛恩渠，究其属唐渠之大支渠也。"[165] 320 清宣统元年（1909），宁夏新满城向府城西迁移，为让满城内官兵能依靠自己的力量垦荒种地以维持生计，故清政府在宁朔县靖益堡附近的良田渠西侧开凿了新支渠，其名为湛恩渠，以表示清廷的绵延恩宠，但此渠的长度、陡口、灌溉面积等详细情况未见记录。

　　清唐徕渠是在明代唐徕渠上继承与发展的，位置、名称等都保持一致。明代唐徕渠支渠在清代依然保持活力，分布位置和流向与明代保持一致。但此时的唐徕渠建设也发生了变化：首先，在唐徕渠干渠的西岸和东岸大小支渠数量保持均衡的基础条件下，清代唐徕渠的大小支渠数量明显增多。其次，清代唐徕渠系形态呈现出大支渠出自干渠，再由大支渠上分出小支渠，渠系层级复杂。再次，清代唐徕渠系按照渠道流向被划分为六段，前五段划分细致，最后一段划分粗略。最后，新建的各大小支渠说明此时的渠道运行情况较好。清代唐徕渠大小支渠数量的增加侧面反映了清代唐徕渠的建设达到了繁盛阶段。大清渠设于唐徕渠口附近，位于唐徕渠干渠东岸。湛恩渠分布在府城唐徕渠西岸。平罗县属唐徕渠支渠数量明显增加，这依赖于渠道上段的维修和经营，使下游支渠得以开发。

---

　　①《甘肃全省新通志》的编撰开始于清光绪三十四年（1908），成书于宣统元年（1909）。

3.2.4　宏观格局特点

明沿渠聚落的平行格局在清代依然存在，并嵌套于山河平原的格局之中。伴随人工水系的丰富清代沿渠聚落数量增加。此时，舍弃了离干支渠较远的平胡堡。在原有的平行线型结构之上，发散为多条小支渠，非字形结构中涵盖着各个聚落的点式布局。各聚落连续成线，沿渠两岸则形成与渠道保持平行的两岸平行线状聚落结构。

在沿渠的关键性节点区域处，向西和向东延伸的渠系、点式聚落、片状湖泊加叠在一起，形成层次复合和错落有致的沿渠聚落格局。其中，聚居型单点聚落呈现出多点序列状结构。宏观尺度的沿渠聚落格局，以水渠结构为基础，各个沿渠聚落则沿渠两岸规整布局，形成山—田—沿渠堡寨—干渠—支渠—湖泊—沿渠堡寨—其他灌溉渠—黄河相互穿插的线性和半网络格局模式。

以上格局模式中的"山"仍指贺兰山，此处不再赘述。而田则指沿渠灌溉的大面积田地：唐徕渠灌溉宁夏、宁朔、平罗三县田五千七百六十三分。其中，灌溉平罗县两千五百二十八分，灌溉宁夏、宁朔县田三千二百三十五分；而大清渠则主要灌溉宁朔县大部分田地，灌溉面积为一千零九十六分六亩七分。

唐徕渠干渠走向仍为线性结构，由南向北延伸，局部地段向东北流，整体趋势呈现出向东北方向偏离主结构。而支渠则采用非字形结构，自干渠之上向东西两岸发散与延伸，各条支渠延伸距离不等。

在沿渠的区域中，存在一定数量的湖泊：鲜面湖、沙湖、洛洛湖、杨家湖，以上四座湖位于唐徕渠干渠东岸，在蒋鼎堡北面和宁化寨东面，且四湖连成一体。平湖、烈湖、老官湖、西池湖、双滩湖、张喇湖等也连成一片，以上湖泊位于唐徕渠干渠和大清渠的东岸，邵刚堡、曾刚堡、瞿靖堡穿插在干渠、支渠和各湖泊之间。宁夏府城东南、东、东北面则有双层结构的连湖，第一层连湖为苇湖、蒲湖、赵家湖、马家湖、北塔湖，第二层连湖为长湖、龙太湖、杨芳湖，这些湖泊彼此相连、互为贯穿。张亮堡东南方向则有张亮广湖，这片湖泊在明代就有记载。以上所有沿渠湖泊都位于唐徕渠干渠东岸，既与东岸堡寨相依相存，并与干渠形成遥望和平行的互动关系，又穿插在各条小支渠之间，湖水和渠水相连，围绕堡寨形成半网络结构。

3.3　渠对沿渠聚落中观格局的影响

3.3.1　沿渠聚落结构

宁夏唐徕渠东西两岸的沿渠堡寨南北相隔 3 里、5 里、10 里、15 里、20 里等不等距，采用点状形态镶嵌在沿岸之中，但堡寨离渠的垂直距离也不等：有些较远，位于 10 公里处；有些堡寨距离很近，在 500 米左右；离渠关系与布局存在亲疏远近的方式。

清代沿渠聚落呈现出一种 7 层线性结构，并叠加局部地区的辐射半网状结构格局排列，最后沿渠的大面积农田融入次格局之间。7 层平行线格局：贺兰山、沿渠湖泊、沿渠西岸堡寨、唐徕渠干渠+支渠、沿渠东岸堡寨、沿渠湖泊、黄河。局部半网状结构则是：以沿干渠东岸的一座堡寨或者几座堡寨为中心，唐徕渠支渠与堡寨周边湖泊则围绕中心堡寨或者堡寨群形成辐射半网状结构。以上两种结构相互嵌套，有些区域呈现中心发散半网状格局，有些区域呈现多点发散半网状结构，规整线性结构之中穿插各中心散点，故清代沿渠聚落格局复杂。在此宏观格局下，农田、水渠、聚落三者互为协作运行，既有护卫关系，又有依赖关系，三者缺一不可。

清代沿渠聚落的总体格局是在明代沿渠聚落格局之上丰富与演变。宏观格局：以唐徕渠干渠为中心，自干渠两侧分散流出大小支渠，大小支渠就像叶脉上的多道细纹。干渠始终由南向北流动，虽在局部区域向东偏移，但干渠方向一直流向北。干渠两侧延伸着大小支渠，聚落坐落于各干支渠空隙之间，田地也散布在这些空隙之地上，联通农田、聚落、渠道之间的各条道路，将所有地面空间点交汇。

明代部分沿渠线状结构在清代被打破，昔日的平行线沿渠防御聚落结构嵌套于广域农田之中。清代唐徕渠成为了沿渠聚落的重要人工水系基底，构成沿渠聚落的各个元素都以聚落的发展为中心。清代唐徕渠干渠呈不规则曲线型，各大小支渠向两侧扩散，直至聚落、农田、道路之间。唐徕渠渠系呈非字型结构，并与渠或聚落周边湖泊相互串联。沿渠城池聚落附近的水系丰富化和复杂化，导致其明显由中心向四周扩散，由集中聚点呈面状分散，但沿渠堡寨聚落的变化情况与之相反。

表3.6显示，清代沿渠聚落的位置没有变动，每座堡寨沿渠自南向北左右岸排列。各堡寨呈点状形态镶嵌在沿渠聚落的两岸沿线之中。在各县志中，所有沿渠聚落的位置多以宁夏府城和平罗县城做为中心聚落进行标注。其中，经过数据统计显示，大坝堡、蒋鼎堡、瞿靖堡、邵刚堡、玉泉营堡位于唐徕渠干渠上中半段，每座堡寨之间间隔10里。明代瞿靖堡和邵刚堡离唐徕渠干渠距离远。至清代，开设大清渠后，两渠沿其东侧分布，成为沿大清渠聚落，但始终不脱离唐徕渠干渠。邵刚堡和玉泉营堡处于唐徕渠东西岸，遥相呼应，两堡还位于唐徕渠干渠东岸和大清渠东岸。距玉泉营堡北30里外的宁化寨，与中段的宋澄堡和靖益堡相隔10里，两堡在唐徕渠干渠两岸相对而建。距靖益堡20里开外的地段为杨显堡，沿干支渠再向西北延伸一段距离后即为新满城。新满城在城西15里，谢保堡在宁夏府城北15里，间隔15里则为张亮堡，再间隔15里为常信堡，20里开外为桂文堡。丁义堡等6堡则以平罗县城为标识点，各堡之间距离不等，短则为2里，长则为15里。所有堡寨沿渠两岸形成两条平行线，围绕干渠南北延伸。以宁夏府城和平罗县城为转折点，府城南面的沿渠堡寨分布距离较为均匀，间隔距离控制在10里至15里，且出现了两堡寨沿渠两两相对的布局形成。

新增的曾岗堡距离宁夏府城50里，准确位置在今宁夏县李俊镇增岗镇，位于干渠东岸，海拔为1121.93，坐标为东经106.16°，北纬38.2°。宁夏府城至平罗县城一段的堡寨间隔距离不等，控制在2里至15里之间，堡寨之间距离近，且该段堡寨分布的密度高（见表3.6）。

表3.6 清代沿唐徕渠堡寨聚落位置统计表

序号	堡寨名称	与唐徕渠的位置关系	离城距离（里）	对应的现代位置
1	大坝堡	干渠左岸（西侧）	城南110	今青铜峡市大坝镇大坝村
2	蒋鼎堡	干渠右岸（东侧）	城南100	今青铜峡市大坝镇蒋顶村
3	瞿靖堡	干渠右岸、大清渠右岸（东侧）	城西南90	今青铜峡市瞿靖镇
4	邵岗堡	干渠右岸、大清渠右岸（东侧）	城西南90	今青铜峡市邵岗镇
5	玉泉营	干渠左岸（西侧）	城西南60	今青铜峡市邵岗镇玉泉村
6	宁化寨	干渠右岸（东侧）	城南50	今永宁县李俊镇宁化村
7	曾刚堡	干渠右岸（东侧）	城南50	今永宁县望洪镇增岗堡
8	宋澄堡	干渠右岸（东侧）	城南50	今永宁县望远镇宋澄村
9	靖益堡	干渠左岸（西侧）	城南30	今永宁县望远镇靖益村
10	杨显堡	干渠左岸（西侧）	\	今永宁县胜利乡杨显村
11	平胡堡	干渠西岸、良田渠西岸	城西15	\
12	新满城	干渠西岸、良田渠西岸、湛恩渠西岸	城西15	今宁夏银川金凤区满城北街、南街所在区域
13	宁夏府城	干渠右岸（东侧）	\	今银川市兴庆区老城一带
14	前在城	干渠右岸（东侧）	\	今银川市兴庆区西北一带街区
15	左在城	干渠右岸（东侧）	\	今银川市兴庆区东北一带街区
16	宁在城	干渠右岸（东侧）	城西30	今银川市兴庆区西南一带街区
17	丰登堡	干渠左岸（西侧）	城北15	今银川市金凤区丰澄镇境内
18	谢保堡	干渠右岸（东侧）	城南120	今贺兰县政府所在地习岗镇，先改谢岗，又改习岗
19	张亮堡	干渠右岸（东侧）	城南110	今贺兰县常信乡张亮村
20	常信堡	干渠左岸（西侧）	城南100	今贺兰县常信乡
21	桂文堡	干渠左岸（西侧）	城西南90	今贺兰县常信乡桂文村
22	丁义堡	干渠右岸（东侧）	城西南90	今贺兰县丁义村
23	高荣堡	干渠左岸（西侧）	城西南60	今贺兰县洪广镇高荣村

序号	堡寨名称	与唐徕渠的位置关系	离城距离（里）	对应的现代位置
24	姚伏堡	干渠左岸（西侧）	城南 50	今平罗县姚伏镇
25	周澄堡	干渠右岸（东侧）	城南 50	今平罗县姚伏镇周城村
26	平罗县城	干渠左岸（西侧）	城南 50	今平罗县城关镇
27	威镇堡	干渠左岸（西侧）	城南 30	今平罗县城关镇 二闸村威镇村民小组

（资料来源：根据清《乾隆宁夏府志》、民国《朔方道志》等相关内容作者绘制）

3.3.2　中观格局类型

依据清代唐徕渠系结构与沿渠聚落的关系，可划分为多种类型：跨干渠连接式、干渠平行并列式、支渠平行并列式、干支渠平行并列式、干渠半环绕式、干渠远离式、干支渠环绕式、干渠远离式+支渠平行并列式、支渠背弓式、干渠向心式、干渠背弓式（见表 3.7）。

表 3.7　清代沿唐徕渠聚落类型与格局分析

序号	沿渠聚落名称	分布类型	与唐徕渠距离	水系特征
1	大坝堡	跨干渠连接式	500 米	通往堡寨的闸桥跨越干渠，堡寨接近且平行唐徕渠干渠，其附近没有小支渠接近。龙王庙在堡寨北面，且与干渠平行，其附近有平行的小支渠出自干渠
2	蒋顶堡	干渠平行并列式	3 公里	远离干渠，干渠上的多条小支渠接近堡寨，其北面一段距离处有一片湖泊
3	瞿靖堡	干渠远离式+支渠平行并列式	8 公里（干渠）2 公里（支渠）	远离干渠，且与支渠大清渠平行，连湖位于其北岸，垂直接近瞿靖桥，干渠上的多条小支渠接近堡寨
4	邵岗堡	干渠远离式+支渠平行并列式	7 公里（干渠）1.5 公里（支渠）	远离干渠，且与支渠大清渠平行，连湖位于其东岸，与邵刚桥保持一定距离，干渠上的多条小支渠接近堡寨

序号	沿渠聚落名称	分布类型	与唐徕渠距离	水系特征
5	玉泉营堡	干渠平行并列式	2公里	远离干渠，且与干渠平行，垂直接近玉泉桥，干渠上的多条小支渠接近堡寨
6	宁化寨	干渠平行并列式	500米	远离干渠，且与干渠平行，垂直接近宁化桥，干渠上的多条小支渠接近堡寨
7	曾刚堡	支渠平行并列式+干支渠交汇式	2.5公里	位于干支渠交汇处，与支渠平行，干渠上的多条小支渠接近堡寨
8	宋澄堡	干渠远离式+支渠平行并列式	7公里	远离干渠和支渠，接近堡寨附近的湖泊，干渠上的多条小支渠接近堡寨
9	靖益堡	干渠平行并列式	850米	接近干渠，与干渠平行，干渠上的多条小支渠接近堡寨
10	杨显堡	干渠平行并列式	1.5公里	接近干渠，与干渠平行，干渠上的多条小支渠接近堡寨
11	平胡堡	\	\	\
12	新满城	干支渠相夹平行式	1公里	夹于干支渠之间，支渠为良田渠，干渠上的多条小支渠接近堡寨
13	宁夏府城	干支渠环绕式	710米	支渠红花渠绕城与城西干渠联通，形成中层环绕水系。支渠大新渠半环绕城南，是最外层半环绕水系。大新渠与红花渠之间为大面积的连湖串联，其与城壕、北塔湖相连，形成内层环绕水系。干渠上分出多条小支渠接近堡寨
14	前在城	同上	\	\
15	左在城	同上	\	\
16	宁在城	同上	\	\
17	丰登堡	干渠背弓式	3.5公里	与干渠保持距离，干渠曲弯呈弧背对堡寨。干渠之上的小支渠流向堡寨
18	谢保堡	支渠向心式	6公里	远离干渠，支渠亦的小新渠背离堡寨
19	张亮堡	支渠平行并列式	350米	极为接近支渠"亦的小新渠"，其东南角为"张亮广湖"，其他六座连湖水穿过"张亮广湖"
20	桂文堡	干渠远离式	6公里	与干渠距离远

续表

序号	沿渠聚落名称	分布类型	与唐徕渠距离	水系特征
21	常信堡	干渠远离式	4公里	与干渠保持距离，干渠之上的小支渠流向堡寨
22	丁义堡	干渠平行并列式	3公里	与干渠保持距离，干渠之上的小支渠流向堡寨
23	高荣堡	干渠平行并列式	2.5公里	与干渠保持距离，干渠之上的小支渠流向堡寨，堡寨正对高荣桥
24	姚伏堡	干渠平行并列式	1.5公里	距离干渠近，且干渠之上的多条小支渠流向堡寨，与周澄堡隔渠呼应
25	周澄堡	干渠远离式	3.5公里	离干渠远，且干渠之上有多条小支渠流向堡寨，与姚伏堡隔渠呼应
26	平罗县城	干渠半环绕式	3公里	干渠自城南绕与城北，半环绕城。干渠西面小支渠少，流向城池；干渠东面小支渠多，流向干渠东面
27	威镇堡	干渠平行并列式	2公里	与干渠平行，距离干渠较近，干渠之上的多条小支渠流向堡寨

（资料来源：根据清中期《宁夏河渠图》中的相关内容作者绘制）

比对表3.7和图3.2的内容，发现文献和图纸之间虽存在一定差异，中段的平胡堡不存，而唐徕渠干渠上段则有曾刚堡，它与瞿靖堡、邵岗堡都位于大清渠东岸，且等距均匀布局，对比明代文献记载，明代曾刚堡已存在。

清唐徕渠干渠下段变化大，干渠逐步向部分堡寨靠近——丰登堡、徐合堡、虞祥堡等；反之，干渠亦逐步远离部分堡寨——高荣堡、周澄堡等。实际上，沿渠所有堡寨聚落在明代已存在，由于清代时期堡寨位置尚未发生迁移，但堡寨离渠的距离却有明显变化，证实清中期唐徕渠干渠渠身发生了摆动，加之多条小支渠的出现，造成了沿渠聚落与干支渠之间的位置发生了变化。清代宁夏府城周边出现的前在城等3座聚落，未见准确位置的显示，推断此3座聚落后期出现，清中期并未出现，虽然这些堡寨聚落名为"城"，但不一定是"城池"形制，推测应为宁夏府城周边分布的新建成村落。

3.3.3　中观格局特点

在宏观格局的基础上，本节的沿渠聚落中观格局是指沿渠聚落与渠系之间的关系格局研究。按照唐徕渠系结构层次可进行段落式分析，沿渠聚落与渠系之间的关系可分为五段，除首段外，该段没有聚落。

第一段唐徕渠系和聚落的关系格局：此段属于唐徕渠正闸段，沿渠聚落为大坝堡、蒋鼎堡、瞿靖堡、曾刚堡、玉泉营堡。大坝堡为渠首堡，是处于唐徕渠闸口处的最前端守备堡寨。它与干渠距离较近，大坝堡桥跨越于水渠之上，连接堡寨和渠东岸，其格局类型为跨干渠连接式，属于关键节点型结构。蒋鼎堡和瞿靖堡则为支渠平行并列式，与渠道保持距离，堡寨坐落于支渠东岸和连湖之间的开阔地段，间有农田，呈半网络状结构。曾刚堡刚好处在干支渠交汇处，与干支渠保持一定距离，属于支渠平行并列式聚落（见图 3.6、图 3.7）。

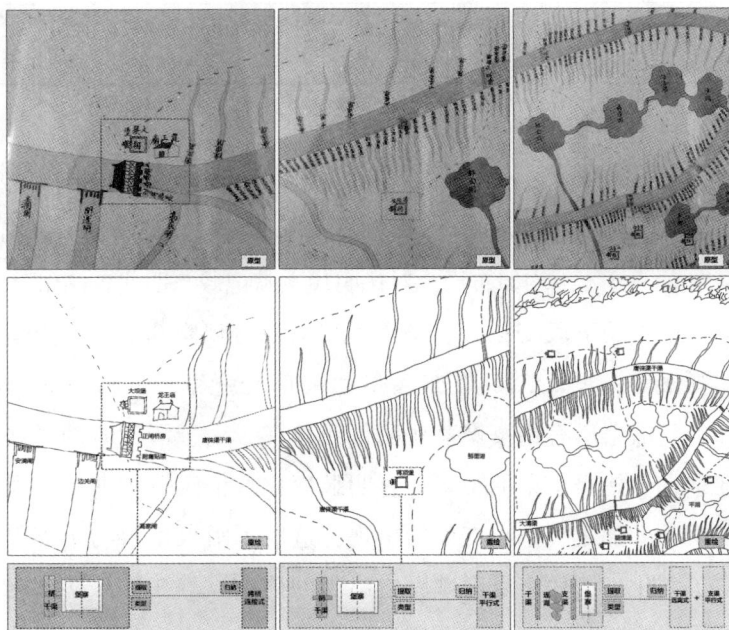

图 3.6　清大坝堡、蒋顶堡、瞿靖堡原图和格局类型分析图

图片来源：根据《宁夏河渠图》中的各堡相关内容作者绘制

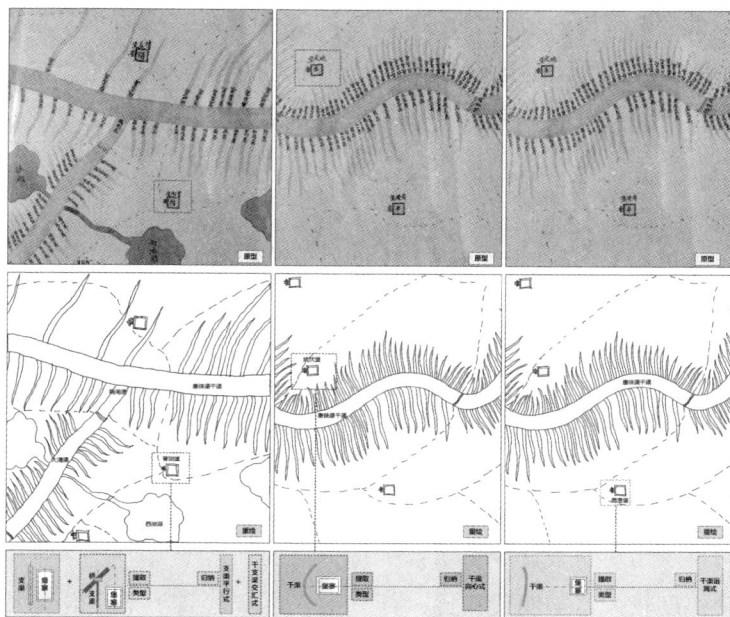

图 3.7　清曾刚堡、姚伏堡、周澄堡原图和格局类型分析图

图片来源：根据《宁夏河渠图》中的各堡相关内容作者绘制

　　玉泉营堡则是干渠平行并列式，与渠道保持距离，遥遥相望，土路联通堡寨和渠身，玉泉桥跨越两岸，连接交通。宋澄堡、靖益堡、杨显堡，此三座堡寨相对较为集中，每座聚落间隔在 10 里左右，间隔距离均衡，但每座聚落离渠垂直距离远。此段沿渠聚落格局：唐徕渠干支渠两岸分布着堡寨，其分布范围较大，沿渠堡寨周边分布着湖泊，呈渠湖相连的形态。各堡寨与渠道形成跨干渠连接式、支渠平行并列式、干渠平行并列式或复合式，整体是一种典型的先集中再分散式格局。

　　第二段唐徕渠系和聚落的关系格局：该段聚落分布格局最为复杂，该段的堡寨为：宁夏府城、新满城、前在城、左在城、宁在城、丰登堡、谢保堡、张亮堡。两座城池以唐徕渠为界，形成东西两岸对峙的形态，其他堡寨和村落呈点状形态分布，环绕在府城东南、东、东北双层半环范围内：第一层即为前在城、左在城、宁在城；第二层即为谢保堡、张亮堡。或堡寨分布在府城和堡寨之间的中心区域内：丰登堡就在两城池之间，三者呈现三点均衡布局。另外，沿渠堡寨的类型复杂，宁夏府城、宁在城、左在城、前在城都为干支渠环绕式，新满城则为干支渠相夹平行式，谢保堡为支渠背弓式，张亮堡则为支渠平行并列式。而且宁夏府城之外渠系、湖泊格局最为复杂，呈现出城—壕—渠—湖—渠—湖的多层包围结构，中心汇集式最明显。

第三段唐徕渠系和聚落的关系格局：该段堡寨格局较为简单，东岸沿渠堡寨呈现平行线型结构，按照堡寨离渠的垂直距离，共分为多层平行结构。第一层为最外层堡寨：桂文堡，其处于渠道的最西端；向东内收一层堡寨则为常信堡、虞祥堡、周澄堡；再向东的一层堡寨为高荣堡、姚伏堡；向东为唐徕渠干渠；向东内收一层则为丁义堡（见图 3.11）。沿渠西岸堡寨数量多，堡寨密集，其结构形式多为干渠背弓式和干渠平行并列式，而沿渠东岸堡寨数量少，堡寨稀疏，结构则为干渠平行并列式。该段干渠摆动幅度较大，与明代相比，部分堡寨逐步远离干渠，但支渠有明显的延长。

最后一段唐徕渠系与聚落的关系格局以平罗城为中心构建。唐徕渠干渠半环绕于城池聚落周边，其上的小支渠都向东延伸，与城池坐落的方向刚好相反。干渠延伸至渠尾时与威镇堡形成平行式关系。堡寨和城池都在干渠西岸，堡寨做为渠道结尾关键点，是宁夏北地防御全段位置点，它们护卫和遥望平罗城。

3.4　本章小结

清沿渠堡寨是在明代沿渠堡寨基础之上建设的。伴随着清代唐徕渠系的不断建设和发展，沿渠聚落格局也发生了变化。首先，沿渠聚落的宏观结构由简单的层级线性布局结构发展为多中心的嵌套型布局结构，单一线性的渠系结构被打破，呈现出非字形结构，湖泊与支渠联通。

清宏观格局为山—堡寨—干渠—支渠—堡寨—湖泊组成的多层平行线性结构，农田贯穿于节点半网络之间，堡寨、道路、水渠嵌套于农田之间。清代沿渠堡寨的宏观格局空间被分为五横段：第一横段缺少聚落，沿渠布置各类水利灌溉设施；第二横段的聚落格局松散，沿渠各聚落散点布局，且多以水渠为中心设置；第三横段聚落呈中心聚集状态，两城池相峙于水渠两岸，以干渠为分界，其他沿渠堡寨圈层护卫城池聚落；第四段为多层平行线结构，干渠西面堡寨密集，线性结构清晰，干渠西面堡寨疏松，线性结构淡化；第五横段格局呈现出以城池为中心，堡寨遥望城池的单向辐射线结构，加上渠尾堡寨与渠的关系不紧密，结构线弱化后消失。

在清沿渠宏观格局的影响下，渠、田、堡寨结构复杂，整体仍为平行线和多短横线组合布局，其中节点段落处则以两座沿渠城池聚落为中心发散出网络状和半网络状格局，各堡寨聚落以层级包围之势护卫中心和北部的城池聚落。

清各沿渠堡寨聚落的中观格局类型：跨干渠连接式、干渠并列平行式、支渠平行并列式、干支渠环绕式、干渠半环绕式、干支渠相夹平行式、干渠远离式、干渠背弓式、支渠向心式及复合式。这些类型的细化证实了沿渠聚落的水利安全体系已成熟，水渠、农田、堡寨、湖泊全部以农田灌溉为主，堡寨功能转变，从军事防御安全转向为水利灌溉农田营建安全。

清唐徕渠与沿渠聚落的关系，主要以农田灌溉为变迁主题，在消弱沿渠堡寨防御功能的同时，沿渠聚落的宏观格局和中观格局围绕农田、水渠、堡寨三者展开，水渠结构的变迁影响着沿渠堡寨要素多样化和堡寨格局类型增加。山水格局体系已发挥了稳定边界和维持生态安全的强大作用，军事防御体系结构逐步消减，水利灌溉体系是清代沿渠格局建设核心，渠系的细化与建设以农业发展为目标。

4

民国唐徕渠对沿渠聚落宏观和
中观格局的影响

民国是中国历史上最为短暂的时期。自 1912 年至 1949 年，历时 37 年。"宁夏自民元以来，数遭兵灾，农村凋敝，贼盗蜂起，劫掠抢杀，日有所闻，一夕数警，民不聊生。"[183]64 从清末至民国初的很长一段时间里，宁夏地方屡次遭遇兵灾祸事，农村田地荒芜，盗贼聚众抢劫，无恶不作，人民生活苦不堪言。

即使如上所述，民国唐徕渠建设仍在继续，虽然渠系演变尚不复杂，但是各类小支渠不断增加，渠系继续扩散至沿渠田地中，促使民国唐徕渠灌区粮田面积增加。

本章分为三部分：第一部分，唐徕渠的历史沿革，多从渠道组织、使用和管理方式上进行论述，对于支渠开凿的时间仅在民国二十八年（1939）有所记录。各小支渠的情况已在民国二十四年（1935）宁夏水利图上体现，但开凿时间没有确切记录。民国唐徕渠的渠系构成最为复杂，旁支错节，呈现多样，支渠之上开设小支渠，多道支渠汇入湖水之中，成为真正意义上的渠湖相连格局。以上所有史料多来源于《民国朔方道志》、《长渠流润——唐徕渠历史与新貌中的宁夏省水利专刊·各渠考述·唐徕渠》等相关内容。同时，依据《宁夏水利志·中华民国二十四年·宁夏全省渠流一览图》，比对文字和地图信息，来进行整理和分析，提取信息，揭示与构建民国唐徕渠体系的时空组成。

第二部分，渠对唐徕渠宏观格局的影响。自清代末期宏观格局已被打破，聚落发展式衰。多座沿渠堡寨废弃不用，聚落的特定意义被瓦解，聚落已成为一个中心的组团结构，呈现出无序化和多点式的布局。沿渠聚落的宏观格局趋于不平衡状态，渠道由南至北分为五段式。第一段运行情况正常，该段没有聚落；第二段，渠西受到沙压威胁，荒地多，渠西聚落环境较差；渠东情况好，渠湖之水满足良田灌溉；第三段与第四段，渠两岸情况平稳，聚落分布与发展均衡，农田面积多；第五段，渠道行至此段，水量减少。沿渠聚落已呈现出分散状态，渠西聚落数量多而密集，但仍受到压沙的威胁。渠东聚落数量少，其周边湖泊因供水不足，呈现出盐碱滩涂状态。宏观格局不再趋于整体，形成分段化结构，渠上段和渠尾发展态势不佳，渠西发展态势弱于渠东。

第三部分，渠对唐徕渠中观格局的影响类型，其类型继续增加，渠湖绕于聚落周边的结构明显增多，中心区域的圈层结构体系继续加强，渠系丰富了聚落环境。两座聚落已经成为乡村，其他聚落也在逐步分化，形成围合状态，但始终离不开渠系，依渠建设。

4.1 民国唐徕渠与沿渠聚落概况

4.1.1 民国唐徕渠历史概况

民国时期，新开设的大支渠数量少，但在清代各大支渠上继续开凿新的小支渠，这不仅促进了水利灌溉事业发展，而且同时扩展了农田灌溉的面积。民国唐徕渠的建设总结历代经验与教训，将唐徕渠的大小支渠及其情况都详细掌握后记录在册，加强了渠道的统一管理和安排。

民国初年，各渠由清代的宁夏知府监管改为朔方道尹统一管理。这主要是水利事业关系到民生根本，受到民国宁夏地方政府的重视，并延续历代的统一监管方式。

"民国十七年，甘肃省主席刘郁芬派崔桐选来宁整顿水利，彻底疏浚了唐徕、汉延渠等，使淤淀多年的渠道输水通畅。"[105]44-45 民国十七年（1928），崔桐选成为宁夏水利专员，并被委派到宁夏全面主持整顿水利工作，他不仅解决了各渠多年的淤塞情况，而且也使唐徕渠等干渠旧貌换新颜。在他的整顿下，唐徕渠水流畅，顺利延续至各个区段与渠尾，为沿渠农户带来了福音。

"民国十七年，道缺又裁，改设水利总局，设总办一……至民国十八年建行省，全省渠务，归建设厅兼办……"[105]42民国十七年（1928）至民国十八年（1929），民国政府专门配备管理者和渠水疏浚的专职施工人员，采取逐段整修与开挖的方式，对唐徕渠等各渠展开全面的疏浚和维修。

"民国二十四年，宁夏第2次省政会议决定，改局管制为委员制。在建设厅的监督下，各水渠受水农户直接选举熟悉渠务、品性端方者9人组成各渠水利执行委员会。此外，各干渠每段的受水各乡再公选一名渠长，配合段长管理本乡支渠水务。各水渠又由受益农户推选，会首1人，负责本支渠的巡防、工程和夫料征收。"[105]42民国二十四年（1935），各渠事务形成细化管理方式，延伸到每条小支渠监管，这种由上自下的细化详尽管理方式一改历代的官办统筹支配管理方式，由官办官督变为民督民修，让沿渠各民众参与到水渠建设过程中，并肩负起个人责任，利于水渠正常的运行。

"民国二十五年，马鸿逵主政宁夏期间，在水利工程方面进行改革。同年，对宁夏唐徕渠等各渠及大小支渠运用实地勘察与测绘并举的科学研究手段，统一绘制图纸、详细记录文字、系统梳理与研究。与此同时，著成了宁夏水利工程的第一部学术性专著《宁夏省水利专刊》。"[163]42-45民国二十五年（1936），由政府委派专业人员，第一次运用现代科学技术手段对全省引黄灌溉区渠系、各大干渠流域、重要水利工程等进行数据化、图式化、系统化地记录和研究，极富开创意义。这种由粗放式管理跨越到精细化管理，由模糊化监管转变为数据化控制，并为后世的唐徕渠等各水渠管理和应用留下了珍贵的研究材料。

"民国二十八年春，在湛恩渠口下2.5公里处又另开新渠口，将此渠口宽劈深挖，遂名曰'新开渠'。"[79]4民国二十八年（1939），在小支渠上再次开挖新的小支渠，说明此时的水利建设仍在正常运行和延续。

"民国二十九年，由夏朔平、金灵、卫宁三片水监委员会合并为一个宁夏省水利监察委员会，在各县派驻监委一人，省监委又增设水利工程设计组。"[105]43民国二十九年（1940），以上举措利于：每年渠道的春修可按分段方式安排施工，并由专人设计和监管，维护水渠的工料均分，使各渠道的疏浚和建设功效与质量得到了一定的保障。在此情况下，每年唐徕渠都能得到有效和良性的维护。

民国宁夏唐徕渠维护与明清宁夏唐徕渠的维护相比，具有质的飞跃。不仅运用科学手段和技术对水渠进行踏勘、研究与管理，而且采用数据化、量化式方法监管水渠，发挥官方统一布局和农户细化参与的合作化协同监管工作。在这样的背景下，民国唐徕渠系细化，干渠分出大支渠，大支渠之上开设小支渠，小支渠之上出现毛渠。渠系与周边的湖泊连成一体，故渠系渠网化，渠道长度扩增，渠系分级多层，沿渠农田灌溉面积亦随之增加。

4.1.2 民国沿渠聚落历史概况

民国初，各堡寨仍沿清制。在《民国朔方道志》中，大坝堡、瞿靖堡、曾刚堡、张腾堡、更名堡、丰盈堡、谢谷俊户堡、谢保堡、张亮堡都属于宁夏县城。民国二年（1913）移治于道西相距十里之满城府改为道隶朔方道。更名堡、左在城都属于朔方道郡城。

民国初年（1911—1924），清兵制取消，玉泉营废置不用。民国元年（1912）之后，玉泉营逐步成为民居堡寨驻地。民国二十年（1931）左右，玉泉营分设两营，老营位置不变，新营则设置在唐徕渠东面。玉泉营的新旧两营，其旧营为明代老营，新营是后期新建的民堡所在地。

民国元年（1912），府改道，隶朔方道。李刚堡、丁义堡、周城堡、姚伏堡、威镇堡都属于平罗县。民国二十年（1931），将原属平罗县的徐合、桂文、常信、虞祥、洪广、丁义、洪广等9堡及高荣堡西甲划归宁夏县，平罗县划归四个区，其中姚伏乡属于第四区。民国二年（1913），府改为道，隶朔方道。平罗地区自民国四年（1915）开始就被各军阀势力的军队占领驻扎，平罗城、姚伏堡一带变成了军阀混战的战场。民国二十二年（1933），"四马拒孙"战争造成平罗城内一片焦土。[172]直至民国三十三年（1944），军队驻扎的情况仍没有变化（见表6.1）。

此后，民政厅长冯澄园氏，谈地方情形，略云："宁夏自十八年（1929）建省后，灾祸频仍。政治方面，殊无良好基础。去岁省府改组，主席及同人，均以最大决心改进一切，颇现勃勃生气……荒地约有百万亩，河渠灌溉，土质肥美，如能移民开发，前途实有莫大希望。"[180]76民国中期的宁夏地区，从1929年建省之后，自然灾害和人为灾难不断。"经实地调查，（讨孙大战）损失，夏、朔、平、磴四县，被灾七万五千余户，灾民四十五万八十余人，炮火创伤、冻饿而死者五千三百八十四人。牲畜农具、米粮财物房屋等项损失，计达千万元以上。无种籽、牛具，耽误春耕之地，计九十七万余亩。"[180]76因此，在这样的背景下，宁夏地区仍处于落后和停滞状态。虽有河渠灌溉，土地肥沃，但是荒地仍然很多。当时改组的省政府也希望能够改进以上局面，恢复民生与经济。

民国中期，除宁朔县城、宁夏县城、朔方道郡城、平罗县城之外，沿唐徕渠各座堡寨仅有堡名，但堡寨本体已不存，后所有堡寨被更名为乡，但所指的乡域面积明显大于原堡寨的城池面积，堡名成为了一片行政区划的名称（见表4.1）。

表4.1　民国各堡寨变迁历史时间节点统计表

序号	名称	变迁时间	事件
1	大坝堡	民国初（1912）	原为土城，今裁城圮，后改为大坝乡
2	蒋顶堡	\	改为蒋顶乡
3	瞿靖堡	\	改为瞿靖乡
4	邵岗堡	民国三十年（1941）	更名为邵岗乡
5	玉泉营	民国初（1912）	原为土城，在此改设护军使，但玉泉营城今裁已圮
		民国十年（1921）	又改镇守使，后玉泉营内变为普通居民堡寨
		民国二十年（1931）	分设新老两堡，后改为玉泉乡

序号	名称	变迁时间	事件
6	宁化寨	\	改为宁化乡
7	宋澄堡	\	改为宋澄乡
8	靖益堡	\	改为靖益乡
9	杨显堡	\	改为杨显乡
10	宁朔县城	民国五年（1916）	取消旗制，置宁朔县治以此，后改为新城
11	朔方道郡城	民国二年（1913）	政府为道名朔方道，改为朔方道郡城，后又改名为宁夏省城
12	前在城	\	改为前城乡
13	左在城	\	\
14	宁在城	\	\
15	更名户	\	\
16	张滕户	\	\
17	邵必户	\	\
18	谢谷俊户	\	\
19	谢保堡	\	改为谢保乡，又改为宁夏县城
20	张亮堡	\	改为张亮乡
21	桂文堡	\	改为桂文乡
22	常信堡	\	改为常信乡
23	丁义堡	\	改为丁义乡
24	高荣堡	民国三十年（1941）	姚伏、高荣为第五乡
25	姚伏堡	民国十八年（1929）	驻西北地方军
		民国二十年（1931）	姚伏为平罗第四区
		民国三十年（1941）	姚伏、高荣为第五乡
		民国三十四年（1945）	更名为"邀福"堡
26	周澄堡	民国初（1912）	堡内建有天台寺

续表

序号	名称	变迁时间	事件
27	平罗县城	民国四年（1915）	平罗县城内驻马鸿宾部
		民国十年（1921）	平罗县城内驻马鸿宾部两个骑兵营
		民国十七年（1928）	驻军
		民国十八年（1929）	驻军
		……	驻军
		民国三十三年（1944）	驻军
28	威镇堡	╲	改为威镇乡

（资料来源：根据《民国朔方道志》、《平罗县志》、《平罗军事志》等相关内容作者绘制）

4.2 渠对沿渠聚落宏观格局的影响

4.2.1 山水格局体系

《民国朔方道志》对民国宁夏形胜赋曰"带河渠之重阻奠屯戍之基张"[①]。民国宁夏地理地貌中最为突出的特征即"河渠"，黄河和引黄灌渠蜿蜒于广袤土地之上，而明清的名山就是"东面贺兰山"，背山面河渠，利于屯戍，得以稳固，铸就出"山水格局"的基底，并延续发展。民国的沿渠聚落宏观格局仍以山—田—村—渠—村—田—湖—河等构成基底。其山、河、渠即贺兰山、黄河、唐徕渠系，但此时沿唐徕渠两岸格局已呈现变化。

---

①王有立主编，陈必淮主修，王之臣纂. 中华文史丛书之七十二. 民国朔方道志 [M]. 北京：华文书局股份有限公司，民国十五年（1926）刊印影印：128.

表4.2 民国宁夏郡的山川湖渠位置与特征分析表

序号	要素类型	名称	特征	位置	备注
1	山	贺兰山（番名贺兰郜山）	山阳屏西，夏阴阻北番延互五望如驳马……环蔽郡城，严若屏障	县西六十里	上有废寺百余，元昊故宫遗址
2		省嵬山	\	郡东北一百四十里，平罗县东北，黄河东岸	旧有省嵬城横枕黄河滨为今属套地内
3		卑移山	汉志在廉县西北，此皆在贺兰山后山	郡西北	西北宁罗山，西南龟都在贺兰山之后
4		娑罗模山	有水涌	郡西南一百里，近贺兰山灵武口	山中涌泉，玉泉营以此得名
5		笔架山	三峰矗立，宛如笔架	在贺兰山小滚钟口	下出紫石，可为"砚"，俗称"贺兰端"
6		回军山（又名尖峰）	其高不及一里	广武城西北三十五里	西征军遇大雪迷道，惟见此山，一峰独青
7		石嘴山	山石突如嘴	县北四十里，平罗县北一百一十五里	过山即为蒙地
8		黄草山	其上草色多黄故名	县北二百六十里	\
9		大青山	\	贺兰山后	明隆庆三年（1569）败虏
10		占茂山	\	贺兰山后，去黄峡口三十里	清乾隆二十一年（1757），山后郡王建嗽嘛寺祝粀，山顶立石定界
11		麦垛山	其山出铁，山势高耸如麦垛	郡东北二百里	\
12		宗高谷	\	郡西，贺兰山后	\

续表

序号	要素类型	名称	特征	位置	备注
13	山	西瓜山	形如西瓜	平罗县北二十八里	\
14		石崖山	崖上自然有文若战马之状	平罗县东北	谓之画石山
15		老虎山	\	平罗县东北一百八十里，黄河岸上	自该山西为长流水、蒲草泉等险，距郡境可数百里，皆可收为外险
16		黑山	形如虎踞	平罗县北百余里	贺兰山之尾，饮河扼隘
17		不老山	\	平罗县东北塞外	\
18		黄山	\	平罗县东二十里	\
19	林	快活林	丰水草，宜畜牧	郡城西十里	\
20	河	黄河	\	郡东南三十里	明一统志中记录河水流向
21		三岔河	\	府东南，黄河西岸	黄河曲折处。宁夏独受黄河之利，引渠灌田，凡数万顷，无旱涝之灾
22		黑水河	\	郡东九十里	在河套内，源出边外，由闇门入境，经郡西流入黄河，番名哈喇兀速河
23		清水河	\	县南三百五十里	河流甚狭，即原州流经宁夏注入黄河名葫芦河
24		西河	\	平罗县东五里	自北流三百五十余里入黄河
25	泉	涧泉	\	平罗县北三十五里	\
26		九泉	\	平罗县西北四十五里	\

续表

序号	要素类型	名称	特征	位置	备注
27	池	大盐池	\	郡北四百里	\
28		小盐池	其盐皆不假人力自然凝结	郡东南一百七十里	\
29	湖	长湖	渊渟浩渺，水光澄碧	县南十五里	\
30		观音湖	\	县西北九十三里	贺兰山大水口下成湖
31		月湖	形似月故名	郡北三十五里	\
32		沙湖	\	郡东二十里	\
33		巽湖	\	郡东南三十五里	\
34		三塔湖	\	郡东北三十里	\
35		高台寺湖	\	郡东十五里	\
36		金波湖		县东北青阳门外	沿岸垂柳蔽日，中有芰荷为一方胜境
37		暖湖	\	郡西北八十里	\
38		千金波	\	县南灵武县北四十二里	长五十里阔十里
39		清水湖	\	叶升堡	\
40		黑渠湖	\	杨和堡	\
41		大莲湖	\	镇河堡	\
42		新头湖	\	魏信堡	\
43		张浪湖	\	许旺堡	\
44		滋泥湖	\	王全堡	\
45		白家湖	\	王洪堡	\
46		陈家湖	\	玉泉堡	\
47		解而湖			

续表

序号	要素类型	名称	特征	位置	备注
48		野猪湖	\	潘昶堡	\
49		杨家湖	\	邵刚堡	\
50		位光湖	\	王泰堡	\
……		……	……	……	……
79		池子湖	\	丰登堡	\

（根据《民国朔方道志》中相关内容作者绘制）

　　根据表4.2所示，民国朔方道郡城周围的山水类型与清代相同：山、林、河、泉、池、湖。此外，民国朔方道郡城周边山水资源与清代宁夏地方志中的山水名称和位置等记载内容一致，但从数量上有所增加，主要是《民国朔方道志》中除增加了明清地方志之外的山水资源内容，还比对了其他旧志，充实了民国山水资源状况："据旧府志无回君山、石嘴山、黄草山，今照新通志增入。"[1] 据明清地方志记载，回君山、石嘴山、黄草山没有录入，实际上石嘴山一直被记入在平罗县城范围内，回君山和黄草山离朔方道郡城远，故明清地方志没有载入。另，"按平罗老虎山不老山弃套以后均为塞外地矣"[2]，民国平罗县城外的老虎山、不老山属于塞外之地。"林"仅有一处，就是"快活林"，其位置和功能与明清没有区别。在记载的河流中，清水河属于原州范围内的河流，与宁夏郡距离远，故明清地方志未载入此河的信息。

　　"按旧府志夏朔无三塔湖、金波湖、千金波，今按照新通志增入。"[3] 民国，朔方道郡城外的湖泊数量最多，共五十处，比清代多四处，主要加

　　①王有立主编，陈必淮主修，王之臣纂 . 中华文史丛书之七十二 . 民国朔方道志 [M]. 北京：华文书局股份有限公司，民国十五年（1926）刊印影印：135.
　　②王有立主编，陈必淮主修，王之臣纂 . 中华文史丛书之七十二 . 民国朔方道志 [M]. 北京：华文书局股份有限公司，民国十五年（1926）刊印影印：140.
　　③王有立主编，陈必淮主修，王之臣纂 . 中华文史丛书之七十二 . 民国朔方道志 [M]. 北京：华文书局股份有限公司，民国十五年（1926）刊印影印：137.

入了暖泉湖、金波湖、三塔湖、千金波。在《民国朔方道志》中补录的三
塔湖和金波湖，它们在明清地方志中都有明确的方位标识和解释，其实在
明代就早已有之。而千金波的"波"有误，应该为"陂"，是一处储水湖，
它出现的时间更是早于明代。暖泉湖，在明清地方志中一致名为"暖泉"，
民国称其为"湖"，说明其覆盖水域面积广。"月湖"的位置与明清有所区
别：民国为三十五里，明清为三十里，经与现代地图比对，应该为三十
里，民国记录的距离有误。

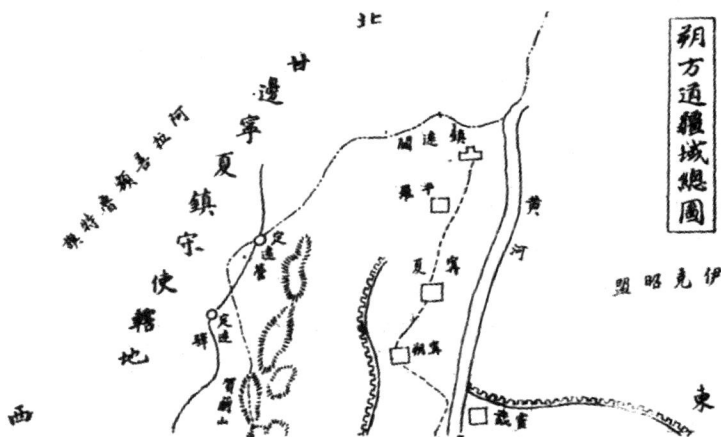

图 4.1 民国朔方道域总图（上半部）

图片来源：《民国朔方道志》民国朔方道域总图

表 4.3 民国朔方道疆域总图中的山水要素绘制与分析表

序号	符号	名称	绘制方式	方位
1	山	山体	外形为椭圆形，边缘用小短线向圆心方向汇集，圆心留有大面积空白	位于图纸左侧，从图面上部延伸至中部，方向沿南北舒展，山脉由多个圈组成，中间留有空隙
2	水	黄河、水渠	都采用平行线绘制，标识出黄河的名称。渠水则由黄河主干分出支流，呈枝桠状	贯穿图纸中部，自图纸左下向右绘制，由一股分为多股，多支分流，恰好表示了黄河和灌溉渠的关系

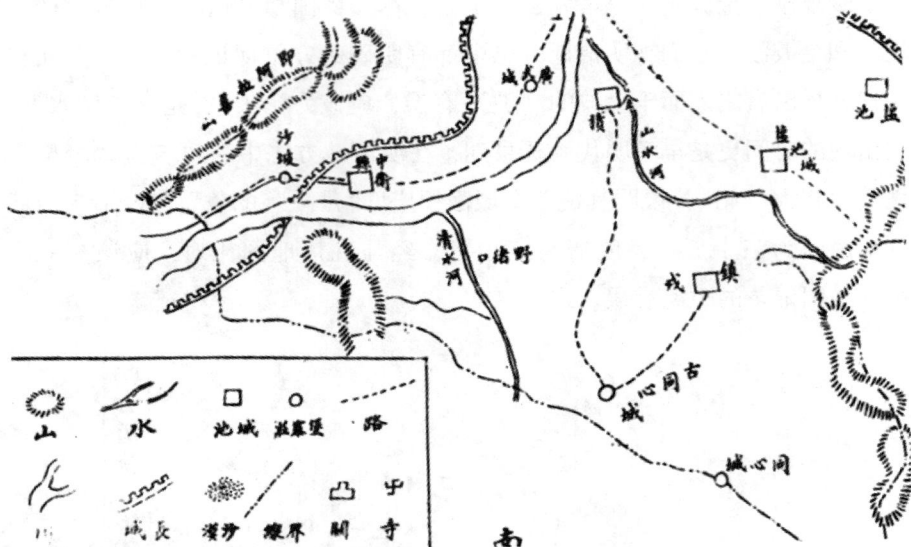

图4.2 民国朔方道域总图（下半部）

图片来源：《民国朔方道志》民国朔方道域总图

（资料来源：根据《民国朔方道志》① 相关内容作者绘制）

在《民国朔方道志》的《民国朔方道疆域总图》对民国宁夏的山水格局进行了绘制，该舆图相对比较概括和粗略，图纸之上既没有长度单位等数据，也没有方向标志，默认"上北下南"的图纸方位，虚线表示宁夏东西两条边界。舆图中的山水格局依然是西边界的贺兰山，但山体由多个椭圆连成一排，中间留有空隙，以此表示贺兰山的山脉连绵。黄河穿越平原，向东北部延伸，融入东边界。其他宏观山水要素并未在该图上详细绘制，较明清的舆图绘制方法更为抽象和概括。

4.2.2 军事格局体系

民国时期，"西长城在中卫县境长四百一十一里。起自靖远卢沟界迤北，接贺兰山，山迤北接北长城至大河，河迤南逾河而东，有长城玉定边

---

①王有立主编，陈必淮主修，王之臣纂. 中华文史丛书之七十二. 民国朔方道志［M］. 北京：华文书局股份有限公司，民国十五年（1926）刊印影印：74-75.

界，凡周一千一百七十里。北长城在夏境长三十里，自西而东接黄河，黄河一百三十里，自北而南"①。民国的防御工事长城、关隘等都存在。长城的延绵长度、分布位置等都与明长城一致，没有增修的内容。另外，赤木关、镇远关、打硙口、镇北关及贺兰山口营汛51处等都是明代文献记录。以此推测，以上各处设施和工事都不再使用。

"民国建元前清兵制一律取锁以宁夏总镇改设护军使。民国十年，又改镇守使组织新军按照九年裁减二成……昭武军旧制改编。民国元年，以上新军队和昭武军共一十三营。"② 民国元年（1912年），清代的兵制全部取消，改为宁夏总镇护军使制度，用以管理宁夏地方军务，共有编制军队13个营；民国十年（1922年），在此基础上还削减了军队人员，再次说明此时的军队编制逐步缩减。

"按光绪三十二年，总督升允以保甲稽察奸宄日久玩生奏请改设巡警先于……民国三年，改编警备；六年，又改编警察……"③ 清末光绪三十二年（1906），宁夏城和中卫城中已配备"保甲"一职，后改为"警备"和"警察"的称呼，拥有一定的人数，其专门就地筹款，实际比清末保甲的作为更过分。

清代军事防御格局体系实体在民国仍存，但防御制度、防御工事、防御设施、防御目标等整个体系已瓦解。民国时期，明清堡寨建筑仍存，但早已褪去军事防御、驻守、战备的各类实际军事防御功能。故而，关隘、烽火台、墩堠、边墙等都成为一种历史景观，没有实际使用功能。民国时期宁夏境内的军事情况很混乱，军阀混战造成宁夏地区势力的割据、分散、无序的格局。

---

①王有立主编，陈必准主修，王之臣纂．中华文史丛书之七十二．民国朔方道志 ［M］．北京：华文书局股份有限公司，民国十五年（1926）刊印影印：531.

②王有立主编，陈必准主修，王之臣纂．中华文史丛书之七十二．民国朔方道志 ［M］．北京：华文书局股份有限公司，民国十五年（1926）刊印影印：528.

③王有立主编，陈必准主修，王之臣纂．中华文史丛书之七十二．民国朔方道志 ［M］．北京：华文书局股份有限公司，民国十五年（1926）刊印影印：294.

4.2.3　唐渠格局体系

　　民国宁夏唐徕渠干渠共分五段：第一段，正闸段……自一百零八塔寺之旁，沿西山之麓，经过石灰窑、龙王庙、观音堂，而至石子梁，再北流经过大跳水，及头二三退水闸，直抵大坝之正闸前，无大屈折，左为荒滩，省力倒流河（及收容跳水及各退水闸之小河），河州隔以迎门滩，即黄河之西河也……该段为全渠之咽喉；第二段，宁朔县段，自正闸起，微向西北流至玉泉桥，再曲折向东北流至大东方桥止；第三段，宁朔县与宁夏县之间的郊野地段……由大东方桥起……复转北至省城西门桥止；第四段，宁夏县段……由省城西门桥起，微向东北流至站马桥以北之老罗渠口止；第五段，平罗县段……自老罗渠口起，北至镇威乡梢坝至。[105]78-80

　　因此，民国初的唐徕渠分为五段。第一段，从唐徕渠渠口至正闸是全渠最关键的一段。因其曲折而且绕山而行。唐徕渠渠口出水量的流畅控制着整条水渠的水利能够正常运行。唐徕渠口宽，其宽度为四十八丈，而且第一段长度延伸为十一公里三。第二段，由唐徕渠正闸流经玉泉营桥，至大东方桥为止，长六十五公里半，渠宽为十余丈，渠深为三五尺不等。第三段，大东方桥至大新渠口，再转北向省城西门桥为止，长四十三公里，渠宽七丈左右，渠深五六尺。第四段，由省城西门桥流向站马桥后，再向北至老罗渠口，长三十六公里，渠宽五六丈，深六七尺。第五段，老罗渠向北至威镇乡梢坝，长为五十五公里四百五十五公尺，渠宽三丈左右，渠深三四尺。

　　民国二十五年（1936），在《宁夏省水利专刊·各渠考述·唐来渠》中记录情况：此时的唐徕渠分为五段。第一段："唐渠开口于青铜峡内一百零八塔寺之旁，沿西山之麓，经过石灰窑、龙王庙、观音堂，而至石子梁；（沙野滩南段）再北流经过大跳水，及头二三退水闸，直抵大坝之正闸前，无大屈折，左为荒滩，右为倒流河……渠口宽四十八丈，由渠口至正闸前长约十一公里三……以此段为最要焉。"[163]78第二段："由正闸起，微向西北流至玉泉桥，再曲折向东北流至大东方桥止……计长六十五公里半，宽十余丈，深三五尺不等。"[163]78第三段："由大东方桥起，微向东北流至大新渠口，复转北至省城西门桥止……计长四十三公里，宽七丈上下，深五六尺。"[163]79第四段："由省城西门桥起，微向东北流至战马桥以北之老罗渠口止……计长三十六公里六，宽五六丈，深六七尺。"[163]79第五段："自老罗渠口起，北至威镇乡梢坝至，五十五公里四百五十公尺，宽三丈上下，深三四尺。"[163]79民国二十五年（1936），唐徕渠的分段情况、内容、数据都和民国初期内容一样，仅第四段的长度更精确：三十六公里六。

民国初期的唐徕渠"长三百二十里七分一十三丈，小大陡共四百四十六道。"[163]74民国二十五年（1936），唐徕渠"总计本渠共长二百一十一公里又八百二十九公尺……共有大小支渠五百五十一道。"[163]80在《宁夏省水利专刊》中，宁夏唐徕渠长度自初期的320多里增长为后期的211公里。而且宁夏唐徕渠的大小支流数量也增加了，民国二十五年（1936）的唐徕渠大小支渠数量计为551条，数量较清代更多。经作者核算后，总支渠数量实为553条。据表4.4内容所示，对应沿渠聚落和流经地点，再次梳理与核实，宁夏唐徕渠的支渠数量共计461条。

表4.4 宁夏省水利专刊中的唐徕渠支渠数量统计表

序号	灌溉地点	支渠数量（条）	序号	灌溉地点	支渠数量（条）
1	大坝乡	14	14	谢堡乡	18
2	蒋顶乡	15	15	丰登北乡	7
3	瞿靖乡	9	16	玉祥营乡	1
4	玉泉乡	19	17	徐和乡	5
5	西邵刚乡	7	18	桂文乡	5
6	宁化乡	13	19	张亮乡	8
7	宋澄乡	14	20	常信乡	11
8	曾刚乡	5	21	丁义乡	22
9	靖益乡	13	22	高荣乡	22
10	杨显乡	13	23	姚伏乡	37

续表

序号	灌溉地点	支渠数量（条）	序号	灌溉地点	支渠数量（条）
11	宁城乡	13	24	周城乡	100
12	前城乡	16	25	平罗县	49
13	丰登南乡	5	26	威镇乡（+惠威乡）	20

（资料来源：根据《宁夏水利专刊》中的相关内容作者绘制）

在《宁夏省水利专刊》中，唐徕渠各支渠的走向和灌溉面积亦有详细数据统计（见表4.5），但由于各支渠数量过多，内容繁杂，限于篇幅，本处仅缩略概括和统计，提取较为重要的支渠信息，以此呈现民国支渠的建设概况。

表4.5　民国二十五年（1936）唐徕渠支渠统计表

序号	名称	走向	长度	灌田面积
1	周家渠	由二闸斜对岸经过大坝乡至周家寨子	3里	100余亩
2	贴渠	由大坝村经过大坝乡陈俊乡至清渠减水闸	20余里	1万3千余亩
3	张家渠	由大坝城根至大坝乡之西滩	1里	23亩
4	金家渠	由金家湃至大坝乡之西滩。	3里	230亩
5	陈家渠	由马家步口至大坝乡之西滩	2里	150亩
6	马家渠	由马家湃①经过马家寨至韦家滩	1里半	82亩
7	韦家渠	由马家步口至西滩	1里	135亩
8	余家渠	由余家湾经吴家庙前至马寨子后	1里	80亩
9	俞家渠	由周家步口至西滩	2里	340亩
10	周家渠	由吴家步口经吴家庙后至常家湖	2里	300亩
…	…	…	…	…
…	董家渠	由董家湃到威镇堡南	5里	280亩
…	贺家渠	在贺家湃	2里	50亩

---

①湃，土字旁+拜，因字库中没有该字，故用"湃"字替代。其意指被河水冲刷的渠口闸坝，相险要处筑堤以障之。以下所指内容相同，不再做重复解释。

序号	名称	走向	长度	灌田面积
…	钱家渠	在贺家湃	2里	20亩
…	张家渠	在梢坝	5里	350亩
…	钱家渠	由梢坝入沙边	3里	280亩
…	土家渠	由梢坝至沙窝	5里	200亩
…	王家渠	由梢坝至汽车路边	5里	200亩
…	孙家渠	在梢坝	半里	30亩
…	王家渠	在梢坝	3里	270亩
…	孟家渠	由梢坝至汽车路	4里	1000亩

（资料来源：根据《宁夏水利专刊》中的相关内容作者绘制）

民国初的唐徕渠主要各大小支渠共23道，延伸长度都有精确地统计和对应的数据，其名称、数量、流经地点亦有明确统计（见表4.6）。明清时期沿用下来的各大支渠贴渠、湛恩渠、红花渠、良田渠、满达刺渠等在民国初都有出现，但同时增加了曹李渠、扬招渠等支渠。但这些新出现支渠在民国二十四年（1935）并没有全部显示在图纸之上。

表4.6　《民国朔方道志》中唐徕渠主要支渠统计表

序号	名称	开口	走向	长度	灌溉地点
1	旧贴渠	唐正闸旁处	自南迤北至汉坝堡	24里	大坝堡、陈俊堡
2	新贴渠	由旧贴渠分水	自南迤北至清渠沿	56里	大坝堡、陈俊堡、蒋顶堡、瞿靖堡、玉泉堡
3	湛恩渠	由干渠西湃开口	自南向北	100余里	靖益堡、满营贺兰山边一带
4	大新渠	\	城南绕东而北	76里	郡城南一带
5	红花渠	\	自城东南向北流	28里	郡城东、南、东南一带
6	良田渠	\	自城西向北流	99里	郡城西一带

序号	名称	开口	走向	长度	灌溉地点
7	满达喇渠	\	自城西北转东北流	60里	郡城西北
8	他他渠	\	\	15里	靖益堡
9	掠米渠	\	\	18里	丰登堡
10	亦的小新渠	\	\	20里	张亮堡
11	白塔渠	\	\	29里3分	桂文堡
12	大罗渠	\	\	25里	红广堡
13	小罗渠	\	\	20里	常信堡
14	罗哥渠	\	\	60里	常信堡
15	新济渠	\	\	65里	镇朔堡
16	高荣渠	\	\	20里	高荣堡
17	果子渠	\	\	23里5分	高荣堡
18	和集渠	\	\	17里	周澄堡
19	柳新渠	\	\	9里	平罗城
20	黑沿渠	\	\	15里	平罗城
21	柳浪渠	\	\	20里5分	平罗城
22	曹李渠	\	\	10里	平罗城
23	杨招渠	\	\	2.5里	平罗城

（资料来源：根据《民国朔方道志》中的相关内容作者绘制）

表4.7 《宁夏省水利专刊》中唐徕渠主要支渠统计表

序号	名称	走向	长度	灌溉地点	灌溉面积
1	贴渠	由大坝村经过大坝乡陈俊乡至清渠减水闸	20里	大坝村、大坝乡李俊乡	1万3千余亩
2	良田渠	由陆家湾经夏朔两县之丰盈上盈南盈北杨信五乡至牛家沟	87里	丰盈南乡和北乡、上宁城、杨信乡	5万4768亩

序号	名称	走向	长度	灌溉地点	灌溉面积
3	新渠（湛恩渠）	由新桥马家湃经靖益乡之陈家沙滩任家寨子沿西沙滩边向北至海子湖下任家寨子	20里	靖益乡	620余亩
4	洪湖渠	由前城乡经宁夏省城大南门绕东城壕至八里桥之马家湖	18里	前城乡、省城南	1万9千余亩
5	老满达渠	由韩家湃经满达桥至新家沙窝	10里	\	2242亩
6	新满达渠	由满达桥经玉祥营至洪广营	43里	\	1万2千余亩
7	塔塔渠	由塔塔湃经靖益乡入海子湖	4里	靖益乡	1500亩
8	吕米渠	由倪家湃经丰登北乡入徐家湖	18里	丰登乡	1900余亩
9	太子渠	由郑家湃至张亮李岗二堡至清水堡惠渠支流	30里	张亮堡、李刚堡、清水堡	1万2627亩
10	新济渠	由独木桥经常信堡镇朔堡	63里	常信堡、镇朔堡	8053亩
11	菓子渠	由孙家湃经高荣乡至沙窝	7里半	高荣乡	1200亩
12	柳浪渠	在张家湃	4里	\	1016亩
13	大化沿渠	由严家湃经平罗城西南	3里半	平罗县城西南	1240亩
14	大黑义渠	由闫家湃经平罗城西至陈家湖	7里半	平罗县城西	750亩

（资料来源：根据《宁夏省水利专刊》中的相关内容作者绘制）

经表 4.3 和表 4.4 比较，可总结出民国唐徕渠主要支渠特点：第一，民国二十五年（1936）确实沿用了初期的一些主要支渠名称：果子渠、贴渠、良田渠等，这些支渠自明代就一直存在，而且是重要的大支渠，根据传统习惯将这些渠名保留。民国唐徕渠干渠自南先向东北流，分出向东经大新渠口，再向北经良田渠口，继续向东北流，再分出多条支渠。唐徕渠干渠流经省城外的方位为南、西南、西，支渠则分布在南、东、东北、北等方向。

第二，如果没有这些重要的大支渠，民国唐徕渠是无从发展的，在这些水渠的基础上，可以将各支渠情况反复核实，以记录更真实的支渠。湛

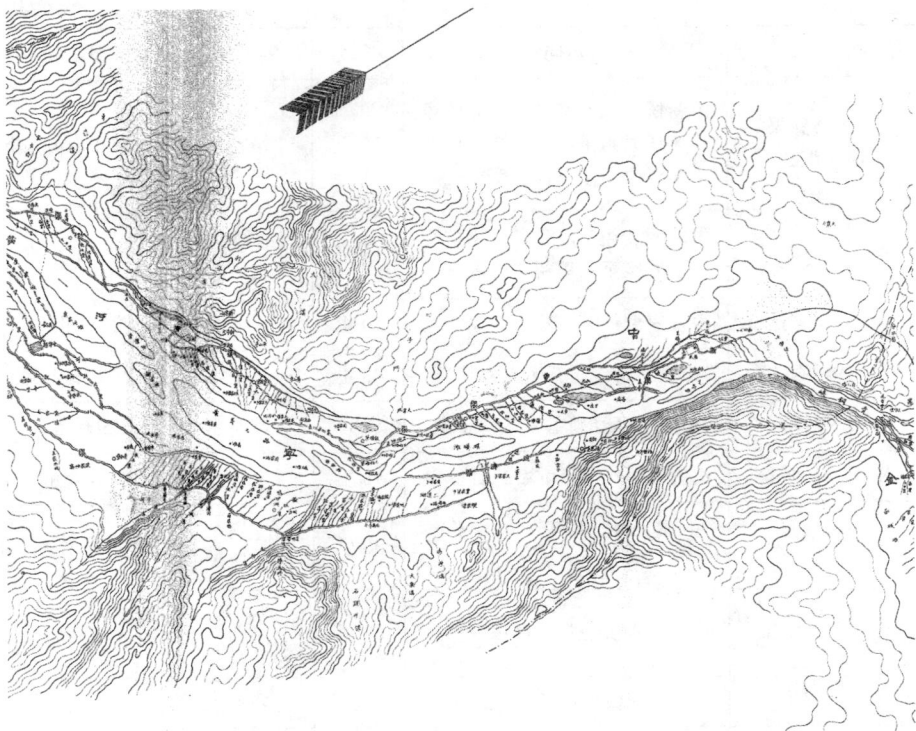

图 4.3　民国二十四年（1935）《宁夏全省渠流一览图》首段原图

图片来源：《宁夏水利旧志》和《宁夏水利新志》中

民国二十四年《宁夏全省渠流一览图》

　　恩渠原位于唐徕渠西侧，旧满营在靖益堡附近，连接着唐徕渠干渠，满营附近田地逐步延伸至贺兰山脚下。曹李渠位于平罗城附近，它是唐徕渠即将结束的位置，其灌溉长度达到 10 里。

　　再根据表 4.3 和表 4.4 的民国平罗城外唐徕渠支渠统计，可以推断民国与清代平罗城外的唐徕渠走向保持一致。民国平罗县城外的唐徕渠支渠包括大化沿渠、大黑义渠、小黑义渠、小化沿渠等，以上四渠位于平罗城西南角，大黑义渠和小黑义渠位于唐徕渠西岸，延长距离在 3.5 至 10 里之间。大化沿渠和小化沿渠位于唐徕渠东岸，小化沿渠离城约为 2 里，草渠、和集渠、官渠位于城南和城东南，2 渠离城距离在 1 里以内，延长距离在 1 至 7 里之间。平罗县城东、东北是支渠密布的区域，两区域中共计边渠、

图 4.4　民国二十四年（1935）《宁夏全省渠流一览图》第二段原图

图片来源：《宁夏水利旧志》和《宁夏水利新志》中

民国二十四年《宁夏全省渠流一览图》

李延渠、乙子渠、李老渠、小红花渠、大红花渠等十五条支渠，其延长距离在 1 至 7 里之间不等。平罗县城周边的支渠延长距离短，唐徕渠干渠自西南方向流入后，各支渠则沿干渠两岸垂直分布，这形成了因平罗县城南、东南、东、东北支渠数量多而密集的半环绕城池状态。

第三，民国初的渠道情况在当时并没有进行全面梳理，所以也只根据明清支渠情况加以整理，但至民国二十五年（1936），各条主要支渠也发生了分流：满达剌渠出现新旧两条渠道，名为老满达剌渠和新满达剌渠。满达剌渠总体方位在省城北面，其主要走向自西北向东北流动，并继续向北流，分出东北、西北两条新旧渠道。

第四，一些唐徕渠的重要支渠在后期也进行了名称的更改。民国宁夏

图 4.5　民国二十四年（1935）《宁夏全省渠流一览图》第三段原图

图片来源：《宁夏水利旧志》和《宁夏水利新志》中

民国二十四年《宁夏全省渠流一览图》

省城外的洪湖渠，其由前城乡流经宁夏省城大南门后，绕东城壕至八里乡入马家湖，位于城南、东、东南面，这与明清时期的红花渠流向和方位一致，故民国后期的洪湖渠即为明清时期的红花渠。另外，小红花渠位于城东北角外，与洪湖渠一起汇入马家湖，此时的小红花渠明显是原红花渠的分支，出于红花渠流入红花渠。除此之外，平罗城周边的渠系在民国时期也进行了全面扩充。早期的黑沿渠在后期分出了大化沿渠、小化沿渠、大黑义渠、小黑义渠，原来的支渠被再次分为四条小支渠。

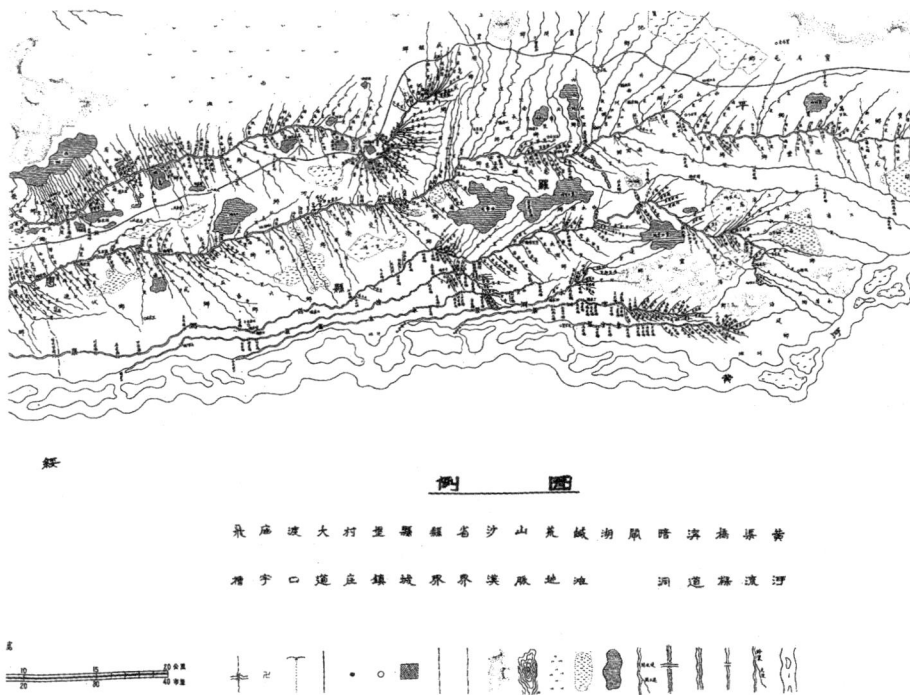

图4.6　民国二十四年（1935）《宁夏全省渠流一览图》第四段原图
图片来源：《宁夏水利旧志》和《宁夏水利新志》中
民国二十四年《宁夏全省渠流一览图》

第五，明清时期的东南、西北、西南等三条小渠在民国时期已不存，但张家小口、倪家小口、王营渠等各类小渠同时出现。张家小口从洪湖渠中分流自城南入城壕沟。倪家小口位于城西门外，即城正西面。王家营渠经西门桥后入城内西马营。此外，还有代湖渠、杨昭渠等，它们都位于西门桥西，一条向北流，一条向南流，分别汇入西湖和蒲湖。这也证实民国宁夏省城之外的渠系得到了建设和发展，取代了明清时期运用简单跨槽引水入城的方式建设渠系。

第六，民国的唐徕渠系延伸范围广，特别是各小支渠，扩散到了更为广域的农田土地中，发挥了更全面的灌溉作用。民国二十五年（1936），"周家渠，由二闸斜对岸经过大坝乡至周家寨子长三里灌田一百余亩。"[105]90同时，各大小支渠都有渠名，而且流经位置和地点都很清晰。其中，多数以灌溉和流经的村落来命名："周家渠""马家渠""张家渠"等；以环境和地势命名："低渠"等；以渠道附近或入水口的闸口材质特征命名："木门渠""砂渠"等；以渠口附近的农耕文化建筑物代表——牛王庙等来命名："大牛渠""小牛渠"等。

最后，在各个分段区域中，明清著名各大支渠也被划入，各支渠的环境与概况呈现出不同特点：除第一段与前期情况相同之外；第二段支渠多在东湃开口，主要是因为干渠西面沙漠较多，而无法开凿；第三段东西湃的支渠相等，内有良田、大新、红花三渠，为本渠著名八大支渠之数也；第四段东西两湃之支渠亦相称，内东湃之太子渠，又名亦的渠，著名八大支渠之一。西湃之满达剌渠、罗渠，亦本渠八大支渠之数也；第五段的西湃较东湃渠口虽密，而各口灌田无几，湃外支流多无湖滩，而西湃外上段，尤多沙漠，致将昔日著名之菓子渠，亦被沙压失其效力矣。梢坝往北直至边墙，尚开退水渠一道……然近来梢末渠口林立，名为蜂窝……亦无余水可泄矣。[105]79-80以此推断，民国后期唐徕渠多受到干渠西面的沙漠影响，渠道被沙压后而消失，湛恩渠和菓子渠就是典型实例。亦的小新渠从亦的渠变为了太子渠，走向有了明确统计。另外，渠首段在于输水量顺畅，渠尾段在于排水量顺畅。渠身中间段的第三、四段相对趋于稳定，干渠东西两岸的支渠数量均衡，支渠灌溉运行正常。渠身首段的第二段东岸情况较好，西岸受到自然沙漠的侵袭而没有发展。渠尾段的情况较为复杂，因渠水运行于此，水量极为稀有，东岸渠口多却田地稀少，加之西岸沙漠压田的影响，造成渠道消失、无水灌田的衰败局面，也显示不出大量泄渠水的效果。因此，民国时期唐徕渠系情况因渠段而异：渠首情况正常，渠身即第二段的东西岸发展不均衡，渠身即第三、四段的东西两岸发展均衡，渠尾情况复杂，其发展不均衡，此时唐徕渠总水量明显减少（见图4.5）。

虽然民国唐徕渠的部分大小支渠名称发生了变化，加之不断的兵祸和战乱造成了宁夏地区经济衰败、农田荒废的状况，但此时的唐徕渠建设依然没被打断，反观却更为细致化和科学化。渠系的网络化和密集化程度影响了沿渠聚落格局模式的形成与变化。

4.3　渠对沿渠聚落中观格局的影响

4.3.1　沿渠聚落结构

民国二十五年（1936）之前沿唐徕渠的聚落与明清聚落一致。民国的沿唐徕渠堡寨聚落大部分已废弃不用，多以明清聚落为原据点的新兴聚落发生迁移。由于行政区划的变化造成了聚落位置的迁移，其规律为：沿渠聚落多以沿唐徕渠道为中心，向水渠的两岸开阔地段或离渠较远的地段迁移。干渠东岸的聚落向东开阔地段扩散和迁移，干渠西岸的聚落向西开阔地段扩散和迁移。迁移后的聚落主要分布于交通要道两侧的开阔地段，水渠与聚落的关系不再紧密，有些已经脱离了干渠的中心控制。

"查唐渠灌溉夏朔平三县之田，几占全省亩数三分之一，（全省十大干渠，共溉田一百六十余万，而唐渠即占四十六万余亩）……进水即行顺利，则全渠似乎无大问题矣。"[163]88整个唐徕渠灌区覆盖宁朔平三区农田，唐徕渠灌区面积已达46万余亩。"共灌宁、朔、平三县四十二之乡四十六万七千八百余亩。"[163]80实际上，沿渠灌田亩数四十七万余亩，与明清相比，农田面积更多。

依照民国的唐徕渠分段结构，还可发现唐徕渠灌溉田地范围已增加：除第一段外，"第二段，灌溉宁朔县十一乡之田地；第三段，灌溉宁夏、宁朔两县十一乡之田地；第四段，灌溉宁夏县十三乡之田地；第五段，灌溉平罗县七乡之田地"[163]78-79。此时唐徕渠的灌溉区域已经扩散至四十二乡之田地。

各段农田自然环境存在较大的差异："第二段沿渠各地多湖滩，除大坝乡外，十九为浪稻之水田。第三段西湃多连湖，东湃上段为退水沟，下段亦属湖滩，因各乡田地低洼，泄水容易，浪稻水田，几占十分之九。第四段地势稍高，两岸外多湖，多属碱滩，故各乡田地，率多旱田，能浪稻之水田，未及十分之一。第五段地势愈下，距水愈高，全是旱田。西滟较东滟口虽密，而各口灌田无几。"[163]79-80 "每因渠口进水不利，灌溉难周，以致荒田日多；且镇朔一带，土地肥沃，只因缺水，多未垦辟。"[163]89 沿渠两岸多以农田为主，第二、三段以水稻田景观为主；第四段可种植旱田和水田，但以旱田为主，水田极少；第五段全部为旱田。此外，沙压水渠是唐徕渠的最大隐患，干渠不仅受此威胁，而且对支渠更不利。同时，唐徕渠上段浪稻子，小段种糜谷。唐徕渠东岸多湖滩，西岸多沙漠，这样接近水渠的农田繁盛，远离水渠的农田稀疏。干渠东岸农田明显多于西岸，支渠沿岸的农田视水流情况而定，时存时无。沿渠农田的水量也决定着农田的性质，中间段的农田以水田为主，逐步过渡为水旱田，渠尾段则以旱田为主。

　　按照渠水分段结构，各段聚落分布不均：第二段，"大坝乡、蒋鼎乡、瞿靖乡、玉泉乡、西邵岗乡、宁化乡、宋澄乡、曾岗乡"；第三段，"杨显乡、宁城乡、前城乡、宁夏省城"；第四段，"前城乡、丰登南乡、谢堡乡、丰登北乡、玉祥营乡，桂文乡、张亮乡、常信南乡和北乡、丁义乡"；第五段，"高荣乡东甲和西甲、姚伏乡，周城东乡和西乡、本城乡（平罗县城）、威镇乡"。[163]789-80 与民国二十四年（1935）《宁夏全省渠流一览图》比较，发现文本和图示记录内容一致，但文本中的称谓与图上的称谓有所差异。在图示中，除个别聚落：高荣堡和丁义堡在这里已无具体位置可寻，其他沿渠聚落则沿用明代堡寨之名——大坝堡、蒋鼎堡等，并采用点状方式进行标示，而文本中全部成为了乡的称谓。民国时期，满营已变为新城，谢保堡成宁夏县城。前城乡更改为大前城乡，位于省城东北方向；更名户则名为更名乡，位于省城东南；谢谷俊户名为谢谷俊乡，位于更名乡东南。而左在城、宁在城等尚无迹可寻。曾刚堡在此时已经由唐徕渠干渠东岸挪向汉延渠西岸，完全远离唐徕渠。玉泉营则分出新旧两营，隔渠两岸相望。

　　渠与聚落仍以水渠线性结构为中心，两岸聚落沿渠东西两岸穿插分布，支渠两岸也分布着一些聚落。部分聚落离渠近，相对干渠垂直距离为500米左右，某些聚落离渠远，相对干渠垂直距离为10公里（支渠垂直距离在6.5公里），沿渠堡寨控制范围平均距离在3至5公里。

沿渠两岸的大小湖泊不计其数，各支渠流入湖泊之中，在田地和堡寨周边形成网络结构。唐徕渠两岸自南以北分布多座湖泊：王湖、路羊湖、王家湖、官湖、月牙湖等。第二段沿渠东岸湖泊数量多，西岸几乎没有，大清渠东岸湖泊占比重最大；第三、四段沿渠两岸湖泊数量最多，湖泊面积大，且西岸湖泊多于东岸，渠湖相连，湖湖相连，渠尾段湖泊数量明显减少，在平罗县城以北已没有湖泊，此段除在姚伏堡段西岸有一片大湖，名为西湖外，沿渠东岸湖泊数量多于西岸，但各湖泊面积过小，稀疏排列。

沿渠聚落与渠依然是平行线格局，沿渠农田面积的增加，丰富了渠和堡寨的基底。各堡寨仍呈点状穿插在各区段中，湖泊、农田、支渠环绕在堡寨周边，呈现出层级式的组团形态布局，宁夏省城、平罗城、宁夏县城、新城周边的渠湖田结构最为明显，是唐徕渠宏观格局体系上的重要节点。各组团之间或平行、或依存、或远离、或呼应，这些以城市为中心，以村落为辅助的构架方式影响着今天的沿渠聚落格局规划与发展。三线、多点、四组团是民国唐徕渠的宏观格局特点。

表4.8　民国各沿渠聚落位置统计表

序号	名称	与渠的相对位置	相对垂直距离
1	大坝堡	干渠西岸	0.5公里
2	蒋顶堡	干渠东岸	4.5公里
3	瞿靖堡	支渠东岸	4公里（支渠）
4	邵岗堡	支渠东岸	1.5公里（支渠）
5	玉泉营	干渠西岸（旧）、干渠东岸（新）	2.5公里（旧）、1公里（新）
6	宁化寨	干渠西岸	1公里
7	宋澄堡	干渠东岸	2.5公里
8	靖益堡	干渠西岸	2.5公里

续表

序号	名称	与渠的相对位置	相对垂直距离
9	杨显堡	干渠西岸	2.5公里
10	新城	干渠西岸、支渠东岸	6.5公里（东）
11	宁夏省城	干渠东岸、支渠东岸	1.1公里（西）、2公里（南）、1.5公里（东）
12	大前城乡	干渠东岸	5公里
13	左在城	\	\
14	宁在城	\	\
15	更名乡	干渠东岸	5公里
16	张滕户	\	\
17	邵必户	\	\
18	谢谷俊乡	干渠东岸、支渠东岸	10公里
19	宁夏县城	干渠东岸	5.5公里
20	张亮堡	干渠东岸	1.7公里
21	桂文堡	干渠西岸	3公里
22	常信堡	干渠西岸	3.5公里
23	丁义堡	干渠东岸	无堡，已成为乡，范围较大
24	高荣堡	干渠西岸	无堡，已成为乡，范围较大
25	姚伏堡	干渠西岸	0.8公里
26	周澄堡	干渠东岸	1.5公里
27	平罗县城	干渠西岸、支渠西岸	1公里（南）、1.5公里（东）
28	威镇堡	干渠西岸、小支渠南北相夹	6公里

（资料来源：根据民国朔方道志和宁夏历史地名考相关内容作者绘制）

4.3.2 中观格局类型

民国二十四年（1935），在唐徕渠的影响下，各沿渠聚落与干渠、支渠、沿渠的湖泊关系甚为密切，呈现出形态各异的渠堡格局。

唐徕渠自闸口流出大坝堡时，堡寨东南分出大支渠贴渠。在以大坝堡为中心的 2 公里范围内，干渠两侧小支渠数量明显增多。干渠西面小支渠：张渠、金渠、叶渠；干渠东面小支渠：马渠等。同时还有多条无名的小支渠分布于唐徕渠干渠东西两岸。三条长短不一的小支渠半环绕于大坝堡城南面、东面，后再向堡寨西北流。唐徕渠干渠在进入大坝堡时，水流已被分出两个渠口。在贴渠之上架设一座"平梁桥"，距离大坝堡西南约 2.5 公里。大坝堡离干渠最近，垂直距离在 500 米，一座闸桥跨越渠道后连接两岸。大坝堡南段东面设置着大清渠和惠农渠的正闸口，紧依大坝堡东面则延伸了多条支渠，其中就有贴渠，由南向北的主干道也从这里穿过。大坝堡与干渠距离近，主要在于控制正闸口，管制各渠水流的输送，而且多个闸口交汇于此，说明大坝堡具备二次水利枢纽的功能。

蒋顶堡坐落于干渠和大清渠之间的地段上，其东、南、北都有湖泊，月牙湖、官湖、路羊湖、王家湖。干渠之上分出陈渠从堡寨南面流过汇入王家湖，另一条支渠开渠经过其北面，汇入无名湖。干支渠相夹，西为干渠，东、北、南为支渠，支渠入湖，堡寨位于湖渠中心位置。蝗虫庙在堡寨东北，位于开渠下半段。其附近的干渠和大清渠之上各设一座桥梁，连接各渠东西两岸。

瞿靖堡西面为大清渠，大清渠实际上是在清代唐徕渠东面开设的一条支渠。大清渠呈线状分布，自南而北流过瞿靖堡，堡寨北面为大片连湖，唐徕渠东面分出多条小支渠——李渠、张家渠、芦渠，它们后汇入连湖之内。其他六条小渠（王渠等）仅绵延一段距离后结束。与瞿靖堡最接近的支渠为长行渠，其自西向东流后再分出南北走向小支渠，名果渠，位于堡寨西面。长行渠再继续延伸，分出南北走向小支渠——双渠、无名渠，以上三条小支渠汇入连湖。长行渠一侧还分出和尚渠，行至一段距离后结束。

唐徕渠和大清渠的支渠数量增加，两渠之间呈现渠湖相连之态势，水域面积增加。唐徕渠东侧分出的多条支渠和大清渠西侧分出支渠：西高渠、李渠等，它们同时从湖东西两侧汇入杨家湖等三片湖泊之内。大清渠上的桥梁数量增加，开设两座桥梁，一座名为邵刚桥，另一座无名。两桥在邵刚堡东面，直对堡寨。李儿渠、张渠自大清渠东侧分出后向东延伸，流经邵刚堡南北两侧后汇入连湖，此时的连湖水域面积巨大，占据着大片区域。各条大小支渠水汇入连湖中，不仅能给连湖补给水源，而且还能起到排水泄水的作用。

玉泉营老营在唐徕渠西岸，其西面为贺兰山，南面则为一大片无名湖泊，向南为一片盐碱滩，早期可能是湖泊所在地，此时已干涸。由旧营至唐徕渠西岸后，跨越玉泉营桥后到达玉泉营新营，其位于唐徕渠东岸，北为唐徕渠支渠——甘露渠，南有唐徕渠支渠——萧渠，新营东南角有三道湖，湖北面延伸出一道长堤，筑于新营东面。干渠之上的小支渠流入长堤一侧，继而再汇入湖泊。

宁化寨居于唐徕渠干渠西岸，直对宁化桥，与干渠距离较近，西面为沙漠。干渠之上朝东西分出小支渠，东岸小支渠延伸长，少数小支渠汇入无名小湖，多数小支渠汇入沙湖，西岸小支渠延伸短。

宋澄堡位于唐徕渠干渠东岸，此段唐徕渠干渠名为周家湾，多处渠道连续拐弯，而且弯度较大，宋澄堡恰在弯道背弓处所在，背离干渠。此弯东面发散出的三条小支渠通往长沟，名为李士渠的小支渠经流宋澄堡北侧，周边湖泊少，占地面积小。

靖益堡位于唐徕渠干渠西岸，干渠在经过一段大弯道后在此处仍有多处连续弯道，堡寨处于内弯向心处，干渠与周边湖泊环抱堡寨。大弯道处有清末开设的著名大支渠——湛恩渠，但该渠自任安寨子以下全段被沙所压。干渠之上分出的四条小支渠汇聚成网，集聚成一条小支渠后流入西面湖泊。靖益堡西、北两侧有两片小湖泊，南面则有渠水，西北更远处还有大片海子湖。

杨显堡位于唐徕渠西岸，干渠在此段弯度较大，两个大弯道起伏跌宕。堡寨处于干渠背弯处，形成背弓式，其北、东南有两片大湖，一片名为"显大湖"，一片名为澜波湖，湖泊环抱堡寨。干渠之上分出名为"五渠""塌塌渠"的两条小支渠，五渠流经堡寨西端。

新城在干渠西6.5公里处。良田渠自干渠的良田口分流后，流经新城西岸，开设西门桥直通新城西门。新城北、东、南有大面积的湖泊，著名的西湖居于其北面，是所有沿渠湖泊中最大者。新城与宁夏省城之间连接着干道，间有桥梁。

宁夏省城位于干渠东岸，支渠红花渠西岸，红花渠向东又为唐徕渠大支渠——大新渠。干渠与支渠、支渠与支渠的相夹之地形成多片湖泊，湖泊逐步延伸至宁夏省城北面，北面则有塔湖、校场湖等，东岸的支渠红花渠之东和大新渠两岸都分布着多片湖泊，西面的干渠之西亦有大片湖泊。湖泊与湖泊之间则由各条小支渠互为相连，互为贯穿。

宁朔县城和张亮堡都位于干渠东岸。银川城东南有大面积的碱滩，干渠之上分出多条小渠，汇入城西的两片小湖中。县城西南角的桥梁连接周围交通。宁夏县城和张亮堡之间连为一条直线，张亮广湖此时变为一片碱滩，处于城和堡寨之间。一条主要干道由南面的省城自北穿过新城后，继续向北延伸，经过张亮广湖。太子渠和陈俊渠自干渠之上分流而出，与干渠形成锐角，向东北流。陈俊渠经过张亮堡后结束，渠偏向堡寨形成向心内弧，弧心直对堡寨。太子渠则一直流入较远的湾水湖之中，其西岸和北岸分布着三片湖泊。此段碱滩过多，湖泊面积和数量较前代都有较大幅度的缩减。两者相比，张亮堡的水系环境发展较差。

桂文堡与张亮堡隔渠遥望，处于同一条经度之上。此时的桂文堡和常信堡离渠较近，与干渠保持平行。两堡西面名为西湖的大面积湖水，桂文堡段分出两条小支渠，一条注入西湖，并分出小支渠向南汇入无名湖，另一条名为李李湖流入益北湖，桂文堡更接近前者，处于支渠交汇处。由益北湖中流出的小支渠，与干渠之上分出的西安渠，共同汇集后形成新支渠，这条支渠流向常信堡，并在堡寨处向心回环结束。南渠位于堡寨北面，从干渠之上流出汇入西湖。南渠北面存有一湖名为俞湖，面积较小。

丁义堡和高荣堡位置不可考，前者位于唐徕渠东岸，后者位于唐徕渠东岸，两堡此时已经演变为地名，称为"乡"，两乡隔渠相对。高荣乡处于干渠内弯处，丁义乡反之。高荣乡范围内的小支渠数量少，但因其境内有一大片"西湖"，所以支渠汇入湖泊，湖渠环境较好。丁义乡范围内的小支渠数量多，但是有大片盐碱滩，湖泊消失后仅留有独立的小湖泊，这造成了支渠延伸距离短的局面。较前代，丁义堡周边的水系环境发展较差。

姚伏堡仍在唐徕干渠西岸，唐徕渠干渠西侧分出二十条支渠后向西延伸汇入西湖——支渠、吴渠、头渠、一渠、二渠、陈渠等，其中姚渠和王渠最为贴近堡寨，分别在堡寨的南北两侧，闫贵桥位于堡寨东面。该段唐徕渠东侧分出多条支渠向东蜿蜒汇入解家湖。

周澄堡位于唐徕渠干渠东岸。干渠东侧分出的支渠：干渠、双渠、美渠向东延伸后汇入无名小湖。干渠西侧分出的支渠吴渠、贾渠、余渠汇入小湖，最长支渠周家渠，一路向西延伸汇入西湖。西湖水多由唐徕渠干渠西侧支渠水进行补给。周澄堡附近唯有一条小支渠，但延伸长度短。上桥跨于唐徕渠干渠，位于堡寨西南角。

平罗县城段唐徕渠干渠，自城南向东再向北流动，与城构成一个半环绕的圆弧，城池正好处于圆弧中心，向心布局。城南干渠东西两岸都分布着多条支渠，西岸支渠延伸距离长，其中有著名的的大、小黑义渠，与之相对的是大、小化沿渠。城南、东、北面的干渠之外分出多条小支渠，呈放射线状，由城外干渠之上向干渠外侧扩散。城东分布着著名的大、小红花渠，两渠紧挨。接近东面两座桥梁的位置为支渠集结之地，由此向东辐射。

唐徕渠干渠流至威镇堡东南角附近一段距离后，干渠便不再向北延伸，从干渠之上分出两条小支渠，名为张家渠、卢家渠，它们从堡寨南北两侧川流而过，经由原土筑旧公路下的涵洞后，蜿蜒向西。旧公路穿过威镇堡，连接南北主要交通。威镇堡北侧分布着三条小渠：王宁渠、王康渠、孟家渠，它们都是从唐徕渠干渠之上分出的小支渠，自南而北排列，向西延伸过旧公路后亦消失。堡寨南面一条延长的陈家渠，向西延伸过旧公路后消失。干渠尾分布着一条纤细的退水渠，其沿南北走向流出该地区后消失。民国唐徕渠干渠尾与明清唐徕渠干渠渠尾相比，此段渠道变窄，延伸距离短。但民国干渠的支渠开设后，多设置于堡寨两侧。由于平罗一带的军阀混战，此时北边墙在仅留夯土墙基，墙上的构筑物早已不存。

4.3.3　中观格局特点

民国沿渠聚落与渠形成的格局关系可划分为以下几种类型：渠口式、干渠平行并列式、支渠平行并列式、干支渠平行相夹式、干渠背弓式、干渠向心式、干支渠环绕式、干渠半环绕式、干渠分散式、复合式。其中，复合式包括：干渠远离式+支渠相夹式、紧靠支渠式+干渠平行并列式、支渠向心式+干渠平行并列式、干渠远离式+支渠平行并列式（见表4.9）。沿渠堡寨中多数为干渠和支渠平行并列式，这两种类型的主要特点：

表4.9　沿渠聚落中观格局类型分析表

序号	名称	类型	结构分析
1	大坝堡	渠口式	多条渠汇集于此，由大坝堡下闸口分涌而出
2	蒋顶堡	干支渠平行相夹式	干渠和大清渠夹于堡寨两岸，干渠之上分出支渠流入沿渠的大小湖泊，渠湖环于堡寨
3	瞿靖堡	干渠远离式+支渠平行并列式	远离干渠，大清渠东侧分出小支渠流经堡寨西面，后小支渠流入沿支渠的连湖内
4	邵岗堡	干渠远离式+支渠平行并列式	远离干渠，大清渠东侧分出两条平行的小支渠，后小支渠流入连湖，干支渠四面相夹
5	玉泉营	干渠平行并列式	老营南面一片湖泊，东为干渠，西为沙漠；新营西为干渠，东为长堤，各小渠垂直干渠流向长堤
6	宁化寨	干渠平行并列式	西为沙漠，东为干渠，小支渠散于堡寨两侧，远离堡寨
7	宋澄堡	干渠背弓式	干渠呈曲线状，弧度背离堡寨，两条小支渠夹于堡寨两侧，一条几近接近堡寨
8	靖益堡	干渠向心式	干渠呈弧线状，内弯朝向堡寨，两片小湖泊环堡寨，一条支渠流经堡寨并汇入小湖泊
9	杨显堡	干渠背弓式	干渠弯度大，弧线状，背弓朝向堡寨，小支渠流经堡寨后汇入堡寨北面的大湖内
10	新城	干渠远离式+支渠垂直式	干渠位于城东，良田渠位于城西，干渠离城远，支渠接近城，与城成九十度夹角，周边多座大湖环城
11	宁夏省城	干支渠环绕式	处于干支渠相夹的中间地段，垂直于干支渠，干渠在西，支渠在西，城南湖泊多但面积小，城北湖泊少但面积大，干支渠上的小支渠流入湖泊，渠湖相连，以城为中心，绕城造水网
12	大前城乡	干渠垂直式	干渠流经西岸，与之成九十度夹角

续表

序号	名称	类型	结构分析
13	左在城	\	\
14	宁在城	\	\
15	更名乡	干渠远离式	远离干渠，遥望城池
16	张滕户	\	\
17	邵必户	\	\
18	谢谷俊乡	干渠平行并列式	干渠流经西岸，与之平行
19	宁朔县城	干渠平行并列式	干渠不规则曲线状，多条小支渠流入城池 西面的两片湖泊，城池与干渠保持平行
20	张亮堡	支渠平行并列式	干渠之上分出小支渠，小支渠 稍呈弯弧，弧内朝向堡寨
21	桂文堡	紧靠支渠式+ 干渠平行并列式	干渠分出小支渠，其接近 堡寨北面；与此同时，堡寨平行于干渠
22	常信堡	支渠向心式+ 干渠平行并列式	干渠分出的小支渠成内弯弧， 弧心朝向堡寨；与此同时，堡寨平行于干渠
23	丁义乡	分散式	堡寨不存，分散为乡村， 占据于干渠东岸一定区域
24	高荣乡	分散式	堡寨不存，分散为乡村， 占据于干渠西岸一定区域
25	姚伏堡	干渠平行并列式	与干渠距离较近，但与干渠平行， 分出多条垂直小支渠，小支渠夹于 堡寨两侧并汇入堡寨西面的大片湖泊之内
26	周澄堡	干渠平行并列式	平行于干渠，虽有小支渠，但是延伸长度短
27	平罗县城	干渠半环绕式	干渠呈半圆弧状，经城南、东、北三面， 小支渠向干渠东面扩散，形成辐射线状
28	威镇堡	干渠远离式+ 小支渠相夹式	干渠之上分出两条小支渠， 小支渠稍至堡寨两侧，夹堡于其内

　　（资料来源：根据《民国朔方道志》、《宁夏水利志》、《宁夏水利新志》相关内容作者绘制）

干渠流经该堡寨时，渠道平缓，聚落坐落于干渠东岸或西岸，两者没有交集，平行延伸，支渠从干渠之上分出后向堡寨两侧流动，并汇入附近的湖泊。支渠平行并列式多为唐徕渠的大支渠与附近的堡寨形成平行结构。渠口式即为多条渠道汇集于堡寨一面，由此引水出闸。干支渠平行相夹式，则指干支渠位于堡寨两侧，渠道至堡寨的距离等距，堡寨居于两渠之间的中线位置上。干渠远离式则指堡寨与干渠之间的距离，在10公里以内，两者之间的关系不紧密。干渠背弓式和干渠向心式，则指该段干渠弯道大，渠道成圆弧、半圆弧、曲线状，堡寨背于弯道内弧则为背弓式，朝向弧心则为向心式。干支渠环绕式则指干支渠围绕堡寨之外，形成多层包围状态，以堡寨为中心。干渠半环绕式则指堡寨一面外露，其他三面围绕干渠，呈半环抱形态。干渠分散式是指堡寨本体已经不存，位置不可靠，仅留有地名，两地位于干渠东、西两岸，以干渠为中心，形成隔渠的呼应关系。复合式则将以上几种类型两两组合，形成复杂格局。

表 4.10　民国渠与堡寨空间关系类型归纳表

序号	类型名称	堡寨名称	功能特点	格局体系内涵
1	渠口式	大坝堡	取水、灌田、居住、宗教信仰	(1) 民国军事防御体系已瓦解，明清军事防御体系已不存，山水格局依然存在；(2) 民国沿渠聚落多以堡寨为中心分散为村落，以垦田种植为主；(3) 沿渠聚落的两个中心即：宁夏省郡城、平罗县城。前者以仍以渠系环绕营建为主，后者则以军事屯防为主；(4) 多数沿渠堡寨聚落功能趋向于取水、灌田、居住的功能
2	干渠平行并列式	玉泉营堡		
		宁化寨		
		姚伏堡		
		谢谷俊乡		
		宁朔县城		
		周澄堡		
3	干渠向心式	靖益堡		
4	干支渠平行相夹式	蒋顶堡		

续表

序号	类型名称		堡寨名称	功能特点	格局体系内涵
5	复合式	干渠远离式+ 支渠平行并列式	瞿靖堡		
			邵刚堡		
		干渠远离式+ 垂直支渠式	新城		
		紧靠支渠式+ 干渠平行并列式	桂文堡		
		支渠向心式+ 干渠平行式	常信堡		
		干渠远离式+ 小支渠相夹式	威镇堡		
6	干渠垂直式		大前城乡	取水、灌田、居住	
7	干支渠环绕式		宁夏省城	行政中心、商业贸易、文化教育、艺术观赏、居住生活	
8	干渠背弓式		杨显堡	取水、灌田、居住、宗教信仰	
			宋澄堡		
9	支渠平行并列式		张亮堡		
10	干渠远离式		更名乡	取水、灌田、居住	
11	干渠半环绕式		平罗县城	屯兵驻地、军事中心、商业贸易、居住生活	
12	分散式		丁义乡	取水、灌田、居住	
			高荣乡		
13	未知		左在城		
			宁在城		
			张滕户		
			邵必户		

（资料来源：根据表4.8中相关内容作者整理与绘制）

4.4　本章小结

民国沿渠聚落宏观格局延续明清时期的宏观格局，西面贺兰山，东面黄河的一山一河限定了区域边界，唐徕渠与沿渠聚落仍位于区域的核心地带。民国宏观格局由西向东展开为平行线格局：第一层，贺兰山脉，由南自北延伸；第二层，唐徕渠西面的沙漠地带，沿山分布；第三层，渠西岸聚落、田地、湖泊、干渠西岸的大小支渠。

聚落呈点状布局，嵌于田地、灌渠和湖泊交织的网状结构之中。第四层，唐徕渠渠系。干渠本身由南至北，时有向东北偏离，整体结构趋于南北一线排开；第五层和第六层，沿渠西岸聚落、田地、湖泊、干渠东岸大小湖泊，与第三层情况一致。其局部区域略有变化：因某些湖泊占地面积大，渠湖连为一体，环于堡寨外围，唐徕渠支渠多向汇入湖泊，呈网络状结构。第七层，黄河，由南向北蜿蜒，划定区域的东面边界。

在东西方向展开的宏观平行线格局之上，平行结构沿南北纵向延伸，且套入水渠的横段式结构，故自南向北则呈现出段落化和节点化的布局结构，局部区域嵌入圈层或半圈层网络结构。段落化是民国时期的唐徕渠系被划分为横向五段，每一段落渠系情况存有差异：第一段以水渠的疏导功能为主，沿渠没有聚落；第二段以水渠的输水功能为主，渠系分化，由于干渠西面压沙严重，湖泊稀少，渠道西面支渠少，影响了西面聚落和田地的分布；第三段和第四段以水渠的输水、补水、泄水等功能为主，唐徕渠东西两岸支渠数量增加，其分布均衡，加上水渠东西两岸的湖泊数量多，面积大，影响了两段水渠两岸田地的分布均衡，且以水田灌溉为主，渠湖呈网络状，围绕各堡寨聚落；第五段是渠尾段，该段以输水为主，水渠西岸虽出现压沙情况，但沿渠湖泊面积巨大，聚落周围仍环以水系。与之相反，水渠东岸却因供水不足，沿渠多滩涂，聚落周围水系分布略显不足。

第一个节点化布局结构则指：宁夏省城与新城形成东西横向格局，宁夏省城外部的三层圈层格局，宁夏省城和宁夏县城形成南北纵向格局。宁夏省城与新城位于唐徕渠干渠东西两岸，隔岸遥望，宁夏省城离水渠近，新城离水渠远。两城间分布着多座湖泊和大片田地，两城之间由一条陆路连接而成，横穿于唐徕渠干渠，陆路呈东西横向线性结构，渠路相交时节点为各座桥梁。第二个节点化布局结构则指宁夏省城外由唐徕渠干渠与支渠的环绕，城外四面分布大小湖泊，渠湖相连，形成了以宁夏省城为中心的三层外环绕式圈层结构：城外第一层为环城的小型湖泊，第二层为干支渠联动密布的渠网，第三层为湖渠联动的湖渠密网。第三个节点化布局结构则指：南面节点为宁夏省城，北部节点为宁夏县城，两城沿渠贯穿一条陆路，其与干渠平行相望。

民国时期唐徕渠与沿渠聚落的中观格局共 13 种类型：渠口式、干渠平行并列式、支渠平行并列式、干支渠平行相夹式、干渠背弓式、干渠向心式、干支渠环绕式、干渠环绕式、分散式、复合式等。每种中观格局类型是在唐徕渠干支渠结构变化中衍生而成的。在沿渠中观格局类型的影响下，部分沿渠聚落发展为多样化功能的中心城市；部分沿渠聚落分散于干渠东西两岸，延续了传统农耕功能；个别聚落却因周边湖泊和渠系的消失造成聚落本体的消亡。

5

明至民国唐徕渠对沿渠聚落微观
格局的影响：以银川为例

本书第 2 至第 4 章的研究是采用平行结构方式展开论述的。通过明至民国唐徕渠对沿渠聚落宏观格局和中观格局的影响发现，沿渠聚落堡寨中的银川①城地位最为重要，它的中观格局类型为干支渠环绕式，也是沿渠聚落中的唯一特例。

明代以前，银川城已存在，它的前身是西夏兴庆府城。唐代以前城池的选址就依黄河水而建，直至西夏固定在今天的位置。元代开始，虽然城池面积和形制有所变化，但始终位于唐徕渠东岸，固定不变。

"今天的银川老城就是西夏的兴庆府故城址，或者至少是西夏皇家宫城的所在地。"[164]153宁夏镇城不仅修建于西夏兴庆府故城之上，也是在元代宁夏路城旧城之上修建的，元代已缩减为西夏兴庆府宫城的东半部，这种布局方式仍基于唐徕渠环绕的态势展开，城池尽量避开西面干渠，而向东靠近支渠，并由此向外垂直沿东西轴线延伸。

清代、民国时期的银川城城址位置固定，其始终坐落于唐徕渠东岸。唐徕渠干渠至城西门垂直距离为 710 米，红花渠至南薰门垂直距离为 700 米，红花渠距东门垂直距离为 750 米。

---

①明《万历朔方新志》诗人刘敏宽在其《秋日杨楚璞中丞抚临良晤长城关四首》中云："府凭驼岭临河套。遥带银川挹贺兰。"此处是对古代宁夏银川平原突出面貌的特点概括，黄河穿越于宁夏银川平原上，且其多次改道。宁夏银川平原之上本身湖渠相连，加之碱滩湿地的碱硝似雪。在阳光照射之下，平原湖水波光粼粼、银装素裹，故古代诗人以形神颂景为"银川"。1945 年 1 月，官方正式更名为"银川"。

自明代开始，宁夏镇城①的营建始终围绕唐徕渠系而开展。宁夏镇城西为唐徕渠干渠，唐徕渠支渠——红花渠流经城东和城南两面，城北为广域湖泊湿地。镇城东南、西北、西南三面引唐徕渠干支渠水入城，城外设有一圈城壕，壕中之水皆引唐徕渠水。这样使得镇城四周由唐徕渠系萦绕，层层环抱，紧密环绕的唐徕渠系成为了明代银川城内外发展和繁盛的重要水环境。

与此同时，银川城在唐徕渠干支渠的环抱之中，城池向外四向扩张时，同样受到了唐徕渠干支渠系的限制。也就是在这样的历史背景下，今天的银川城发展态势为：跨越唐徕渠系和城内水系发展，城市东西轴长，而南北轴短。

明代宁夏镇城处于宁夏平原中心腹地，在背山面河山水格局影响的同时，又受到军事格局的层层护卫，加之唐徕渠系的灌溉和围绕，以上格局中心都指向银川城，此种宏观格局构建方式到清前期都存在。清中后期，宏观格局的包裹式护卫格局被打破，但此时银川城的干支渠环绕式格局仍持续营建，直至民国时期的军阀混战而再次被暂停。今日，唐徕渠依然是银川城中最为重要的一条水系，穿流于城市南北，变成城市的绿色廊道，肩负着输水灌溉和美化城市的多项任务。

因此，银川城的重要性在于：其一，历史地位。西夏时期，自1001年李继迁迁都于怀远镇之后，至其被元所灭，历时长达227年之久，且正式于银川城建都亦达到190年。与宋代各都城相比，北宋建都于汴梁（开封）达168年；南宋建都临安城（杭州）共152年；金则有三都，分别为上京会宁府（黑龙江阿城）、中都（北京）、南京（开封），前后历时为119年。因此，银川城建都时间早，且相对稳定，历时久。

其二，地理位置。"东居黄河，西界玉门，南接萧关，北控大漠"②，古人认识到宁夏的自然地理位置，东为黄河，西为玉门关，南为萧关，北为大漠，黄河水成为该地区的重要水资源，可提供灌溉，用以垦殖农田，为

---

①在本书第一章1.2.3中已详细说明"银川城""明宁夏镇城""清宁夏府城""民国宁夏省城"之间的联系，此处不赘述，统一使用"银川城"一词.

②中国古都学会，银川古都学会.中国古都研究第九辑［M］.西安：三秦出版社，1994：114.

人们提供生存保障。西、南、北面有军事关隘和地势关口，既是可控四方的交通枢纽，又能为该地区提供安全保障。宁夏平原可谓是茫茫大漠之中不可或缺的一块绿洲平原。沿唐徕渠建设银川城，不仅可回避黄河水患的侵蚀，而且可为城池的营建提供稳定水资源。这也印证出古人的选址建议："凡立国都，非于大山之下必于广川之上，高毋近旱而水用足，下毋近水而沟防省。因天材，就地利。"① 因此，银川城成为西夏都城远离贺兰山，选址于平原之上，不会太过于临近水渠，但用水充足，并一直在营建城周围的水系，为其发展提供便利条件。

其三，渠湖互通。渠水与湖水互为联通：唐徕渠东岸的解家湖、杨家湖、洛洛湖，西岸的华雁湖、银子湖、宝湖、西湖等，中山公园的银湖一直属于北塔湖，而北塔湖北到贺兰山路的沙渠村，南接银湖，东到八里桥，西接唐徕渠，一望无际。"善水草，宜畜牧""兼饶五谷，尤宜稻麦"。因此，宁夏唐徕渠为银川城内外提供了丰富的水资源，城内呈湖渠园林之景，城外现良田万顷之态。

其四，文化中心。在宏观山水格局和中观渠水绕城格局的影响下，明至民国的银川城曾一度成为一座融合自然景观和人文景观的文化中心。从明代宁夏镇的实景园林景观演变为清代宁夏府城的集成文化景观，到民国时期的郊野旷奥之景，都折射出干旱和半干旱西北地区的文化景观内涵，极具人文和地域特色。

其五，城址固定。明至民国银川城自西夏时期迁址于唐徕渠东岸，并在历代城址上反复增修、重建、缩减、扩展。在某段历史时期中，曾发生过城池面积缩小与扩增，但城址位置始终固定。古代银川城迁址于此，利弊兼有，利在依水建城营景，繁荣城池，弊在城池规模受限，不能随意扩建。但即使如此，银川城仍在唐徕渠系的抚育下，演变发展至今，成为宁夏唐徕渠岸边和宁夏北部地区诸多城镇中最重要的一座中心城市。

因此，作为明至民国时期唐徕渠沿岸上最为重要的一座城池聚落，银川城的城址选择、城池与渠系的关系、城池形制变迁、城内外水系对城池

---

①（春秋）管仲撰. 吴文涛, 张善良编著. 管子 [M]. 北京：北京燕山出版社, 1995.10：57.

景观营建的影响，这些都是唐徕渠对沿渠聚落微观格局影响的见证，以其为微观格局影响范本，可探讨渠对沿渠聚落格局的影响价值与模式，运用案例研究方法，对其细节进行放大和阐释，为今后沿渠聚落的建设提供视角和构想。

另外，根据历史文献、考古文献、实地调研等相关内容分析，推断出明至民国时期银川城边界和范围为：东至今银川市兴庆区丽景街，西至今银川市兴庆区凤凰北街，北至今银川市兴庆区上海西路和北京路交界地段，南至银川市兴庆区南薰路一带。

5.1 明以前银川城格局

银川城的最初建城时间可追溯至唐代，时为"怀远县城"，但城池形制不明。"怀远县，城原在灵州东北一百二十里，黄河西北岸，今银川市东郊掌政镇东。仪凤二年（667）城为黄河水汛损，三年（668）于城西筑新城，在灵州（今吴忠市）北一百二十五里，当今银川市兴庆区老城。"[167]88银川城最早选址定于黄河西北岸，唐仪凤二年（667），因黄河泛滥，城池被冲毁。唐仪凤三年（668）在今天银川市兴庆区老城区择址兴修新城，自此确定银川城的位置。唐代引黄灌溉事业得到较大的发展，怀远县城就处于著名的唐来渠中心。[164]123唐代的怀远城实为银川城前身，该城在选址时最关注即水系。因为宁夏平原之上唯有黄河和引黄灌溉渠，所以怀远城在早期选址时，靠近黄河。但黄河水不受限制，自由奔流，城池多次受黄河侵蚀。故而怀远城自黄河向西迁移，逐步靠近引黄灌溉渠，这里特指唐徕渠。最后，怀远城逐步靠近唐徕渠东岸，既远离黄河水又能依渠建城。"怀远城，今银川市兴庆区老城……五代时，县废，仍为怀远城。城址不变。"[167]136五代时期，怀远县治被废，但城池仍在，其位置不变。但因唐代和五代时期都没有怀远城的考古资料，无法判定此时怀远城的形制。

"兴庆府，治怀远县（今银川市兴庆区老城）……北宋初仍为县，属灵州，开宝年间废县为镇……咸平四年（1001），入西夏。天禧四年

（1020），李德明城之以居，号兴州。明道二年（1033），升为兴庆府。"[167]141 "1038年，元昊正式定都兴庆府（今银川市）称帝，建立夏国，史称西夏。"[167]140 "西夏于1227年为成吉思汗所率蒙元大军所灭，正式立国190年。"[167]141 1038年，银川城即西夏兴庆府城，是西夏国首都，其址在今天银川市兴庆区老城区。因"兴庆府地居宁夏平原中心……该镇城池广阔、城郊农业发达，具有相当大的承受能力。"[164]123-124 西夏的兴庆府城奠定了明至民国时期的银川城池格局，即为西夏国之都城，其有两点特征：城址之所以选址在开阔平坦的平原腹地。其一借助天然地理优势，城池远郊为山河夹峙和易守难攻之势；其二利于耕种和生存，人们可居于城内而在城外赖田垦种，以备日常供给和特殊时期的屯守。

相传，西夏兴庆府城呈人形城，其周回十八余里，东西长且南北短，东西倍于南北，南北跨度在3里，东西长度为12里，平面呈长方形。西夏立都兴庆府之时，曾"广宫城，营殿宇"，在旧的怀远城之上进行扩建，但仍未突破城池东、西、南三面的唐徕渠和红花渠两渠的阻隔，城北面，湖沼洼地的限制，形成横向轴发展，最终东西长、南北短的长方形城廓。[164]130-131（城）周回十八里，东西倍于南北，相传以为"人形"。① 关于西夏兴庆府城为人形城的记载文献有很多，人形城主要是指城池东西长为12里，是长轴。南北长为3里，是短轴，周长为18里。其次，这种"人形"城的称谓也反映出城池的设计意匠和文化景观特点。吴庆洲先生曾专门论述"人形城兴庆府城"，他认为："此为一种规划思想，即人形意匠。引申出三层含义：（1）城郭的长宽比与人的躯干长宽比相似；（2）城内平面布局与人体布局一样，具有对称特点；（3）城池本身（躯干）与郊区（头和足）之间如人体一样有机相连不可分割的关系。"② 吴先生认为西夏兴庆府城独树一帜，合理而科学（见图5.1至图5.2）。

---

① （明）王珣主修，胡汝砺纂修，范宗兴签注. 弘治宁夏新志签注本［M］. 银川：宁夏人民出版社，2010：12. 在签注版中的注释记录：相传以为"人形"，据考证，西夏时都城兴庆府建筑布局似"人形"，即东西大街长，似人体之躯干，南北大街短，似人之双臂。

② 吴庆洲. 仿生象物与中国古城营建（上）［J］. 中国名城，2016（09）：45-58.

图 5.1　西夏兴庆府城池图

图片来源：阎崇年主编的《中国历代都城宫苑》中西夏兴庆府城平面图

图 5.2　西夏兴庆府人形城池概念分析图

图片来源：根据阎崇年主编的《中国历代都城宫苑》中

西夏兴庆府城平面图内容作者分析绘制

　　综上所述，西夏银川城的平面为长方形，其东西为长轴，南北为短轴。城郊东为贺兰山，西为黄河水。银川城北、南、东三面多分布连片湖泊：南面湖泊分布且零散，面积大小不一；北面湖泊连为一片，占据于城池北面大片用地；城东则坐落着著名的高台寺湖，并被出城的道路分为两片湖泊。城西较远处开凿着一条蜿蜒三百里的人工灌溉渠，名为吴王渠。西夏"人形"城实指城池、湖泊、沟渠等构成的山水意向空间格局，城池被规划于山水格局之中。西夏兴庆府城宏观格局可归纳为：规整的人工建造长方形城池居于山水环抱的中央，三面环湖渠，渠水流经城西，城池依水而建。由于城池之外水系多样，城池空间发展只能向西延展，但受到城西唐徕渠系的限制，最后固定形成四面环水的水城模式。

"1227年，征服了西夏国……将西夏的百姓斩草除根地都杀戮了。"[164]76 1227年，蒙古灭西夏，兴庆府城被屠城，"城内一堆废墟，城外一片焦土。人口大量减少，一度繁荣的中兴城，城市经济在一夜之间突然凋敝，整个灌区的经济出现大倒退。"[164]76西夏覆灭后，兴庆府城内居民也遭到了灭顶之灾，这导致了兴庆府城的衰败，整个灌区也同样遭受了民生凋零的影响。

"宁夏府路，治怀远县（今宁夏银川老城区）。中统二年（1261），蒙古汗忽必烈在西夏故疆设西夏中兴等路行省，治中兴州怀远县城……于至元二十五年（1288）二月，改中兴路为宁夏府路。是为宁夏得名之始。"[167]194元初，西夏地区中兴路改为宁夏府路，"宁夏"意为"安宁西夏"。元末，寇贼侵扰，人不安居，管理宁夏府路的哈耳把台参政因为城池难守，弃城西半部，巩固东半部。元末曾盛极一时的兴庆府城一度成为空城，城内没有居民居住。

元代，该城仍沿用原西夏兴庆府城。虽然，城内外一度遭到破坏，但城池本体犹存，城外渠系在元代得到恢复与治理。基于元代宁夏地区的水利建设，继而影响了城池与唐徕渠干渠的发展，此时唐徕渠系再被广为利用。元末，城池受到匪盗贼寇烦扰，故废弃原城池西半部，为保持城池东半部的内部稳定与安全，将城墙加高，约为三丈五尺。与原西夏兴庆府城的规模相比，元代银川城周长缩减为原兴庆府城周长的一半，城池平面为正方形。元末银川城内一度无人居住，几乎成为一座空城（见表5.1）。

表 5.1　明以前的银川城格局变迁表

朝代	城池形状	城外水系	水系要素与城的关系
唐	\	黄河	流经
西夏	长方形	昊王渠（西）、高台寺湖（东）、未名湖（南、北）、道路	环绕、围合
元	长方形缩减为正方形	昊王渠（西）、唐徕渠（西）、未名湖（东）、未名湖（南、北）、道路	平行、环绕、围合

（资料来源：根据以上文字内容作者整理与绘制）

综上，唐代怀远城外最重要的水系是黄河，但黄河水的来回摆动造成了怀远城在选址时只能远离它，并保持安全距离。相较而言，黄河东岸的水患情况比西岸更严重，故只能在黄河西岸择址建设城池。黄河与城池的关系若即若离，黄河"流经"怀远城一侧也是两者之间关系的真实写照，此时怀远城的城池形制尚不可知。

西夏时期，银川城（兴庆府城）在前代城池不断向西偏移的态势影响下，最终固定了城池的位置，成为西夏时期最为重要和核心的都城。城址固定后，城池形制视周边的山水格局和生态环境影响而设定。兴庆府城的平面仿照人体结构进行意向设计，主要构思为：想象中的巨人，其头枕高台寺湖，两足踩昊王渠，左右臂通往南北大道，自然山水和人工渠系环绕于城池周边，补给和供养城内外的民众生产和生活，使之得以延续（见图 5.2）。

5.2　明代唐徕渠对宁夏镇城格局的影响

5.2.1　明代唐徕渠对城池格局的影响

明洪武初年（1368）立卫因之，明洪武九年（1376）正式在宁夏"立卫守之"，明建文四年（1402）置镇。明初宁夏镇经历了大量人口的外迁，后宁夏镇城内回归大量居民，但此时城池在元末旧城上建设，依然沿用旧城形制和规模（见图 5.3）。

明初的宁夏镇城，周回九里余，城门有四：东曰"清和"、南曰"南熏"、西曰"镇远"、北曰"德胜"。明初宁夏镇城是在元末旧城基础上沿袭的，城池平面呈正方形，城东、西、南、北四个方向各设置一座城门，对应着方位和名称，这奠定了清代和民国银川城的位置，但受到唐徕渠系的影响，历代城池形态变化大。

"宁夏城，以其历年既远，地碱，居人病之。永乐甲申，何福始引红花渠水，由城东垣开窦以入城中，俾人日用。然其循远人家，长六里余，水甚不洁。福后得罪，此亦一事也。朝廷以其擅凿城垣，不先奏闻也。"[159] 198 明永乐二年（1404），何福将银川城东面城墙之上开凿一洞，引红花渠水入城池，渠水流长 6 里，目的在于为城内居民提供日常饮水。此举虽解决了居民一时的饮水困难，但由于渠水经城内距离过长，渠水受到污染而导致不清洁，最终未能解决城内居民饮水困难问题，何福也因私自凿城墙引水入城而获罪。

据以上材料所示，明初宁夏镇城形状略呈正方形，城墙四向四门皆有名称，名称沿袭至后世。镇城周回九里，城墙四角呈钝角状，东面城墙之上开设一个孔洞，引红花渠入城，城外设有护城壕，但其形制不可知（见图 5.3）。

"正统间以生齿繁众，复修筑其西弃之半，即今所谓新城是也。故城四角皆刊削修筑，岁久旧非其制，今但存其东北一角。城门六：东曰清和；南曰南熏，曰光化；西曰镇远；北曰德胜，曰振武。池阔十丈，水四时不歇，产鱼鲜。"[160] 12 明正统年间（1436—1449），旧城内居民数量过多，故复修筑西夏和元代旧城西半部，扩建后的城池名为"宁夏新镇城"。明正统（1436—1449）之前，旧城四个角不垂直，削出钝角。虽然历代旧城有维修，但修建时并未沿袭旧有形制和模式，直至修建新镇城后，将城池三个角修复为直角，却保留了东北角的钝角城墙。宁夏新镇城共设六座城门，原存四座城门未变，新增设西南的光化门和西北的振武门。城外设跨度为十丈的护城河，护城河水四季不停歇，源源不断，河内盛产鲜鱼。

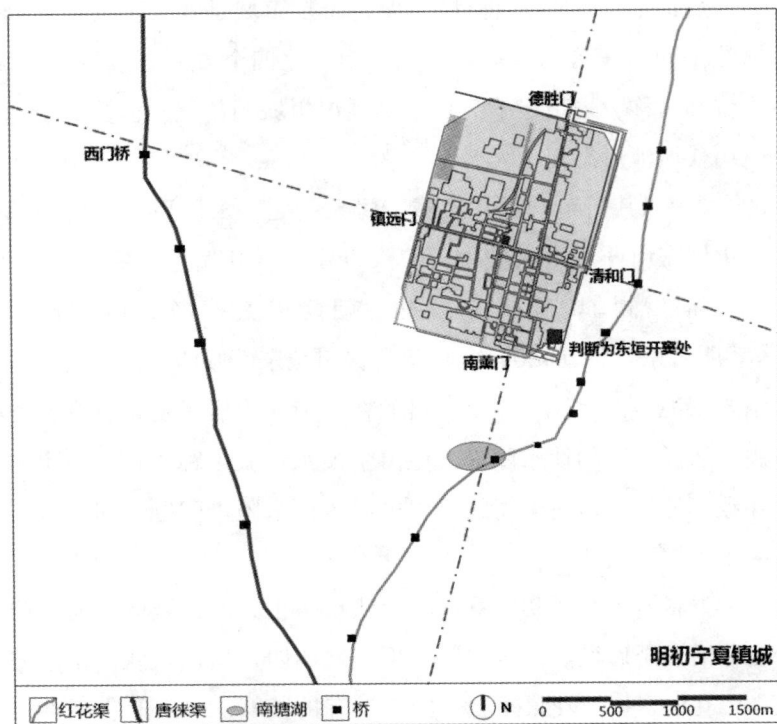

图 5.3　明初宁夏镇城格局分析示意图

图片来源：根据明宁夏城图①结合卫星图作者分析绘制

"正统间……统甃砖石……环城引水为池。城高三丈六尺，基阔二丈，池深两丈，阔十丈，重门各三内城……大楼六，角楼四，壮丽雄伟，上可容千人。悬楼八十有五，铺楼七十，外建月城，城咸有楼，南北有关，以至炮铳具列，闸板飞悬。火器神臂之属，制备极其工巧。"[162]7

在《弘治宁夏新志》中，首次提到宁夏新镇城外修建护城河，一般护城河用于军事防御目的，但此处却可以用于水产养殖，而且养殖鲜鱼还四时不竭。后在《嘉靖宁夏新志》中描述了宁夏新镇城"水四时不竭，产鱼鲜菰蒲"[161]9 之景。

据以上材料所示，证实明正统年间（1436—1449）的宁夏新镇城曾呈

---

①［德］阿尔弗雷德·申茨著，梅青译. 幻方——中国古代的城市［M］. 北京：中国建筑工业出版社，2009：345.

现出繁华之景。明万历年间（1572—1620）宁夏新镇城，因其城内居住人口过多，恢复了西夏旧城西半部，除城墙东北角为钝角，其他三个城角为直角。故此时的银川城呈长方形，围十八里，城高三丈六尺，城基宽为二丈，城东南角为钝角，其他为直角。护城河绕城，城壕深两丈，宽为十丈，护城河内四时产鲜鱼。城门原有四门，新修镇城南面城墙靠西建有"光化门"，城北面城墙靠西建有"振武门"，六门之上设门楼，城四角设角楼，城外设月城，城南门和北门之外设南北关城，城墙全部采用砖石材料构筑而成。但明万历年间（1572—1620）修筑的镇城月城和关城形制不得而知，只知新镇城"楼皆壮丽，雄伟工绝"①。

　　明《嘉靖宁夏新志》中的宁夏镇城图则显示：宁夏（镇）城外确有南北关城，且偏城东一侧的中心轴线设置，位于南薰门和德胜门外。但南关城有围合城墙，并与南薰门紧密相连，南关城外设有祠堂、道观等建筑群；而北关城没有城墙，并与城门、城墙之间保持一定的距离，互不相连。此时宁夏镇城的城楼、悬楼、铺楼等各类防御建筑和设施未详细展示，六座城门上有城门楼，四角无角楼。

　　明万历三年（1575），增缮城池，凿旧易新，环甃坚固。新修关楼南曰"昭阳""太平"，北曰"平虏"。明万历三年（1575）之后，银川城南北门都有关城，南薰门外的南关城是在旧关城上修建的，而且还加盖了两座城楼，名为"昭阳"和"太平"。而德胜门外则修建了新的关城，也设有城关门楼，名为"平虏"，此时的宁夏镇城平面呈规整式显字形。历经各类战事后，宁夏镇城形制发生改变。明嘉靖时期年间（1522—1566）宁夏镇城为长方形，其城南靠东北侧凸出关城，后演变为南北两面城墙凸起，呈中字形平面，两座关城与城门相连，上设关城门楼，由此证实明万历三年（1575）仍注重宁夏镇城的防御与安全。

　　在《增补万历朔方新志校》一书中，曾提及宁夏镇城"止阙其艮方，环城引水为池"。[162]8而且在《陕西四镇图说》宁夏镇图中也有相同阐述。

---

　　①佚名编纂，范宗兴签注. 增补万历朔方新志校注［M］. 银川：黄河出版传媒集团，宁夏人民出版社，2015：37.

明万历二十年（1592），宁夏兵变，决红花、新渠渠坝，放水灌城，[①] 间有侵圮，"德胜""昭阳""划车"诸楼皆毁。后明万历二十五年（1597），哱拜作乱踞平夏，官军攻之并采用筑堤围城以灌之，因城西北角地势低洼，城东北金波湖、三塔湖等，城东和东南近红花渠和汉延渠，三面形成下洼地势，城因灌水后，多处崩塌陷落，被官兵一举攻破。后镇城修复，其形制如前，题北楼"命我"，关楼曰"朝阳"。而在《陕西四镇图说》宁夏镇图中："万历四十一年（1613）之后的宁夏镇城垣周围一十八里一百八十步。"[166]61艮方为东北角，恰恰应证了正统年间（1436—1449）东北角成钝角的事实，当时该城角开凿是用来引水为池，环城做护城河。再根据之前唐徕渠系和城周边的湖泊分布情况，正统年间（1436—1449）护城河水：红花渠水联通城北湖泊后灌入城壕中。这引发了明万历二十年（1592），城墙东北角被挖断，城内大量灌水的事件，造成城内东北部建筑被冲毁。同时，城墙之上多座门楼和关城楼倒塌。明万历二十五年（1597），为夺回镇城，又采用挖断城墙西北角的策略，灌水入城。直至明万历四十一年（1613），宁夏镇城具体尺度为周回十八里一百八十步，这与正统时期修建的城制一致，城虽遭遇兵祸，但"渐复旧制仍为巨镇伟观云"。[162]7

明宁夏镇城主要功能以军事与政治为主，在城池形制几经变迁的过程中，因城池所在地理位置与环境的影响，城址的扩增影响了城池形态的改变，这些都围绕唐徕渠的变化而展开。明宁夏镇城格局一直以东西轴线为主，南北为辅，城池扩展时始终向唐徕渠干渠方向横向发展，这可从宁夏镇城的缩减与扩建的交替过程中略见一斑。城池形制也不是传统意义上的四方形或长方形，因为城内居民提供饮水，而在城东墙开凿孔洞，引水入城修建城壕，故在城东北角开凿豁口，城池形制变为一个东北钝角的长方形。后来，维护城池安全，加设南北关城。综上所述，明宁夏镇城形制由早期四角抹平正方形，演变为东北角抹平的长方形，后又变成城东部南面加设规则关城，最后变为城东一侧南北两面设关城的凸字形

---

①罗亚蒙主编 . 中国历史文化名城大辞典（下）［M］：北京：人民日报出版社：1845.

平面（见图5.4）。

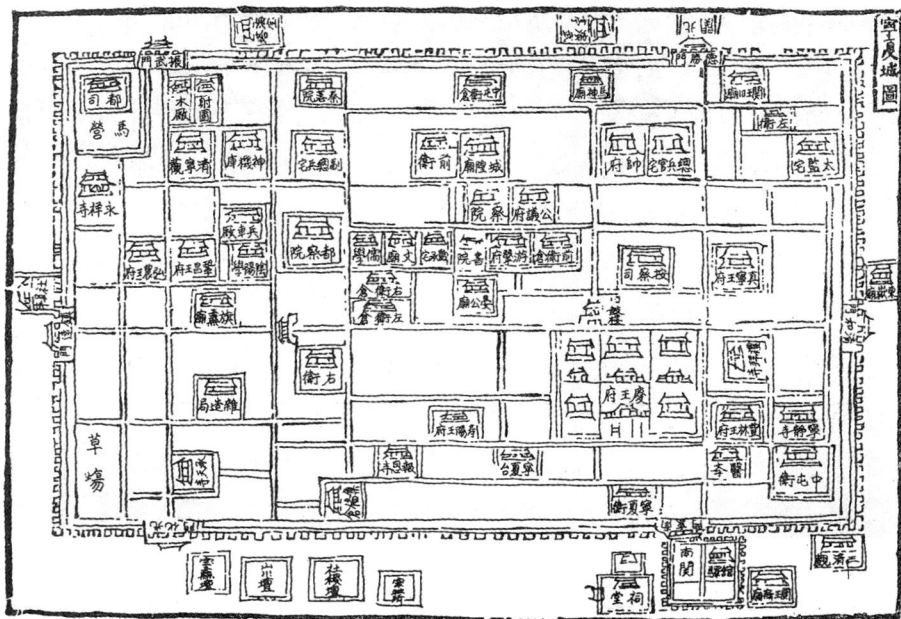

图5.4　明代宁夏镇城图原图

图片来源：《嘉靖宁夏新志》宁夏镇城图

在明宁夏镇城不断向西靠近唐徕渠干渠的总趋势下，唐徕渠支渠红花渠对镇城的城池格局影响深远：第一，明永乐年间（1403—1424），首任总兵何福架设了跨越城东南角的护城河，其主要目的是为解决城内居民饮水。虽何福因此获罪，且城内居民饮水状况也并未完全改善，但由于东面城墙开凿的孔洞，也联动了东南小渠的发展，使红花渠借助小支渠跨槽引水入城。第二，红花渠因种植"红花"而得名，"红花"是明"国朝岁贡"的重要物产，"惟红花，岁役数千夫始竟其事，所贡止五百斤……人实不胜其困"[162]47。红花渠两岸的红花成为城东一盛景，但红花仅作为染布材料，且所需量巨大，耗费人力物力，窥其弊病后，终于在明嘉靖元年（1522），地方官员请奏止，将红花渠仍作为农田灌溉渠。明嘉靖年间（1522—1566）后，沿红花渠两岸变为良田种植区。第三，明代南门外的（永通桥），"距城南里许，其下即红花渠，与路旁明水湖混为巨汇。"[162]39-40

红花渠位于南门外最近处，其与路旁明水湖混为巨汇，益处是可为城池内外提供大量水源，弊端是渠湖水汇集后，如过度泛滥则造成道路和桥梁的崩塌。但此处的渠湖之水互为补充，灌溉周边农田，其利大于弊，而且也可形成南门外渠湖之水交融的特色景观，提高城南的风景质量和视觉观感。第四，红花渠是环城最近的一条水渠，它经过南薰门外的永通桥下后，汇入桥旁的明水湖，再流向城东南角，环抱城东南角，拐向城东，流经城东的清河门，再向北流。后再与城北湖水相连汇入城东北角，为护城河提供水源（见表5.2）。

表5.2 明宁夏镇城外水系与城池的关系分析表

时间	城外渠系	渠城关系
正统 （1436—1449）	唐徕渠干渠，唐徕渠支渠——红花渠、西北小渠、西南小渠、满达剌渠、红花渠支渠——东南小渠	围合、跨越、引入
嘉靖 （1522—1566）	同上	围合、跨越、引入
万历 （1573—1620）	同上	围合、跨越、引入

（资料来源：根据《宁夏志笺证》《嘉靖宁夏新志》《弘治宁夏新志》《增补万历朔方新志》相关内容作者绘制）

明宁夏镇城之外的水系多依赖唐徕渠干渠及其支渠，干渠流经城池西，在城南干渠上就开设了支渠口——红花渠口，红花渠则从城南、东南、东向绕城向北而行。干渠之上又开设两条跨城入壕的支渠——西南和西北小渠，同时红花渠之上开设东南小渠，城北则为湖泊湿地。明宁夏镇城在这样的水系包裹的态势之下，形成了外围渠湖环绕、城壕之水为渠水、内引渠水入城的独有渠城之景。城内外的丰富水系不仅为城池带来了水资源，同时水系的作用兼具多种功能：灌溉、饮水、防御、养殖、造园，可谓一渠之水多用，发挥出极致价值。

5.2.2 明代唐徕渠对园林格局的影响

自西夏开始，银川城内外园林建造活动已拉开序幕。伴随着明宁夏镇城外唐徕渠系丰富和城内外天然湖泊的开发，引水造景、引水入园、引水造湖成为明宁夏镇城内外园林营建的新风尚，创造出盛极一时宁夏镇园林建设的新典范格局，继而影响后世银川城的园林营造与文化景观格局。

明宁夏镇城内外园林的兴盛，离不开以下几点因素：首先，天然湖泊和人工渠水的结合，是造园的先决条件。由于宁夏镇城外围环绕的唐徕渠系，加之城内外的各大小面积湖泊密布，为城内外园林理水、造景、种植提供丰富的水环境基础。其次，宁夏镇城及各路堡寨的防御体系建构，为宁夏镇城提供了安全保障。由于城池和周边的防御安全，城内经济和社会环境稳定，宜可大力营建人工园林。最后，由于朱元璋之子朱栴迁府入宁夏镇城，基于人工和自然理水造景的园林营建理念，进一步推动了明宁夏镇城内外各种园林景观的建设，自此开创宁夏地区传统园林主题和类型多样化的滥觞。

5.2.2.1　园林类型

据明代地方志考证与统计，以藩王庆王府园林为核心，宁夏镇城内外共有25处大小园林，这些园林的建设和分布造就了宁夏镇城的园林格局基础。明代宁夏镇虽地处偏远的西北，但因明庆王及其十世子孙在宁夏地区统治长达250年之久，营建出明代宁夏镇城内外恢宏皇家园林景观。随着宁夏镇城内外王府花园或郡王花园的兴建，继而影响和带动了镇城内外其他各种类型园林的营建，从而掀起一波明代宁夏镇城内的造园高潮。也就是在明代，地处西北干旱与半干旱地的边疆小城却呈现出独特的渠湖园林之景。

明宁夏镇城园林类型可划分为：皇家园林，它包括庆王花园、郡王花园；衙署园林，它集建筑与园林为一体功能的公共空间场所或居住场所，具体所指宁夏镇城内各官衙、总兵府、帅府等内的人员办公、生活、娱乐等活动空间；书院园林，城镇内设有各类教育场所，书院内设有泮池、花园、田地等供学子学习、赏玩、劳动、休憩；寺观园林，指官方督办与民间信仰叠加的祭祀与建筑场所，承载着宁夏地方文化的再现与信仰寄托的公共场所；公共园林泛指供城内所有人参与的户外园林空间；私家园林指个人的私宅旁或后院中设小园，园内植花草以慰居者观赏和品鉴。

明洪武二十四年（1391），朱栴13岁封庆王，15岁就藩宁夏镇。他始居于韦州（今宁夏固原），后于1401年迁居银川。自此，宁夏镇城出现了皇家园林，即为"庆王花园"，共6座：丽景园、小春园、乐游园、撷芳园、盛实园、逸乐园，这些园林多属于游园，借助天然湖泊的水源，围湖建园、引渠设园，园内景致多以池塘、曲池、小潭等为山水主题，各类花草植物点缀其间，用以衬景和塑景，荷花、芙蕖、青松等多类植物植在园内竞相盛开，有些园中甚至植有果树，将经济、实用、美观三种价值融合与实践。"丽景园"和"金波湖"为最佳造园典范，两园开创了干旱与半干旱地区宁夏古代园林的造园范式（见图5.5和图5.6）。

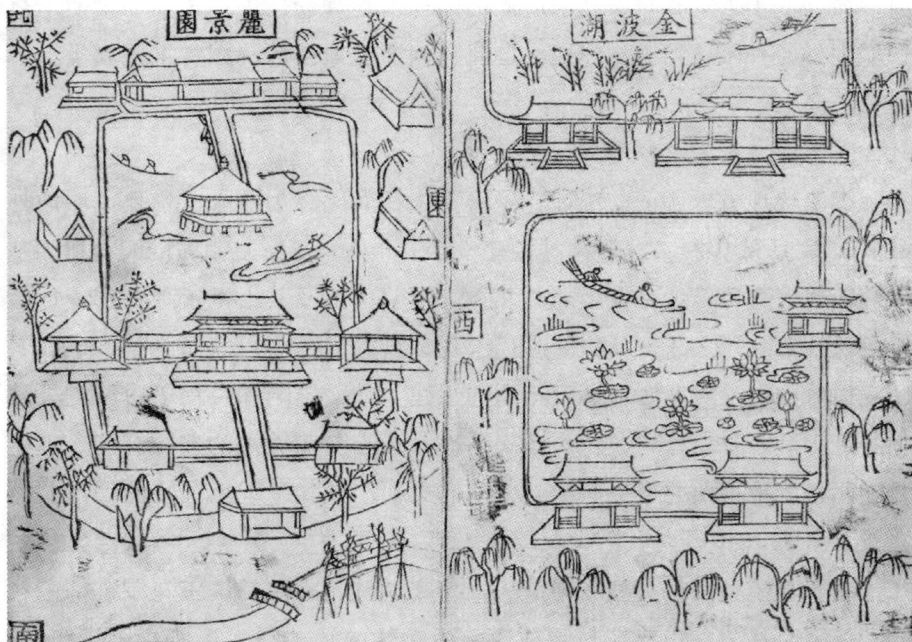

图5.5 明宁夏镇城丽景园布局图（左图）　　图5.6 明宁夏镇城金波湖布局图（右图）

图片来源：《陕西四镇图说》宁夏镇《丽景园图》和《金波湖图》

"丽景园居城东北，红花渠东，予之果园也。"[159]189丽景园位于红花渠东面，居于城外东北角。流经城东清河门外的红花桥穿过赤栏桥下，到达丽景园外，园内水景就引自红花渠水。由于明代红花渠水源的稳定，园内多座建筑依水而筑，形成广域的池水山林之景。根据《嘉靖宁夏新志》中的丽景园图可窥见园中洞天，丽景园内以水景为中心，其水景中心造一方池，中心延伸长轴即为东西轴，短轴即为南北轴。方池西面设有一组高台殿堂建筑群，方池东面坐落着三开间中高两低的悬山顶式建筑物，两座建筑物呈一字排开。其南北两侧为对称布局的两座单间硬山独幢建筑。方池中部伫立着四角攒尖方亭，亭子体量大，亭下设台，台下聚水，直桥连接湖中亭和面阔三开间的建筑物。丽景湖内的每座园林建筑名称别有风致："拟舫轩""芳意轩""芳林宫""望春楼""望春亭""月榭""杏坞""飞虹桥""小红桥""宴仙桥"。亭、台、轩、榭、楼、桥等多为中国传统园林的造景元素，它们或环绕于池水四周，或跨越于水面，或伫立于水面，既能休憩，又能观景（见图 5.5）。

丽景园内水景多由成片湖泊池沼组成，这些池沼湖泊内养殖着各类水禽动物。鸳鸯浮游池内的"鸳鸯池"，鹅鸭遍布的"鹅鸭池"，植物、动物与水之间构成了一幅生动活泼的小型水上动物园画面。丽景园内的望春楼，登高望远，一览无余："避暑高楼此日登，山川感慨客怀增。地连紫塞三千里，水映朱阑十二层。布设催耕声度柳，游鱼吹浪影穿菱。"[160]303园内植物繁盛，且碧绿葱郁："官树倚天张翠葆，好花傍槛闪红云。"[160]304

"金波湖"座落于丽景园青阳门（北门）外，《读史方舆纪要》记载"金波湖"位于镇城北，想是记录有误。金波湖水四面设园林构筑物和建筑物："临湖亭，湖之西。鸳鸯亭，湖之北。宜秋楼，湖之南……宜秋楼于城东金波湖南，择地之爽垲者构楼焉。"[161]165《陕西四镇图说》中的金波湖图分为两片规整的水面，上部湖面仅绘有一半，画面以中部的正方形湖面为表现中心（见图 5.6）。

金波湖南端的楼阁建筑，共三层，为庑殿顶，下设台基，其平面呈凹字形，两翼的建筑缩进，其建筑高度明显低于中部建筑高度。"临湖亭"接近于水面，实为双层楼阁建筑，设台基。湖北岸设"鸳鸯亭"，东西两岸对称的两座楼阁建筑，亦为两层，设台基。"金波湖，垂柳沿岸，青阴蔽日……为北方胜观。"[161]164金波湖沿湖的柳树则采用密植方式环湖一周，湖中浮游水生植物，小舟荡漾于湖中，建筑、水、植物相映成趣，这番胜景在北方干旱和半干旱地区极为少见。

城内各郡王仿效庆王造园手法和立意设计，限于用地，郡王花园多为小型游园和花园："永春园""沧州""赏芳园""寓乐园""凝和园""真乐园"。各郡王花园的规模、数量、面积虽都不能与庆王府花园比较，但郡王花园围绕庆王府与花园，沿城内东半部的南北主干道两侧向城东、城北、城南轴向布局。"寿阳王府，庆府西。"[161]40 "丰林王府，庆府东。"[161]40寿阳王府和丰林王府分布在庆王府东西两侧。"真宁王府，镇安坊东。"[161]39真宁郡王府，则分布在城内东面，即今天银川兴庆区中山北街东侧和羊肉街口一带，与庆王府相邻。"巩昌王府，凝和坊西，即安塞王故府修居之。"[161]40 "弘农王府，巩昌府西。"[161]39 "赏芳园"在真宁王府内。"静得园"，意为万物静观则自得，在真宁王府前院。"寓乐园"，弘农王府内。"真乐园"，丰林王府内。"凝和园"，巩昌王府内。[161]160-161其他郡王府：桐乡王府、延川王府，多利用渠水修造府邸花园。"沧州，安塞王府（巩昌王府）内，安塞王读书之所"。[161]160沧州在永春园内，"顺水穿渠纵戏鱼……石潭波紫落芙渠，一山半水皆生意"[161]160，此园引渠水，湖岸垒砌山石成沧洲岛，凸显沧州的幽静之处，围水造湖，湖岸置山石，隐居于此，以书为伴，独居修习，幽静闲暇，淡泊名利。郡王花园还多以赏花观游，游景生乐，宁心平和为园林主题，彰显人间乐土之意。郡王府内花园还能彰显园林的功能与意境：以赏花为主的"赏芳园"，独自忧乐的"寓乐园"、开心真我的"真乐园"，祥和平逸的"静得园"，凝神聚气的"凝和园"。郡王府园林建造各有千秋，揭示园主人的心理路程。

明代宁夏镇城内的衙署园林覆盖于居住场所或办公场所："环翠楼，南薰门外，下临荷池，张泰总兵之别墅也。"[160]32南薰门外的环翠楼是张泰总兵的居住建筑，"翠"，绿也，繁盛的植物环绕楼前，驻足凝望。楼外一片水塘，塘内植荷花，楼阁、莲池、水塘相互倒映成趣，看与被看，互动造景。

后乐园位于督察院（在城北学宫东）后院中，因后台有隙地，面积纵横约为二亩左右，前代早已有人在此修建小花园，植有"蔬畦"和"花坞"。园内"杂树蓊翳，且旁引渠水，以时灌溉。中构小亭三檐……亭前汇水为曲池"[161]161。后巡抚大都宪海山王公来此，因其常在园中小亭内焚香理琴、批阅文书、作文赋诗、休憩其间。园内还可凭栏眺鱼、射箭投壶，既有徘徊于林塘花鸟间之意，又可"寄远思"，怡然自得焉。亭名"环碧亭"，园名"后乐园"。"坐有方亭畦有田，曲渠导水绕阶前。"[161]164园内之水引自渠水，弯弯曲曲的渠水是小园水景的来源。

寺观园林多以寺观建筑为主，穿插自然湖渠水景，创造出借景和眺景之造园意匠。寺观一般设于天然湖泊和人工湖渠环抱的环境之中。"高台寺"，在高台寺湖之中，始于西夏，经明代庆王修缮后，极目远望，湖光山色，渠湖山野之景交织。三清观等寺观园林则以"幽远僻静"为主题："乘闲偶过三清观，幽绝都无尘俗情。"[160]302 "三清观"在南薰门东南附近，南塘、明湖、红花渠聚集于此，观内入眼青松，耳闻流水之声[161]157，盛似天宫瑶台之景，不类人间。"土塔寺"和"永祥寺"，位于镇城西面的镇远门内外，建筑或建于贺兰桥东南，或跨越西北小渠进入马营。寺观建筑本身具有宗教意义，但离不开水景的烘托，寺院建筑的神圣和园林的清幽，构成独特的园林景观。

"南塘"是镇城的一座典型公共园林。"南塘，在南薰门外二里许，永通桥西南，接官亭附近，旧为停潦之区。明嘉靖十五年（1536）修，未果。杨守礼因势修浚，植柳千株，缭以短墙，注以河流。"[162]287 "南塘"在南薰门外二里处，"永通桥"的西南方，原其附近建有接官亭，下设池塘作为泄水湖。因其位置与"明湖"位置重合，疑与明湖相连成一体。明嘉靖十五年（1536），政府对南塘的修浚没有起到改善景观的作用。后，都御史杨守礼因势利导，沿水塘边缘密植多株柳树，以此防止水塘之水外溢，水塘外围设置围合的矮墙，沿水塘呈现出景墙结合的绿植人文景观。水塘占地面积达百亩，植有菰蒲萍藻等水草类生植物。因南塘整个形状为方形，活水为源，水质清澈，稍加疏浚后，水塘上可行舟，极目之如西湖，引游人驻赏。南塘四周环以围墙，内外植柳树，其北设门，便于人们自由出入，亦为"塞北奇观"。南塘南岸的"知止轩"，一座三楹小亭，地方官员在此咏诗送友、行酒助兴，普通游人亦可在此休憩（见表 5.3、表 5.4、图 5.7）。

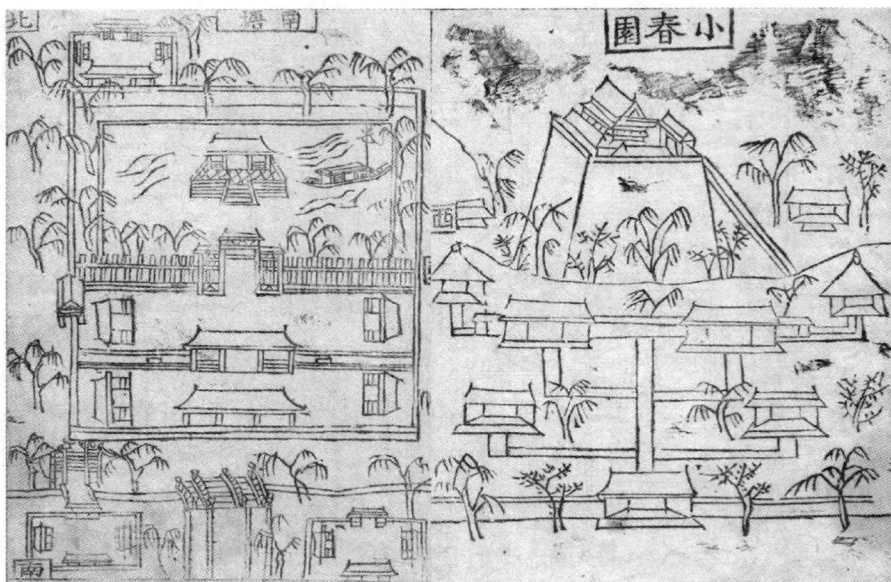

图5.7　明宁夏镇城南塘布局图（左图）　　图5.8　明宁夏镇城小春园布局图（右图）

图片来源：《陕西四镇图说》宁夏镇《南塘图》和《小春园图》

表5.3　宁夏镇内园林类型与分析表

园林类型		园林名称	园林类型与景致特点
皇家园林	庆王花园	丽景园	果园，白露满池荷叶净[161]158
		小春园①	游园
		乐游园	游园
		撷芳园	游园、花园
		盛实园	果园
		逸乐园	游园
	郡王花园	永春园	游园
		沧州	安塞王读书之所。顺水穿渠纵戏鱼， 石潭波紫落芙渠[161]160
		赏芳园	游园
		寓乐园	游园
		凝和园	游园
		真乐园	游园

①见图5.8明宁夏镇城小春园布局图（右图）.

续表

园林类型	园林名称	园林类型与景致特点
衙署园林	后乐园	乐者，感于中，畅于外。乐者曰后者，以示为人臣者不可先之意。园内有行台，台后有隙地，纵横约二亩许……旁引渠水，以时灌溉。中构小亭三檐，明敞幽洁。亭前汇为曲池，抱掩萦映……[161]161屋后隙地一亩有余，分成畦圃，种艺瓜蔬，栽植卉木。及顺水势之来，凿渠以通流，穿井以渚蓄[161]43
	西园	市城数亩小蓬莱…… 渠过女墙分活水[161]391
寺观园林	土塔寺	\
	三清观	入门喜见青松色，绕户还闻流水声[161]157
	永祥寺	\
书院园林	宁夏儒学庙院	\
	宁夏揆文书院	名为养正书院[162]182
	宁夏学田	捐禄得田三百余亩， 以供书院考课之用[162]182
公共园林	南塘	旧为停潦之区，后植柳千株，缭以短墙，注以河流，鸥鹭凫鸟[161]166
	金波湖	垂柳沿岸，青阴蔽日…… 为北方盛观[161]164
	静得园	万物静观则自得[161]161
私家园林	梅所	为流寓郭原之所。初疑郭西千树梨，香魂化作万玉妃。屋前屋后雪作堆[162]400-401

（资料来源：根据《宁夏志笺证》《嘉靖宁夏新志》《增补万历朔方新志》相关内容作者绘制）

5.2.2.2　园林分布

明宁夏镇城内的园林分布位置详见表5.4。庆王花园的分布："庆府，萧蔷高一丈三尺，周二里。即宁夏卫公署。"[161]39 "今在南薰门通衢右，即宁夏卫也。"[162]57庆王府既是朱栴府宅也是宁夏卫所在地，位于南薰门内大道西面，大门初设向东，后改向南，内设置棂星门、端礼门、承运门、承运殿等。通往南薰门内的大道修建了仪宾路，方便南北往来。庆王府处于城中最繁华地段，加上政治背景，形成王府与公署衙门合用的格局。经考证，庆王府建于今天银川市中山南街西，步行街以东，解放东街至新华街之间的地段中。王府萧墙高 4.33 米，周长 1.5 公里，曾内设王宫、东西宫等。王府虽居于南薰门内西，但王府花园布局则多而分散，王府花园遍布于城内外渠系流经和聚集地段（见表5.4）。

表5.4　明代宁夏镇城内的园林和建筑位置分布表

序号	名称	位置	景色类型与特质
1	芳林宫	丽景园内	星光和月影，相共照中庭[161]159
2	群芳馆	丽景园内	\
3	拟舫轩	丽景园内	\
4	凝翠轩	丽景园内	\
5	芳意轩	丽景园内	\
6	清暑轩	丽景园内	\
7	望春楼	丽景园内，芳林宫前	水映朱栏十二层…… 游鱼吹浪影穿菱[161]159
8	望春亭	丽景园内	\
9	宜春亭	丽景园内	\
10	水月亭	丽景园内	\
11	清漪亭	丽景园内	\
12	临湖亭	丽景园内	\
13	蹴鞠亭	丽景园内	\
14	涵碧亭	丽景园内	\
15	湖光一览亭	丽景园内	\
16	翠荫	丽景园内	\
17	凫渚	丽景园内	\
18	菊井	丽景园内	\

序号	名称	位置	景色类型与特质
19	鹤汀	丽景园内	\
20	月榭	丽景园内	\
21	桃蹊	丽景园内	\
22	杏坞	丽景园内	扶桑云散日瞳胧，一片红霞映晓风[161]160
23	鸳鸯池	丽景园内	\
24	鹅鸭池	丽景园内	\
25	碧沼	丽景园内	\
26	杏庄	丽景园内	\
27	远畴	丽景园内	\
28	涵碧	丽景园内	\
29	合欢道	丽景园内	\
30	红芰	丽景园内	\
31	宜秋楼	城东金波湖南，丽景园内	亭皋木落水空流，陇首云飞又早秋[161]357
32	临湖亭	金波湖之西	\
33	鸳鸯亭	金波湖之北	\
34	慎德轩	庆王府	康园之号
35	延宾馆	庆王府内	康王建之
36	清赏轩	小春园内	\
37	眺远亭	小春园内	高台之上
38	芍药亭	小春园内	\
39	牡丹亭	小春园内	\
40	清趣斋	小春园内	\
41	延宾轩	巩昌府内	\
42	来青（清）楼	乐游园内	\

序号	名称	位置	景色类型与特质
43	荷香柳影亭	乐游园内	\
44	山光水色亭	乐游园内	\
45	拥翠楼	庆王府延宾馆内	\
46	环翠楼	南薰门外	方塘环翠，楼高映水
47	知止轩	南薰门外二里许，南塘南岸	\
48	具服亭	永通桥南	守臣迎接诏敕之所
49	接官亭	城南七里许	迎送之所
50	高台寺	城东十五里	庙宇
51	三清观	城内	道观

（资料来源：根据《宁夏志笺证》、《嘉靖宁夏新志》、《弘治宁夏新志笺》、《增补万历朔方新志》相关内容作者绘制）

根据《弘治宁夏新志》所载，"丽景园、小春园、乐游园、撷芳园、盛实园、逸乐园"，以上"六园俱庆王府所有"[160]32。各园以上六园位置如表5.5所示，庆王花园主要分布在镇城外东北、西南、北、东南、南五个方位，城内仅设一座"逸乐园"，且在庆王府内。其他5座园林都建于城外，这些地段与唐徕渠干渠、支渠、湖泊所在地重合，实为就渠水造园。各郡王花园多在城内，占地面积小，间有空隙，夺地建造。郡王花园分布于城内西北、中北、东北、东南四向位置中，郡王花园环绕城内的庆王府和逸乐园，呈众星拱月之势。镇城东半部的中轴线竟成为各郡王花园竞相造园的黄金地带。其水源来自于唐徕渠支渠——西北小渠、红花渠支渠——东南小渠、城东北引入的红花渠水、城北湖水（见表5.5）。

其他各类园林或位于城外西面唐徕渠干渠一侧——土塔寺；或位于城外东南红花渠一侧——三清观；或位于城内西南一角——梅所；或在城东南南塘附近；或在城东北金波湖和红花渠相夹之地——丽景园和金波湖；或夹杂于城内各郡王花园隙地之间——后乐园。园林类型虽有区别，但是造园水源皆来源于唐徕渠干渠、支渠和城外湖泊（见表 5.5、图 5.9）。

表 5.5 宁夏镇内各园林位置与造景水源分析表

序号	园林名称	园林位置	造园水源
1	丽景园	城东北，清河门外，红花渠东	红花渠、金波湖
2	小春园	丽景园内南	同上
3	乐游园	光华门外西南	西南小渠、城外湖泊
4	撷芳园	南薰门外	南塘、红花渠、明湖
5	盛实园	德胜门外东北八里许	北面湖泊
6	逸乐园	庆王府棂星门内西	东南小渠、红花渠
7	永春园	巩昌府内	东南小渠、城内湖泊
8	沧州	巩昌府内	东南小渠、城内湖泊
9	赏芳园	真宁王府内	红花渠
10	寓乐园	弘农王府内	西北小渠、唐徕渠干渠、城内湖泊
11	凝和园	巩昌府内	东南小渠、城内湖泊
12	真乐园	丰林王府内	东南小渠、城内湖泊
13	后乐园	督察院内	西北小渠、唐徕渠干渠
14	西园	总兵帅府内	不详
15	南塘	南薰门外二里许，永通桥西南	南塘、红花渠
16	金波湖	丽景园青阳门外	金波湖、红花渠
17	静得园	真宁王府前	东南小渠、城内湖泊
18	宁夏儒学庙院	城正中北部，后乐园东南	西北小渠、城内湖泊
19	宁夏揆文书院	在宁夏学东	同上
20	宁夏学田	\	未详
21	土塔寺	镇远门外，贺兰桥东南	唐徕渠干渠
22	永祥寺	镇远门内，马营前（南）	西北小渠
23	三清观	南薰门外东南	红花渠、东南小渠
24	高台寺	城东十五里高台寺湖中	高台寺湖
25	梅所	镇远门内东南，真宁王府南	西南小渠

（资料来源：根据《宁夏志笺证》《嘉靖宁夏新志》《增补万历朔方新志》相关内容作者绘制）

5.2.2.3　园林特点

王府园林格局特点：以城内庆王府内的逸乐园为众园中心，其他庆王花园分散于城外水草丰茂和湖渠密集之地。园林在府宅外部设置，这与中国传统皇家园林建设有所区别。王府园林虽占地广、数量多，但园林分工和主题设计明确，其不乏自然水景和人工水景结合的立意。大面积水域形成的园林将城内外水系串联，依靠地势、植物、建筑，营造出王府花园恢宏气势。各园内的建筑、植物、景观都因水而得到升华与烘托：园林建筑类型多样、错落有致，与水相映成趣，映照成景；植物种类繁多，因水而生，因水而盛，映衬出山湖水景的色蕴；水景营造更将园林意境提升，湖池沼溪，动静相宜，为游园者提供休闲、环游、娱乐之场所。

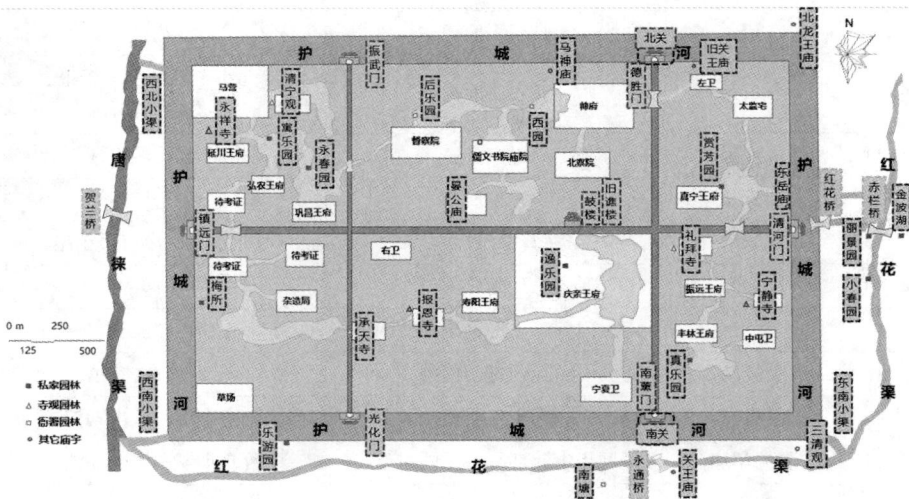

图 5.9　明代宁夏镇园林分布图

图片来源：根据《陕西四镇图说》宁夏镇图、1994 至 2005 年
银川市建设志中的银川园林分布图作者绘制

郡王花园格局特点：占地面积小，布置在郡王建筑群与园林的空隙之地。沿城池内部的东半部、南北主街、西北洼地建造府邸与园林。郡王花园围绕庆王府邸环形建造，均匀布局，呈众星拱月之势。

其他园林格局特点：衙署园林则以公共建筑为主，在建筑群后开设洞天小景，以小田园、小菜园、小花圃、小池塘等为园林主题，小而全，小而精，一园具备多功能。寺观园林的设计与以上园林设计的考量相同，以主建筑为中心，外围辅以小院，小型园林穿插其中，开创隙地造景园的设计内涵。公共园林则设有旷达之地，土地开阔，围湖植树，岸边造亭，泛舟于湖，直抒胸臆。私家园林以园主人的思乡之情，种植表意的植物，以示主人志愿、怀感家乡之意。

　　无论何种类型的园林依水造园与造景，水是各园的精髓。处于西北边陲的小镇，明代宁夏镇城内外的水源主要来自于引黄灌溉渠和湖泊沼地。引黄灌溉渠：唐徕渠干渠、红花渠、东南小渠、西南小渠、东南小渠。湖泊沼地密布于镇城北、城南、城北的自然湖泊。水源在各类园林的择园和建园过程中起着主导作用，是各园的水环境基底。各种类型园林因势利导，依自然湖泊造园，开渠引水，造湖成园，引水成园。在此基础上，各园林建筑物和构筑物，围水而设，围水造景。各种植物依水而生，因水而盛，别有一番塞北江南园林景致的韵味。

5.3　清代唐徕渠对宁夏府城格局的影响

5.3.1　清代唐徕渠对城池格局的影响

　　"国朝初，因其旧。顺治十五年，并前屯入宁夏卫，并中屯卫入右卫，隶宁夏道。雍正三年，改为府、县，领州一、县六。乾隆四年，裁新渠、宝丰二县入平罗，凡领州一、县四。"[163]77清初，宁夏地区沿袭明代旧制。顺治十五年（1658），将前屯、中屯卫分别并入宁夏卫和右卫，隶属于宁夏道。雍正三年（1725），宁夏道改为宁夏府和宁夏县，统领一个州和六个县。清乾隆三年（1738），宁夏府城毁于大地震之中。与此同时，各城亦受重创，宁夏府所属的新渠、宝丰率成冰海，不能建城筑促，仍复旧规，两座新城尽毁，不再重建。清乾隆四年（1739），裁撤新渠县和宝丰县，统辖一个州和四个县。

　　清顺治以前的银川城，清顺治年间（1638—1661）的宁夏道城，清雍正年间（1723—1735）之后的宁夏府城和宁夏县城，即明宁夏镇城，城址位置没有变化。但"国朝顺治十三年（1656）巡抚黄安图修缮。清康熙元年（1662），巡抚刘秉政继修。乾隆三年（1738），城尽毁。清乾隆五年（1740），发帑重建。周围长二千七百五十四丈，东西径四里五分，南北径三里一分，高二丈四尺。址厚二丈五尺，顶厚一丈五尺，并砖石包砌。外堞口墙高五尺三寸，内女墙高三尺。城门与明六门一致，门上有门楼，瓮城门六扇，上有六座楼，角楼四座，炮台铺楼二十四座。南薰门外，关厢土城一座，周围共长五百九十八丈，计三里三分二厘，高二丈，马道一座，便门一座，东西稍门二座，水沟二十三道，水关六道……城河一道，宽三丈，深一丈……乾隆六年六月告竣"[163]125。

根据以上内容可知，清康熙以前的宁夏府城在明代宁夏新镇城基础上，共修缮了两次，故其形制和规模如前，仅修缮了城墙上的局部毁损之处。但由于清乾隆三年（1738），整个城池全部震毁。后在清乾隆五年（1740），清廷拨款重建。清乾隆六年（1741）6月宁夏新府城修建完毕（见图5.10）。

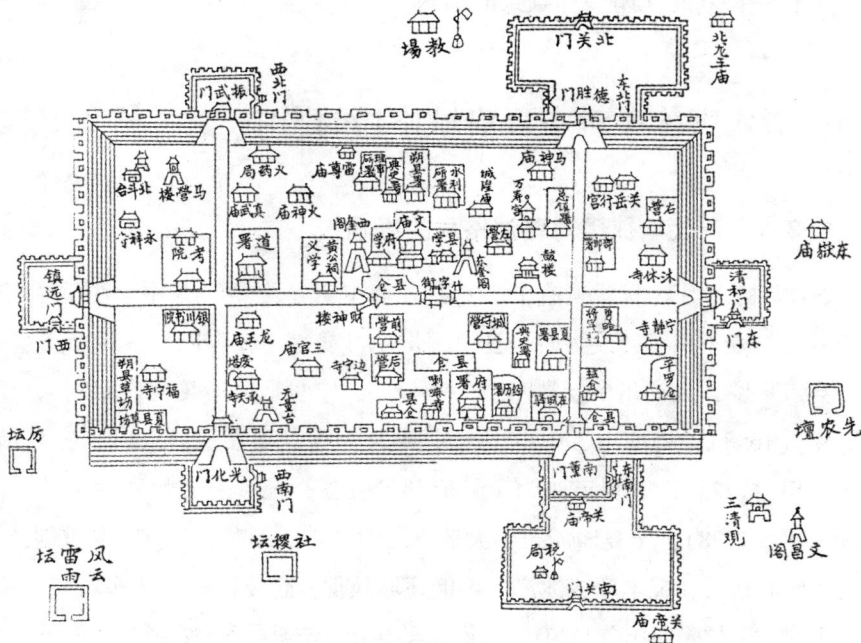

图 5.10　清代宁夏府城图原图

图片来源：清《乾隆宁夏府志》宁夏府城图

新修的宁夏府城平面为长方形，东西长，南北短，其尺度之间相差 1 里 4 分，这与明宁夏镇城东西倍于南北的长方形平面相较，其实际城池平面略呈正方形。城周长明显小于明代镇城周长，据《中国文物地图集宁夏回族自治区分册》所载："宁夏府故城，乾隆五年重修，并在城墙原址上向内缩二十丈。"[173] 清宁夏府城向内缩减，周长十五里多，东西长四里五分，南北宽三里一分，实为长方形。

此外城墙开设 6 门，与明镇城位置和名称都相同，但各城门之上有城楼，各门外设瓮城，瓮城门上再设门楼。城墙四角设 4 座角楼，各角楼内设炮台铺楼 20 座。62 道水沟设置于城墙脚下，6 座马道分布在 6 座城门一侧，4 座水关。南薰门和德胜门外，各设关厢砖包土城一座，南北向各设关门 1 座，关门设有马道 1 座，南关城墙上设有便门 1 座，东西稍门 2 座，北关城墙上仅设有东西稍门 2 座。北关门上有关门楼 1 座，南关门没有。南关城周长 1913.6 米，北关城周长 1395.2 米。南北关城墙高厚制度相同，设有垛口、内有女墙。另外，南北关城墙脚下各设水沟和水关，南为 23 道水沟和 6 道水关，北为 13 道水沟和 2 道水关。

"水关"是一种专用于古代城墙排水的建筑或设施。梁思成先生曾在《营造法式注释》里将苏州盘门的跨河城门称为"水门"；刘敦桢先生则将明归德府的水道设施称为"排水用水门"；籍和平学者称金中都城墙与水道的交接处为"涵洞"；而陈高华在书中将元大都院土城与水道的交叉处称为"水窦"。"土人曰水关，是水所从入城之关也"，即古代城墙上的水上大门，是城内外水系的关口闸门。[175]7-8《中国城池史》对水关的定义："在建设城池之时，引河入城中，必须要穿过城墙，这样必然设置水门。水门也叫水关。"[177]《辞海》："水关"即水上关口，旧时穿城壁以通城内外水的闸门。城墙上的过水孔洞可统称水门或水关，而按照功能又分为两种：通航的水门（狭义水门），及不通航仅通水的水窦或水涵洞。[174]40

据此，各学者称水关为"水门""水窦""排水用水门""涵洞"。可见其说法不一，所指的水关并不仅是一座水工建筑，更是一套复杂的水利系统。城墙上的水关是提供城内外河水进出的水道建筑物，水关上设有闸门。水关是连接城池内外河渠水道的通水口，它具备沟通城内外水道、泄洪、排水、水运等多重功能，它也是重要的水防建筑，具备防御功能。

既然水关与动态水流相联，那么水流入口被称为"上水关"，流出城池之后的被称为"下水关"，亦可被称为"进水关"和"出水关"。[176] 如若开合洞口较大时，可行舟，则被称为"水关城门"，较小时且防人出入被称为"水关涵洞"，涵洞的数量还根据水量多少来决定，水多则建二孔，少则一孔。水沟是建设于城墙之下，利于城内外水流畅通所用的管道。整个城墙体系中，水关与水道、水沟连接，将城外的水输入到城内各处，后再将多余的水量进行排出，保障城内水量的平衡。水门的设置也要根据引水入城的河道数量来决定。

明宁夏镇城墙的水关建筑并未提及，但清乾隆六年（1741）新修建的宁夏府城城墙，配备了专用于输水和排水的水沟与水关。城墙之上设水沟62 道，水关 4 座，但具体位置不详，推断水关应设置在城墙四角，同时根据水量，四面城墙上的水沟设置数量不等。不仅城墙之上设有水沟和水关，南薰门外的关厢土城和德胜门外的关厢土城上都设有水沟和水关，南薰门外关城墙上设有水沟 23 道、水关 6 道。德胜门外关城墙上设水沟 13 道、水关 2 道，具体位置不详。此外，在《民国朔方道志》中，对清宁夏府城的水关和水道数量的记录，与清代记录毫无二致。

除水关和水沟外，城墙外围还设置了城外护城河。新修的宁夏府城"城河一道，宽三丈深一丈"[165] 199。护城河宽度为 9.6 米，深 3.2 米，形制不明。再根据清代中期《宁夏河渠图》可知，护城河名为城壕，环绕于城池之外，呈不规则形态。城壕自城正中北部流出一股水系后，分别向城东城西两侧分流两股水系。城外的苇湖、蒲湖等 4 湖连为一体，马家湖分出一支水系过红花洞后，自城东北角汇入城壕之内。北塔北面的大面积湖泊因图面毁损，辨识不清，该湖可能从西面向东引出水系，汇入北面的水系之中。城东北角是城壕水系的第一汇入之处，后城中北部的一股水系是城池的真正入水口。另，红花渠水与马家湖流出水系相连，实际渠水和湖水都互为联通，所以汇入城壕中的水系不单仅有湖水。城西的唐徕渠干渠东岸分出两小支渠，分别是塔渠和水窖渠，两渠直接流入城壕中，这也可推测渠水、湖水、城壕水是互为联系，互为补充。但图中未对水关等水工建筑进行详细标示，故以此仅能判断城壕水的来源、水的输送和补充等方式，对环城水系的具体运作无法判断。

故可得出结论：唐徕渠干渠走向一直自南而北，如果城外向城内供给渠水，则城池南面、西面、东面都应设水沟，且此三个位置中都应设上水关，然而事实相反，所以城北设置的水关应为"下水关"，城东、南、西三面输渠水入城，城北面排水。此外，此时南薰门外的渠水和湖水丰富，所以城南关城上开设水关和水沟数量明显多于北关城上的水关和水沟数量。所以，在清中期《宁夏河渠图》中，宁夏府城水系组织为：唐徕渠干支渠自城南、东、西三面通过三座水关连接水沟，汇入城中，经过城内的曲折回绕后，从府城正北部的关门排出，后向城东北角低洼处汇为一股水流，向城西北、城东北分别流入两湖。在水量不足的情况下，各湖能够回灌入城来保证城内水系的运行。

综上，清乾隆六年（1741）新建成的宁夏府城格局与明代镇城格局一致，但其在城墙水利设施上的设计更为系统、合理和科学，城池的供水、输水、排水组织侧重后一种模式，清宁夏府城在此基础上，城内水系得到了有序管理，城池本体的防御和安全等各项功能得到改善。

5.3.2 清代唐徕渠对园林格局的影响

5.3.2.1 园林概况

清初，宁夏府城内的园林多继承了明代的园林。但实际上，清乾隆三年（1738）的宁夏大地震，使得宁夏府城内外的所有园林毁坏，往日胜景已不存矣。在《民国朔方道志》中，虽对明代各园做了记录和整理，但所有园林都附着以"今并废"[165]181三字。据此可以推测，清乾隆三年（1738）之后，所有园林已被毁，仅留残迹。

明宁夏镇城内外园林在清初被划分入古迹一览，金波湖、南塘、丽景园、乐游园等各园与明宁夏镇城园林情况相同，其内容详见表5.6。除表内的园林外，明代芳林宫、芳意轩、清暑轩等仍然存在。[163]118

表 5.6　清乾隆宁夏府志中的园林古迹统计表

序号	名称	位置	备注
1	高台寺城	府城东一十五里	废城，台在其东，元昊建寺于此[163]116
2	庆王府	南薰门内，通衢之右	明洪武三十五年，庆靖王自韦州迁此[163]116
3	金波湖	丽景园青阳门外	垂柳沿岸，青阴避日，中有荷芰，画舫游荡，为北方盛观[163]117
4	临湖亭	（金波）湖之西	\
5	鸳鸯亭	（金波）湖之北	\
6	宜秋楼	（金波）湖之南	庆靖王建，有记。[163]117
7	南塘	南薰门外永通桥西南	明万历兵变毁，三十二年，巡抚黄嘉善重修，榜曰"濠濮问想"[163]117
8	丽景园	府城清和门外	\
9	乐游园	光化门外西南	\
10	撷芳园	南薰门外西南	\
11	盛实园	德胜门外东	\
12	逸乐园	庆府内	\
13	永春园	巩昌王府内	\
14	赏芳园	真宁王府内	\
15	静得园	弘农王府内	\
16	寅乐园	弘农王府内	\
17	真乐园	丰林王府内	\
18	凝和园	巩昌王府内	\
19	涟漪轩	\	明巡抚黄嘉善建，有记[163]118
20	知止轩	\	明巡抚杨守礼建，有记[163]118
21	延宾馆	庆府内	康王建，为仪宾路升读书之所[163]118

（资料来源：根据清《乾隆宁夏府志》中的相关内容作者绘制）

5.3.2.2 寺庙园林和衙署园林

清代"宁夏府署，在宁夏旧南门大街西，监守厅旧址；宁夏县署，在南门大街西；宁夏府仓，在南门大街东；万寿宫，在城北学宫东，为明代督察院旧址……"[163] 233 "宁夏府署""宁夏县署""宁朔县署"等各类衙署建筑群沿宁夏府城东半部南北大街布局。《宁夏府城图》中的宁夏道署，原址在北大街城隍庙西，震后迁于府城北面。故清代衙署建筑所在地，与明代城内庆王府和郡王府位置接近，但院内是否设有园林不得而知。"永祥寺"，原建于马营前，且与延川王府相邻，后毁于大地震，在原址上重建，寺内园林是否修复不可知。"宁静寺"，位于城东南向清和门内南，其附近后增设"十方院"，对寺院面积与规模进行了扩建。清代府城内的多数寺观都是在原址上重修和扩建，园林是否重建不得而知。除原明代寺观建筑群外，清代宁夏府城内外的坛庙建筑数量增多、类型丰富。坛庙建筑分布在府城四座城门附近、城外东南角的南薰门外和永通桥一带最密集，红花渠水流经此地。府城东南角和南门外汇集："关帝庙""城隍庙""洞宾庙""三义宫""太平寺""济孤寺""洞宾庙""药王洞"三皇庙""正觉台""吕祖台""遗爱祠""功德祠""文昌阁"三清观"，其建筑类型和功能多样。以上坛庙建筑多以寺庙、道观、祠堂为主，多教云集，供奉各路神仙，祠堂中不乏生祠，以示其功勋。清顺治年间（1638—1661）修建的文昌阁和明庆王主修的三清观，都在地震后原址重建。城东清和门外分布着"兴国寺""东岳庙""观音堂""送子庵""先农坛""八腊庙"。唐徕渠东面除著名的"土塔寺"外，另设"平佛台"，为其建筑群增辉。

宁夏府城西镇远门内南北方向，马营前建有的"永祥寺""显忠祠""忠烈祠"，其南面为"福宁寺"。城北西侧振武门外，是北塔湖，占地面积大。根据所有城内外坛庙的分布所示，这些富有宗教、祭祀等文化意义的建筑群，多临水而建，一方面环境幽深，另一方面郊外视野开阔，利于修建高台楼阁，登高眺远，触景抒怀。城外场地开阔，水源就近，坛庙云集各处，民居参与度高，这里是普通民众的文化与精神家园。由于城内外多以各类建筑著称，体现其功能与性质，坛庙建筑数量多，分布范围广，选址在临湖临渠处，便于取景，不存在条理化的规划与设计。城内衙署建筑重新规划和建设，但院内园林建设情况未详。

5.3.2.3　集称文化景观

清代城内外园林之景逐步转向为集称文化，因受到地方官员与文人的推崇，八景成为宁夏地方名胜的专用名词。"宁夏为塞上名区久矣，旧志载有八景。本朝初年，巡抚黄公安图又增其八。历经百余年，河山风物固不自殊，而名胜故迹亦复时有兴废。参酌其间，略为更定，要在举目凭眺，足供吟赏，非必求异前人也。若夫曩制佳篇，并仍旧题存录焉。"[163]101宁夏自古为塞上名都，明代志书上记载着八景及其内容。清代，宁夏巡抚黄安图在明代八景基础上增加景观，称为清初黄中丞宁夏八景。"黄安图，顺治初任宁夏巡抚。时边土荒残，兵民困弊。图安抚绥镇定……修河渠。公余文翰自娱，边城名胜多经题咏。"[163]419因清顺治初期（1638—1640），边疆土地荒废，导致兵民困苦不堪。在黄安图任职宁夏巡抚期间，他带领宁夏军民修浚河渠，增加屯兵，做出利民益事。在黄安图闲暇之余，他将宁夏地方名胜整理成"清初八景"。清宁夏府城之景历经百年后，山河风物之景依旧，但城内名胜古迹时兴时废。黄安图考量城内外实物景观，将"登高远眺，供人凭吊与咏颂，因循旧题，有感而发"的旷达之景，形成"清八景系列之作"，遂成定式。"清八景"前后历经两次修改，最终由官方规定为"朔方八景"。

清初，黄中丞（黄安图）八景为："藩府名园""承天塔影""南楼秋色""泮池巍阁""霜台清露""南塘雨霁""黑宝浮屠""土塔名刹"。第一景"藩府名园"，是明代宁夏镇城内外的王府花园，据诗歌内容推测为"丽景园""小春园"，分布于城东门外。两园在清初仍具一定规模，是清初宁夏府城内外的第一胜景。第三景"南楼秋色"，即指明代张泰总兵的"环翠楼"，位于南薰门外。逢秋高气爽时，登楼远望，靠山面湖，南门外村落相连，一派生机勃勃的景色映入诗人眼帘。黄安图诗云："相携樽酒坐南薰，潦尽天高爽气分。"[163]826适逢秋季，与友相携，把酒言欢，观景凭吊。此景原是明代衙署园林，清初仍沿用。第四景"泮池巍阁"，郡学内设泮池，引渠水入内，活水流畅，激发思维，泮池映棂星门之影，棂星门和阁楼相应成趣。此景即为明代书院园林，清初仍沿用。第六景"南塘雨霁"，明代公共园林，水塘中泛舟穿梭，塘外设水榭，塘边临画舫，胜似西湖之景，晨间云雾缭绕，红日东升，水面云开日现，晴光跃然水面，惊为天宫幻境。鱼鸟塘内遐迩，塘岸花柳映水，美色净收眼底。此景清初仍存，以黄中丞诗云："草木惊黄落，湖天转净澄。"[163]827 第八景"土塔名刹"，明代寺观园林，西门外，唐徕渠旁，土塔寺建于高台之上，与城西南黑宝塔遥相呼应。据考，明代土塔寺原名为"龙兴寺"，建于西面镇远门外唐徕渠边。寺内建筑采用高台楼阁式，可用于远眺贺兰山，俯瞰唐徕渠水，建筑高耸，与黑宝塔形成对景关系。该塔毁于清乾隆三年（1738）的宁夏大地震中，后仅修复大殿建筑，塔未见修复。此景依唐徕渠干渠而建，清初仍存，后不存。

　　清初八景中五景都为明代镇城内园林，类型为：皇家园林、衙署园林、书院园林、公共园林、寺观园林。"清初八景"虽为文化景观，但其取材真实，来源宁夏府城内的园林实景，四字概括出各园之神髓，八景诗中融入作者的观景抒意，以此提升了清代园林意境与内涵（见表5.7）。

表5.7　清代黄中丞宁夏八景一览表

序号	名称	内容呈现
1	藩府名园	丽景园、小春园，为城东极盛之观。[163]100
2	承天塔影	承天寺南廊之僧房，有塔影倒垂。后又在东廊。 理本难穷，说亦非一。[163]100
3	南楼秋色	南薰门楼傍山面湖，居民村落连属，当秋高气爽可以远眺。[163]100
4	泮池巍阁	郡学泮池，引活水浇注。巍阁高峙，映带棂星。[163]100
5	霜台清露	城北旧有都御史行台，仪制森严。更楼上铜壶滴漏， 午夜声传，犹前朝遗器。[163]100
6	南塘雨霁	南塘之盛，水榭、画舫，昔拟四湖。其尤佳者，云气初收， 晴光乍展，鱼鸟花柳，别有新趣。[163]100
7	黑宝浮屠	黑宝塔十三级，高耸入云。自七层而上从外攀悬， 虽当晴明，风飒飒如御虚然。[163]100
8	土塔名刹	即兴龙寺，在西门外唐徕渠下，台阁高敞，远眺贺兰， 俯临流水、与黑宝相辉映焉。[163]100

（资料来源：根据清《乾隆宁夏府志》中的相关内容作者绘制）

物转星移，时过境迁，"清初八景"不再，改定的"朔方八景"则为："山屏晚翠""河带晴光""古塔凌霄""长渠流润""西桥柳色""南麓果园""连湖渔歌""高台梵寺"。所有景观是宁夏府城外的远郊之景。

第一景"山屏晚翠"，贺兰山之上，绿树葱茏，山似屏障之远景。第二景"河带晴光"，黄河水由南至北穿越宁夏平原，一路蜿蜒前行，经流数百里，途遇阳光，波光粼粼，似玉带。以上两景就是对宁夏平原宏观山水格局的提炼，山水要素横亘平原两端，既是界限又是生态基础。第三景"古塔凌霄"，城北海宝塔，明代以前的文物建筑，历经清康熙四十八年（1709）和清乾隆三年（1738）的两次地震，此景是对历代古迹的致敬。重建后，恢复往日高耸入云古塔景色，是城内的重要地标建筑。第四景和第五景，"长渠流润""西桥柳色"，前者着重突出清代宁夏平原引黄灌区的塞上美景，唐徕渠位于其间，水渠丰富了地景，交织出田野旷达之色。后者则聚焦城池外流经的唐徕渠干渠，城内外交通的连接者——桥梁，清代的西门桥跨越干渠，由此向西通往新满城，两城之间的交通依赖此桥。桥上行人车辆络绎不绝，桥下建龙王庙，祈福宁夏引黄灌溉如常，农田五谷丰登，人民安居乐业。沿唐徕渠两岸植有柳树，随风拂面，倒影水中，人、车、水渠、桥梁、龙王庙，一幅热闹情景再现于眼前。第六景"南麓果园"，明亦有之，汉渠东岸，官桥之南。果园之景繁盛，体现经济和观赏作用。第七景"连湖渔歌"，唐徕渠干渠与大清渠干渠东岸的多片湖泊连为一体。明代未成此景，清代湖渠相连已成气候，湖泊自南向北沿渠成片，飞鸟掠湖而行，湖中鱼儿泛游，渔家轻舸行于湖面捕鱼，湖岸堡寨林立，植物繁茂。第八景"高台梵刹"，清代高台寺位于城东南十五里处。据记载高台寺始修于西夏，是一座典型的寺观园林。明代高台寺经由明庆王朱栴重修，复为当时一大胜景——修缮后的高台寺院，"僧房佛阁，闲静崇敞。步入院内，前跨两台间为天桥，登高台凭栏远眺，极目河表，数十里青畦绿树，皆在履焉之下，真柳子厚所谓旷如者"[163]102。至清代，该寺虽被废，但寺庙位置不变，僧房得到重建。高台寺周围的水环境依旧，环以大面积湖泊，其园林之景由湖水、建筑、园林、农田等景观要素构成，汇成一幅湖城田景图（见表5.8）。

表5.8　清代改定"朔方八景"一览表

序号	名称	内容呈现
1	山屏晚翠	贺兰山环抱如屏。在郡城西。每当斜阳返照，万壑千岩，岚气苍翠欲滴。[163]101
2	河带晴光	河自西南来，出峡口，绕郡城。过平罗，复北折而西。紫澜浩汗，晃日浮金，萦回数百里，望之若带。[163]101
3	古塔凌霄	城北海宝塔，旧志称为赫连氏重修。盖汉、晋间物矣。乾隆戊午，毁于地震。近寺僧某募重建焉。高十一级，计百余尺。舢棱秀削，迥矗云表。[163]101~102
4	长渠流润	渠之大者，汉、唐、惠农，各长二三百里，两岸陡口以千计。洪流分注，喷瀑溅涛。绣壤连畦，瞬息并溉。[163]102
5	西桥柳色	唐徕渠过郡郭西，穹桥架其上，满、汉城通途也。桥北为龙王庙。庙西板屋数椽，面山临流，风廊水槛，夹岸柳影。[163]102
6	南麓果园	汉渠东，官桥以南，园林尤胜。多株林檎，当果熟时，枝头绀碧，累累连云，弥望不绝。[163]102
7	连湖渔歌	唐渠东畔，多潴水为湖，俗以其相连属，曰连湖，亦曰莲湖。[163]102
8	高台梵寺	郡城多古刹，以高台寺为决胜。[163]102

（资料来源：根据清《乾隆宁夏府志》中的相关内容作者绘制）

因此，清乾隆三年（1738），宁夏府城内的园林消失殆尽，皇家园林不存。清乾隆六年（1741）重建的城池内，官署衙门密布，僧院寺观林立，城外各类坛庙云集，城内园林主题已更改，倾向于文化景观的叙事和抒情。改定的"朔方八景"，多以银川城外的广域山水为铭颂主题，贺兰山、黄河、引黄灌渠、沿渠潴水湖泊为山水基底，城外桥梁、果园、寺庙、城内高塔穿插其间，城内外呼应。明代的"园林实景"已转化为旷达抒情的"山河地景"，城内聚焦视野移向城外郊野空间，景观涵盖范围扩大，景观意向深远，实景空间场景切换为景观意向表达（见图5.11）。

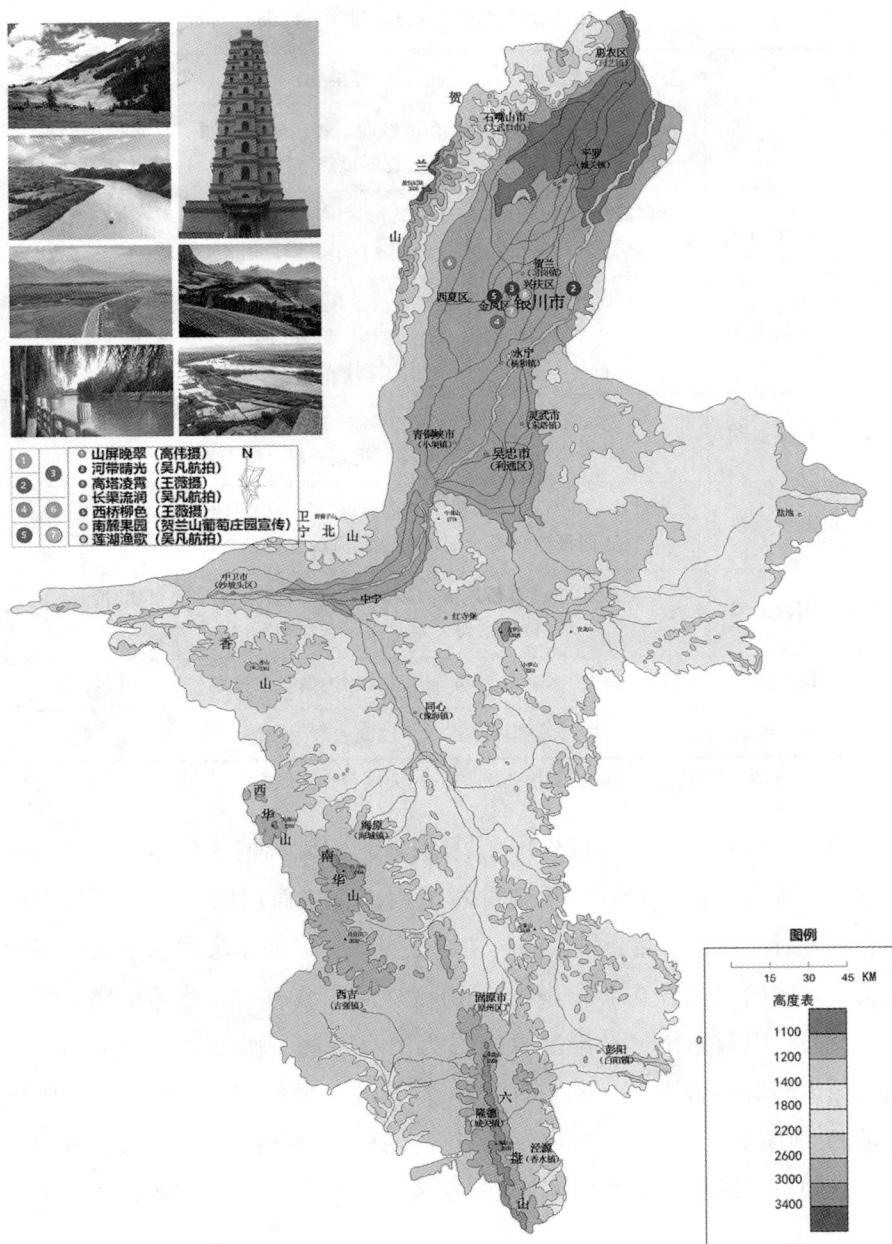

图 5.11　清代改定的"朔方八景"位置分布图

图片来源：根据 2010 年版《中国文物地图宁夏回族自治区分册》

宁夏回族自治区地势图作者绘制

通过集称文化景观的意向化揭示着宁夏府城周边的格局标志：山河界定、渠水灌溉、渠湖盛景、果园成片的景观风貌，各处景观不再是独立的园林实景，却暗含着景观之间的互生和互动关联影响机制。

清宁夏八景借助凝练和概括的手法，将时间和空间以园林景观序列的体系构架而成，景致中展示着宁夏清代园林特征，景观形式以一种文化景观或一种文学形式进行阐释，经创新加工和提炼表达后，更能体现出宁夏地方园林的理想意境。清宁夏八景注重山水形胜、人工湖渠、地方标志、公共场域，八景勾画出宁夏府城之外的简单数景与田郊旷奥之景。对唐徕渠沿岸和宁夏北部平原的自然环境，加以提炼与强调，一景汇集多景，多景构建回归一景，景城交融，景城相映。

清初，宁夏府城内外园林继承明代园林。清乾隆三年（1738）的宁夏大地震，使城内外的园林古迹遭受重创，几近消亡。虽城池得到修复，但明代的园林盛景已不重现，特别是明代引水入城、沿渠布局园林、汇渠成湖、围湖造景的范式已然消失，园林实景不再。因此，清乾隆年间（1736—1796），"清初八景"中的园林实景已失去原型，正式更名为"朔方八景"。清代虽不见具体园林形态与布局，但八景已成为一种集称文化，是清代园林景观的缩影。清代园林景观逐步由微观理水和实景造园的理念，转变为宏观集景文化为主，仅闻水文化之景色的诗句，却未见园林实景，宁夏府城内的园林已成为明宁夏镇城的园林记忆片段和时空交汇场所。

5.4 民国唐徕渠对宁夏省城格局的影响

5.4.1 民国唐徕渠对城内格局的影响

民国朔方道郡城沿用了清宁夏府城，亦被称为宁夏省城①。清末民国

---

①1929 年 1 月初，省政府正式成立，将原有朔方道郡城改称为宁夏省城。故 1929 年以前被称为"朔方道郡城"，1929 年之后被称为"宁夏省城"，实则为一座城池。

初期（1894—1911），经历兵祸后的朔方道郡城内匪乱不断。民国二年
（1913），宁夏道尹陈必淮筹款补修西门倒塌的城墙。民国六年（1917），
修复了倒塌的北门城楼、南门角楼、四座角楼、财神楼。

表 5.9　朔方道郡城的历史辖区变迁统计表

序号	时间节点	变迁内容	管辖的县治或单位
1	民国二年（1912）	更名为朔方道，后复名宁夏道	宁夏道署、宁夏县治、宁朔县治
2	民国三年（1913）	宁朔县治移驻新满城	宁夏道署、宁夏县治
3	民国十八年（1929）	由甘肃省划出，宁夏道独立成宁夏省	省会为银川城，下辖 8 个县
4	民国二十三年（1934）	省内遇黄河分隔，以河为界，增设中宁县	省会为银川城，下辖 9 个县
5	1944 年	设市建制	改银川城为银川市
6	1947 年	市政府设立	银川市仍为宁夏省会

（资料来源：根据明清到民国初期（1894—1911）宁夏沿黄地区城镇体系变迁研究[178]
和银川古城历史形态的演变特点及保护对策[179]相关内容作者绘制）

　　根据《民国朔方道志》中的朔方道郡城图所示，城内东半部建筑多，
南关城、南薰门、南门大街、洋肉街口、北门大街、德胜门、北关城连成
南北轴线，沿线建筑整齐排列于东西两侧。护军使公署在北大街北端和德
胜门内，其西为城隍庙，其南为蒙回学校，向西南是审判厅，向西为文庙
和师范学校，向东为清真寺。以上都是公共建筑，其空白之处可能为民居
或空地，未见详细标识。北关城与主城之间有座小城，北关城内建筑少，
零星分布着四、五座。洋肉街口东西向开辟着一条大街，东面以清河门及
其门外瓮城为终点，城外有大神庙。向西过洋肉街口依次为玉皇楼、十字
鼓楼、财神楼，与南、北门大街平行的是北王元大街和南王元大街。南门
大街西面建筑密集，宁夏县署在南门大街中轴线处，一条街道自北向南，
由玉皇楼向南展开，车市、碴子市、南柴市集、新街集中于此，街市林
立，热闹非凡。东芦席巷和西芦席巷位于街市西面，呈垂直状，柳树巷位
于东芦席巷西，平康里大舞台居于南。南关城和主城之间有瓮城，关城内

建筑密布。

　　城西半部建筑稀少，仅有两座城门。城西南为光化门，外设瓮城。城西即为镇远门也就是西门，外有瓮城，西门内连接西门大街，与东半部的东大门街相连，西门大街东为猪市街，向北即为道署所在地，其他建筑未见详细标识。城西北角为马营，大片湖泊占据于此，湖面上有两座未知建筑。

　　民国朔方道郡城以两条南北轴线和东西轴线为主。城东半部发达，集商业、衙署、学校、街市等于此。城西半部荒凉，以西北角兵马营和湖泊为中心。东门内的东大街比西门内的西大街繁华，南大街较北大街繁华，郡城内建筑和街道不多。除城西北角的零星湖泊之外，没有渠系流入城内。但城外依然环以护城河，唐徕渠及其支渠红花渠绕城而北行（见图5.12、图5.13）。

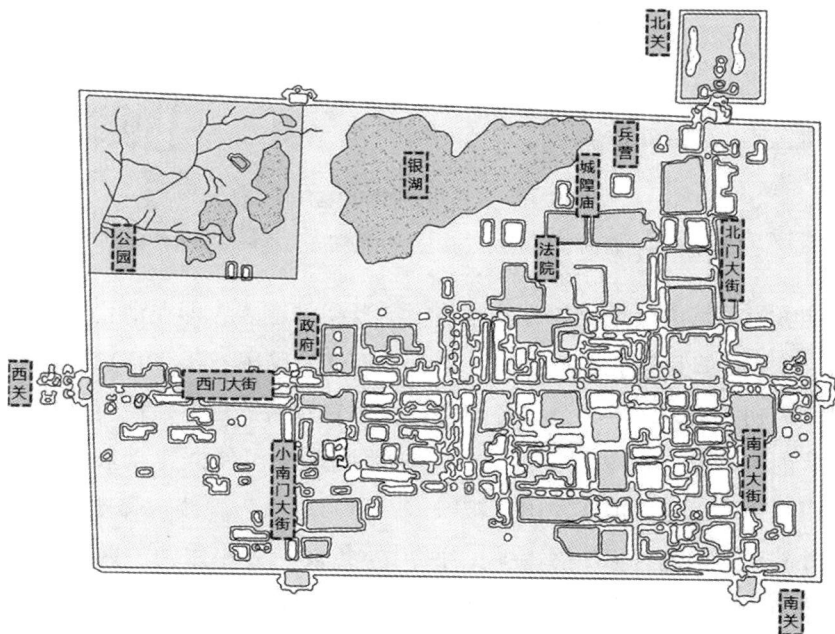

图 5.12　民国朔方道郡城原图

图片来源：《民国朔方道志》中的朔方道郡城图

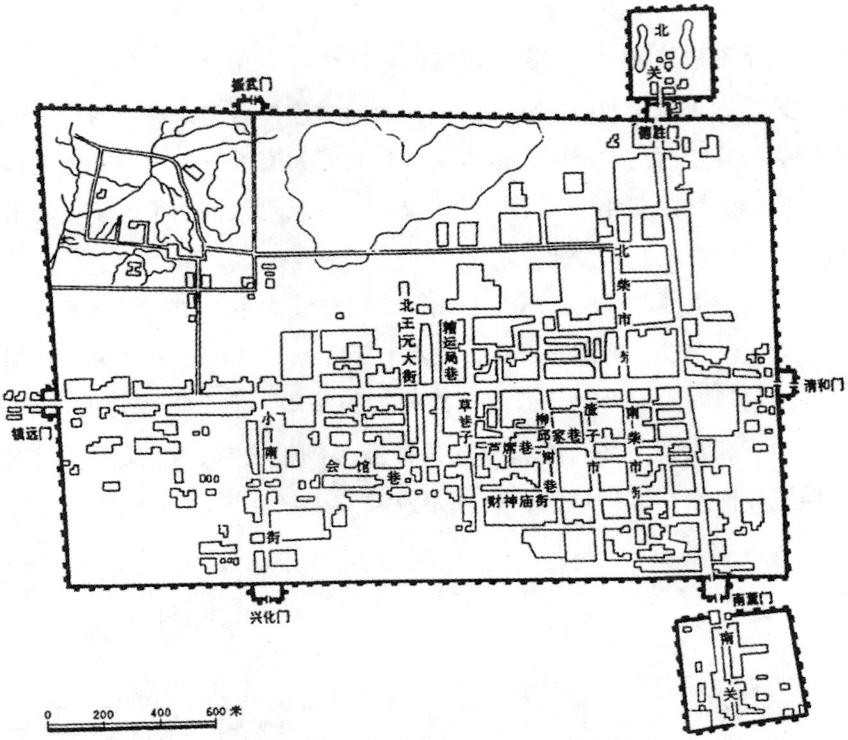

图 5.13 民国朔方道郡城格局图

图片来源：根据《民国朔方道志》中的朔方道郡城图作者绘制

朔方道郡城内最重要的公署建筑：宁夏朔方道署，即在清代宁夏道署原址上修建的。民国元年（1912）改为观察使，民国二年（1913）改府为道时改为朔方道尹。除办公等各类事宜，公署建筑群配有后院可作居住空间，院内有厨房、会客厅、住宅等。衙署院落头门外，其原东侧为土地祠，西侧为马王庙，但在民国已被毁。首道门对面为牌楼，牌楼对面为照壁。外院东西两侧各开一座院门，两门外各设一方小水池，四周环以柳树，每当春夏，欣欣向荣。民国九年（1920），道尹将院落重修完毕。

民国公署内园林占比小，主要以建筑和院落为主。这些衙署院落，是在清代衙署建筑群上修整而成的，院落中轴线上的建筑以"一堂、二堂、三堂、四堂"等严格肃穆的办公空间为主，园林空间较难判断。

朔方道郡城之内仅有两座园林：第一座，城内西北角设有"中山公园"，它是一座典型的公共园林。该园于民国十八年（1929）一月为纪念孙中山逝世五周年，在明清银川城内的西马营旧址上重新修建，定名为"中山公园"。因明清是银川城的马营所在地，专用于饲养军马，为和城东门外的满城马营做区别，故被称为"西马营"。同年七月，园内翻修中山纪念堂，这是民国时期银川城内一座体量最大的公共建筑物，双层砖木结构，能同时容纳八千人参会，名为"宁夏人民会场"。

1933 年，马鸿逵继续在公园内修建各类建筑和构筑物，疏浚银湖，开设新园路。1934 年，公园内修建了碑高 8 米的"云亭纪念碑"。1935 年，公园内修建了第一座高级宾馆"明耻楼"，用于专门接待国民政府的高级军政人员，还修建了园内东南角的"怀远楼"，专为蒋介石使用。与此同时，园内还设有多座纪念与观赏的牌楼。

"文昌阁"在民国元年（1912）已搬迁入园，它于清顺治年间（1644—1611）修建，原址在城外东南角红花渠岸边。清乾隆三十三年（1768），文昌阁重修。清光绪十八年（1892）再次重修。民国元年（1912），因原建筑破损难存，挪至今公园西北部银湖北岸。在此期间，文昌阁先后更名为"吕母楼"和"益智馆"。文昌阁以原有西马营旧台为基址，台基呈方形，东西长 25 米，南北宽 22 米，高 4 米。将楼阁建筑搬迁于上，楼阁坐西面东，专用于俯瞰银湖和眺望赏景。楼阁面阔三间，进深一间，西墙外设木梯可至各层，楼内二至三层设木栏，阁楼两侧修建厢房十余间。后罗时宁和园内职工再次将文昌阁重新维修，仍采取土台奠基，后外墙包砖砌筑。

1936 年，公园内种植了大量外购的花木，初具规模。1940 年 1 月，罗时宁重新绘制了中山公园建设规划，将公园划分为绿化、果木、花卉、蔬菜、游乐等八个区。公园内建有二十多间温棚，除保证花卉的育冬，还栽种了各类反季蔬菜。经罗时宁的规划与整修后，中山公园俨然一座全新的公共园林（见图 5.14）。

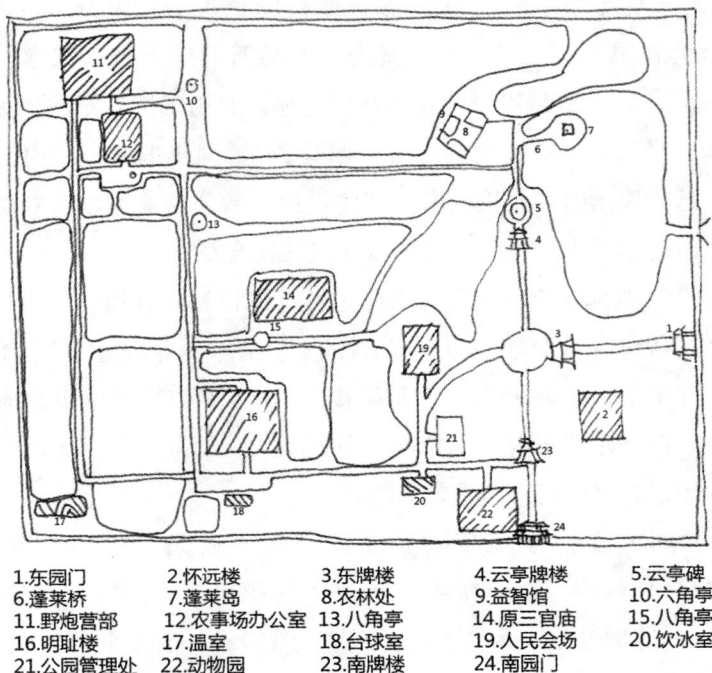

1.东园门	2.怀远楼	3.东牌楼	4.云亭牌楼	5.云亭碑
6.蓬莱桥	7.蓬莱岛	8.农林处	9.益智馆	10.六角亭
11.野炮营部	12.农事场办公室	13.八角亭	14.原三官庙	15.八角亭
16.明耻楼	17.温室	18.台球室	19.人民会场	20.饮冰室
21.公园管理处	22.动物园	23.南牌楼	24.南园门	

图 5.14　罗时宁先生设计的银川中山公园平面图

图片来源：根据《银川中山公园志》中相关图纸作者绘制

　　公园内的"银湖"，位于园中东部。早期，银湖没有进行规划，通过导引唐徕渠水入银湖后，扩大了银湖面积，奠定了今天中山公园湖景格局。园路、桥梁将银湖划分为三部分：东、中、南三湖，水系分布不均匀。中部湖面较大，东、南部次之。东部湖面设一环岛，岛上设有碑亭，名"烈士纪念碑"。湖中心有方亭，亭中设钟，亭与岛之间由折线形平桥相连。中部银湖面积大，湖上跨越一座东西向的五孔拱桥，南部湖面以观赏为主，植有大面积莲花。三湖之间互为连通，游船多在此区域内通行。

　　中山公园的最初供给水源，部分来源于唐徕渠支渠——西北小渠。明清银川城内的西北小渠自公园西北向流入园区，在园中起到灌溉树木的作用，并延续至今。1945 年，因受内战影响，公园内建筑多遭毁损，大量树木被砍伐，花卉丢失，园区无人管理，垃圾堆积，满目苍夷。至民国末期（1948），中山公园走向衰落，无景可赏（见图 5.15）

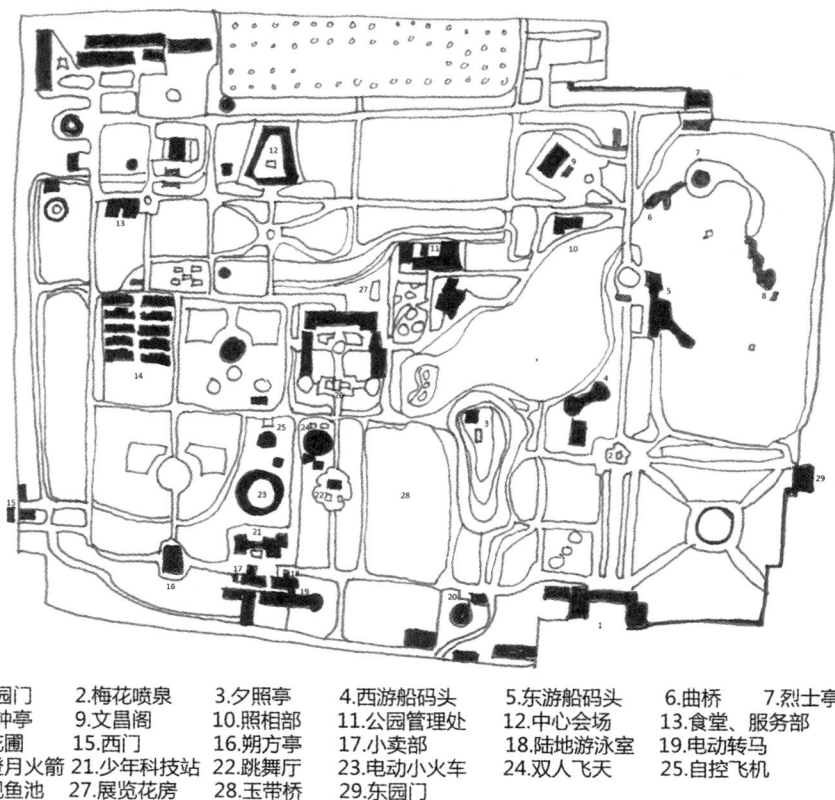

1.南园门　　　2.梅花喷泉　　　3.夕照亭　　　4.西游船码头　　　5.东游船码头　　　6.曲桥　　　7.烈士亭
8.鸣钟亭　　　9.文昌阁　　　10.照相部　　　11.公园管理处　　　12.中心会场　　　13.食堂、服务部
14.花圃　　　15.西门　　　16.朔方亭　　　17.小卖部　　　18.陆地游泳室　　　19.电动转马
20.登月火箭　21.少年科技站　22.跳舞厅　　　23.电动小火车　　24.双人飞天　　25.自控飞机
26.观鱼池　　27.展览花房　　28.玉带桥　　　29.东园门

图 5.15　银川中山公园现状平面图

图片来源：根据《银川中山公园志》中相关图纸作者绘制

　　第二座园林为"东花园"，是一座衙署园林。民国朔方道郡城内外原有两处园林久负盛名，一为"东花园"，一为"西花园"。"东花园"是清代宁夏县衙署所在地，民国初期（1912）为宁夏法院办公之所，名为"大公馆"，占地面积不大。"东花园"在今天的新华东街与中山北街交叉口东北角，为改善该地风水和景观，挖湖换地，引红花渠水，建成一座花园园林，园外四周种植杨树，园内栽种柳树、槐树、桃树、杏树等，花木繁盛，景致幽静，以规整的建筑结合绿植景观，是民国时期朔方道郡城内一处园林景观。"西花园"在宁夏新满城的西面，远离朔方道郡城，它是清代驻扎于宁夏满城的历任将军的私家花园，但民国初期（1912）遭受重

创，已毁损。

"省会即宁夏，城作长方形，向北凡三里，东西五里余，周十六里。西负贺兰山，东带黄河，颇擅形势之胜。人口八万，聚居东、南、北三城。东西正街，商铺栉比，贸易尤称繁盛。西北隅碱卤潮湿，空旷几可辟飞机场，而中山公园、西北运动场及练兵场等在焉。省府房院宽敞，民、财、教、建各厅，先后迁入，合署办公。财务持派员办事处、省道管理处、各渠办公处、垦殖局、电话局及各中小学校，则散居各街市中。居室惟官厅宦族覆瓦，民皆板屋覆土，犹秦风之遗。中堂供先祖，或悬佛像。"[180]74-75

与明清的银川城比较，民国朔方道郡城平面形态不变，城池格局不变。主城平面呈长方形，南北 3 里，东西 5 里，周长 16 里，城池尺度小于清代城池。城内人口近八万人，聚居于城内东、南、北三个方位。城内东门大街和西门大街成东西轴线，东西大街为正街，商铺沿两侧排列。南门大街和北门大街成南北轴线，南门大街最为繁华。城东半部建筑密集，街市林立，西半部建筑稀疏。马营后改为中山公园，其内的银湖占据西北角大部分地区，空旷可设飞机场，朔方道郡城内发展不均衡。朔方道郡城内园林仅两处："中山公园"和"东花园"。前者为公共园林，供城内民众游览，以银湖围绕建造景观和建筑；后者则为衙署园林，用于办公兼居住所用，院内外以植物造景为主。

5.4.2　民国唐徕渠对城外格局的影响

民国十五年（1926）前，朔方道郡城沿用清代宁夏府城。朔方道郡城外，一片旷野，唐徕渠支渠流入沿渠湖泊，其两岸湖渠汇为一体。明清的湖泊仍存"长湖、月湖、沙湖、高台寺湖、金波湖"[165]136 等，各湖名称和位置不变（见表 5.10）。

表5.10 民国朔方道志中的朔方道郡城城周边湖泊一览表

序号	名称	位置	特征
1	长湖	县南十五里	渊渟浩渺，水光澄碧[165]136
2	月湖	郡北三十五里	以形似月，故名[165]136
3	沙湖	郡东二十里	\
4	巽湖	郡东南三十五里	\
5	三塔湖	郡东北三十里	\
6	高台寺湖	郡东十五里	\
7	金波湖	县东北青阳门外	垂柳蔽日，中有芰荷焉，一方盛景[165]136
8	庆家湖	城外东北	\

（资料来源：根据《民国朔方道志》中的相关内容作者绘制绘制）

"是以赓雅复于民国二十三年三月，由本馆邀作西北之旅游。"民国二十三年（1934），陈赓雅被《申报》委派到西北旅游，观察与采访后成书《西北视察记》。其书中曾记载："此间田地，可灌唐渠之水，质昧膏腴，产量素丰。"[180]72 1934年，宁夏省城周边因唐徕渠水滋润，土质肥沃，产量丰富。

1934年，陈赓雅记录的宁夏省城外景观："再行十五里，经一盐沼，并正在拆除中之高台寺，即抵宁夏东门。城高三丈许，外层砖石，因防孙军攻扒，已被拆加稚堞之上，内土外裸，甚为坚固，不易逯下。"[180]73 这里所述的高台寺，就是明清以前已存在的城东高台寺，它的周围只剩下一片盐碱和沼泽之地，高台寺城被用于作战的军事遮蔽掩体，城和寺庙已被毁。二十里，远见双塔，激然插霄。白君告以"此为北塔，孙军攻城，即败北于其下，彼为西塔，系在城中，曾受地震之害。双塔一见，宁城亦将至矣！"，[180]73 城北门外的北塔与城内西塔遥相呼应，军阀孙殿英曾在北塔下被击败，而西塔也因地震受到了损害。但只要看到西塔和北塔，这就说明宁夏省城已经在前方，城内外两塔是宁夏省城的地标建筑物。

1936年之后的宁夏省城外景观，则由另一位作家范长江进行叙述："宁夏川中湖沼多。一出省垣南门，即可看到非常广阔的湖潭，出长水草，养活些水鸟外……如果能够通湖水入黄河……这样好的土地,这样多的空地,我们仍然看不到多少树林,偶有的稀疏林木,也带几分凋零感想。"[182]189此时,宁夏省城外沃野千里,主要仰赖于连片的湖沼湿地。自宁夏省城南门出行后,映入眼帘的是大片湖泊沼泽之地,广阔无边,水草繁盛,水鸟常驻于湖泊之处,但明显揭示出一个重要信息:湖水与黄河水互不相连,所以清代的湖水相连之景,民国时期已不存在。民国宁夏省城外有大片空地,且土质肥沃,但没有被用于种田,也没有树木丛生,呈现出一片城郊荒野的水域景观,这和明清宁夏城外的景观大相径庭,放眼望去,疏离落寞,旷达深远,人迹罕至。

"二十里……又二十里,又二十里至宁朔县,县无城垣,不及东南一中等集镇。宁朔以南,荒地渐少,牛羊马匹散游水湖边……益以湖水之倒影,景色如画图。"[182]191民国宁夏省城北面的宁朔县城,没有城墙,它的规模小于一座南方中等集镇。宁朔县城南面,荒地较少,牛马羊散步在湖泊水岸边,湖水倒影,波纹泛起,景色如画。宁朔县城以北的土地既可耕作又可放牧。

根据民国二十四年(1935)的《宁夏全省渠流一览图》所示,(宁夏省)周围分布着面积大小不一的湖泊,唐徕渠干渠流经城西,其支渠多与大片湖泊相连,城外仍为连湖之景。以朔方道郡城为中心,其周边湖泊星罗棋布,层层包围:城东、西、西南三面连湖,湖水与渠水相交汇,渠湖水互为补充,大片湖泊占据城北一方,湖外布湖(见表5.11)。城北为教场湖,湖泊面积大,占据整个城北,离城300米,湖上设有长堤,是出城向北行的一条主路。塔湖在城西北2.3公里处,即在北塔西北角,唐徕渠干渠之上的塔渠流入该湖,塔湖面积约为教场湖的一半,塔湖和教场湖将北塔夹于其间。塔湖西面,唐徕渠干渠西面有陈家湖,离城为5公里,干渠支流汇入该湖。唐徕渠干渠位于城西1.1公里处,位置和今天唐徕渠干渠位置重合,西门桥跨越与干渠之上,水渠和城西之间为龙王庙,是清代朔方八景之一的"西桥柳色"。城西、城西北5公里处分布着西湖,共有三片,每片湖水面积巨大,呈连湖之状,将省城和新城隔开。城西南3至4公里处为七子连湖,其面积可与西湖媲美,湖东为唐徕渠干渠,湖西为唐徕渠支渠——良田渠，干渠之上分出多条小支渠汇入湖泊之内。城南的三小片无名湖泊，紧邻城墙。红花渠依然从干渠分出，沿城东侧蜿蜒前行，向北流动，途中分出多条小支渠汇入各湖泊之内。城东设有三座桥梁跨越红花渠。因此，宁夏省城周围水系发达，离城近。此水系多以唐徕渠干支渠系、连片湖泊和散湖组成。为方便城内外通行，用桥梁进行连接。

表 5.11　民国二十四年（1935）宁夏灌区图中的宁夏省城周边湖渠一览表

序号	名称	位置	特征
1	教场湖	城北 300 米	占据整个城北地区，北门外设跨湖桥，通往宁夏县城
2	塔湖	城西北北塔北面，距城 2.3 公里	唐徕渠一条支渠汇入该湖，湖面不大
3	陈家湖	城西北 5 公里	唐徕渠一条支渠汇入该湖，湖面狭长，面积小
4	唐徕渠干渠	城西 1.1 公里	蜿蜒穿越城西，两侧分出多条小支渠
5	代湖泉	城西 1.3 公里	唐徕渠干渠西面，渠道在该湖边拐弯
6	西湖	城西、城西北 5 公里，处于省城和新城之间	大片连湖，由南向北延伸，范围大，面积大
7	七子连湖	城西南 3-4 公里	大片连湖，自南向北延伸，良田渠和干渠夹于其两侧，支渠汇入该湖
8	无名湖	城南 100 米-300 米	三片小湖，接近城边缘，零散分布
9	农场湖	城东南 2 公里	不规则状，面积中等
10	无名湖	城东 3 公里	两大一小湖泊，由南而北形成连湖，红花渠支渠和大新渠支渠汇入该湖

（资料来源：根据《宁夏水利志》中的相关内容作者绘制）

综上，自 1934 年之后，唐徕渠干渠变化小，支渠数量增加，但宁夏省城外的湖泊数量增多，占地面积大，分布范围广，多与唐徕渠支渠相连。宁夏省城外田郊荒野之地多，大面积土地没有得到充分开发，城外呈旷奥荒僻之景（见图 5.16）。

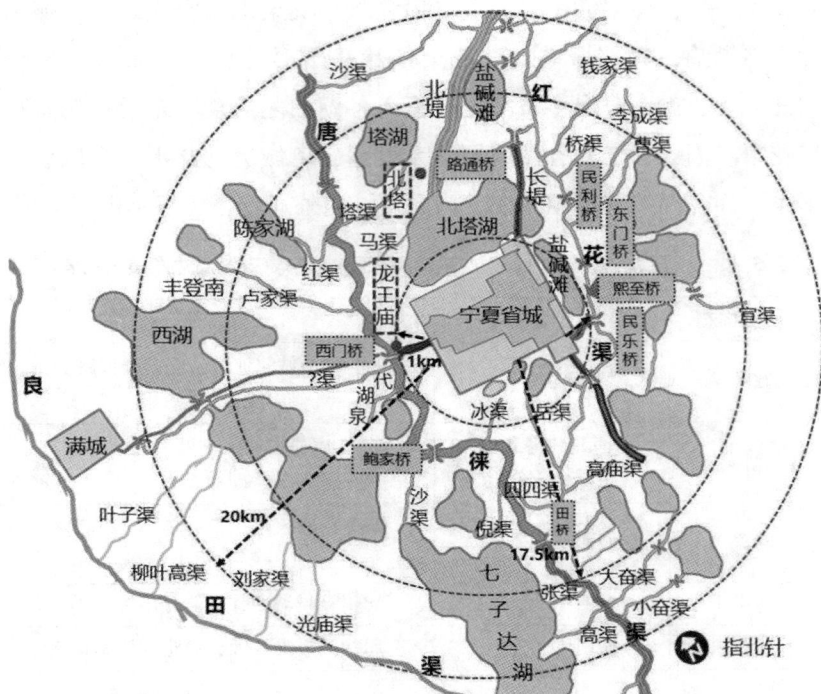

图 5.16 民国宁夏省城外部格局分析图

图片来源：根据《宁夏水利志》中华民国二十四年《宁夏全省渠流一览图》作者绘制

5.5 银川城与其他城池格局比较

本节选取明至民国的银川城、西安城、广州城三座古城池聚落为研究对象，三者都是中国古代典型的军事防御聚落，但三者之间存有明显差异。三者中的银川城和西安城是西北重镇，西安城一直是唐代和唐以前的著名都城，曾有一段时间为国家心脏，而广州城则是沿海一带重要的海防重镇，后逐步发展为商业城市。以明至民国的银川城为坐标，与同时期的西安城和广州城为横向标尺，深入对它们的地理位置、城池选址、城池形制、城池水系的组成、城池内外的园林展开分析和研究，旨在梳理三者的文化景观演进过程与特点，探索地处干旱地区银川城的保护与发展根本，为未来银川城的规划提出新标准和新要求，既能立足当代保护，而又能再现历史文化景观。

5.5.1　城池选址

古代，一般军事堡寨选址应关注以下几点：城镇最好位于水陆交通便利之地，方便城外物资向城内运输，为城内镇守官兵提供生活补给，只有官兵安心，屯守堡寨的策略才能长久执行；堡寨周边存有天然的地理形势，高地、水源、沟壑都能益于军事防御的设施布局，利用天然地形营建防守工事；堡寨周边一定可以提供丰富的水资源，洁净的水源可供城内居民饮用；堡寨建设于高台之上，以减少或避让水患带来的洪灾威胁；堡寨处于军事咽喉要地，利于防守和出击。

自明代，边城的守护最为重要，在建筑城池堡寨之前，以上的选址原则是一定需要重视和遵从的。银川城和其他城池在选址上充分考虑了以上原则，但也根据各座城所在的自然地理形势精心审视和缜密筹划。

银川城建于北宋西夏，衰败于元代。明初在元代旧城基础上维系移民建设和居住，因所处地理位置开阔，西面为贺兰山阻隔，西东面则为黄河流绕，加之区域气候干燥，天然地势为：东北低、西南高，水源自南向北穿行而过，很难存有大量的水体。因而在这样的地理和气候环境下，城址就选在了黄河和贺兰山的腹地中央，同时大力发展引黄灌溉渠的水利优势，最终借助人工开凿和引水，形成了城渠相依的格局。虽然地域开阔，但可在其周边设置多座堡寨，以备防御，山水成为城东西两面的第一道自然防御边界（见表5.12）。

西安城建城时间早，始于先秦，兴盛于隋唐，衰败于民国。从秦汉的长安城建城之始，水源是所有城池建设者最为关注的问题。汉唐长安城外不仅有塬，塬间有河流[1]，故有"八水绕长安"的谚语。[2] 明至民国时期的西安城营建在汉唐长安城基础上，虽然其位置发生了迁移，但始终将地理环境作为选址的必备条件。西安城南为秦岭，它是八水之中的六水来源，山上的植被覆盖面积大。北面临开阔的渭北荆山黄土台塬之地，一览无

---

[1]特指泾、渭、灞、浐等八条河流。

[2]史念海. 汉唐长安城与生态环境 [J]. 中国历史地理论丛，1998（01）：5-22+251.

余，且小型沟壑水渠盘杂其间；西面亦是黑河以西的太白山地和青华黄土台塬之地；东面则为灞源山地。在这样特殊的地理情况下，秦岭独挡南面，其他三面多为台塬和山丘之地，利于西安城的高台选址和水源供给，同时带来丰富的耕地。西安城的山水格局为"南山北水、四塞以为固"，军事优势则为"进可攻、退可守"（见表5.12）。

广州城建城时间久远，达二千二百二十八年。除汉灭南越焚毁都城之后，除将当时的广州城迁址到别处一段时间外，广州城址始终建在原址。广州城选址因山借水，仰赖着五岭环抱之势，呈易守难攻的格局。不仅如此，广州城内外多为浅海区，由三江冲汇而成的泥沙沃土平原，地面土壤丰厚，沃野千里，水资源发达，不仅适合城池的建设，而且利于农田的种植。在满足城池的粮食供给条件之下，还能实现长期防御和屯守的目标。但广州城亦因背靠越秀山，南临珠江，南北均无发展余地，加之东、北门外密集坟场，不能居住，而西面也多为浅塘，整个城池的地段发展局限（见表5.12）。

三城在修建时不仅考虑山水格局，而且还从军事格局体系上进行干预和构建。三城的选址一般都考虑靠山面水，城池处于开阔地段，利用防守和进攻。最为重要的是：城池周边水系的构成是建城的核心，即使银川城缺水少水，建城者都要先依托山水格局，在进行详细筹划，最终三城都是水绕城池，以上是三城选址的共同之处。另，三城之中，唯有银川城建城历史最短，加之先天性地理气候的不足，建城之时考虑黄河水的不可控制性，最后大面积发展引黄灌溉渠，最终城池逐步靠向唐徕渠干渠。西安城选址与银川城选址相似，西安城外河流水系众多，但由于气候湿润，地区降水量太大，城池时刻受到泾渭干流的侵蚀，所以城池基址不断迁移，后依赖龙首渠和通济渠建城。明代开始，西安城内人口激增和秦王府的兴建都对龙首渠的开凿产生了推动作用。故而，东西两渠入城为西安城提供了必要的水源基础条件。广州城和两城的差异在于，城池虽也背靠山脉，城内外水源也来源于山上，但由于地处三江交汇处，属于冲积平原，周边多有滩涂和湖泊，没有完整的开阔地段，只能利用有限的地面建城，避水修城是其主要的建城思想（见表5.12、图5.17）。

表 5.12 银川城与其他城池的选址比较分析统计表

名称	城池变迁历程	气候区域	地理位置	周边地理概况	总体地势	山水格局	军事优势
银川城	建于西夏，败于元，复兴于明清，衰于民国	温带大陆性干旱半干旱气候	西北内陆黄河上游的宁夏平原	西：贺兰山；东：黄河、鄂尔多斯台地、灵岩台地；北：罗山；西南：黄河	东北低，西南高，自西南向东北倾斜	河绕其东，贺兰耸其西。西北以山为固，东南以河为险	背山面水、易守难攻
西安城（汉、唐长安城）	兆始于先秦，兴于隋唐，废败于民国	暖温带大陆半湿润季风气候	西北地区黄河流域的关中平原	南：秦岭；北：渭北荆山黄土台塬；西：黑河以西的太白山地和青华黄土台塬；东：灞源山地	东南高，西北、西南方向较低	"南山北水"①"四塞以为固"②	进可攻、退可守
广州城（番禺古城）	始于秦，兴盛于唐宋，衰于清	南亚热带典型的季风海洋性气候	三江交汇处、珠江三角洲中心的半岛	北靠五岭：白云山、越秀山；东、南、西三面环海（珠海），古代珠江穿于市	东北高，西南低	"包山带海，连山隔其阴，巨海敌其阳，五岭峙其北，大海环其东，众水汇于前，群峰拥于后"③	负山控海、扼海上咽喉

（资料来源：根据吴左宾的《基于水系的明清西安城市景观空间营建初探》④ 和《明清西安城市水系与人居环境营建研究》⑤、史红帅的《明清时期西安城市历史地理若干问题研究》⑥ 相关内容作者整理和绘制）

———————————

① "南山北水" 即南靠秦岭，北依渭水，倒风水格局。

② 在 "南山北水" 基础上，其所处的关中平原西侧则六盘山东南余脉——陇脉，呈四面包围之势。

③（清）陈梦雷古今图书集成·方舆汇编·职方典·广州府部汇考.05 子藏-1155 部-08 类书-0328 部：14.

④吴左宾. 基于水系的明清西安城市景观空间营建初探 [J]. 西北大学学报（自然科学版），2013，43（05）：804-808.

⑤吴左宾. 明清西安城市水系与人居环境营建研究 [D]. 华南理工大学，2013.

⑥史红帅. 明清时期西安城市历史地理若干问题研究 [D]. 陕西师范大学，2000.

图5.17　西安城选址示意图（左）和广州府城选址图（右）

图片来源：左图由吴左宾绘制，右图为《图说城市文脉——广州古今地图集》中的《广州府图》

5.5.2　城池形制

银川城平面由正方形逐步变为长方形，从东面城池向西面延伸和扩展，城门则从4座变为6座，城外一圈护城壕，城墙周长有缩减，城墙之上配置角楼、悬楼、炮台、铺楼等，用于城池防御，但没有敌楼。明清的银川城逐步形成了南北关城，南关城体量比北关城稍大些。清代，银川城墙和关城之上修建多道水门、水关、水道，城墙外部的护城河为不规则形态，说明此时城墙内外的排水很重要，再次证实渠水借助水关穿越城墙入城。

明清西安城平面为规则的长方形。明代城内设秦王府城，形成内外两层城墙，两圈城壕套叠。整个城池呈现出以秦王府为中心，以外围关城为拱卫，三城相套的"城中城"，以西安府城护城河、秦王府城河为天堑的三重城二重壕特征，多重维护的城池平面，城池合一的立体架构，高度强化防御重点①，城墙兼备防御、维护、阻隔、灌排、防洪等多种功能。西安城门共设4座，敌楼98座，辅以城楼、马面、炮台铺楼等，但各瓮城之外设有三重门和三层城楼，证明防守严密。西安城外的瓮城之上设有箭

---

①吴左宾．明清西安城市水系与人居环境营建研究［D］．华南理工大学，2013：94-101．

楼，亦用于内外防护。清代西安城的东关城位于正东门，且平面不规则，其西关城位于城外西南角，平面规则，其他南北关城平面呈长方形，狭长布局（见表5.13、图5.18）。

广州城平面为不规则形状，明清都有加建的记录。明代内城则由三城合一，后扩建了外城，原设7座城门、7座城楼、7座敌楼，后增设1城门，城楼和敌楼也各增设1座，其他城墙设施如警辅97间；雉堞1万7百，城正北门外设瓮城，东北门下设水关。环城水壕原有一道，清代增设至2道。清代的东西两翼城铺开，容纳更多人口聚居于此（见表5.13、图5.26）。

以上三城中，西安城体量最大，广州城第二，银川城第三。三城的防护虽各有侧重，但都以水系防御成为城墙防护的重要组成部分。广州城因水源充足，故辟湖为险，构筑水师良港；构筑城墙、城壕、六脉渠体系，阻敌水攻①。银川城则采用城关和城墙体系结合防守。西安城防最为严密，开设的城门数量最少，且城门之外设置三重门和门楼，配备箭楼；广州城次之，在海域周边设置前沿炮台，用以御敌（见表5.13、图5.18）。

表5.13 银川城与其他城池的形制比较统计表

名称	各时期形状	城墙	城门	城楼	敌楼	护城河	尺度	备注
银川城	明：初，正方形；后长方形（东西两城合为一城）	1道	4座加至6座	4座加至6座	\	1道	城高三丈六尺，基阔二丈，周围一十八里一百八十步	角楼：4座；悬楼八十有五，铺楼七十，外建月城，城咸有楼，南北有关
	清：长方形	同上	6座	6座	\	1道	周长十五里多，东西长四里五分，南北宽三里一分，后周围长二千七百五十四丈，址厚二丈五尺，顶厚一丈五尺	角楼：4座；炮台铺楼二十四座；瓮城：6座；瓮城外设水关和水道

---

①刘卫. 广州古城水系与城市发展关系研究［M］. 广州：华南理工大学出版社，2016：220-241.

续表

名称	各时期形状	城墙	城门	城楼	敌楼	护城河	尺度	备注
西安城（汉、唐长安城）	明：以秦王府为中心，以外围关城为拱卫，三城相套的"城中城"，以西安府城护城河和秦王府城河为天堑的三重城二重壕。规则，长方形	内外各1道	4座	4座	98座	2道，内外城各1道	周围四千三百零二丈长一百九十八丈	马面：30座；城门处采用三道城、三重楼的型制，三道城是月城、瓮城、大城，三重楼是闸楼、箭楼、城楼
	清：规则长方形，正东外设东关城不规则，西关城（城外西南角）规则，南北正门外南北关城规则长方形	1道	同上	同上	同上	1道	\	同上
广州城（番禺古城）	明：不规则形状，内城为三城合一，明嘉靖四十二年（1563），筑外城，仍为不规则形状	1道加至2道	8座（内外）	8座（内外）	8座（内外）	1道	内城：周二十一里三十二步，高二丈八尺，上广二丈，下广三丈五尺；外城：长一千一百二十四丈，周三千七百八十六丈，高二丈八尺	明洪武十三年（1380），城有7座城门、城楼、敌楼；警辅：97间；雉堞：1万7百，正北门外设瓮城，东北门下设小水关；明成化二年（1466），筑南城归德二门月楼……明万历二十七年（1599），增设正南迤东门
	清：不规则形状，在外城垣加筑直至江边的东西两翼城	2道	同上	同上	同上	同上	\	西关为居民区，东关为手工业区

（资料来源：根据刘卫的《广州古城水系与城市发展关系研究》①、吴左宾的《明清西安城市水系与人居环境营建研究》② 相关内容作者整理和绘制）

---

①刘卫．广州古城水系与城市发展关系研究［D］．华南理工大学，2015．

②吴左宾．明清西安城市水系与人居环境营建研究［D］．华南理工大学，2013．

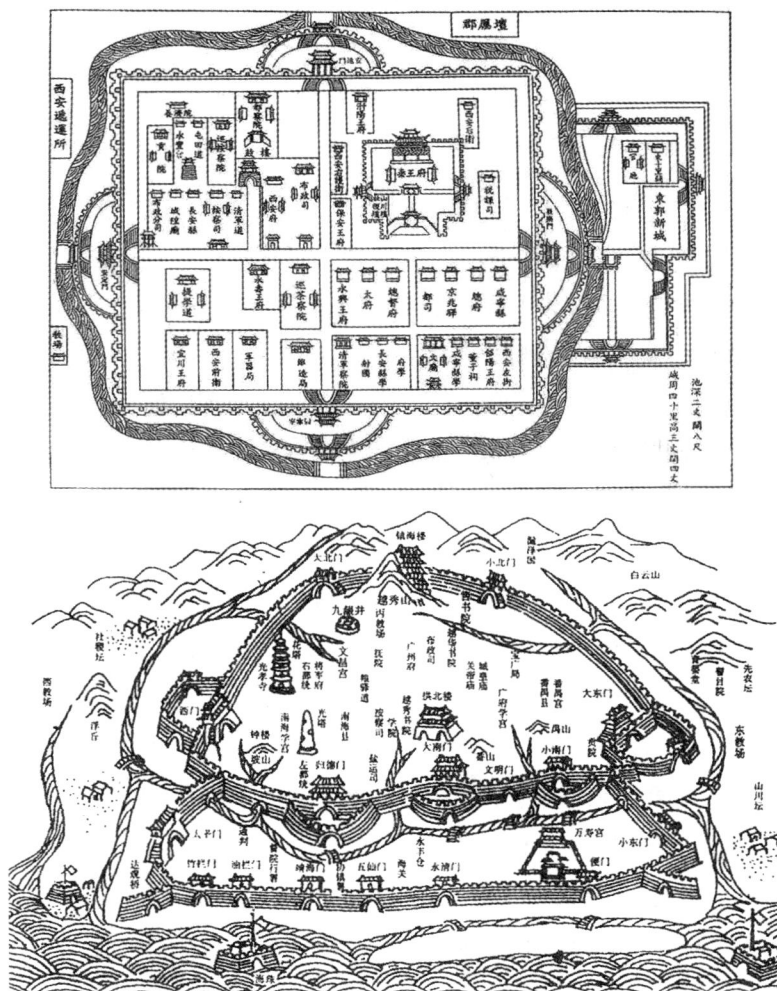

图 5.18　明西安府图（上）和清初广州城郭图（下）

图片来源：上图为《清西安府志》中的明西安府图；下图为《广州市志》卷 4 中的
清初广州城郭图

5.5.3　城池水系

　　银川城内外水系主要以城西的唐徕渠干渠为主，干渠从城西向城北
蜿蜒。同时，自城西南分出的唐徕渠支渠——红花渠为辅，该渠自城东

南绕向城东北。城北一片湖泊，城东南有明湖，城东有金波湖。湖渠相互连通，构架于城池之外。由城东南、西南、西北引渠水入城壕和城内，以满足城内居民供水、军事防御、泄水排水、园林用水、美化环境等各类功能（见表5.14）。

西安城的军事防御格局，借助城池外围的自然河流，依托城池外圈开凿的人工护城壕与城墙，由自然与人工建造形成内外封闭的坚固军事防御体系。西安城的水系构建主要以龙首渠和通济渠为主，两渠自东西两侧灌注入城之内，城东龙首渠自街道之间纵横交错，从城东流向城北、南、西；城西通济渠则从城西向城北、东、南流动。两者在城中心西北处交汇，是城内公共园林——莲池的造景之源。另外，西安城的水系具有居民供水、军事防御、防洪排水、园林用水等功能，城外环水，城内东西横贯水链，一环一纵的水系格局（见表5.14、图5.19）。

广州原始聚落和广州城的诞生与水系极为密切。秦汉时期，西江流经广州，北江和东江的支流亦流经广州。故而认为唐宋以前，广州处于东、西、北三江交汇之处。[①] 因而以此判定，广州城虽据三江交汇处的一段距离，但它仍是一座水上古城。另外，广州城所在区域属于南亚热带典型的季风海洋性气候，因而拥有丰富的海上降水资源，但受到地形的影响，山地丘陵区域的降水量多于平原区域，南部多于北部。

明清广州城"包山带海，连山隔其阴，巨海敌其阳，五岭峙其北，大海环其江，众水汇手前，群峰拥于后"[②]。广州城形成山环水绕的负阴抱阳之格局，其城内外的水系发达：城外呈"左右经水若泽"之势，形成城东西两侧的护城河体系，即为东濠涌和西濠涌，平衡护城河水。广州古城的主要水系来自白云山中的甘溪（蒲涧）水。广州古城内营造的六脉渠可提供城防、排蓄、交通等功能。综上，广州城的水系"以珠江水为主干，以甘溪、洗马涌、西关涌、环城濠池、六脉渠及其支脉等大小水道为枝杈的

---

①刘卫. 广州古城水系与城市发展关系研究 [D]. 华南理工大学，2015：18.

②[清] 陈梦雷. 古今图书集成-方舆汇编-职方典-广州府部汇考.05 子藏-1155 部-08 类书-0328 部：14

河网，以西湖、菊湖、兰湖、泮塘等湖泊、沼泽成片域水面"①。

广州城水系防线自成一体，体系完备，由远及近内设置，形成三个套叠的圈层。第一圈层处于广州城较远区域中，建立珠江水系和城外防御水上炮台体系，这是第一道守卫防线，负山控海、水上防御、凭水而守；第二圈层，城池外围水系的构建，包括城外水环境和城池外围城壕水系的规划；第三圈层，加强城墙和城内人工水系及设施的改造，城墙的作用不仅可以引水，兼具做为排洪和泄洪的重要设施。城墙之上设置炮台等军事设施，辅助城外水上炮台的防御。因而，广州城外环江水、内外湖泊沟渠成网、环壕为池、城墙和城壕互为联通，这是核心骨干体系，六脉渠体系联系城内外的引、流、泄、排，构成防水患的水网体系（见表5.14、图5.19）。

表5.14　银川城与其他历史城池的水系格局比较分析统计表

名称	河流（或江、濠、涌）	水渠	护城河	池沼（或湖泊、沼泽）	泉井
银川城	东南：黄河	唐徕渠、红花渠、东南小渠、西南小渠、西北小渠	城外环一周护城河	常湖、蒲湖、赵家渠、马家湖等	将军井
西安城（汉、唐长安城）	"八水"，北：渭水、泾水；东：浐水、灞水；西：沣水、涝水；南：潏水、滈水②	清明渠、漕渠、龙首渠、黄渠、永安渠、颜昶渠、兴城渠、朝宗渠、黎干渠、升原渠、通济渠、大小莲花池、兴庆池	城外环一周护城河	数量在变化，早期：23处；唐：89处；明清：50余处③	清：一湾泉、三槐芽泉、柿林泉、龙舞泉、清远泉、崖下泉、红崖泉、五眼泉、观音泉、碗泉；④清以后（五大井）：海眼井、龙头井、轮轮井、皇井、五道十字井

①刘卫. 广州古城水系与城市发展关系研究［D］. 华南理工大学，2015：22.

②素有"长安八水"和"八水绕长安"之美誉，"八水"归属于渭河流域，是黄河最大支流，也是今天西安市灞桥、蓝田、临潼三区县交汇处.

③池沼具备2点功能：1. 承担蓄水排涝和园林水景营造；2. "蓄水之塘" "荫地脉，养真气"，与城内建筑结合，体现"藏风得水"的传统生态格局.

④自明代开始，长安城周边水资源环境恶化，自然河流和人工水渠引水功能退化，开挖龙泉山泉井补给城外广惠渠灌溉和提供城内居民生活用水.

续表

名称	河流（或江、濠、涌）	水渠	护城河	池沼（或湖泊、沼泽）	泉井
广州城（番禺古城）	古代珠江、文溪、洗马涌、西关涌、东濠、西濠、清水濠、南濠	六脉渠	城外东西两岸护城河一体	兰湖、菊湖、西湖；洗马涌、西濠、兰湖外，西关涌（西关涌和下西关涌）、荔湾涌、龙津涌、荷溪、柳波涌等湿地；泮塘	越秀山泉水

（资料来源：根据刘卫的《广州古城水系与城市发展关系研究》、吴左宾的《明清西安城市水系与人居环境营建研究》相关内容作者整理和绘制）

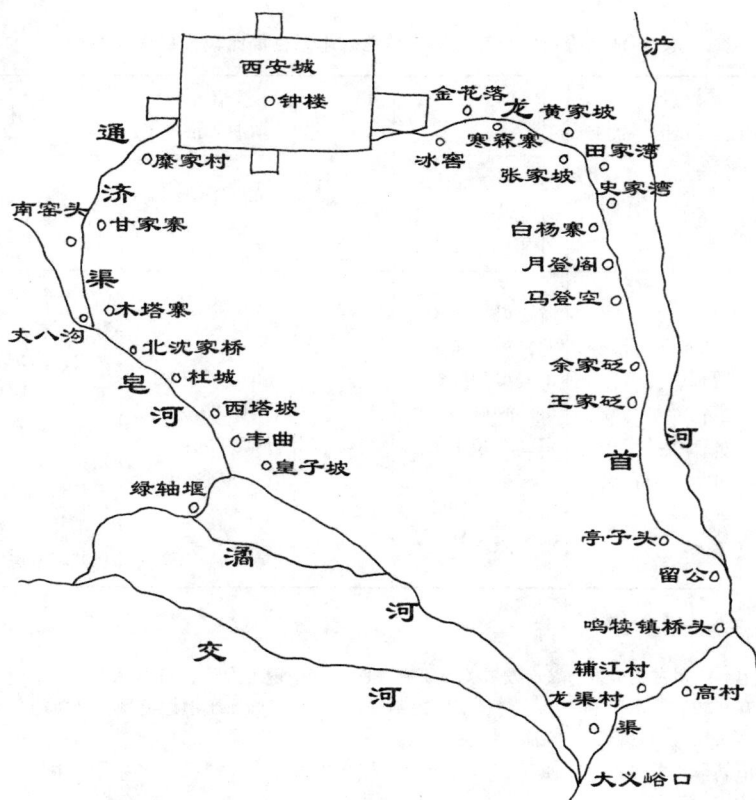

图 5.19 明清时期西安城外渠水入城图（上）和广州城内的六脉渠图（下）

图片来源：上图由史红帅绘制；下图由吴庆洲先生临摹自光绪《广州府志》

综上，三城之中，广州城因水量丰富，水系发达，水网密布，其城内外水资源最为丰富，所以水防体系因势利导，最为根本解决的问题是城池本体的排水、泄洪、调蓄等，以维护城墙设施的正常运行。银川城和西安城则多引渠入城，以供给城内的各类用水，但银川城的水量明显不及西安城。一条唐徕渠构建出银川城的丰富水系格局，将水资源的应用发挥到极致。而西安城则运用两渠展开构建，因水量相对稳定，但也仅涉及到城内部分区域。西安城和银川城面临的水问题是考虑渠水的补给，西安城的渠水依靠城郊各条河流，而银川城的渠水既依赖城外的湖泊之水和远郊黄河水。

5.5.4　城池园林

银川城内外都分布着各种类型园林：皇家园林、衙署园林、寺观园林、公共园林。皇家园林特征为：占地面积广，城内外都有，园林建筑多样，多以自然和人工湖面为主要造景构架，园林主题多以游园、果园、花园等为主。衙署园林则为：占地面积小，设于衙署后院或者附近，园林小而精致，多以廊亭结合方池、水渠成休憩之地。寺观园林：占地面积小，以寺院建筑为主，借唐徕渠干渠水和支渠水呈寺观的远景。公共园林：占地面积大，因自然湖水逐步维护成人工造景，周边设以围墙、柳树，设方亭、小廊几座供人休憩，湖面可泛舟。书院园林：以建筑为主，入口空间设泮池，布局对称，植有松柏之树。私家园林：占地面积最小，仅有入户门前一块地植有梅花，仅供观赏（见表5.15）。

西安城内的园林类型为：公共园林、半公共园林（实为衙署园林、书院园林）、私家园林（秦王府园林应为皇家园林，其他为私家园林）三大类。另外根据史红帅的分类则为：王府园林、官署园林、文教园林、私宅园林、公共园林、寺观园林等类型。王府园林则指秦王及其宗室郡王的园林与府邸，其占地面积大，园林规模大，是西安城内的园林主体。秦王府内以池塘构景，写仿自然山水，书堂周环以竹林，这在西北极为少见。后花园内百花丛生，豢养各类珍奇禽类，具备帝王苑囿气派。园内建筑类型多样，尺度高，气势恢宏，整个园林分为东、西、南三园。城内一处为龙首渠、通济渠两渠共汇之城西北部的大小莲花池内，该园实为秦王府的一处离园。王府园林内之水来源于龙首和通济二渠之水，引水为池、围水造园。官署园林较简化，采用楼宇、池塘、花草相互搭配，引通济渠水入园，益显幽静。文教园林以文庙建筑为主，其环境以园林小品巧妙搭配，掘井为泉，引泉入塘，方塘半亩，砌石为桥，园林讲究对称错落，小巧精致。私宅园林多修建在前代园林之上，以小而著称，但造园手法娴熟，浓缩式的自然风景。公共园林仅有一处，引龙首渠水入池，莲叶依依，碧波数顷。但清末，由于渠水阻塞，园内莲池枯竭。寺庙园林受到渠水影响小，注重建筑和树木的景观组合，水体空间应用少（见表5.15）。

表5.15　明清银川城与其他历史城池的园林比较分析统计表

名称	园林始创时间	园林类型	园林分布	园林要素
银川城	西夏时期	皇家园林	城内：东、南、东南、东北；城外：东、南、红花渠和东面城墙之间	渠、湖、塘、井、沼、池、亭、阁、楼、廊、榭、轩、宫、台、桥、果树、花卉、菜
		衙署园林	城内：北、德胜门一带	渠、轩、阁、楼、台、亭、菜、花草
		寺观园林	城外：唐徕渠东岸	楼、阁、台、亭、塔、树木
		公共园林	城内：西北、红花渠东岸	池、塘、沼、湖、亭、轩、桥、柳树、鸟、鱼
		书院园林	城内：北正中	泮池、亭、台、堂、阁、楼、松、柏
		私家园林	城内：西南	梅花、井
西安城（汉、唐长安城）	汉代时期	皇家园林	城内：东北	渠、湖、堂、亭、台、楼、阁、花卉（白莲、牡丹）、树木（竹林）、鱼、鸟
		公共园林	城内：西北；城外：东南	湖、莲花、鱼、鸟、池、沼、花卉（牡丹花）、楼、亭、台
		衙署园林	城内：西北	渠、池、塘、亭、台、楼、阁、榭、花草、树木
		书院园林	城内：南、西南	井、池、泮池、塘、亭、台、花卉、树木
		寺观园林	城内：东、西、南数量多、北数量数	渠、桥、池、莲花、阁、松柏、石
		私家园林	城内：西北、西南	渠井、涌泉、幽径、楼阁、台榭、亭花草、山石、荷花

续表

名称	园林始创时间	园林类型	园林分布	园林要素
广州城（番禺古城）	五代十国南汉时期	私家园林	城内：东、西、北、南。（城北4处，城西18处，城南10处，郊外芳村3处，河南10余处，地址不详6处）①	池、沼、塘、湖、石、楼、台、廊、阁、堂、榭、亭、石道、桥、花卉（荷花）、果树（荔枝、龙眼、菠萝蜜）、松树、凤凰木、竹、鸟
		行商园林	城内：商业旺地、十字路口、商铺	楼、假山、怪石、龟池、古塔、亭、台、榭、桥、莲池、泮塘、小溪、猴、朱鹭、天鹅、孔雀、树木
		寺观园林	城内：西、中轴	塔、观、寺、宫、桥、植物

（资料来源：根据史红帅的《明代西安人居环境的初步研究——以园林绿化为主》②、刘卫的《广州古城水系与城市发展关系研究》③、吴左宾的《明清西安城市水系与人居环境营建研究》④ 相关内容作者整理和绘制）

自古，广州为水上之城，城池内外不缺水。广州城内园林类型多样，种植的花草树木独具地方特色，但由于清末民国商业的繁荣，人口的增多，明清形成的园林多被占用，加之商肆茶园的兴起，园林类型演变成较复杂的状态：私家园林、行商园林、寺观园林。私家园林修建于官署园林等历代名园之上。行商园林则为酒肆茶楼建筑，混合小巧精致的庭院园林，以供各类食客观赏。而寺观园林则仍以寺观建筑为主，园林为辅，院内布置各种植物花草，以突显寺观的幽静，同时吸引香客入内聚集（见表5.15）。

三城的园林建设，都由明代盛极一时，延续至清代，后来在民国逐步衰败。主要因为城内用地紧张，城内水源供给不足，市井商人的需求大于

①彭玮卿. 潘家园宅—清代广州行商园林个案研究［D］. 华南理工大学，2009.

②史红帅. 明代西安人居环境的初步研究——以园林绿化为主［J］. 中国历史地理论丛，2002（04）：6-20+159.

③刘卫. 广州古城水系与城市发展关系研究［D］. 华南理工大学，2015.

④吴左宾. 明清西安城市水系与人居环境营建研究［D］. 华南理工大学，2013.

文人官员游园的需求，商人对园林的需求变味成杂耍乐园，豢养家禽和活猴。广州城内的园林面积和规模都有所缩减，位置也进行重新布局，不多依赖水源，而是沿街市的繁华区域布局。银川城和西安城内则因渠水的枯竭，造成了城内园林数量锐减，明代园林胜景已不再呈现，清代园林实景转变为文化景观，运用八景诗、风景诗、景观集称等作为实景的替代品，以唤起地方文人的回忆，成为地方乡土的印记。

5.6 本章小结

明唐徕渠从四个方面对宁夏镇城格局产生影响：其一，城池选址。银川城自西夏时期选址在今天的宁夏银川市兴庆区旧城区内。城池经历了元代，延续至明代，其位置未迁移。其二，城池形制。在唐徕渠的干支渠围绕下，明代城池缩减和扩充都是在两渠相夹的地段中展开，始终没有跨越出该范围，以渠为边界进行城池建设。银川城的形制与中国古代城池形制有区别，城池四角被削平后又恢复。扩展为长方形，外围设置城墙，城墙上设有角楼、炮楼、门楼等。其三，城池水系格局。明清引渠水入城，城内外水系主要以唐徕渠干渠、红花渠、东南小渠、西北小渠、西南小渠以及城池周边湖泊为主。明宁夏唐徕渠干渠绕城西，红花渠环城东，开启渠绕城的模式。明中期，城外渠水成为镇城内的造园水景要素。其四，城池园林格局。因城池内外水源提供，水资源分布不平衡，城内园林聚集于城西北、北、东北、东南、南五个方位，引水入城后，城内潴水为湖，依湖建园。同时，城外园林聚集于城南、东南、东、北四个方位，此区域中自然湖泊与红花渠一片，是城外园林的造景水源。明镇城内外以皇家园林为主，其他园林为辅，呈现各种园林环绕在皇家园林周围圈层格局。明宁夏镇城对唐徕渠应用功能发挥到了极致，水渠不仅具备灌溉功能，引水入城，潴水为湖，引渠造园。这在古代城市中较少见，开创西北地区干旱与半干旱地区的造园先例。

清唐徕渠对宁夏府城有两方面影响：其一，城池体系加入了给排水设施。清初，宁夏府城是在明宁夏镇城上建设，其城池形制和尺度都无变化。在清乾隆三年（1738）的宁夏大地震后，城池重建，且设置了水关、水道等给排水设施，城内外的城壕水、渠水、湖水等得到了有序组织，揭示清宁夏府城的防御性和安全性得到全面提升。其二，文化景观主题取代了实景园林。清初继承了明宁夏镇城的园林景观，是清初宁夏府城中的古迹与盛景。地方官员借助明代园林的古迹，对其加以提炼与创作，由此撰写出颇具文学色彩的"八景诗"，传颂于地方文人之间，又逐步成为一种"集称文化"，继而凝练成一种"文化景观"。清八景文化继承和发扬了明代八景文化，最后由清乾隆皇帝钦定，形成一种固定体例流传于今世。无论清八景还是明八景，宁夏八景文化的主题对象多以宁夏水文化景观为主。清八景曾多次展现唐徕渠文化景观，将唐徕渠的物质文化价值升华为非物质文化价值。在清八景中，唐徕渠不仅是一条水渠的名称，也不仅是一套水利灌溉工程体系，更突出了水文化景观的实质和特征，以诗歌文化和符号语言，展现出宁夏地区的独特人文景观。此外，清初八景与清乾隆年间（1736—1796）的改定后《朔方八景》比较，后者更具规范性和意向性。明代城内园林皆毁，城外园林犹存。清代则舍弃城内小尺度园林，选定地方旷达之景，因景造诗，就景抒情，园林视野扩展至宁夏地区风貌之景，用自然山水和湖泊渠水作为咏颂对象，丰富文化景观想象力，开创了宁夏地区全域文化景观的格局。

民国唐徕渠对宁夏省城格局有三方面影响：其一，城池形制。民国初期，宁夏省城依然承袭清代城池，但局部形制发生改变：城西北门封闭，南北关城与主城之间由瓮城连接。其二，城内园林格局。城内格局变化大，西北部视野开阔，居住人口稀少，建有城内最大的公共园林"中山公园"，其园内以银湖为中心建设，原湖水与西北小渠相融灌溉园内树木。城东部建有东花园，以植物为造园主景。人们聚居于城东南、东北、西南三个方位，东西大街商铺林立，南门大街商业繁华。宁夏省城外东面的金波湖和城外南面的南塘湖依然存在，已成为公共园林供居民游玩，城内其他明清园林皆毁于战火。其三，城外景观格局。宁夏省城外虽有大片连湖、小片湖泊与唐徕渠系，但人烟稀少，田地荒芜，空地密布，植物稀疏，城外一片旷奥郊野之景。由城外的公共园林空间向宏观尺度的旷野空间变化，由人工景园变化为乡野村趣的自然疏离景致，人工造景依然不存，任由水域空间扩散，缺乏系统规划与布局，渠系虽发达，但城池内外格局散乱。

经对比研究，银川城、西安城、广州城的格局营建具有相似之处：三城的营建始终在山水格局之上营建人工格局。山水格局是城池起源的物质与环境基础，古人在营建城池之初，观察山水态势，对城池选址具有缜密和慎重的思考。三城周边环抱山系，江河位于城池前端，形成负山面海或负山面河的空间格局，山水既是自然屏障亦是远景，在山水格局体系上建设军事防御体系。三城依水造势，水被赋予多种功能：支撑城内外的军事防御体系，供给城内居民饮水、建筑防火、造园绿化、水上娱乐、水上养殖，改善城池内外的生态环境和防洪调蓄。在城池水系的孕育下，城池文化景观呈现地方特色。

但三城的格局营建存在一定差异：广州城自古不缺水，就水建城，就势利用，它最注重城池的防洪调蓄，保障城池水上安全。西安城外未形成水绕城池的格局，引龙首和通济两渠入城成为了不争的事实，城内采用东西水渠呈相夹之势，沿渠建园造景，但因后期水源阻塞，城内水资源枯竭，城池格局打破。银川城地处干旱和半干旱地区，水资源最为缺乏。既使如此，对唐徕渠系积极主动利用为银川城带来生机：城外环渠，设护城河，引渠跨城，城内依渠造园。后因战火，致使城池格局被破坏，水渠作用被忽视。

综上，明至民国的银川城文化景观营建过程，是城池水系景观的营建过程。山水格局为底，人工引黄灌溉渠功能实现多元化。这种营建过程的变迁，恰恰体现了古人基于自然改造自然，运用人工干预的方法，通过时间累积和加成，使两者之间形成有机演进的模式，反映出银川城的文化景观特征和价值内涵：时间维度的变化，引发唐徕渠系对银川城的文化景观类型和主题造成影响，但变迁本质上存有重叠性、关联性、交叉性，能反映出其"真实性"价值。

6
明至民国唐徕渠对沿渠聚落
格局影响的类型、内涵及利用

6.1　格局影响的类型及特点

　　明以前的沿渠聚落，除银川城外，其他沿渠聚落尚未出现。西夏时期以宁夏平原自然山水格局为宏观格局建设基底，沿唐徕渠聚落的营建则依赖唐徕渠系进行建设，这种营建智慧和格局范式影响明至民国的宁夏地区沿唐徕渠聚落文化景观格局。

6.1.1　宏观格局类型及特点

　　明至民国唐徕渠对沿渠聚落宏观格局的影响由三个体系构成：山水格局体系、军事格局体系、唐渠格局体系。山水格局体系中的有形物质要素构成为山、河、泉、湖、林等，是自然地理的生态环境。军事格局体系中的有形物质要素构成为边墙、关隘、墩堠、堡寨聚落、城池堡寨等，是区域内的人工防御设施。唐渠格局体系中的有形物质要素构成为渠身、渠口、渠尾、闸坝等，是区域内的人工水利设施。山水格局体系是建设人工防御设施和水利设施的自然基底，具备天然边界，军事格局体系和唐渠格局体系都在生态环境基础上加以营建和布局，军事格局体系用以保障区域土地上的人们不受外来族群的干扰，唐渠格局体系则保障人们生活得以稳定和延续。

明代宏观格局特点：从明初，人们对唐徕渠灌区的聚落和设施加以规划和设计。以自然的贺兰山和黄河水为边界，设定山水格局护卫边界，保障区域内的生态安全底线不受侵犯；在山水格局的基底下，逐步修建多层级的军事防御体系，边墙沿山脊、山腰、山麓呈线性结构布防，关隘点状嵌入该线性结构之中，墩堠、沿山堡寨虽是点状布局，但之间形成隐形的护卫防线，沿渠聚落选址于唐徕渠两侧，依然采用点状布局嵌入隐形线性结构，堡寨之间互为关联，互为支援，协防保障国家边域安全底线不受侵犯；唐徕渠建设于区域的核心腹地，湖泊点状穿插其间，渠水湖泊互为贯通，渠水川流不息，灌溉沿渠土地，唐渠格局体系保障军民粮食安全底线不受侵犯。

清初，宏观格局依赖自然山水，稳固山水边界，继续在明代基础上建设军事防御格局体系和唐渠格局体系。进入清中后期，地区政治格局被打破，满蒙关系缓和，定期在明旧边墙上开设互市交易，边界安全虽未放松，但对峙局势缓解。军事格局体系沿用明代军事防御体系，所有军事设施仍存，边墙和堡寨继续发挥原有功能，墩堠作用已消失。明代无形的军事文化体系瓦解，卫所镇制度和五路防御格局早已成为历史。清代唐渠格局体系进一步发展，由屯田戍边职能过渡为营田水利职能，继续发挥灌溉经济效益，提高农田产量，为区域民众带来粮食安全保障。清代，虽然军事格局体系逐步瓦解和弱化，但山水格局体系机能和人工灌溉渠系相互影响，趋向稳定化的地区农业经济建设，人渠关系造就人地关系，人工建设协同生态环境和文化环境的滋养，充分发挥土地和水利作用，形成稳定的可持续发展格局。

民国宏观格局中的山水格局体系依旧，但明显湖泊湿地数量增加，疆域边界界限完全瓦解，地区和群族之间的矛盾不存。但军阀混战带来更多的不确定因素，演变成不固定的地区冲突局面，多以点状或者片状区域呈不同时间出现，没有明显的军事格局边界。即使如此，民国唐渠格局体系仍处发展时期，特别在政治格局相对稳定的时期，唐渠体系不断扩散和延伸，并继续发挥灌溉作用，体现灌溉经济效能。进入民国后期，战乱致宏观格局体系破败（见表6.1）。

表 6.1　明至民国唐徕渠对沿渠聚落宏观格局的特点统计表

朝代	山水格局体系	军事格局体系	唐渠格局体系	格局特点
明代	山：贺兰山及其支脉等；河：黄河水；湖泊：三塔湖等8处；泉：暖泉；林：快活林	制度：镇-卫-所；工事：镇-卫-所-城、堡-关隘-驿站-边墙-烽火台-墩墩；五路：宁夏卫、左屯卫、右屯卫、前卫、中屯卫	流向：干渠由北向南流；形状：干支渠呈枝桠状；段落式：三段横断纵向式（渠首-渠身-渠尾）；节点：唐正闸、宁夏镇城；设施：闸-坝-槽-陡口-洴口-渠口	依托自然山水构建设计人工军事防御体系和唐渠渠系。覆盖三种类型的文化景观遗产特征，军事价值最为明显
清代	山：贺兰山及其支脉；河：黄河水；林：快活林，泉：暖泉等；池：大小盐池；湖：长湖等51处	沿用明代军事防御工事，西面边墙局部建设，北面边墙已开放，设立定期"互市"，北部体系逐步开放	流向：同上；形状：同上；段落式：六段横断纵向式；节点：唐正闸、贴渠、玉泉营桥、良田渠口、西门桥、战马桥、威镇堡；设施：同上	延续明代自然山水、军事防御、唐渠渠系。符合三种类型的文化景观遗产特征，军事格局逐渐弱化，有机演进类景观和关联性景观特征明显
民国	山：贺兰山及其支脉；河：黄河水；林：快活林，泉：暖泉等；池：大小盐池；湖：长湖等50处	明清军事防御体系瓦解，已成为历史。加之，后期陷于军阀混战之中，进一步破坏军事防御格局边界	流向：同上；形状：同上；段落式：5段横断纵式；节点：唐正闸、玉泉营桥、大东方桥、大新渠口、西门桥、老罗渠口、威镇乡稍坝；设施：同上	宏观格局中军事格局成为了历史景观，成为有机演进类景观，唐渠渠系景观特征最明显，关联性景观不存

（资料来源：根据 2.3.4 章宏观格局相关内容作者绘制）

　　综上，若按照文化景观的三种类型界定，明代宏观格局处于建设初期，军事格局体系价值最为突出，人们沿山设立边墙、关隘，山下设墩墩、卫所，沿渠设城堡、堡寨，道路上设驿站，构建出依山就势、据险设防、居高料敌、关隘防敌，最大限度利用自然地势控制贺兰山东麓的宁夏平原安全稳定边界。同时，在这样格局下重新疏浚和兴建唐渠格局体系，不仅有明显的纵向线性景观结构，同时渠系的横段式结构划分，结合屯田养兵防御功能。以上的阐释进一步显示本区域文化景观中的自然景观遗产被人们熟知，并被人们善加利用，人们有意设计和营建人工军事和水利体系，这恰好符合文化景观中人类有意设计类景观，它反映了明代宁夏地区的边镇军事文化景观特质，突出护卫、屯守、防御的重点。在这种防御和生活方式的交融下，又产生了持续性的景观，而且这种演变和影响始终在持续，沿用至清代和民国。特别是清代又衍生出了关联性文化景观类型。因此，明至民国宁夏唐徕渠对沿渠聚落的宏观格局影响，其实质上是明至民国唐灌区文化景观的类型演变过程，反映了本地区文化景观的积淀历史，揭示出三种格局体系互为依存的关系，凸显出历代国家安全格局体系的底线护卫意识（见图6.1）。

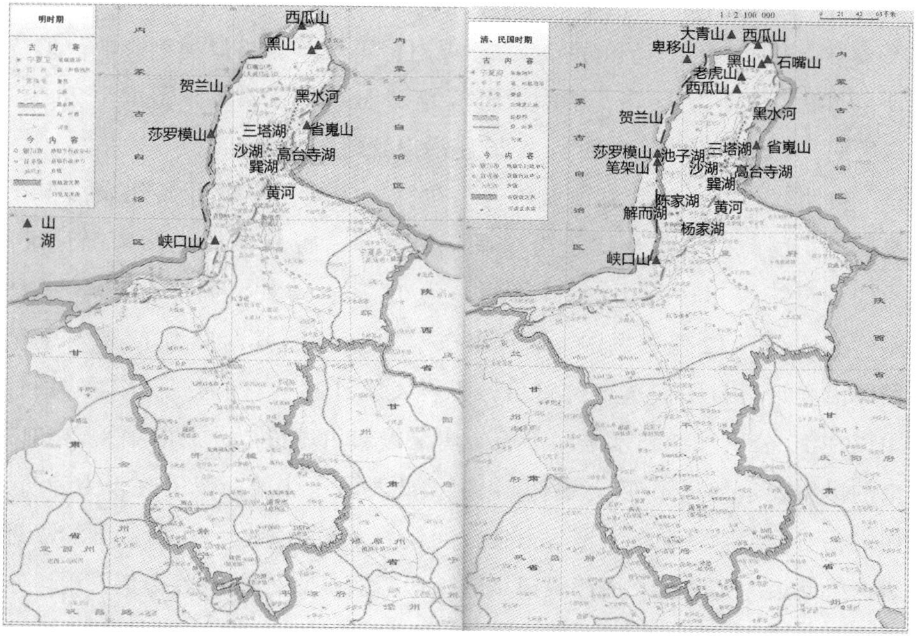

图6.1 明至民国渠对沿渠聚落宏观格局中的山水格局变迁分析图
图片来源：根据《中国文物地图集宁夏回族自治区分册》中
宁夏回族自治区历史地图作者绘制

明至民国唐徕渠对沿渠聚落宏观格局影响中，最为突出的核心建设是唐渠格局体系的规划和设计。明初，唐徕渠系格局尚未成型，并未形成完整的人工灌溉渠系，渠水呈单一线性结构，而且水利价值尤显不足。在军事防御体系的稳定过程中，唐渠格局体系逐步完善，发挥了屯田经济价值。清唐徕渠系格局呈多极化发展，唐徕渠干渠及其支渠汇入沿渠多片湖泊之中，湖渠相连的水系格局不断细化，并已成型，发挥出农田灌溉经济价值，人渠关系的变化带来人地关系的紧密；民国唐徕渠系格局呈现出层次化、连续化、细致化的特质，渠湖一体，灌溉价值依然发挥持续作用，但后期人为战乱因素的影响导致宏观格局体系被破坏，渠系格局发展受阻。

6.1.2　中观格局类型及特点

明至民国唐徕渠对沿渠聚落中观格局的影响，它主要探讨：一、唐徕渠系与沿渠堡寨的位置和分布；二、渠对沿渠聚落的格局类型影响。据统计，明沿渠聚落为 21 座，清沿渠聚落为 27 座，民国沿渠聚落增至 28 座。清后期，平胡堡消失，此时实为 26 座沿渠聚落。

自明代开始，除宁夏镇城外，沿唐徕渠干渠两岸就开始建设沿渠堡寨聚落。因此，聚落分列于唐徕渠干渠两岸，视具体的地段情况选址。明代，唐徕渠东岸为 10 座，其西岸为 11 座；清代，唐徕渠东岸为 15 座，其西岸为 12 座；民国，唐徕渠东岸为 16 座，其西岸为 12 座。明至民国沿渠聚落自明代选定位置后，不再发生迁移，它们与唐徕渠的垂直距离在 10 公里和 500 米之间不等。唐徕渠银川城段以北的沿渠聚落和以南的沿渠聚落数量不变。唐徕渠银川城北段沿唐徕渠西岸聚落较为稀疏，与之相对的沿唐徕渠东岸聚落密集，明代离干渠距离远，至清代开始靠近唐徕渠支渠的大清渠。唐徕渠银川城南段沿唐徕渠西岸聚落密集，同段东岸聚落稀疏。

因此，根据相关图文资料，结合文献、考古资料、田野调查的整理和比对，在清代和民国时期增加的沿渠聚落实际上已不再是单体堡寨聚落的概念，可判断出它们是围绕在宁夏府城和宁夏省城周边的似城聚落。清新满营是一座典型沿渠城池聚落，且位于唐徕渠大支渠良田渠东岸，与银川城隔唐徕渠干渠相望。

明至民国沿渠聚落总体数量的增加及两岸数量的不均衡在于：其一，以银川城为节点，其南沿唐徕渠聚落的数量有所变化，而且该段唐徕渠西岸聚落整体发展滞后于东岸沿渠聚落。而银川城北段沿唐徕渠聚落的数量和位置都没有发生较大变化。其二，以银川城聚落为中心节点区域，由其不断由内向外扩展，沿城池中心的纵横轴线向外辐射，发散生成城东、城西、城南三条辅助轴线。因此，以银川城为中心的单一城池聚落在清代和民国已逐步转化为多座向心而聚的似城聚落，但这些聚落没有围墙，占据一定面积。其三，民国的个别沿渠堡寨聚落呈碎片化分布，村落形态逐步从点状变为带状沿渠分布。其四，东西两岸聚落数量的疏密反映唐徕渠的两岸自然环境状况，上半段沿渠西岸多为沙漠，其东岸则为湖泊湿地，所以该段不宜建设大量堡寨。下半段沿渠西岸多为湖泊湿地，东岸则滩涂沙地较多，因此西岸设立的堡寨明显多于东岸。进入清代，唐徕渠干渠首段开设大清渠，东岸情况有所改变，支渠可以流经一些堡寨周边，用以灌溉田地。

明至民国的唐徕渠系，既是宏观格局中重要水利工程体系，又充当了地区军事防御体系，还支撑沿渠聚落的生命体系。唐徕渠将宏观格局和中观体系加以连接，发挥着重要的桥梁作用，是此区域文化景观的物质和文化内核支撑体系。

明至民国唐徕渠对沿渠聚落的中观格局影响聚焦两点：沿渠堡寨的选址和渠堡关系的类型与特点。沿渠堡寨一般选址于唐徕渠干渠两侧，采用聚合点状建筑嵌入沿渠两岸的土地和田地之中。沿渠堡寨和渠水之间存有相依相离的关系，这要视渠系流域状况而定：出水的渠口，设置闸坝的同时，还要设立一座堡寨，其用以管理和控制水资源，确保灌溉渠系的安全和输送。输水渠身段的堡寨远离渠系，但周边湖渠尽量互为相连，渠网互通，为其周边田地提供灌田的水源。堡寨不能太过于靠近渠身的另一个原因在于，防止水渠渠身决堤，这会造成渠水灌堡寨的不良结果。输水稳定的渠身中段，沿渠中心城池选址于此，与渠水之间能形成紧密的相依关系，以之为中心可构建出更复杂的渠系结构。渠网互通，呈多层级化，干支渠互联，渠系可承载城池外围防御，并为城内提供水源。渠堡关系逐步从单一化走向复杂化，也因渠系复杂化而衍生出多种渠堡格局关系类型。

明代渠堡格局类型为 8 种：跨干渠连接式、干支渠节点式、干渠平行式等。堡寨多依赖于唐徕渠干渠生长和发展，而且平行排列状态居多，这说明明代渠对沿渠聚落中观格局的整体影响，处于建构和定型化阶段中。沿渠中心城池和重要城池聚落的建设，明显经过多方考量，有意识地规划和布局，通过人工设计而构建体系格局，且将其功能多样化，这奠定了后期的中观格局基调的延续。

清代渠堡格局类型为 11 种：跨干渠连接式、干渠平行式等。堡寨和唐徕渠干渠关系依然是平行状态居多，但干渠弯度明显变化：干渠向心式和干渠背弓式。干渠在堡寨附近发生了内弯和外弧现象，渠水流向也随之变化，堡寨或置于渠水半环抱之内，或与渠水背道而驰。支渠的丰富也影响了格局类型的多样化，这可从清代沿渠堡寨的中观格局类型中探索出细微差距：干支渠相夹平行式、支渠向心式，以上这两种格局类型都是唐徕渠支渠流经堡寨后，其流向趋于内弯前行或者平行前行。而复合式的沿渠堡寨中观格局类型，其更进一步表明渠堡之间结构的复杂化，渠系分布于堡寨周边，堡寨与之相望。开设的大清渠和瞿靖堡等堡寨较为接近，渠堡关系密切。除以上格局变化外，多数沿渠堡寨与干渠和支渠相依相离，渠水平行穿过堡寨周边，灌溉农田。而大坝堡依然坚守渠口，护卫水源。宁夏府城的干支渠环绕式和平罗县城的半环绕式格局稳定，水系不仅为周边田地提供灌溉水源，还为城内外的防御、居住、游乐、观赏提供重要水源。清唐徕渠系为沿渠堡寨提供了更多的发展空间，推进了沿渠城池的文化发展。

民国渠堡格局类型为 13 种，较清代多出一种干渠垂直式格局：渠堡形成垂直角度，且在宁夏省城南面大前城乡一带，揭示此段渠水弯度发生变化，由南北走向偏向于东西走向，区域水网也随之变化。其余 12 种格局类型中复合式从清代的 2 种演变为 5 种，这也表明渠系结构的多样化造成了渠堡格局多样化。堡寨则从远离干渠变为紧靠支渠式+干渠平行并列式的复合式：桂文堡，证实了堡寨周围渠系的细化和延伸。民国渠堡关系较清代更为紧密，渠系细化不仅扩充沿渠堡寨周边灌田范围，而且增加了农田面积和粮食产量。此外，渠系的细化更加速了沿渠堡寨本体逐步被周边村落取代的进程，由单一化点状聚落发展为面状乡村聚落，推进了沿渠聚落城镇中心化和沿渠村路分散化的两极化发展，其职能也随之更为明确化（见表 6.2）。

表6.2 明至民国唐徕渠对沿渠聚落中观格局的影响类型变迁表

朝代	格局类型编号	格局类型	堡寨名称	堡寨特点	特点
明代	1	跨干渠连接式	大坝堡	护卫水源 屯兵防御	明代，在宏观格局上构建军事格局和唐渠格局，沿渠聚落属于军事体系构成要素，聚落联系唐渠体系和军事体系，唐渠体系是沿渠聚落的生存条件；明代沿渠聚落的选址和建设反映了人工建造的力量和智慧，虽然趋向水利体系，但明显兼具屯田、防御的双重功能；在人为选址和设计的理念下，渠水成为沿渠聚落赖以生存的水环境，再按照防御和护卫原则，渠对沿渠聚落中观格局影响，恰恰展现了人渠关系的演进和互动过程。中心城池和重点城池聚落功能多样，渠城相依，渠水价值发挥巨大。其他沿渠聚落按照布防和设置位置，始终以屯田和防御职能为主，且渠首聚落关注渠口安全护卫，各路节点聚落则注重联防和支援
	2	干渠平行并列式	蒋鼎堡 玉泉营堡 丁义堡 高荣堡 姚福堡 周澄堡 威镇堡	中心堡寨 穿插支援 屯田守卫	
	3	干支渠节点式	邵刚堡 桂文堡	屯田守卫	
	4	干支渠环绕式	宁夏镇	护卫核心 民众生活 商业贸易 观赏游息 宗教信仰 园林艺术 集称文化 行政中心	
	5	支渠平行式	谢保堡	穿插支援 屯田守卫	
	6	支渠垂直式	张亮堡 常信堡	屯田守卫	
	7	干渠半环绕式	平虏城	北路重点 商业贸易 观赏游息 宗教信仰 园林艺术 集称文化	
	8	未知	瞿靖堡 宁化寨 宋澄堡 靖夷堡 杨显堡 平胡堡	\	

朝代	格局类型编号	格局类型		堡寨名称	堡寨特点		特点
清代	1	跨干渠连接式		大坝堡			依然沿用明代军事体系，保护水渠沿线生态和安全；中心城镇职能划分存异：宁夏府城以行政职能为主，新满城则是充当监管宁夏府城的清廷重器，平罗县城驻防兵士，护卫与防御并举；唐渠体系的面状化和段落化结构影响了沿渠聚落及其周围环境，蕴涵不断演进的文化景观，揭示出清代唐徕渠两岸人地关系、人渠关系的有机变迁过程
	2	干渠平行并列式		蒋顶堡 玉泉营堡 宁化寨 靖益堡 杨显堡 丁义堡 高荣堡 威镇堡			
	3	复合式	干渠远离式+支渠平行并列式	瞿靖堡 邵刚堡 宋澄堡			
			支渠平行并列式+干支渠交汇式	曾刚堡			
	4	干支渠相夹平行式		新满城	监管府城 居住生活 观赏游息	护卫兵民 商业贸易 宗教信仰	
	5	干支渠环绕式		宁夏府城 前在城 左在城 宁在城	行政中心 商业贸易 宗教信仰 集称文化	居住生活 观赏游息 园林艺术	
	6	干渠背弓式		丰登堡	居住灌田		
	7	支渠向心式		谢保堡	居住灌田 要道枢纽		
	8	干渠向心式		姚伏堡	居住灌田 宗教信仰		
	9	支渠平行并列式		张亮堡	居住灌田		

续表

朝代	格局类型编号	格局类型		堡寨名称	堡寨特点	特点
	10	干渠远离式		桂文堡 常信堡 周澄堡	居住灌田	
	11	干渠半环绕式		平罗县城	北部防御 商业贸易 居住生活	
民国	1	渠口式		大坝堡		民国山水格局依然存在,明清军事防御体系不存,进一步表明民国边疆军事防御体系已瓦解。民国沿渠聚落逐步分散,形成以堡寨为中心的分散村落。唐徕渠对沿渠聚落的中观格局呈多种复合类型,其职能以居住灌田为主。沿渠聚落中观格局以中心城池和北部城池为核心,中心城池渠系环绕,北部城池军事屯防,两者功能复杂化,兼备行政、商业、艺术、文化的功能,而其余沿渠堡寨聚落功能趋向居住灌田功能,时有宗教功能。这一时期的中观格局仍再现人渠关系的互动和演进过程
	2	干渠平行并列式		玉泉营堡 宁化寨 姚伏堡 谢谷俊乡 宁朔县城 周澄堡		
	3	干渠向心式		靖益堡		
	4	干支渠平行相夹式		蒋顶堡		
	5	复合式	干渠远离式+支渠平行并列式	瞿靖堡 邵刚堡		
			干渠远离式+支渠垂直式	新城		
			紧靠支渠式+干渠平行并列式	桂文堡		
			支渠向心式+干渠平行式	常信堡		
			干渠远离式+小支渠相夹式	威镇堡		

续表

朝代	格局类型编号	格局类型	堡寨名称	堡寨特点	特点
	6	干渠垂直式	大前城乡	居住灌田	
	7	干支渠环绕式	宁夏省城 左在城 宁在城	行政中心 商业贸易 文化教育 艺术观赏 居住生活	
	8	干渠背弓式	杨显堡 宋澄堡	灌田居住 宗教信仰	
	9	支渠平行并列式	张亮堡	居住灌田	
	10	干渠远离式	更名乡		
	11	干渠半环绕式	平罗县城		
	12	分散式	丁义乡 高荣乡	居住灌田	
	13	未知	张滕户 邵必户		

（资料来源：根据本书第 2.3.4 章中观格局类型相关内容作者整理而成）

综上所述，明至民国唐徕渠对沿渠聚落中观格局的影响类型变迁特点为：明至民国的中观格局是建立在宏观格局之下的，两者之间的交集是唐徕渠系和沿渠聚落，前者属于唐渠格局，后者是军事格局，两者都属于人工建造的文化景观，且两者之间的互动成为了影响中观格局的核心。沿渠聚落的存在揭示了渠、人、地的演变关系，渠系由人改造、设计和维护，目的是提供给沿渠聚落和周边居住者灌田的水源，人渠互动继而影响了土地肩负起补给粮食的使命。伴随时间推移，聚落军事职能退化，渠系结构复杂，渠堡关系类型多样，其揭示了人渠和人地关系紧密相依的构建过程，人类将唐徕渠视为该区域上最重要的资源，在不断的建设和发展过程中，将其价值发挥至极致。

6.1.3 微观格局类型及特点

明至民国唐徕渠对沿渠聚落微观格局的影响，主要是周边渠系和湖泊对沿渠聚落本体内外的格局形态和功能影响。在明代沿渠的 21 座堡寨之中，蒋鼎堡、宁化寨、靖夷堡、杨显堡等 11 座堡寨形制不明，其余 10 座堡寨的结构和形制都很统一，这些堡寨平面多以长方形和正方形为主，没有其他形状，沿渠堡寨中除两座城池聚落的形制复杂，其他堡寨聚落多环以黄土夯筑的堡墙，四角有些设置角台，有些没有设置。堡墙上开设一至两座门，门的朝向各不相同。两座沿渠城池聚落——宁夏镇城和平虏城城墙都采用土包砖砌筑，城外都设一道护城壕，镇城设有六门，平虏城设两门，镇城等级最高，平虏城次之。

清代和民国沿用了明代沿渠聚落，包括其形制和规模。即使发生地震等自然灾害时，其结构和形制依然保持不变。明至民国沿渠聚落的历史脉络具有承袭性。另外，明代沿渠聚落的名称多以某某堡命名，这样一种传统也沿用到了清代和民国，仅有个别称谓中的文字发生小变化，但其他实质性内容不变。清代出现的新满营与宁夏府城隔渠对峙相立，暗含距离和监视的关系，其主要是用来维持清廷的地方统治而专门设立的兵营，用以监管地方官员和民众，保持其权威性。在城池的修建上，依然沿用明代兵堡的设计形制和建造体例，既能满足城内官兵的居住等生活需求，又能护卫城内官兵安全，居守一体。民国伴随清廷的没落，军营解散，内部空置，变成普通居民的居住场所。明代的军事聚落职能在清代和民国都被弱化和消亡，取而代之是民堡聚落，仅用于居住和自我防御功能（见表 6.3）。

表 6.3　明至民国沿渠聚落信息统计表

朝代	堡寨数量（座）	堡寨名称	聚落形制
明代	21	大坝堡	正方形 、环以黄土夯筑的堡墙、东西辟门
		蒋鼎堡	\
		瞿靖堡	长方形、环以黄土夯筑的堡墙、东西辟门、四角设角台
		邵岗堡	长方形、环以黄土夯筑的堡墙、东面设城门上建振武楼
		玉泉营	长方形、环以黄土夯筑的堡墙、东西辟门、四角设角台
		宁化寨	\
		宋澄堡	正方形、环以黄土夯筑的堡墙、东西辟门、南北城墙上设马面
		靖夷堡	\
		杨显堡	\
		平胡堡	\
		宁夏镇城	长方形、环以土包砖墙、外设一道护城壕、六座城门、门上设门楼、北关和南关外有关门和瓮城、四座角楼
		谢保堡	\
		张亮堡	\
		桂文堡	\
		常信堡	\
		丁义堡	\
		高荣堡	\
		姚伏堡	长方形、环以黄土夯筑的堡墙
		周澄堡	正方形、环以黄土夯筑的堡墙、四角设墩台、东面设一门
		平虏城	长方形、环以土包砖墙、南北各一门、外设一道护城壕
		威镇堡	长方形、环以黄土夯筑的堡墙、南面设一门

续表

朝代	堡寨数量（座）	堡寨名称	聚落形制
清代	27	大坝堡	与明代相同
		蒋鼎堡	\
		瞿靖堡	\
		邵刚堡	\
		玉泉营	\
		宁化寨	\
		宋澄堡	\
		曾刚堡	\
		靖益堡	\
		杨显堡	\
		平胡堡	\
		新满城	正方形、环以土包砖墙、城墙上建女墙、四角设角楼、四座城门与瓮城
		宁夏府城	在明代基础上新修、形制一致、尺度缩小
		前在城	形制不明
		左在城	形制不明
		宁在城	形制不明
		丰登堡	\
		谢保堡	\
		张亮堡	\
		桂文堡	\
		常信堡	\
		丁义堡	\
		高荣堡	\
		姚伏堡	\
		周澄堡	\
		平罗县城	\
		威镇堡	\

续表

朝代	堡寨数量（座）	堡寨名称	聚落形制
民国	28	大坝堡	\
		蒋鼎堡	\
		瞿靖堡	\
		邵岗堡	\
		玉泉营	\
		宁化寨	\
		宋澄堡	\
		靖益堡	\
		杨显堡	\
		宁朔县城	\
		宁夏省城	\
		前在城	形制不明
		左在城	形制不明
		宁在城	形制不明
		更名户	形制不明
		张腾户	形制不明
		邵必户	形制不明
		谢谷郡户	形制不明
		谢保堡	\
		张亮堡	\
		桂文堡	\
		常信堡	\
		丁义堡	\
		高荣堡	\
		姚伏堡	\
		周澄堡	\
		平罗县城	\
		威镇堡	\

（资料来源：根据本书第 2.3.4 章中观格局类型相关内容作者整理而成）

　　除明至民国沿渠堡寨本体形制的变化之外，明至民国沿唐徕渠堡寨周边的水系也有变化。明代沿渠堡寨周边水系多以唐徕渠干支渠为主，但玉泉营堡寨附近分布两片湖泊：双塔湖和老官湖。清代沿渠堡寨周边水系除唐徕渠干支渠外，还有多片湖泊。不仅如此，干支渠名称变化、数量增加。清代玉泉营堡周边的湖泊不存，但支渠达 8 条以上或更多，其名为新渠、南边渠、北边渠等，由干渠之上分流而出，且分布在堡寨附近。增岗、邵刚、瞿靖等堡寨湖渠数量多，但堡寨处于干支渠相夹之地，在此分布多片湖泊，水系互为连通。银川城本身就由干渠和支渠环绕，加上四围的湖泊，渠水灌入湖泊，补给水源，城水关系极为密切。银川城北的湖泊水系相对较多，占地面积大。接近渠尾段的平罗县城、威镇堡等周边水系变为干支渠，湖泊极少。民国沿渠聚落周边水系的情况和清代相似，分布位置和渠湖种类也一致。但一些堡寨周边水系减少：玉泉营堡、宁化寨、张亮堡、威镇堡周围仅分布了唐徕渠干支渠；而一些堡寨周边水系增加：蒋顶堡、瞿靖堡、邵刚堡、宋澄堡等。显然，民国多数沿渠聚落周边水系增加，特别是银川城以南段和以北段，其区域中的渠湖水源充足（见表 6.4）。

表 6.4　明至民国沿渠堡寨周边主要水系统计表

序号	堡寨名称	明	清	民国
1	大坝堡	唐徕渠闸口	唐徕渠闸口、贴渠渠口	唐徕渠正闸口、贴渠渠口
2	蒋顶堡	唐徕渠	唐徕渠干渠、唐徕渠支渠	唐徕渠干渠、唐徕渠支渠（长堤渠、开渠、陈渠）、路羊湖、官湖、王家湖
3	瞿靖堡	唐徕渠	大清渠干渠、大清渠支渠（高渠、刘家渠、王家渠）、杨家湖、平湖、烈湖	唐徕渠干渠、唐徕渠支渠（大清渠、长渠、双渠、发家渠、芦一渠、李渠）、连湖、叶家湖
4	玉泉营堡	唐徕渠、老官湖、双塔湖	唐徕渠干渠、唐徕渠支渠（新渠、南边渠、北边渠、张家渠、下王家渠、李家渠、叶家渠、三岔渠）	唐徕渠干渠、唐徕渠支渠（新渠、李家渠、张家渠）

续表

序号	堡寨名称	明	清	民国
5	邵刚堡	唐徕渠	大清渠干渠、大清渠支渠（庙尔渠、马家渠、橙槽渠）、烈湖、西池湖、老官湖	唐徕渠干渠、唐徕渠支渠（大清渠、关渠、张渠、邵刚渠、邵渠）、献家湖、楼家湖、连湖、沙湖
6	宁化寨	唐徕渠	唐徕渠干渠、唐徕渠支渠（吴家渠、新渠、裴家渠）、洛洛湖、杨家湖	唐徕渠干渠、唐徕渠支渠（新渠、西北渠）
7	宋澄堡	唐徕渠	唐徕渠干渠、大清渠、西池湖、双滩湖	唐徕渠干渠、唐徕渠支渠（代士渠、罗士渠、李士渠、小曲渠）、无名湖
8	曾刚堡	\	唐徕渠干渠、唐徕渠支渠（千渠、曹场渠、黄家渠）大清渠、大清渠支渠（王家渠、孙家湖、姚家湖）、西池湖、张喇湖	唐徕渠干渠、唐徕渠支渠（高渠）、黄沙镇湖、月湖
9	靖益堡	唐徕渠	唐徕渠干渠、唐徕渠支渠（红渠、千渠、野渠、和尚渠）、张喇湖	唐徕渠干渠、唐徕渠支渠（李渠、陈渠）、无名小湖、海子湖
10	杨显堡	唐徕渠	唐徕渠干渠、唐徕渠支渠（大沙渠、小沙渠、大张渠、小张渠）	唐徕渠干渠、唐徕渠支渠（塌塌渠）、显大湖
11	平胡堡	唐徕渠	\	堡寨不存
12	新城	尚未出现城池聚落	唐徕渠干渠、唐徕渠支渠（贾家渠、雷家渠、盐池渠、大沙渠、代黄渠、杨昭渠）、良田渠	唐徕渠干渠、唐徕渠支渠（良田渠）、西湖
13	银川城	唐徕渠干支渠	唐徕渠干渠、红花渠、唐徕渠支渠（张家渠、沈家渠、水窖渠、塔渠）、常湖、蒲湖、赵家渠、马家湖	唐徕渠干渠、唐徕渠支渠（红花渠、大新渠、马渠、岳渠）、教场湖、塔湖

续表

序号	堡寨名称	明	清	民国
14	谢保堡	唐徕渠	唐徕渠干渠、唐徕渠支渠（亦的小新渠、俞家渠、赵家渠、营前渠）、大新渠、张亮广湖	唐徕渠干渠、唐徕渠支渠（白水渠、四等渠、一号渠、二号渠、三号渠）、无名小湖
15	张亮堡	唐徕渠	唐徕渠干渠、唐徕渠支渠（亦的小新渠）、大新渠、张亮广湖	唐徕渠干渠、唐徕渠支渠（李俊渠）、郑家湖
16	桂文堡	唐徕渠	唐徕渠干渠、唐徕渠支渠（邓里渠、新处渠、郭家渠、马官渠）	唐徕渠干渠、唐徕渠支渠（新甘渠）、王家湖、西湖
17	常信堡	唐徕渠	唐徕渠干渠、唐徕渠支渠（刘家渠、王家渠、菓子渠）	唐徕渠干渠、唐徕渠支渠（西安渠、吴渠）、益北湖、西湖
18	丁义堡	唐徕渠	唐徕渠干渠、唐徕渠支渠（陆家渠、汪家渠、杨家渠、孙家渠）	唐徕渠干渠、唐徕渠支渠（营前渠、黄小渠）、李家湖、无名小湖
19	高荣堡	唐徕渠	唐徕渠干渠、唐徕渠支渠（中渠、东双渠、西双渠、贾家渠、新渠）	唐徕渠干渠、唐徕渠支渠（正渠、中渠、头渠、朱渠）、西湖
20	姚伏堡	唐徕渠	唐徕渠干渠、唐徕渠支渠（中渠、三渠、四渠、边渠）	唐徕渠干渠、唐徕渠支渠（王渠、姚渠）、西湖、开家湖、傅家湖
21	周澄堡	唐徕渠	唐徕渠干渠、唐徕渠支渠（王家渠、双渠、曹渠、杨家渠）	唐徕渠干渠、唐徕渠支渠（干渠）、无名小湖
22	平罗县城	唐徕渠	唐徕渠干渠、唐徕渠支渠（史家渠、周家渠、巽家渠、西红花渠、王家渠）	唐徕渠干渠、唐徕渠支渠（大化沿渠、小化沿渠、大红花渠、小红花渠）
23	威镇堡	唐徕渠	唐徕渠干渠、唐徕渠支渠（呼家渠、万家渠、陈家渠）	唐徕渠干渠、唐徕渠支渠（陈家渠、卢家渠、钱家渠）

（资料来源：根据《宁夏水利志》、《宁夏水利新志》、《唐徕渠志》相关内容作者绘制）

　　通过宏观、中观、微观三种格局分析，可发现明至民国微观格局多以银川城为核心，它是唐徕渠沿岸的一座中心城池聚落，是唐渠体系中段渠网密布的核心区域。由宏观视角聚焦于微观视角，明至民国银川城始终由唐徕渠干支渠环绕，成为中观格局类型中唯一干支渠环绕式。从银川城池外部城壕，到城墙工事，至城池内外部的园林，离不开唐徕渠的影响。故以其为例，可展现明至民国唐徕渠对沿渠聚落微观格局的影响过程，即唐徕渠对聚落抚育与发展的变迁过程。

明以前银川城从黄河西岸逐步向唐徕渠东岸靠近。至西夏时期，城址固定于唐徕渠东岸，经元代、明代、清代、民国城池位置始终固定。在此历史变迁过程中，银川城址固定于唐徕渠东岸，其选择既考虑引水造城，又避免黄河水患的影响。在干旱和半干旱气候下，智慧与科学的选址，使银川城发展成今天宁夏地区中心城市，并拥有水文环境基础，营建出独特的西北水乡之景。

自城址选定后，城池平面形成规模，从西夏的人形城到元代的长方形城，元末变为半面方城，明代恢复元代长方形城池平面，但其四角呈钝角状，后仅有东北为钝角，其他皆为直角，又城北偏东设北关城，至明万历三年（1575）后，增设南关城，城池平面变为"T"字型，并沿袭到了清代。清乾隆三年（1738）城池震毁，乾隆六年（1741）新修宁夏新府城，长方形平面，依然东西长，南北短，南北有关城，靠近东面。明代城池周长18里，清代缩至为16里6分。民国城池平面和清代一致，形态和尺度都没有变化。银川城池平面形状的变迁过程，揭示了唐徕渠系对其的影响，在渠系的滋养下，城内人口繁盛，城池面积不断扩张，但南北东三面受限，其只能向唐徕干渠及其东岸空地延展。直至今日，银川城的结构也是东西轴长、南北轴短，这是历史和地理原因造成的（见图6.2）。

清代和民国的城墙体系是在明代的城墙体系上奠定的，但清代加设了水关设施，而民国时期取消了城墙上的防御工事，这皆因为不同时期城墙功能侧重所致。明代宁夏镇城是军事重镇的中心城池，城内分布着行政和军事指挥机构。所以，明代的城墙四角修建有角楼，城门之上修建有门楼，还有炮台和铺楼等，城外深挖壕沟，灌入渠水，变成护城河，城内外的交通是城门及其门外的桥梁。清宁夏府城城墙以排水和输水为主，在城墙上修建水关，城外的护城壕呈现不规则的八字形平面，用以包围城池，贯通内外渠水和湖泊等水系，渠湖绕城之势最为典型。民国宁夏府城的角

图6.2 明至民国银川城变迁图

图片来源：根据奥维地图2020版银川城池图、《明嘉靖宁夏镇城图》、

《清乾隆宁夏府城图》、《民国宁夏省城图》和

《宁夏水利志》·中华民国二十四年《宁夏全省渠流一览图》作者绘制

楼和门楼全部都毁损，且没有重修，防御不再是城墙的主要任务。

由此可见，明至民国唐徕渠系对银川城的选址、城池平面形状、城墙体系都有影响。除此之外，还进一步影响了城内的园林和文化。明银川城内的园林多以皇家园林类型为主，分布在城内外东、南、西面，这与唐徕渠流经城池的位置，并引水入城的设计分不开，园林的营建和水体的应用也就以此展开。清银川城内园林实景因城池被毁而不复存在，但取而代之的是"朔方八景"集称文化景观,且其范围不仅限于城内,由城内向城郊扩散,渠水文化景观占比大。民国城内仅有中山公园及其银湖水景,但和唐徕渠及其支渠关系较为疏远,此时的城池建设不再考虑水渠的引用,但城外旷野景观却呈现疏离奥远的湖水交融自然之貌。

综上所述,明至民国唐徕渠对沿渠聚落微观格局的影响以银川城格局变迁最明显,唐徕渠系对其城址的选择、城池平面形状的变化、城墙体系的构建、城内外园林实景和文化景观的营造都有影响。经过时间的推移,明代引渠极力营造城内外的军事防御体系和园林文化实景,趋于清代湖渠勾连定型为意向文化景观,发展为民国旷奥郊野之景,都揭示了渠水功能应用的盛衰交替过程,展示了历史时期人渠耦合关系的变迁过程。

当代,唐徕渠对沿渠聚落格局的影响发生变化,与明至民国的格局特点存在共同之处,亦有不同之处。渠对沿渠聚落宏观格局的影响由三种体系变为两种体系,此时军事格局体系早已退出历史舞台,成为该区域的长城体系遗址,留存少量墩台和段落式的边墙残迹。而沿渠堡寨中仅大坝堡、玉泉营堡、周澄堡存有堡寨遗址,且其存在状态良莠不齐。

山水格局中贺兰山及其支脉、黄河等依然存在,它们被划入贺兰山保护区域和黄河保护流域之中。快活林和泉水已不存;一些湖泊消失:长湖、三塔湖、月湖、巽湖、大连湖等;一些湖泊被扩充:西湖与其他湖泊连为南北带状长湖位于银川城系,名为阅海湖;一些湖泊被划入旅游风景区,且受到保护,如沙湖。

唐渠格局体系经过历代和当代的疏浚、维护、加固、改道、裁湾等一系列手段之后,各闸口和对应的闸桥之上都新修了设施,改变了渠身的材料,加固了渠道,不再会出现历史上的决堤等事件,城内唐徕渠两岸修建了公园和场地,方便市民活动和参与,城外唐徕渠两岸则多为植被和道路。

此时,明至民国多数沿渠聚落遗址虽然已经消亡,但仍存三座遗址:大坝堡、玉泉营堡、周澄堡,各堡址现状由表6.5和图6.3所示。三座堡寨遗址现存状况都比较差。最为严重的是大坝堡,此堡位于今青铜峡市大坝镇韦桥村1组村落内,在今唐徕渠的西岸边,其周围地势平坦,视野开阔，现地表已被开发为农田及果园，种植苹果树和梨树等。保存至今的仅剩一段墙体，其他部分均不存，墙体用黄土夹杂小砾石分段版筑而成（详情请参看附录中当代大坝堡）。玉泉营堡现存状态较差，城垣内有乡村聚落并种植农作物，堡墙剩有北段和西段，墙体上被人工开设了多段，人为建设破坏大。虽然能根据现有的城墙推断出堡寨原范围，但目前仍存隐患（详情请参看附录当代玉泉营堡）。与以上两堡相比，周澄堡现存状态一般，堡寨面积、方位都能较好辨认，尺度、马面、角台、城门位置也能辨识清楚。其周边都是农田和鱼塘，人工破坏一般，但所处低洼之地，城址盐碱化极为严重，土质疏松（详情请参看附录中当代大坝堡）。

三座堡寨遗址虽然分属不同区段的文物管理所，但现存状态主要还是源于不能长期且持续地监控堡寨的现状，没有相应的保护手段和措施，加速了堡寨遗址的人为和自然破坏。与之相反的是，沿渠聚落保存状态虽然很差，但是唐徕渠干渠现存状态很好，主要是堡寨遗址不再使用，而唐徕渠依然在发挥作用。

表6.5 现存沿唐徕渠堡寨状况一览表

名称	地点	保存程度	平面形状	方向	基宽（m）	顶宽（m）	高（m）	周长（m）	面积（m²）	马面	角台	城门	瓮城	城壕（m）	
														宽	深
大坝堡	青铜峡市青铜峡镇韦桥村第一自然村	差	长方形	195°	20	3.5	11	0	0	0	0	0	0	0	0
玉泉营堡	青铜峡市邵刚镇东方红村一组	较差	长方形	不详	2.4~12.2	0.8~5.5	1~7.8	850.4	42708.75	1	1	0	0	0	0
周澄堡	平罗县姚伏镇周城村三组	一般	长方形	39°	3.2~14.2	1.1~4.6	1.7~3.2	1334.6	9018.35	2	2	0	0	0	0

（资料来源：大坝堡、玉泉营堡所有数据由宁夏自治区文物考古研究所长城调查组提供，周澄堡数据则由作者调研和测绘）

名称	墙垣断面（东-西）	墙垣断面（南-北）
大坝堡		
角度	西垣全貌（北-南）	北垣最东段（南-北）
玉泉营堡		
角度	东垣全貌（北-南）	东垣北段（南-北）
周澄堡		
角度	东北角文物保护界碑（南-北）	东北城垣外围环境（南-北）
周澄堡		

图6.3　大坝堡、玉泉营堡、周澄堡遗存现状照片

图片来源：大坝堡和玉泉营堡照片由宁夏自治区文物考古
研究所长城调查组提供，周澄堡由作者拍摄

　　以原有沿渠堡寨为中心的现代村镇逐步成长和发展。各堡及其以堡为中心的当代村镇名称、堡村渠关系格局类型、现状特征及其功能内涵如表6.5所示。其中，与大坝堡相关的村镇为大坝镇、大坝村、韦桥村、营门滩村。大坝镇远离遗址和村落，是一座集合性的城镇，有街道、商业区和住宅区等。大坝村位于唐徕渠西岸，距离遗址1公里，村内有干道，以村民居住为主要功能。韦桥村已开辟为一座民宿乡村聚落，名为"渠首第一村"。限于篇幅，其他详情不赘述，见表6.6。

表6.6　当代沿渠聚落的格局类型统计表

序号	堡寨名称	以堡为中心的当代村镇名称	堡或村与渠的关系格局类型	现状特征	功能内涵
1	大坝堡	大坝镇	支渠垂直式	支渠即大清渠，镇和村垂直村道和乡道布局，并与水渠垂直，就在大清渠50米处，渠上设桥，连接两岸道路。依渠而建，互通两岸，城镇为商贸居住中心	大坝堡由点状堡寨分化为三座村落和一座村镇，其中一座村落仍以耕种为主，而其他村镇功能已经演变为：商贸、餐饮、民宿、采摘等。村镇的传统农耕功能逐步被取代，转型为旅游乡村镇。唐徕渠的农田灌溉功能变为观光旅游的看点和文化展示窗口，实用功能转化为意向功能。空间功能多样化，文化景观空间要素识别性差，生态性恢复，经济性一般
		大坝村	同上	同上	
		韦桥村	支渠平行并列式	支渠即大清渠，村落在大清渠东岸，村道将渠与乡村分开。临渠一侧，汲水灌溉，发展成民宿、餐饮、采摘为主的新农村	
		营门滩村	干渠平行式	远离渠首与渠口，村落位于总干渠东岸，渠东岸设置大面积的绿植区域，沿绿植设置分布村道，村道将渠和村落分开。临渠开设灌溉支渠，村落以农耕为主，村内居住着从事农田耕种的村民	

序号	堡寨名称	以堡为中心的当代村镇名称	堡或村与渠的关系格局类型	现状特征	功能内涵
2	蒋顶堡	瞿靖镇蒋顶村	干渠远离式	距离干渠为1.8—2.1公里范围内，村落沿南北向的爱民公路（村道）两侧呈带状布置，村民以农田耕种为生	蒋顶堡虽隶属瞿靖镇，但仍多座由以农耕功能为主的村落组成，唐徕渠东岸的五条纵横支渠和九条毛渠承担着村落周边的所有农田灌溉任务。村落紧依公路建设，对南北交通功能进行了强化。空间功能多样化，文化景观空间要素识别性差，生态性差，聚集性强，经济性一般
		瞿靖镇蒋顶村五队	干渠远离式	同上	
3	瞿靖堡	瞿靖镇	干渠远离式	已是一座集约化村镇，镇北为友尚公路，镇南为万光公路和308乡道，镇西接青黄公路，镇东为瞿靖东路。镇中心有东西向三条街道，由南自北排列为：集市街、荣华街、教育街。镇内设有人民政府、邮局等公共建筑。中心为十字型街道，居住建筑分布在四角。镇内常住人口少，多数外出打工	瞿靖堡集约化成一座村镇，有明显的向心构图和集中空间。村镇功能由农耕转化为农商政。即使如此，镇内居民的外迁带来镇内经济的退化，废置农田多，唐徕渠的灌溉功能在镇内外无从体现。城镇空间聚集性强，文化景观要素辨识度低，生态性一般

续表

序号	堡寨名称	以堡为中心的当代村镇名称	堡或村与渠的关系格局类型	现状特征	功能内涵
4	玉泉营堡	营桥村一队	紧依干渠式	距离原堡寨遗址 5 公里外，不赘述	堡寨遗址犹存，在其南端沿渠分散为四座村落，依渠而设，唐徕渠的水利灌溉功能依然发挥作用。堡寨内设的庙宇仍具备一定的宗教祭祀功能，遗址具备一定的文化景观特征，功能类型单一化，文化景观要素识别度强，生态性差，经济性差
		营桥村二队	紧依干渠式	距离原堡寨遗址 5 公里外，不赘述	
		营桥村三队	紧依干渠式	在堡寨遗址东南 500 米处，村落沿唐徕渠干渠的西侧带状排列，村内仅有一条村道。村内分布着合院民居建筑，村民以农田为生	
		营桥村四队	紧依干渠式	距离堡寨遗址 1 公里范围内，村东紧靠唐徕渠干渠与村道，村西为广域农田，村北分布着两道排水沟，村南为废弃地。村内分布着合院民居建筑，村民以农田为生	
		玉泉营堡遗址	干渠平行式	坐落于唐徕渠干渠西面 0.5 公里处，堡墙仅剩下北面和东西两面各一小段。遗址东面原有一座合院建筑，已迁走。堡寨遗址上修建仿古砖木结构庙宇。堡寨遗址虽有留存，但现状情况差，堡寨遗址西面堡墙内原设一处引水渠道，道内无水干涸	遗址虽存，堡墙形制不完整。现代仿古建筑形制混乱。文化景观特征虽有，但个性不显，利用率差

序号	堡寨名称	以堡为中心的当代村镇名称	堡或村与渠的关系格局类型	现状特征	功能内涵
5	邵刚堡	邵刚镇	干渠远离式	村镇一体，沿青黄公路和邵二公路两侧布置。邵刚镇由中心村落和南北两座小村落组合建成。镇内设有中学、小学、镇政府中心。住宅建筑和大棚在村镇边缘布局	堡寨遗址不存。村镇功能以农业耕种为主。村镇与唐徕渠关系疏远，沿公路布局强调交通功能成为当代村镇的重要功能，具有以道路为中心的聚集性，文化景观特征不明显，经济性一般
		邵刚村一队	干渠远离式		
		邵刚村二队	干渠远离式		
6	宁化寨	宁化中心村	干渠平行式	中心村分布于唐徕渠东面，包含六个行政村落，村落位于唐徕渠西面，六个行政村已进行全面搬迁，仅剩下农田	空间功能单一，以农耕作物为主，文化景观要素和特征不明显，聚集性强，经济性一般
		宁化一队	\		
		宁化二队	\		
		宁化三队	\		
		宁化四队	\		
		宁化五队	\		
		宁化六队	\		
7	宋澄堡	\	\	仅剩下村落旧址分布在南北贯穿的李银公路东面。永宁县委党校建在原堡寨遗址之上，且与村落旧址隔路相望	村落无人居住，分布着广域农田，已转变成单纯的农业耕地，具有聚集性，文化景观要素和特征消失，经济性一般，生态性良好
8	曾刚堡	增岗镇	干渠远离式	集约化城镇，由两座村落聚合而成，包括宋澄村。增岗镇位于唐徕渠东岸，是离渠最远的一座村镇，镇内实为一个现代化居住区，并设有集贸市场	传统农业村落转变为居住小区，配套各类购物、生活设施。具有聚集性，文化景观要素和特征缺失，经济性一般，生态性一般

续表

序号	堡寨名称	以堡为中心的当代村镇名称	堡或村与渠的关系格局类型	现状特征	功能内涵
9	靖益堡	靖益园	干渠垂直式	南为靖吊公路，北为小东方村，位于唐徕渠西岸800米处	同上
10	杨显堡	杨显村	紧邻干渠式	村落曾搬迁两次，第一次搬迁至唐徕渠干渠西岸杨显村5公里处，后第二次搬迁至唐徕渠干渠西岸临渠岸边，现村内建筑已经荒废不用	村落已消失，村内无人居住，村落功能以宗教功能为主。文化景观元素和特征明显，功能转变，经济性和生态性一般
		杨显台庙	紧邻干渠式	原杨显村内最大的庙宇，庙内包括龙王庙、马王庙、观音庙等	
11	平胡堡	\	\	\	\
12	满城	银川金凤区满城街一带	干渠远离式	居住区、公共建筑、市场、商场、等各类建筑分布在区域范围内，南为北京路，北为上海路，东为满城南街，西面为福州北街	边界消失，文化景观元素和特征明显，功能多样性，生态性差，经济性良好
13	银川城	银川市兴庆区	干渠平行式 + 支渠川流式	南为南薰东路，北为北京东路，西为凤凰北街，东为清和北街。以商贸、政治、居住、休闲、教育为主，是典型城市空间布局	边界消失，城市功能多样化，生态性和经济性良好，文化景观元素和特征明显，唐徕渠成为城西一线的绿色廊道和休闲公园
14	谢保堡	贺兰县习岗镇	干渠平行式	边界不明，以居住、休闲、政治、商贸等为主要功能，趋于城市空间布局	城市功能多样性，生态性和经济性一般，文化景观元素和特征不明显

序号	堡寨名称	以堡为中心的当代村镇名称	堡或村与渠的关系格局类型	现状特征	功能内涵
15	张亮堡	常信乡张亮村（一对至六队）	干渠远离式	位于唐徕渠干渠西面，东南为京藏高速公路，西北为兴原公路和通四公路，由六个对组成。兴原公路和通四公路穿过张亮五队和六队	村落呈分散性结构分布，文化景观要素和特征以传统农耕乡村文化构成，村落边界不清晰，生态性和经济性一般
16	桂文堡	桂文村（一队至五队）	干渠平行式	位于唐徕渠西面，由五个队组成。村落沿东南向的常桂公路和东西向的通山公路纵横布局，周边为大面积农田，唐徕渠支渠流经各田地之间	村落呈带状聚集性结构分布，文化景观要素和特征多以传统农耕文化构成，村落边界明显，生态性和经济性一般
		桂文村（六队至九队）	干渠平行式	原村落位于唐徕渠干渠东面，已搬迁，建筑不存，仅剩下大面积的农田	
		桂文村（十队至十一队）	紧邻干渠式	位于唐徕渠干渠东面，其西面紧依唐徕渠，村北为丁新公路，村南为无名村道，沿南北向村道线性布局	
17	常信堡	常信乡	干渠平行式	为与唐徕渠干渠西面，是一座集约化村镇，沿南北向的昌泰公路布局，北面为丁新公路。镇内设有商场、镇政府、派出所、银行、小学等	具有聚集性空间结构，沿路呈线性布局，村内建筑功能多样，集政治、购物、教育、管理、经济为一体。文化景观要素和特征不明显，生态性一般

序号	堡寨名称	以堡为中心的当代村镇名称	堡或村与渠的关系格局类型	现状特征	功能内涵
18	丁义堡	常信乡丁义中心村	干渠平行式	位于唐徕渠干渠东面，沿南北向的109国道线性带状分布，多数居住建筑分布于公路东面，公路西面为大面积渔湖，接近唐徕渠支渠的钱渠口。村东北丁小路南面亦有一片渔湖	沿公路带状线性布局，村内建筑功能单一，多为居住建筑，文化景观要素和特征一般，生态性良好，经济性一般
19	高荣堡	高荣中心村	紧邻支渠式	位于唐徕渠干渠西面，东面紧邻沙荣公路和唐徕渠支渠沙渠，村落已搬迁，村内无人居住，居住建筑已不存，村北多为农业观光园：葡萄园、葡萄农场、枸杞种植基地、园艺基地	带状线性空间结构布局，村落传统农耕功能转化为现代采摘、观光、旅游为一体的农业园，村落建筑功能单一，文化景观要素碎片化，特征明显。生态性一般，经济性良好
		高荣村五队	紧邻支渠式	位于唐徕渠支渠沙渠东面，紧邻沙荣公路和沙渠，呈线性带状结构布局、西面为园艺基地	
		高荣村七队	干渠远离式	位于唐徕渠干渠西面，西北为典农河，紧邻大面积的沙漠荒地，村西为生态采摘园，南为花卉产地基地。村落沿南北村道线性带状布局	

续表

序号	堡寨名称	以堡为中心的当代村镇名称	堡或村与渠的关系格局类型	现状特征	功能内涵
20	姚伏堡	姚伏镇	干渠平行式	位于唐徕渠干渠东面，沿南北向109国道两侧带状线性布局，南北绵延3公里。镇内设有镇政府、小学、卫生院、银行、餐馆、商店，公共建筑面向109国道，其他居住建筑垂直于109国道	村镇覆盖面积呈面状，延长半径为2公里，占地面积为2031.03公顷。姚伏镇沿东西向和南北向公路垂直线性布局，其他村落或面状集合，或者散点布局。镇内功能多样化，文化景观元素和特征不明显，生态性一般，经济性良好
		姚伏村（一队至三队）	紧邻干渠式	位于唐徕渠干渠西面，紧邻唐徕渠干渠，三个队自成一片，它们之间由村道隔开，村落内多为居住建筑，村西南有仿古寺院一座：凤鸣寺	
		姚伏村（四队至六队）	干渠平行式	位于唐徕渠干渠西面，沿302国道线性带状结构布局，村内多位居住建筑，周边为大面积农田	
		姚伏村（七队至十三队）	干渠远离式	位于唐徕渠干渠西面，北面为303道，村落据点在姚伏镇西2公里内，散点式布局，村内多为居住建筑	
21	周澄堡	周澄村（一队至二队）	干渠平行式＋支渠川流式	位于唐徕渠干渠东面，沿南北向村道带状线性布局，绵延700米，村内居住建筑分设于村道两侧	当代村落沿南北向村道布局，村内多为居住建筑，功能单一，文化景观要素和特征一般，堡址虽存，保护状态差，但认可成为村落的辨识标志。唐徕渠干渠与支渠川流于周边农田，具备水利灌溉功能，经济性和生态性一般
		周澄村三队	干渠平行式＋支渠川流式	位于唐徕渠干渠东和周澄堡遗址西，距离唐徕渠干渠535米，沿南北向村道带状线性布局，居住建筑分设于道路两侧，绵延640米，村东北部设有村政府、卫生、退役军人等综合服务站，唐徕渠支渠千渠川流周围农田	

续表

序号	堡寨名称	以堡为中心的当代村镇名称	堡或村与渠的关系格局类型	现状特征	功能内涵
		周澄村（四队至五队）	干渠平行式	位于唐徕渠干渠东面，沿南北向村道带状线性布局，绵延850米，村内居住建筑分设于村道两侧	
		周澄堡遗址	干渠平行式	堡寨地面土遗址形制完整，土层高出地面，基本呈正方形，东西长312米，南北宽305米，面积为9千平米。堡址东南角设有堡址标志碑，其残存一段墙体，长50米，高3米。堡内荒草丛生，土基盐碱和风蚀严重。堡址东为鱼塘，北为玉米田。	
22	平罗城	平罗县城	干渠半环绕式	位于唐徕渠干渠西面。县城中心坐落着历史建筑：鼓楼，它是县城交通枢纽中心。县城西北亦有著名的玉皇阁历史建筑群。商场、医院、县政府、中学、居住区。唐徕渠是县城西南外围的一条绿廊景观带，两岸设有运动公园	城市具有聚集性，沿南北民族街和东西向鼓楼大街的十字枢纽布局。两座历史建筑成为平罗县城的文化景观典型标志，凸显出城市的历史文化特点与建筑风格，经济性强，功能类型多样，生态性强
23	威镇堡	威镇村（一队至二队）	紧邻干渠式 + 支渠川流式	位于唐徕渠干渠西面，一陈渠、徐渠、吴渠川流于村落内部或者一侧，支渠与干渠之间的角度小于60°，向西北方向延伸，绵延长度在500米至600米，村内居民多以耕地为生	

序号	堡寨名称	以堡为中心的当代村镇名称	堡或村与渠的关系格局类型	现状特征	功能内涵
		威镇村（三队至八队）	干渠远离式+支渠川流式	位于唐徕渠干渠西面的大面积农田中，三队中心地区设有村落政务中心，医务所和派出所也在此处。居住建筑沿渠、沿村道布局，向西北绵延，绵延长度不等。道路一侧为排水沟，另一侧则为灌溉渠。七队和八队西南则有大面积的花卉和蔬菜种植基地。村内常住居民30户，其余村民已常驻于平罗县城内	村外有一片自然湖泊，名为"威镇湖"，是一处重要的鱼类饲养基地。村落居住建筑风格一致，功能单一化，闲置数量较多。村落空间没有聚集性。除农田经济外，村外围的蔬菜、花卉种植基地成为村落主要经济支柱产业。经济性强、生态性强、文化景观元素丰富且特征较强
		威镇村（九队至十队）	干渠远离式+支渠川流式	位于唐徕渠干渠西北最远端，村内设有一处寺院和一座粮食贸易中心，其西北端则为威镇堡所在地，但目前已经无法辨识清晰，村内居住建筑或沿村道两侧分布或者独成一院	

（资料来源：根据实地调研内容作者绘制）

根据对沿渠村落的实地调研结果分析，将其划分为3种类型：第一种，分裂型，即以原堡寨遗址为中心或者偏移出多座城镇：大坝堡（大坝镇、大坝村、韦桥村、营门滩村）、蒋顶堡（蒋顶村、蒋顶村五队）、玉泉营堡（一队至四队）……第二种，聚合型，曾岗堡（增岗镇）、瞿靖堡（瞿靖镇）、丁义堡……第三种，扩展型，满城、平罗城、银川城、谢保堡（详见表6.6）。

以上沿渠堡寨聚落空间形态的分裂、聚合和扩展，表明当代聚落功能从单一化走向多样化，农田灌溉体系的发展打破了沿渠聚落的封闭性。同时，地区行政职能提升带来了聚集性空间的建成。城市空间的扩展证实沿渠聚落中心城镇的吸引力增强，城内居民数量增加，沿渠村落居民数量减少（详见表6.7）。

表6.7　以明至民国时期沿渠堡寨聚落为中心的当代聚落类型归纳表

序号	类型	名称	特点
1	分裂型	大坝堡	原堡寨外围设有堡墙，呈封闭状态。现由中心堡寨沿唐徕渠向四向分散发展。除杨显村和宁化寨村落搬迁后，村落建筑不存。其他村落形态多样，或线性或向心型或偏移型。聚落功能多样化：传统农耕型、民俗旅游型、农业观光型。除玉泉营堡和周澄堡外，其余各村落文化景观要素和特征一般
		蒋顶堡	
		玉泉营堡	
		邵刚堡	
		宁化寨	
		杨显堡	
		张亮堡	
		桂文堡	
		高荣堡	
		姚伏堡	
		周澄堡	
		威镇堡	
2	聚合型	增岗堡	原堡寨遗址不存，村落合并成镇，集合性强，具有中心性。增岗镇与宋澄村合并一体，搬迁至开阔地段。文化景观要素和特征不明显。村镇沿村道、乡道等各类公路南北两侧布局
		瞿靖堡	
		靖益堡	
		宋澄堡	
		常信堡	
3	扩展型	满城	原堡寨遗址不存，成为沿渠两岸的重要中心城市或县市。伴随居民人口数量增多，城市面积扩展，满城和银川城以唐徕渠为核心，成为一座城市。平罗城与谢保堡分别沿渠开阔地段扩展。引渠造景，城市功能复杂多样，经济性强，生态性强，文化景观要素和特征明显
		银川城	
		平罗城	
		谢保堡	

（资料来源：根据表6.5内容作者绘制）

当代唐徕渠与沿渠聚落的关系格局类型可分为：干渠平行式、支渠垂直式、干渠远离式、紧邻干渠式、紧邻支渠式、支渠平行并列式、干渠半环绕式、干渠远离式+支渠川流式（详见表6.8）。除部分沿渠聚落与唐徕渠干渠、支渠关系密切，依渠而建（玉泉营村、姚伏村、高荣中心村等），多数沿渠聚落向水渠两岸迁移，分布于各类道路两侧，呈南北方向布局。城市多利用唐徕渠干支渠构建城市景观绿廊，规划为城市带状公园。青铜峡段沿渠聚落功能聚合和多样，以居住和交通功能为主，渠口段村落以渠口文化景观作为乡村振兴的落脚点，对外宣传和吸引游客。平罗段聚落产业趋于多样化，虽以汲水灌溉为主，但建构出花卉、蔬菜、苗木等集种植、培养、采摘、旅游为一体的多功能农业观光经济结构。

表6.8　当代唐徕渠与沿渠聚落格局的影响类型归纳表

序号	类型	典型聚落名称	唐徕渠区段	特点
1	干渠平行式	常信乡	平罗段	依路而建，产业多样
2	支渠垂直式	大坝镇	青铜峡段	功能聚合，居住为宜
3	干渠远离式	瞿靖镇	青铜峡段	功能多样，交通为上
4	紧邻干渠式	姚伏村（一队至三队）	平罗段	贴近水源，汲水灌溉
5	紧邻支渠式	高荣中心村	平罗段	汲水灌溉，功能综合
6	支渠平行并列式	韦桥村	渠口段	渠闸所在，村落文化
7	干渠半环绕式	平罗县城	平罗段	渠环城外，造景成廊
8	干支渠川流式	银川市金凤区	银川段	渠穿城内，绿廊景园
9	干渠远离式+支渠川流式	威镇村（一队至二队）	平罗段	汲水灌溉、排水蓄水

（资料来源：根据表6.6内容作者绘制）

综上所述，当代唐徕渠对沿渠聚落格局类型影响呈现多样性。明至民国沿渠堡寨遗址多数不存，但由其作为中心点，通过分裂、聚合、扩展三种方式发展为多座城镇乡村。其中，分裂类型的特点是由堡寨向其四向分散式发展，这种类型衍生的聚落大小、形状、行政级别都没有固定，其中一些村落沿渠分布。聚合类型的特点是村镇名称与堡寨有所联系，但地点和空间关系都发生较大位移和变化。聚落远离干渠，且其分布在与唐徕渠干渠平行的公路两侧。这种类型衍生出的聚落都成面状或者块状积聚分布，成为城镇和乡村。即使是几座行政村落，它们之间也互为关联，集中围绕布局。扩展类型的特点是职能完全转化，演变为中心城市或者区县级市，唐徕渠干渠及其支渠成为以上城市的绿廊或公园，用以发挥绿化和生态效益，为人们提供休闲空间。

在沿渠聚落的演变过程中，渠对聚落格局的影响关系具备典型性的共9种：干渠平行式、支渠垂直式、干渠远离式、紧邻干渠式、紧邻支渠式、支渠平行并列式、干渠半环绕式、干支渠川流式、干渠远离式+支渠川流式。以上类型实际和历史时期聚落的中观格局类型一致，但也有局部变化。银川市发展至今日，聚落边界防御体系消逝，城市规模壮大，水渠反而成为城中心的一带水景空间，故而形成为干支渠川流式。当代的城镇职能较历史时期，除肩负提供水源和汲水灌田的基本任务之外，增加经济、文化、休闲、生态等多种功能，继续发挥渠水效应。

6.2　格局影响的价值及内涵

明至民国唐徕渠对沿渠聚落格局的影响核心特点，符合"文化景观"类遗产价值。通过认知遗产价值，挖掘遗产价值，建构价值和评估体系，用以研究唐徕渠区域文化景观的保护范围，制定保护和管理办法，充分活化展示和利用唐徕渠对沿渠聚落格局影响状态，表达其文化景观格局的内涵与特点。

深入发掘明至民国唐徕渠对沿渠聚落格局的影响价值与内涵，倾向于沿渠聚落的文化景观内涵价值与释义，由划定单个文化遗产范围拓展为整体文化景观遗产保护范围，既要保护沿渠聚落的现存文化遗址，还要保护唐徕渠系结构，将唐徕渠对沿渠聚落格局影响过程，归纳至整个保护范围之中，搭建唐徕渠系和沿渠聚落体系交织的双层保护体系。

本书按照国际文化景观的评价体系标准，依照国际文化景观遗产评定的类型共三种——有意设计类景观、有机演进类景观、关联性景观，梳理出对应的世界文化遗产价值的标准，结合前几章明至民国唐徕渠对沿渠聚落格局的影响要素及其类型梳理，分两个层级——格局要素、唐徕渠灌区整体文化景观格局。格局要素包括历史价值、科技价值、艺术价值、社会价值、精神价值，相应的各价值下都有测评内容。唐徕渠灌区整体文化景观格局价值评价参考点包括创造性杰出价值、见证价值、环境价值、关联价值。根据以上内容，选取明至民国渠对沿渠聚落格局的整体价值及其要素价值内涵进行剖析，重点对其历史价值、科技价值、社会价值等内容进行阐释。

6.2.1　传承利用的历史价值及内涵

明至民国宁夏唐徕渠对沿渠聚落格局的影响是历史的见证。唐徕渠系和聚落遗址本就是文物，两者的附属文化遗存丰富，历史文献基础深厚，与之伴生的水利文化及地域文化具备多元化和融合性特点，渠对沿渠聚落格局的影响，具备作为文化景观遗产文化价值的完整性时空物质体现。

宁夏唐徕渠对沿渠聚落格局影响经久不衰的原因在于：历史久远，延续时间长。宁夏唐徕渠是古代历史上著名的水利工程和杰出典范，距今1200 年之久。直至今日，唐徕渠依然发挥着水利灌溉的作用，延续时间最为久远。沿渠聚落最晚形成体系在明嘉靖十二年（1531），距今 492 年。所以，即使按照沿渠聚落成型时间——明嘉靖十二年（1531）来计算，明至民国宁夏唐徕渠对沿渠聚落格局的影响至少 418 年之久。

不同王朝国运兴衰的历史见证。从明代兴盛延续至清代繁荣，直至民国衰败。从渠对沿渠聚落宏观格局的认知和利用，到中观格局的构建和成型，最后微观格局的成熟与发展。明至民国渠对沿渠聚落格局的影响实质是不同王朝国运兴衰的历史见证。

不同文明的冲突到融合的历史见证。明代时期的边疆冲突揭示出游牧文明与农耕文明的碰撞和冲突；清代，两种文明的对峙状态转化为融合；直至民国已完全呈现农耕文明状态。明至民国渠对沿渠聚落格局的影响见证了不同文明由对峙、冲突演变为融合的过程。在漫长的历史过程中，文明融合推动了宁夏平原的农耕文化体系日趋成熟，由游牧文明向农耕文明转变，展示着文化碰撞和交融的发展力量。

造就"塞北江南"的历史见证。宁夏平原屯田垦种的历史可追溯至先秦时期，有渠就有田，渠水灌溉土地生成田地，引黄灌溉渠历经汉代移民开发、开凿屯垦，唐代筑坝引水、扩展荒地，元代建闸立坝，明代移民垦荒、屯守一体、疏浚渠道、重筑石闸，清代沿用旧制、官民修渠、奖励垦荒。在这个历史过程中，明唐徕渠绵延 400 里，灌田 4700 亩；清唐徕渠长度为 323 里，灌田 5780 亩；民国的干支渠长度和灌田数量早已超过明清时期，达到几十万亩。唐徕渠、汉延渠等引黄灌溉渠使宁夏平原成为了西北粮仓，保证了地区粮食的补给。因此，明至民国渠对沿渠聚落格局的影响，见证了历史时期宁夏地区农业文明体系的建构过程。

军事格局体系建立至消亡过程的历史见证。明代沿渠聚落本来是明代宁夏镇军事防御体系的重要组成部分，依渠而建的沿渠聚落在设计上格局方正、布防严密、城墙体系完备。整体排布上，沿渠、沿山、沿路，用以互为呼应，形成完善的备战系统。同时，沿渠军事聚落周边设置墩堠用以料敌警示，自明代延续至清初，沿渠聚落始终肩负着护卫国土边界和守卫水资源的屯防功能，是该段时期本地区最为明显的军事价值意义内涵所在。依托国家宏观政策的引导，构建出"九边"防御体系，并出台"屯守结合"的防御策略。在此背景下，宁夏镇的防御体系逐年建设，并以空间、布局、功能、节点等为重点进行配置和设计，军事防御和边疆安全是目标，军事意义和价值最重要。其次，军事格局体系形成的过程是整体性的，具有秩序的顺序性和空间的完整性，形制一致、分布均匀、配置齐全、机制健全，是军事价值的实践意义体现。最后，即使有宏观策略和政治倾向，对于细节化的选址、布局和设计，都是戍边人员的集体决议，他们既对军事防御和治边策略深刻理解，又能够全面掌握宁夏地区特殊的自然地理和人地关系。军事格局中渗透着强烈的人文意识，有形的物质景观中凸显了无形的非物质景观，再次生动阐释人文景观的属性：人类对自然的有意改造，并逐渐融合，呈现出完整的文化景观。现存的军事聚落遗址都是明代建设，清代和民国的维修延续留存的，它是宁夏地区军事格局建立到消亡过程的历史见证。

综上所述，今天留存的军事景观遗址都是明代修建的军事防御工事，进入清代之后，随着民族融合，边墙等军事防御体系的功能渐渐弱化，发展和建设成为宁夏地区的主题，文明交融带来了地区文化的繁盛。明至民国唐徕渠对沿渠聚落格局的影响证实了久远的历史，见证了不同王朝的国运兴衰过程，见证了边疆游牧文明和农耕文明从冲突到融合的过程，见证了人们在极端环境下利用黄河水资源创造农耕社会过程，见证了明清军事、政治格局的形成和稳定，以及明代屯防策略和屯防制度，直至民国军事格局消亡的实践过程。

6.2.2　因势利导的科技价值及内涵

选址理念：明至民国唐徕渠对沿渠聚落格局的影响主要突出"因山造势、因河引渠、因渠灌田"选址理念。这主要体现于古人的地理知识，对自然地理和地势都有深刻认知，并能将军事设施和水利设施充分引导应用。贺兰山是宁夏与蒙古交接的唯一至高山脉，且自成天然屏障，明代开始沿山建造一套人工军事防御设施，并形成"隔、守、望、警、御"的联防机制，为边疆和地区带来安全。黄河纵贯于平原腹地边缘，为平原提供自然水资源，明以前的人们早已在宁夏平原上引河开渠灌田，明代延续这一朴素的营建思想，继续发挥引黄灌溉渠的水利作用，逐步形成平原农田万顷的风貌，为平原上的人们提供生存安全。因此，明至民国唐徕渠对沿渠聚落格局的影响过程，它是古人对宁夏地区自然资源因势利导的善加利用，折射出古人的选址智慧和营造思想。

选址布局：选址合理，审度天然地势。对宁夏平原的地理知识理解深刻，认知全面，北低南高，西高东低，黄河灌入宁夏平原后，能借助天然河道和天然聚水口引黄灌田。聚落选址亦具备各自特点：根据护卫水口、疏导渠身、远离沼泽湿地、安全取水等用水原则，合理选址修建沿渠堡寨。边墙、关隘等择高而设，可俯瞰边墙内外，警示守敌，卫守疆域；而军事堡寨选址于水岸附近，汲水灌溉，居则屯田，攻则出兵，屯防结合。在两者互为交织和联纵的守护下，体现了明至民国沿渠聚落的选址布局优势，推进了地区文化景观演进过程，奠定了明至民国渠对沿渠聚落格局影响的基础。明至民国渠对沿渠聚落见证了中国朴素的营城、建造、选址观念，对今天宁夏平原城镇规划体系的建设及发展有着深远的影响。

工程建造技术：分别从唐徕渠的建造技术、沿渠堡寨的建造技术两点展开分析和阐述。唐徕渠系的水工建筑、水工设施、水利工程、水利技术、水土管理模式都属于唐徕渠的建造技术：在历史延续过程中，唐徕渠经历了无坝引水、引河浚渠、埽工护岸等独特的渠坝工程设计，总结先进的水利工程建造技术，科学化布局渠系，技术化改造渠系。迄今为止，整个引黄灌区灌溉面积已达 828 万亩，唐徕渠灌区灌溉面积达 90 万亩。明至民国的唐徕渠的建设，因势利导，有效灌溉，充分利用地形地貌，着力打造引水工程。沿渠堡寨的建造技术：按照传统的封闭式空间平面布局，一般采用方形、长方形，根据唐徕渠的流向确定整个平面的方向，与渠成一定的角度，配合渠水的走向和周边田地的灌溉方向。沿渠堡寨的夯筑材料一般是就地取材，因唐徕渠沿岸多是黄河带来的淤泥、沙浆、砂石，故堡寨多使用黄土筑墙和砂石筑墙基。堡寨大门的建造，在堡墙的一面仅开设一座堡门（除宁夏镇和平虏城之外），尽量朝向唐徕渠干渠的方向进行设置，堡门与墙体连为一体，没有空隙。沿渠城池的建造就更全面，护城壕环以外城，城墙之上修建门楼、炮台等，形成严密的防御体系。此外，为了引渠水入城，还在城池之上开凿空洞，在渠与城池之间设置跨槽，这是最早的跨槽引水设备。因此，明至民国唐徕渠对沿渠聚落格局的影响，是中国古代西北地区军事体系和水利体系建造形制的杰出典范。

6.2.3 人渠耦合①的社会价值及内涵

明至民国渠对沿渠聚落格局影响是人渠耦合系统的实践产物，它是人类的生活生产行为作用在其所构成的自然环境。在历史时期过程中，人和自然相互作用，自然反作用于人类，形成的复杂产物。这个概念来自于人地耦合系统，是地理学科兴起的一种理论，但与文化景观遗产概念及其内容一致。人渠耦合关系将区域范围内的地理和社会集合成一个复合单元，古代人类在这个单元内进行着生产生活等一系列社会活动：开渠引水、引水灌溉、垦田种植、人口迁移、军事建设等行为，这些行为和其依存的地

---

① "耦合"多用于物理学领域，指两个或两个以上的体系或两种运动形式之间通过各种相互作用而彼此影响以至联合起来的现象。

表环境有着密切关联。在耦合系统中，各地理、人工要素之间存在着相互调节、促进、约束及其凝结而成的内在作用机制。在特定区域的地理单元内，耦合程度较强时，人渠系统会表现为平衡和稳定的提升状态；反之，耦合程度较弱时，人渠关系失衡，导致系统退化、衰败、崩溃，自然遭受危害，引发各种生态环境和生态文明的问题，继而带来人类社会的逆向发展。

本书探讨的明至民国渠对沿渠聚落格局的影响，它是历史时期人渠耦合程度最强的时期。虽然在这个影响过程中，此消彼长，会有耦合程度最强的时候，也会有较弱的程度，与王朝的兴衰有直接联系。当格局进入鼎盛时期，人渠耦合的关系最为紧密，而且耦合程度最强，区域社会经济、农业等发展都达到了较好的状态。反之，进入民国末期，格局崩塌，人渠耦合关系减弱，造成了社会经济发展的倒退。

人类对唐徕渠的改造和建设过程，实现了宁夏区域内人渠耦合与可持续发展的过程，展现了中国古代传统的天人合一、人与大自然和谐共生的哲学理念。这一社会哲学价值提供了人水共生的生态环境问题解决方法。在唐灌区的自然环境和人文环境的结合基础上，为区域中的人类和其他生物提供了重要的多样性环境和生态文明环境，这也是一项重要的贡献。

明代唐徕渠重新疏浚，这种维修水渠的传统结合灌溉制度，最终形成唐灌区流域中的"水利社会"模式，它是中央集权统治和地方政府融合的共同治理模式，历代唐徕渠的维护和改造揭示出唐灌区民众的生态智慧和社会观念，而且这种智慧始终贯穿于整个历史时期。前代修筑，后代疏浚和维护，所以使得唐徕渠能够沿用到今天，这既是一种智慧，也是一种传承的利用模式。

宁夏唐徕渠影响下的社会效益，除粮食经济效益外，还包括其他效益：水资源和水生态效益，它可以补给湖泊，平衡地下水位，提供生活用水和防御用水，城池内外园林造景引水。畜牧水产效益，唐徕渠的引黄灌溉效益不仅能够促进农业发展，还能带动区域的畜牧、水产等其他产业经济的发展。生态环境效益，改善了宁夏地区的生态环境，从极大程度上解决了干旱和半干旱地区用水困难问题。水利文化和水文化效益，引黄灌溉渠不仅从物质上影响沿渠聚落人们的生存，还从文化上影响着人们的信仰和习惯，每年开渠灌田祭祀龙王仪式，以及衍生出的农耕祭祀文化，还有清代的"朔方八景"文化，这些都属于无形文化的影响。唐徕渠系发挥出巨大的经济、生态、文化价值效益，为唐徕渠灌区人渠关系的改善提供更多价值和效益支撑。

因此，明至民国渠对沿渠聚落格局的影响，是历史时期唐灌区人渠深度耦合的过程再现，它体现在社会哲学、生态文明、水利社会、水利经济、文化风俗等各方面，见证明至民国唐徕渠灌区人渠耦合的社会化过程，展现出深层内涵的社会经济价值。

6.3 格局影响的保护与利用

本书研究成果为当代唐徕渠灌区文化景观遗产提供保护和利用途径：辨识—认知—挖掘—评估—保护—利用。按照此途径，结合历史性城镇景观方法与文化景观分类方法，对已存唐徕渠灌区文化景观的类型认知，并从宏观、中观、微观三个格局视角展开挖掘和整理。基于本书研究思路，扩展研究范围，既要涵盖宁夏唐徕渠系结构与水利设施，又要将沿渠聚落遗址等纳入到保护与利用体系之中。两者之间互动关联，遵从协同统一和永续发展的原则，对唐徕渠灌区文化景观遗产采用整体与联动协同机制加以保护与利用。

6.3.1 划定灌区保护规划范围

如上所述，"明至民国唐徕渠对沿渠聚落格局的影响"实际是唐徕渠灌区文化景观遗产的历史变迁过程，唐徕渠是古代杰出的引黄灌溉水利工程，沿渠聚落既是古代军事聚落，又是沿渠传统村落的前身，两者之间的有机互动，相依共生就是文化景观遗产积淀的过程。对于文化景观遗产，区域化的文化遗产保护应对其制定适应性的保护与管理方法。根据文化景观遗产的普适性价值中的"完整性"提出保护的"整体性"和"可行性"，利于各保护单位和遗产地所在区域的经济与社会政策能协同保护和发展。因此，遗产区域化和整体性保护是一种从要素到整体环境的保护方法，其关键性问题是遗产的整体性价值，而不是单一重要的遗址要素价值。因此，本书的研究始终关注各要素之间联系而引发的价值内涵，强调大尺度和多样化的整体性、区域化保护观念，剖析各类遗产之间的空间和历史关系，这样有助于运用唐徕渠灌区文化景观遗产的系列关联，用文化景观价值的研究方式讲好"黄河文化故事"，将其延续和发展，传承后世。

2019年9月，习近平总书记在全面推动黄河流域生态保护和高质量发展座谈会上明确指出："黄河文化是中华文明的重要组成部分，是中华民族的根和魂。要推进黄河文化遗产的系统保护，守好老祖宗留给我们的宝贵遗产。要深入挖掘黄河文化蕴含的时代价值，讲好'黄河故事'，延续历史文脉，坚定文化自信，为实现中华民族伟大复兴的中国梦凝聚精神力量。"①

2020年7月20日至7月21日，中国共产党宁夏回族自治区第十二届委员会第十一次全体会议，坚持以方案规划为引领、以重大项目为载体、以工程实施为抓手，以"一河三山"为坐标，构建黄河生态经济带和北部绿色发展区、中部防沙治沙区、南部水源涵养区的"一带三区"生态生产生活总体布局……②

随后，宁夏文化和旅游厅相继出台《宁夏黄河流域文物保护利用规划》《宁夏黄河文化保护传承弘扬实施规划》《黄河流域宁夏非物质文化遗产保护传承弘扬专项规划》《宁夏黄河文化保护传承弘扬规划》等多个专项规划，旨在全域推进黄河国家文化公园（宁夏段）建设，建设黄河文化传承彰显区，深入挖掘黄河文化的时代价值，讲好宁夏的"黄河故事"。

2022年10月21日起正式启用宁夏"三区三线"划定成果：制定该项成果的目标是对宁夏国土空间的合理规划，旨在严格保护耕地，永久基本

---

① 习近平. 在黄河流域生态保护和高质量发展座谈会上的讲话 [J]. 水资源开发与管理，2019（11）：1-4.

② 左鸣远，强继周，钟培源，曾国福. 中国共产党宁夏回族自治区第十二届委员会第十一次全体会议召开、坚决贯彻落实习近平总书记视察宁夏重要讲话精神、切实担负起建设黄河流域生态保护和高质量发展先行区的时代重任、朝着继续建设经济繁荣民族团结环境优美人民富裕的美丽新宁夏的宏伟目标奋力前行 [J]. 宁夏画报，2020（07）：6-9.

农田、管控生态保护红线。"三区"即"农业空间""生态空间""城镇空间"，其核心指向三大安全："粮食安全""生态安全""能源安全"，既要有发展空间，又要守住国土安全底线——耕地红线、生态保护格局和发展建设空间。实际上，以上核心思想是既要可持续发展，还要守住国土空间安全格局。

在以上国家和地方政策影响下，本书"明至民国唐徕渠对沿渠聚落格局的影响"研究成果恰可纳入到"宁夏黄河流域文化遗产保护利用"规划体系的详细规划之中，以"唐徕渠灌区文化景观遗产保护与利用"规划为研究范本，探讨"多规合一"的规划思想，结合使用国土空间规划"一张图"，实现唐徕渠灌区文化遗产景观的整体保护协同保护机制运作与管理办法实施。

"唐徕渠灌区文化景观遗产保护与利用"规划应运于"明至民国唐徕渠对沿渠聚落格局"研究成果，可探讨和划定纵向线状区域结合段落式区域保护边界。以"三区三线"国土空间规划成果为参考依据，划定唐徕渠灌区文化遗产保护的三条红线：第一条为水利生态控制红线，即沿唐徕渠干支渠两岸边界向其外辐射 5 公里①，区域内除涵盖唐徕渠渠系、聚落遗址、传统村落、水利祭祀建筑、文物建筑等，还包括湖泊、湿地、植被、农田，以确保文化景观遗产的边界安全。第二条为耕地红线，唐徕渠灌区范围之内的所有耕地都属于该条红线保护区域之内。据统计近 20 万亩，覆盖青铜峡、吴忠、永宁、银川、贺兰、平罗、石嘴山等 3 市 9 县的大部分耕地。以上耕地边界不能随意更改，以确保耕地的边界安全。第三条为城镇开发边界红线，以沿渠的村、镇、县、市等为中心，同时根据实际情况避让前面两条红线边界，以保证生态环境的边界安全。

在以上纵向红线范围区域内，采用分段分层级式的保护区域划定方法。分段区域共五段，宁夏青铜峡市唐徕闸水利风景区为首段，在该区域

---

①在《宁夏引黄灌溉工程遗产保护规划》（2018—2035）中：宁夏引黄灌溉渠渠保护范围的划定是以唐徕渠灌溉渠渠系上留存的水利工程遗址单体向外延 50 米或沿外延 200 米，但这样的划分仍有遗漏，沿渠聚落遗址、公共建筑、湖泊、沿渠传统自然村落、支渠水利遗址都不在保护范围之内。因此，本书根据明至民国时期渠对沿渠聚落的影响范围进行比对，最终探索性地划定保护区域，仅为全区域唐灌区整体保护提供学术探讨参考建议.

内再划定核心保护区、文化辐射区、弹性缓冲区、展示服务区，以此构建段落式片区的四个层级的纵向线性空间文化景观遗产区域。其中，核心保护区包括宁夏青铜峡引黄灌区十大干渠渠首引水工程：唐正闸、汉惠闸、潜坝闸、唐徕渠、大清渠、汉延渠等古代水利工程设施及引黄灌溉古渠道、大坝堡遗址、唐代"镇河牛"、明代石狮、清朝通智碑等物质文化遗产。弹性缓冲区则指古渠道与现代村落之间的道路、绿化、农田等。文化辐射区则指龙王庙建筑群，用以弘扬引黄灌溉渠水文化，进行水事活动的空间与场地。展示服务区即为宁夏回族自治区渠首管理处和韦桥村建设用地，它们是管理与展示引黄灌溉渠的物质载体，向外界宣传唐徕渠及其他灌溉渠，同时具备研究和保护的作用。

第二段玉泉营堡遗址唐徕渠段，未来建议在此选址建设唐灌区文化公园，具体建设内容见 6.3.4。该园区保护范围仍然划定四个层次的保护范围。其中，以唐徕渠玉泉营段与玉泉堡遗址为核心保护区，玉泉营堡与唐徕渠之间为弹性缓冲区，玉泉营村、营桥村等沿渠村落为文化辐射区，展示服务区设置在玉泉营堡址外 200 米处，正好处于唐徕渠玉泉营桥西岸800 米处，夹于堡寨遗址和唐徕渠西岸线之间，交通便利、服务半径适宜。在不破坏遗址和渠身的情况下，还可以发展该地区的经济和文化建设，用以提升该地段的土地利用率。

第三段杨显庙唐徕渠段，核心保护区为杨显庙建筑群，文化辐射区为杨显庙村，展示服务区则为唐徕渠杨显庙段，其余包括杨显段公路及其沿线保护绿化带等为缓冲区域。

第四段唐徕渠银川段，核心保护区范围为唐徕渠西门桥以东 0.5 公里、丽景街以西、北京路以南、南薰路以北，面积 9.52 平方公里，该区域恰与明代宁夏镇城边界重合。该区域内的西门桥、西门凤凰纪念碑、中山公园城墙遗址、银川鼓楼及其商业街区、银川玉皇阁、银川北塔和西塔、南薰门及南门广场、红花渠北京路至黄河路段等古代和近现代重要建筑、广场、公园、水渠等为主，在原有的保护基础上，再次划定重点保护和展示范围，强调以上建筑、广场、公园、水渠为文化和重点展示功能。

第五段渠尾段，该段包括姚伏镇唐徕渠段至渠尾段的所有纵向线性区域。核心保护区范围为唐徕渠（银川北段至尾渠段）、周城堡遗址全域、平罗城老城区，以唐徕渠干支渠、留存遗址聚落、平罗城重点文物保护单位为主，平罗城主要以南起南门桥，北至平罗玉皇阁北界，西至翰林大街，东至平罗城唐徕渠东线，占地面积1.5平方公里，该区域与清代平罗县城边界有所重合。展示服务区以两点一轴为主要内容：两点，玉皇阁和鼓楼，一轴即两者之间的鼓楼文化历史街区。文化辐射区即为威震村和惠威村等为主，其他区域为弹性缓冲区，用以保护耕地和蔬菜种植区。

以上保护范围重点主要是从沿渠文化景观的整体性和唐徕渠段落式结构考虑而出发的，既要保护古渠与沿渠聚落遗址，又要将沿渠传统村落、公共建筑等划归其中，并将其发挥展示利用价值，提升其知名度，通过保护规划的范围划定，规划出沿渠的文化旅游路线，融合文化旅游来反哺文化遗产的保护。

6.3.2　继续挖掘整理遗产价值

本书虽对宁夏唐徕渠的主干渠、渠口、渠身、渠尾、走向等内容有概括研究，但宁夏唐徕渠灌区文化景观遗产价值的研究，仍亟需继续和深入挖掘、整理。宁夏唐徕渠灌区文化景观遗产挖掘和整理的关注对象，应为有形遗产和无形遗产两种。

其中，有形文化遗产划分为四类：唐徕渠体系、沿渠堡寨遗址、沿渠传统村落、沿渠各种公共建筑群。沿渠传统聚落是以沿渠堡寨聚落为核心而进行分裂和衍生的产物，通过村落布局、选址以及村中居住建筑、街道等布局、形制，都能揭示出唐徕渠对传统村落的格局、选址、规划的影响与作用，用以指导未来村落的规划和建设。对沿渠存在的水文化祭祀建筑龙王庙、土地庙、马王庙等各类型建筑加以记录和测绘，对其文化形成脉络加以剖析研究，揭示宁夏水利文化中地方文化景观特征。

无形文化遗产则特指沿唐徕渠两岸的非物质文化遗产，它是与唐徕渠相关的古代水利灌溉营造技术、古代金石碑刻、古代水利祭祀文化与仪式、古代水利保护与利用法规、传说故事等，还包括水利祭祀活动、逢春开闸放水等各种以水为中心的公共活动与艺术表演。

宁夏唐徕渠干支渠及其上的闸坝、泄水闸、涵洞、渡槽、渠口等相关古代引黄灌溉工程设施，无论是在用的古灌溉工程，还是已不能发挥灌溉功能但具有历史价值的古灌溉工程，这些都是唐徕渠体系中不可缺少的物质遗产基础。因此，未来研究仍需要从宏观、中观、微观三个层面对宁夏唐徕渠绵延的 300 公里范围内的干渠、支渠、排洪沟、闸口、泄水口、闸楼、闸房、涵洞、跳槽、渡槽等各类在用水利设施展开全面深入调查与分析。

通过考古手段而进一步发掘唐徕渠两岸的物质文化遗产，以夯实基础资料，留有图文信息，用于未来文化公园的设计和发展。以此为基础，建立宁夏唐徕渠的沿渠堡寨聚落遗址、水利灌溉工程遗产、水文化祭祀建筑遗产、农耕文化建筑遗产的数据库，掌握所有沿渠文化景观要素，用以后续的保护与发展沿渠聚落遗址包括大坝堡、玉泉营堡、周城堡本体的考古研究，依托测绘等手段，记录其遗址信息，结合研究，为各堡建立历史档案。

对于沿渠聚落遗址的挖掘和整理，首先要认知以下现状：18 座沿渠堡寨聚落已消亡。沿渠堡寨遗址的堡墙坍塌，并不断被附近村民取土耕田建房。堡寨遗址内部荒草丛生，长期受到水、风、盐、虫等各种自然与生物因素的侵害。沿渠堡寨遗址已经所剩无几，玉泉营堡遗址仅剩北面的一小部分，周澄堡遗址虽存，但基本没有采用任何保护手段和措施进行维护，任由堡寨遗址伫立在荒田之中，慢慢消亡。但沿渠堡寨聚落的历史、文化、景观等价值，应受到从事文化遗产保护工作者们的进一步深入发掘和整理。

与之同步的是，在二十世纪七八十年代兴起的沿渠聚落再次面临被破坏、拆除、迁移的多重困境。在调研过程中，作者发现，曾经繁盛的沿渠村落现状让人心痛。由于村中基础差，村民经济水平低下，居住条件差等，各类因素造成村内居民流失倾向严重，村落变为"空心村"，成为季候性的种植栖息地，更加速了村内建筑、景观、设施的破败。基于以上困境，古代沿渠堡寨本体亟需保护，沿渠新兴村落的更新保护也迫在眉睫。

目前，沿唐徕渠新兴多座村落，这些村落与原沿渠堡寨存在或多或少的关联，其最为共性的特征都是沿渠发展和分布，可以说与唐徕渠近距离接触。大坝镇韦桥村被称为"唐渠第一村"。蒋西村由沿渠聚落蒋顶堡发展而来，它位于唐徕渠的西岸，通过两座分水闸桥后，直接进入村道。蒋西村内公共建筑牛王庙仍保留着唐徕渠的水利和农田祭祀记忆与痕迹，专供农耕之神牛王。杨显村分布于唐徕渠西岸的农田一侧，接近干渠。这些村落是典型的自然传统村落，因渠而生，因渠而长，村落景观和水渠连为一体。村落由沿路沿水的合院一字整齐排开，渠水从村落一侧经过，采用闸口放水耕种村落周边的耕地。水渠、农田、绿化、村路成为了沿渠村落的主题景观。村内建筑呈现出因地自然建设构成的村落状态，建筑仍然采用传统形式，双坡屋顶，两侧山墙上部出檐，坐北朝南设置布局。院落尺度视村内用地和人口数量而定，形成窄长形或者长方形院落格局。

目前，沿渠村落景观呈现出三种现象的衰败：第一种，沿渠村落失去原有地方特征，被强制改造为新村落，与其他新村落毫无二致。虽以农家乐著称，但实际上村内几乎没有住户，全部是暂时的商户。改造后的建筑已经变成民宿或者饭店，并非传统意义的农舍。这类改造不仅对原有村落的历史和文化是一种覆灭式改造，而且加剧了"空心村"的形成过程，出现更多无人居住和使用的新型"空心村"。村内建筑焕然一新，但根本性的建筑本体更新并未到位。村村相同，道道相似，村落外观呈现出千篇一律化，既谈不上地方特征，又与地域景观毫无关联。

第二种，村民被搬离到很远的居住区域，耕作往来需要在交通上花费很多时间，路面安全隐患严重。加之，搬迁前没有做出具体规划，致使搬迁地点几经变更。在此情况下，村民只能放弃原来的耕地，另觅其他工作，村落建筑废弃，农田荒芜，故无人维持的沿渠村落景观衰败而荒废。反之，也影响了唐徕渠系景观面貌。

第三种，有条件的沿渠村落村民自发离开村落，搬入城内，根本原因在于村内公共设施和服务条件差，村民生活质量得不到现代化提升。由于大面积搬迁，村内人口锐减，村内服务状况更差，造成村内剩余的无能力搬迁者居住状况恶化，继而影响村落农田水利景观的衰亡。

因此，需要通过政府设定合理政策，才能更好地保护好古代沿渠聚落遗址和新型村落，并将其原有特有历史文化景观加以恢复和再现。既要考虑原有景观、建筑的原始风貌，又要满足村民的现代化生活需求，使其可持续化地发展。只有通过对明至民国沿渠聚落历史景观地系统梳理与分析，采取遵循历史变迁规律的保护手段，才能有序和科学地保护建成环境景观，才能采取有效途径的更新策略延续历史景观。以此为前提，这是一项未来值得探讨和研究的领域，它可为新兴村镇的搬迁、保护、开发、规划、设计等提供全新参考视角。

针对沿渠聚落文化景观的保护，要从村落景观视角出发，对沿渠村落的现状进行全面和详实的梳理，以作为更新原有村落建筑和设施的基础资料，运用文化景观和层积理论的概念与类型划分方法，判断和归纳沿渠聚落的宏观、中观格局类型，分析沿渠聚落的空间特征，判定聚落功能，以保护和发展为合体研究目标，这对当代沿渠村落的景观起到现实指导意义，以此吸引原住村民的回归和鼓励更多人员，加入乡村振兴和美丽乡村建设之中。

以上是对唐徕渠灌区中有形文化遗产的认知、挖掘、整理的思考。而无形文化遗产也需要借助挖掘、整理、保护、利用、展示的各种手段和措施，使其成为公众可参与和传承的地方传统文化。运用文献资料挖掘整理，以官方修志融入民间存史的方式整理、编写、修订各类水利志。这些官方地方志特指本书重点研究的历史文献——明代各地方志，《清代乾隆宁夏府志》《银川小志》《民国朔方道志》等。水利志指《唐徕渠志》（1990 年版）、《宁夏水利志》（1992 年版）、《宁夏水文志》（1993 年版）、《宁夏水利历代艺文集》（2018 年版）、《大清渠录点注本》（2020 年版）。在以上历史资料中深挖宁夏水利文化中的非物质遗产项目——水利变迁史、灌溉工程史实、灌溉制度、灌溉方法、水利社会、治水模式及民间经验。除此之外，各类金石录的实物、诗文、记录等可进行挖掘和整理；唐正闸闸口龙王庙的水利祭祀活动也可深入研究；"白马拉僵"的唐徕渠风物故事可被申报列入"宁夏自治区级非物质文化遗产代表性项目名录"。

综上所述，有形文化遗产是无形文化遗产的物质前提，无形文化遗产是有形文化遗产的外延和释放，两者互为依存，相生相伴。因此，挖掘、整理、保护与利用唐徕渠灌区文化景观遗产具有以下意义：其一，更深入地了解唐徕渠灌区流域文化景观的历史、类型和演变过程；其二，发现影响唐灌区文化景观变化的潜在因素；其三，在满足人们在区域中的活动和生产需求之上，增强人们的唐渠灌区生态环境保护意识，保护本土自然资源，最终保证当代社会的可持续发展；其四，获取文化景观上的空间和文化资源，更好地利用景观资源，改善景观环境，实现绿色发展，增强社会经济活力，建设和谐美丽的新宁夏；最后，利用是以保护为目的的，只有将历史文化遗产的有形和无形物质留存和保护完整，才能更好地被后世利用和传承。

6.3.3 建设唐灌区文化公园

2009 年 12 月，国家文物局制定的《国家考古遗址公园管理办法（试行）》明确 "国家遗址公园是指以重要考古遗址及其背景环境为主体，具有科研、教育、游憩等功能，在考古遗址保护和展示方面具有全国性的示范意义的特定公共空间"[①]。这必须要有省级政府批准的文物保护规划，还要有国家文物局批准的长期考古计划，专门制定符合保护规划要求的遗址公园规划。

2019 年，根据国家发展改革委等 7 部门印发的《文化保护传承利用工程实施方案》，其明确指出：至 2025 年，大运河、长城、长征、黄河等国家文化公园建设基本完成，打造形成一批中华文化重要标志，相关重要文化遗产得到有效保护利用，一批重大标志性项目综合效益有效发挥，承载的中华优秀传统文化传承发展水平显著提高。[②]

建设国家文化公园的目的在于：1. 文物保护和挖掘。国家重点文物保护和考古挖掘；2. 自然遗产保护展示。国家公园等重要自然遗产的保护展示；3. 设施建设。重大旅游基础设施的建设和重点公共文化设施的建设。

---

①王国平. 从 "国家遗址公园" 到 "国家文化公园" —关于良渚国家文化公园申报导则的思考 [J]. 城乡规划, 2020（04）：7-12.

②2025 年大运河、长城、长征、黄河等国家文化公园建设基本完成 [J]. 文物鉴定与鉴赏, 2021（09）：34.

国家文化公园建设内容包括：博物馆、纪念馆、重要遗址遗迹、特色公园、非物质文化遗产、历史文化名村名镇和街区、文化旅游复合廊道。国家文化公园的建设在于连接古代和现代，并将国家文化加以传承和延续。不仅要保护好文物本体，最重要的是将文物活化、传承、延续，创新利用和协调发展，通过系统学习文化遗产、全民参与，最终提升全民文化的获得感和自信感。

目前，宁夏各国家黄河文化公园正在筹建中，选址于宁夏黄河分段区域中的红寺堡、吴忠、石嘴山等地，其具体项目为国家文化公园红寺堡段红色文化旅游复合廊道、宁夏吴忠市黄河文化公园（宁夏段）、宁夏石嘴山市黄河国家文化公园银河湾段黄河湿地郊野公园等。

基于国家文化公园和宁夏国家黄河文化公园建设背景的影响，作为引黄灌溉文化的唐徕渠文化，它是宁夏黄河文化一位的重要成员，具备自身鲜明的主题特色。在建构黄河文化保护与利用总体规划的同时，应专门为唐徕渠及其灌区选取一处场地，为唐徕渠量身打造和建设一座唐灌区文化公园，以彰显唐徕渠灌区文化景观的时空特点和价值内涵，这既能凸显黄河文化共性，又能展示引黄灌溉渠文化时空性和独特性，还能进一步地全方位挖掘唐徕渠灌区的文物与遗址价值，继而达到更好地保护和展示效果，随之带动沿唐徕渠乡村聚落的更新与发展。

1. 唐灌区①文化公园定位与选址

按照国家文化公园的定位需求：在深入系统挖掘主题特色文化基础上，在特定的国土空间，利用相关的历史文化资源，实施系统的保护、阐释和展示利用，建立文化保护传播平台，发挥社会文化综合服务功能。②因此，明确唐灌区文化公园的定位是首要的。

唐灌区文化公园特色主题定位：将唐徕渠灌区文化景观遗产以历史再现、生态修复、文化传承、科技现代、生活休闲五大模块为规划主题进行传递和展示。将唐徕渠灌区打造成以文化景观遗产为核心保护，以唐徕渠

---

①唐徕渠灌区即为唐灌区.

②李云鹏. 对黄河水利文化及黄河国家文化公园建设的思考［J］. 中国文化遗产，2021（05）：58-63.

对沿渠聚落格局影响的历史风貌为主线传递价值，以长城防御体系和唐徕渠体系为科普教育示范，结合田园风光、旅游休闲、生态修复等理念服务于大众，通过文旅融合的活化手段，发挥遗址的保护、展示和利用的功能意义，形成特定区域空间的宁夏引黄灌溉渠流域高质量品牌主题景区。五大模块的构想："历史再现"即唐徕渠正闸口的选址与变迁、唐徕渠渠身变迁、唐徕渠口变迁、沿渠堡寨的设立与营建、唐徕渠尾的变迁等历史脉络进行可视化展示和利用，其定位目标在于梳理和展示宁夏唐徕渠对沿渠聚落格局变迁的脉络。"生态修复"以唐徕渠灌区农田种植区、农田生态展示区、沿渠绿道的等内容的景观规划与设计得以实现。"科技现代"则是唐徕渠水系灌溉技术的科学改进、农田生态设计中的科技化、遗址保护与利用的现代化等展示与利用内容。"生活休闲"引入文旅融合方式，在为人们提供观赏、娱乐和休闲功能的同时，人们以此可获得唐灌区文化与景观的双重享受。通过以上主题设计，不仅展示出古代唐徕渠的变迁脉络，让人们加深对唐徕渠"长渠流润"的印象，并对古代劳动人民生态智慧的实践精神更为仰慕和钦佩，寓教于乐，获得直观正向价值。现代科技的设计和应用对唐灌区中的遗址起到有效和正向保护作用，并为保护实践提供更多保护思路和设计方法。

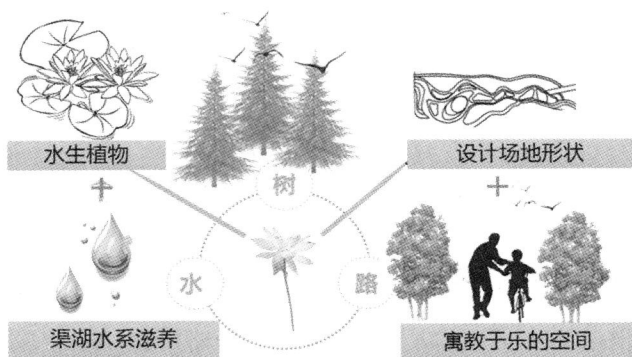

图6.4　"寓教于乐"主题设计构思过程分析图

图片来源：作者绘制

因此，唐灌区文化公园覆盖范围主要界定在唐徕渠历史灌区、现代灌区结合划定的文化景观遗产保护范围之内，唐徕渠系两岸向外沿5公里，局部地区的范围会扩大保护规划范围：唐徕渠渠首风景保护区，该段已划入到青铜峡黄河大峡谷风景区中，但和大峡谷距离远，故而其应该自成一个片区。在该区域内包括唐徕渠正闸及其渠首段、其他正闸口及其渠首段、大坝堡遗址、渠首管理处、韦桥村、龙王庙等周边道路和田地，占地面积1.2平方公里；唐徕渠玉泉营堡段，该地段是在本节6.3.1中探讨划定的唐灌区范围之内进行规划和设计。该园涵盖玉泉营堡遗址，它本身即是真实存在的不可移动文物，也是历史上军事堡寨遗址。玉泉营堡西北12公里为闽宁镇，西面4公里为玉泉营葡萄种植基地。以玉泉营堡遗址为中心，沿唐徕渠段向西划定5公里，向东划定6公里，向南北延伸6公里，占地面积为132平方公里；唐徕渠周澄堡段，该区域内包括周澄堡遗址，其周边田地以及周城村两座自然村和周边田地，占地面积为1.2平方公里。在划定的三个特定区域内，农田耕地功能和性质都不做改变，按照原有农田肌理理顺，用作后期的田园风光展示园。

通过文献、考古资料与遗址现状勘察的比较，清除人为搭建的侵扰因素。借助行政手段和文物法政策对玉泉营堡寨内的民居和田地等进行搬迁，恢复堡寨遗址的完好状态。以保障遗址的安全，清除现有杂乱植被、设施等不利因素，根据堡寨遗址划定的保护范围设置围栏，对遗址本体进行保护，重新整饬田埂和田地边界，合理规划农田观光、服务、管理配套设施。在清除各人工建筑物的同时，重新布置设施，需将穿过墙垣上的水渠、排水沟等进行重新布置。在不破坏遗址本体的情况下，能够保证周边居民正常的引水灌田。

2. 唐灌区文化公园规划与景观设计

首先，根据整体规划思路及保护方法和策略研究，整合规划和设计场地，统筹规划和设计要素。以整体规划理念，形成唐灌区文化公园规划总平面。其次，针对唐徕渠沿岸的地形地貌，提出局部地区营造驳岸空间、台地空间、悬挑空间、线性空间。最后，竖向设计结合平面设计，两者互为呼应，进行局部景观设计。从景观要素设计入手，表现出台地、植物、建筑、构筑物、景观小品等景观要素的关系，组合成序列空间，加强唐灌区文化公园的五大设计主题。

在以上规划思维的构建过程中，逐步运用规划和景观要素设计方法，对遗址进行分区分类标识，再现堡寨聚落的军事格局和历史概况。通过重塑军事堡寨聚落景观与空间环境，再现清晰完整的历史文化景观格局，彰显明清唐徕渠对沿渠聚落格局的影响变迁过程，展现历史时期唐徕渠灌区的历史风貌。

依照现存堡寨遗址的长方形或正方形格局，设立路网体系，以路和植物为界，划定出遗址外部的区域，强化堡寨遗址的历史格局，营造出特定的历史军事空间环境。沿渠道路两侧设置有排水沟和植物，用以道路排水和植物环境的烘托。在堡寨遗址核心分布区域及外围边界，种植行列式松树和旱柳，强化堡寨的历史格局和形制，表示其入口和分布范围。

对已消失的堡寨遗迹可设置各类景观标识。采用景观要素提示手法，设置铺装、夯土、植物等标识，表达遗址的整体性和完整性，凸显其格局。构建完善的交通体系的整体构思，设置核心保护区域，整治周边村庄风貌。在缓冲区域内设计文化馆、军事博物馆，实现整体资源联动，既有核心景观中心枢纽，又有整体公园规划，为其保护和展示利用做出设计构思和方法示范探索。

基于对黄河文化、引黄灌溉渠文化、唐徕渠文化价值的研究，提出景观设计方案，在原始场地中恢复原有的引黄灌溉区结构包括闸口、闸桥、闸坝等水利设施，其结构与造型可以结合传统乡村聚落要素展开刻画。

区域中的生态园设置在重点区域场地的西南角，通过对唐徕渠水文化的解读，抽象出贺兰山脊，结合起伏景象，运用黄河曲线象征，并形成不规则台地，组成半包围广场。广场采用阶梯式聚集空间和中心分割空间，在广场周围设置绿化，加强空间序列层次，采用景观序列对公园内的遗址进行保护，通过投影和光效设计来表达现代和文化景观之间的互动效果，投射出文化景观古今意象设计。

景观小品的设计和构思结合历史文化景观要素。在遗址核心区域外围，设计出系列景观小品：廊、亭、构筑物、花坛等，构建出动态的文化

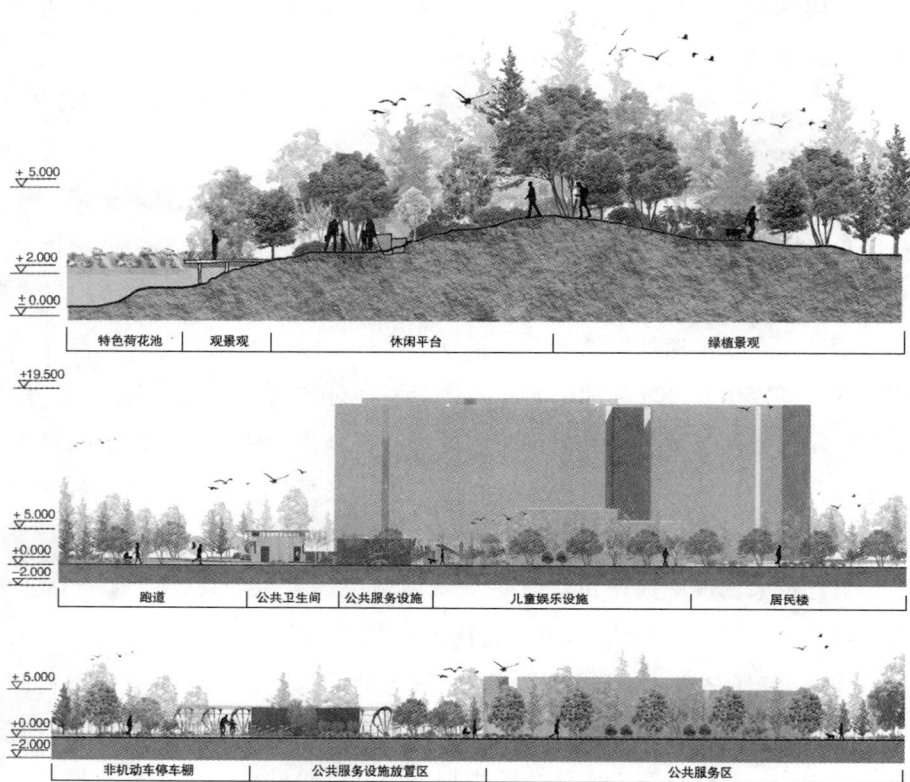

图 6.5　场地竖向设计图

图片来源：作者和郭莉莉绘制

景观休闲区域。这与遗址本体形成动静空间的对比，既能烘托出遗址核心区域的庄严，又反衬出文化景观休闲区域的活泼氛围，历史和今日时空互为呼应，彰显时代文化价值，表征历史活化的时代意义。

景观节点设计以水体设计模拟天然水渠的形式和引用方式。在沿途景观节点中，设置出栈道和观景平台，让游者能亲密接触水生植物和大自然。为表达一种灌溉文化和黄河文化的意向景观设计，可在唐徕渠两岸，运用抽象线性河流形态的景观构筑物加以强调设计表达。根据宁夏地区的生态环境和自然气候，采用大量的本土植物要素进行植物配置与覆盖设计，对四季可观赏的植物景观加以局部和细节设计。

图6.6 唐徕渠沿岸休闲区域和道路景观设计效果图

图片来源：作者和申东利绘制

6.3.4 理顺保护和管理机制

唐灌区作为一种文化景观，虽然其分布和划定范围清晰，但明显管理职责不够全面和兼容，加上相关法律法规的制定，也存在着协同保护和管理上的漏洞，这也从侧面反映了对唐徕渠灌区文化景观价值的重视程度不够，对文化景观遗产保护意识的淡薄。

由于唐徕渠和沿渠聚落遗址分属于不同管理部门①，两者的管理理念、方法及其机制都存在差距，而明至民国唐徕渠对沿渠聚落格局的影响则揭示出历史时期该区域的整体性发展特质，故而始终多次强调和建议：应将其视为唐灌区文化景观遗产，应采用整体性、联动化协同统一保护、利用和管理机制，目的在于保护渠对沿渠聚落格局的完整性。因此，在这种情况下，为进一步实现管理的整体性计划实现，要先理顺唐灌区文化遗产保护和管理的系列工作。

借助划定的唐灌区文化景观保护区，依托唐灌区文化公园规划和建设，建立统一事权和分级管理的体制。统一事权就是成立了唐灌区文化景观保护区后，整合组建统一的管理机构。本书建议宁夏政府应设立唐灌区

①见本书第一章研究背景中的相关陈述。截至目前，虽然出台了保护规划，提出了由自治区水利、国土、住建、环保、文化、旅游及相关政府部门作为成员单位成立"宁夏引黄灌溉工程遗产管理委员会"，委员会设在水利厅，下设"宁夏引黄灌溉工程遗产管理办公室"，负责宁夏引黄灌溉工程遗产的保护、利用和管理。但迄今尚未见到该办法的实施与实践。

文化遗产保护与利用联席会议制度，由主管水利厅工作的市级领导带队组织，将宁夏水利厅、宁夏文化和旅游厅、宁夏考古所、宁夏国土资源厅、宁夏自然资源厅、宁夏文史馆等各职能机构调派专职人员，吸纳社会组织、民间组织、企业、个人相关人员，设置和成立"唐灌区文化景观遗产专门保护机构"（见图 6.7），以共同实施唐灌区文化遗产保护利用规划为目标，从纸上的"一张地图"和政策上的"多规合一"投射到真正意义的保护利用展示实践之中。

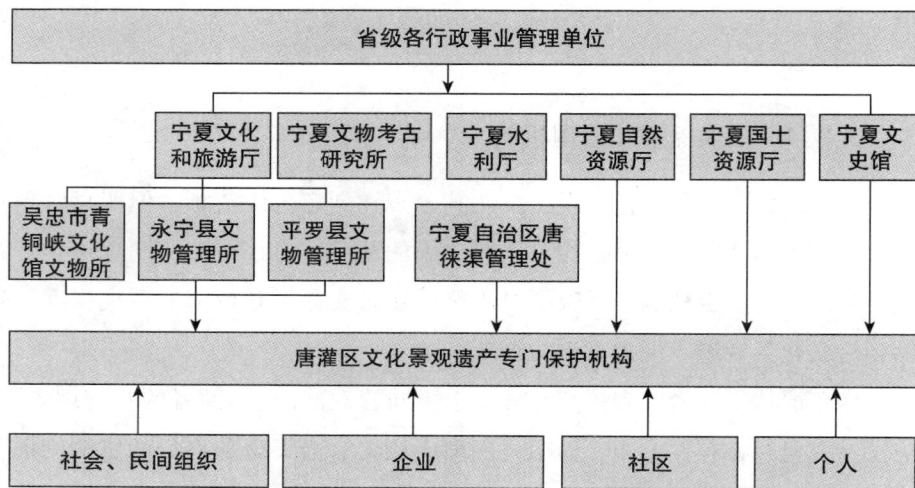

图 6.7　唐灌区文化景观遗产专门保护机构关系图

图片来源：作者绘制

　　该机构不仅要履行保护区内的保护，对范围内的水利资源、土地资源、文物资源等进行管理，同时还要肩负推动社会参与和管理、宣传和推广等职责。在履行以上职能的情况下，还要负责协调与当地乡镇村政府以及周边社区的关系，改变之前的各自为政、堡渠分管、资源碎片化的管理方式，实现保护区域内的山、渠、河、湖、林、田、草等自然和人工资源的统一登记与确权管理，最终实现统一整体的保护目标。分级管理主要是指保护区域内的所有自然和人工资源所有权逐步集中化，从公民个人过渡到乡镇，通过一级一级向上收缩，最后唐灌区覆盖的各类资源所有权直接由专门机构行使，以保障统一事权的实现和运行。

　　加强和保护唐灌区文化景观系统的完整性，做好该区域中的各类资源基本情况调查，制定相应保护手段的同时，实现生态系统监测，统筹各资源的保护和管理目标，在保护的基础上，发挥生态环境的经济效益，提高生态产品的供给能力。生态系统修复是唐灌区文化景观的生存基底，宜采用自然恢复、生物修复和其他措施相结合的适宜方式。要严格执行灌区保护范围的建设管控，不损害生态系统、原住民生活生产设施、田地景观、自然景观、水利景观、遗产景观等，禁止大型商业和建设活动。在区域内，对不符合保护和规划要求的各类设施、企事业单位等实施步骤化搬迁，确保生态、田地、建设之间的关系平衡，管理和保护机制逐步合理化。

　　在建立共管机制下结合唐灌区文化景观的功能，明确和定位保护区范围内的居民生活生产边界，及其相关配套的设施建设，符合国家总体规划管理要求，周边村镇建设要和保护整体的目标先进行协调。通过签订各种合作机制和保护协议，鼓励引入社会组织和个人协同保护机制，共同守护唐徕渠灌区文化景观资源。引导政府在保护边界周边，合理布局村镇的出入口空间与道路空间，围绕保护区域边界开发新城与特色小镇。

　　宁夏唐徕渠的活态化和整体化保护和发展，并不能简单地由文物保护相关法规或者水利工程保护相关法规进行保护。虽然，目前各级政府和管理单位制定文物保护法、水利工程管理法等，但明显部分条例和法规并不适用于唐徕渠灌区文化景观遗产的保护。即使在宁夏引黄灌溉工程遗产保护规划（2018—2035）的管理规划中，涵盖了管理机构设立、管理制度和管理机能，但针对宁夏唐徕渠灌区文化景观的保护和发展，并没有更进一步的细化和明确，更不用提及管理机构的协同分工、管理范围、职责范围、职能边界等细化的管理办法。因此，制定出一套适用于宁夏唐徕渠灌区"活态文化遗产"保护和发展的法律法规体系尤为迫切，此套法律法规一定要原则一致、协同一致、职责明晰、界限清晰、层级分明，以此推进唐灌区文化景观遗产保护和管理。由于立法和修订法案周期性长、难度大，可从相关管理部门根据现实需求出发，结合深入研究与论证，与部门法规、行业标准、规范、地方规章及其他规范性文件，为唐灌区文化景观遗产的保护、利用、实施提供工作层面的指导和依据，应用实践修正法律法规，推进唐灌区文化景观遗产的现实法律保护进度，建立高效、协调、便捷的机制并逐步形成规章制度，加强不同地区的工作交流和经验，互为学习和借鉴，科学保护唐灌区文化景观遗产，实现合理利用与实施的目标。

完善社会参与机制。基于共管机构的管理运行监督环节下，达到生态保护、自然教育、科学研究领域的共同协作目标。引导各类社会人员参与管理和监督，鼓励居民、专家学者、企事业单位、社会组织、公益组织的积极参与，鼓励本地居民和企业参与保护区范围的特种经营项目，为保护区域周边居民和企业提供经济来源，繁荣地方经济。建立健全志愿服务和社会监督机制，通过高校、企事业单位的培训，加强相关保护人才的教育。在有效和持续的保护前提下，提高生态服务、科学教育、科普服务的水平。只有让本地居民及更多公民亲近唐徕渠灌区文化遗产景观资源，才能让其领略深厚的历史文化底蕴。

6.4　本章小结

明至民国宁夏唐徕渠对沿渠聚落宏观格局包括山水格局、军事格局、唐渠格局三种体系。山水格局是军事格局和唐渠格局的自然地理和生态基底，山水格局则包含贺兰山及其支脉、黄河、湖泊、湿地、林泉等景观要素，明至民国山水格局体系始终存在，成为区域中的生态环境边界，它是宁夏地区的重要自然景观遗产。军事格局和唐渠格局是人工建设景观，军事体系沿山、沿渠、沿河布局，为地区边界提供安全保障，其包括边墙、关隘、墩堠、堡寨、城池等景观要素。唐渠格局川流于宁夏平原的核心腹地，其主要构成景观元素为干渠、支渠、闸坝、渠口等。明至民国宏观格局特点为：山水格局为基底，军事格局伴随区域边界关系的减弱而消亡，唐渠格局因粮食安全始终不断加强构建，逐步成熟。明至民国宁夏唐徕渠对沿渠聚落中观格局，则指唐徕渠和沿渠聚落的关系组成，影响类型多样，揭示出唐徕渠系对沿渠聚落的形态、位置的塑造过程。明至民国宁夏唐徕渠对沿渠聚落微观格局，以银川城格局变迁为核心，揭示唐徕渠功能应用的盛衰交替过程，体现了人渠耦合关系的此消彼长过程。当代格局是在明至民国宁夏唐徕渠对沿渠聚落格局的影响基础下形成的。

明至民国宁夏唐徕渠对沿渠聚落格局类型的历史价值及内涵：是历史久远和延续性文化景观的历史见证，是不同王朝国运兴衰的历史见证，是游牧文明与农耕文明从冲突到融合过程的历史见证，是造就"塞北江南"的历史见证，是明至民国军事格局体系从建立到消亡过程的历史见证。明至民国宁夏唐徕渠对沿渠聚落格局类型的科技价值及内涵：体现古人的"因山造势、因河引渠、因渠灌田"关联机制利用，体现古人的"合理选址"生态建设智慧，体现宁夏唐徕渠与沿渠聚落的工程建造技术。明至民国宁夏唐徕渠对沿渠聚落格局类型的社会价值及内涵：是人渠耦合关系的实践产物，是智慧传承与利用模式的实践应用，发挥了多种经济价值效益。

明至民国宁夏唐徕渠对沿渠聚落格局影响的保护与利用：依据"黄河流域生态保护和高质量发展"精神、宁夏自然资源厅"三区三线"规划划定成果、宁夏文化和旅游厅各类转向保护规划及以上研究结果划定唐徕渠灌区保护规划范围边界，沿唐徕渠系两岸边界外扩 5 公里，并按照唐徕渠系结构划分为 5 个段落区域，划定大坝堡、玉泉营堡、周澄堡为重点保护区域。继续深挖整理遗产价值，包括有形遗产和无形遗产价值，有形遗产指沿渠传统村落文化，无形遗产则指当地村镇的文化习俗、文化信仰、水利文化等。建设唐灌区文化公园，以历史再现、生态修复、文化传承、科技现代、生活休闲五大模块为主题规划，实现文旅融合的修复与设计理念，采用景观要素设计方法，制定出保护与设计方案。理顺保护和管理机制，设立"唐灌区文化景观遗产专门保护机构"，建立统一事权和分级管理的体制，制定一套适宜宁夏唐灌区"活态文化遗产"保护和发展的法律法规体系，完善社会参与机制，实现整体协同管理机制。由此，通过有效保护与利用策略对唐灌区文化景观遗产提出合理化和整体化建议。

7

结　论

　　本书根据明至民国唐徕渠对沿渠聚落格局的影响规律与现象，得出研究结论：

　　1. 明至民国宁夏唐徕渠对沿渠聚落格局的影响实质是不同朝代对宁夏平原的生态环境安全、国土边界安全、水利灌溉安全的控制过程。

　　明代宏观格局：东抵黄河，西屏贺兰，引黄灌溉渠系坐落于山水间，唐徕渠系处于山水核心位置，其干渠走向自南向北，沿渠呈五层线形格局排列。第一层，贺兰山；第二层，边墙；第三层，烽燧；第四层，唐徕渠；第五层，沿唐徕渠聚落。五层疆域安全防御格局中，沿渠聚落是山、水、渠的核心守备与护卫重点。

　　清代宏观格局：延续明代宏观格局，在军事防御格局体系下，强化特定区域的构建态势，沿渠田地为基底，五层平行线格局细化为七层平行线格局——山、沿渠西岸堡寨、唐徕渠干渠及其支渠、沿渠东岸堡寨、沿渠湖泊、河，平行线嵌套于基底上。渠系的分段丰富了宏观格局，形成七层纵线五横段式格局。在此格局中，局部区域呈现半网状环绕格局——宁夏府城与新满城、谢保堡之间形成辐射网线状，周边渠系、湖泊的围绕加强了半环绕结构。

　　民国宏观格局：在明清沿渠聚落的宏观格局上，原始沿渠聚落逐步分散化，呈现"一点"生"多点"，趋于中心围绕的发散圈层格局。以原沿渠堡寨为中心，在其周边生长多座村落，并仍呈沿渠发展的格局态势。继而，渠系影响下的田地面积扩增，丰富沿渠各村落发育的物质环境基底。

明至民国宁夏唐徕渠对沿渠聚落宏观格局的影响是以自然地理为基底，以人工干预体系为嵌套的建造模式，它经历史积淀定型且具有沿山、水、渠、湖、田构建的平行线性结构特点。沿唐徕渠聚落建成于明代，聚落选址和形制自明代开始形成，在山水格局之上，营建出严密的军事防御格局体系。

明至民国宁夏唐徕渠对沿渠聚落格局营建经历了定型和发展到衰败的过程，其始终指向"国土安全"。"国土安全"重点包含"粮食安全"，五谷者，万民之命，国之重宝。荀子曾在《荀子·王霸》中论述道："国者，天下之大器也，重任也，不可不善为择所而后错之，错险则危。"[209]因而粮食依赖水利灌溉格局的搭建，则依托"水利灌溉安全"护卫核心，这套闭环机制链条影响最终定位于"生态环境安全"。

明至民国宁夏唐徕渠两岸的宏观格局呈现出一种纵向平行式融合横向段落式的结构：明代为5纵3横段式，清代为7纵5横段式，民国时期则为7纵5横段式。宏观格局以自然景观的山水格局为界，嵌套人工建造的军事防御体系和引黄灌溉体系。

因此，明至民国宁夏唐徕渠对沿渠聚落格局的影响反映着安全工程体系的构建与稳固过程，它见证了三大安全体系的历史营建过程。明至民国基于宁夏平原山水格局，搭建军事防御格局体系和唐渠格局体系，唐徕渠干支渠系细化，沿渠湖泊生长，沿渠聚落得到抚育和成长。明至民国唐徕渠对沿渠聚落格局的影响根本在于守住三大安全体系的底线。

2. 明至民国宁夏唐徕渠对沿渠聚落格局的影响揭示出历史时期唐灌区文化景观遗产人渠耦合关系的变化程度。

明至民国宁夏唐徕渠对沿渠聚落格局的影响实质是唐灌区文化景观遗产的形成和积淀过程，包括宏观格局中的自然山水体系，加以人工的军事格局和唐渠格局的建设和改造，唐徕渠和沿渠聚落之间构建出了出"人—地—渠"的关系模式。其中，人地关系源于"人渠"关系的逐步建立过程之中。伴随人渠关系的耦合变化，此消彼长，渠对沿渠聚落的格局产生了强弱的机制变化，影响着唐灌区整个系统的变化。当人渠关系和谐时，人渠耦合关系紧密，唐灌区文化景观风貌发展态势良好。反之，人渠关系不平衡时，人渠耦合关系疏离，唐灌区文化景观风貌发展走向衰败。因此，明至民国唐徕渠对沿渠聚落格局的影响呈现强弱变化的趋势，反映着人渠耦合关系的变化程度。

明至民国时期，在人渠耦合的互动过程中，宁夏唐徕渠两岸的中观格局因时间发生迁移，宁夏唐徕渠对沿渠聚落中观格局的影响呈现逐时代递增的规律，聚落本体存在分区分层分类的多样化表达方式，渠与聚落之间构建出分段中心网格化多元景观要素的配置方式：明代为 8 种，清代为 11 种，民国时期为 13 种。

明代渠与聚落形成 8 种类型的中观格局：干渠平行式、跨干渠连接式、节点式、支渠垂直式、支渠平行并列式、干支渠环绕式等。明沿渠聚落因渠而建，依渠而立，延续后世。清渠与聚落形成 11 种类型中观格局：干支渠相夹平行式、支渠背弓式、干渠远离式、交汇式、复合式等，渠系结构细致化影响了渠与聚落的格局。清沿渠聚落因渠而生，依渠而长，渠系抚育了沿渠聚落的生存环境。民国时期渠与聚落的中观格局为 13 种类型：紧靠支渠式、支渠垂直式、干渠向心式、干渠垂直式、分散式、复合式等。民国沿渠聚落因渠而繁，依渠而盛，渠湖互连，沿渠空间生态环境进一步提高。民国沿渠聚落就已经开始分散，并由一个固定的堡寨点分散为多座聚落，这些聚落以原堡寨为中心建设，这种变化不断加深和演进，村落数量逐步增加。唐徕渠两岸的土地空间开阔，沿渠聚落之间的桥梁和道路结构变化趋于复杂。

3. 明至民国宁夏唐徕渠对沿渠聚落格局的影响核心聚焦于宁夏平原中心和重要城镇的抚育与发展过程。

明至民国宁夏唐徕渠对沿渠聚落格局的影响核心聚焦于宁夏银川城的成长和发育。沿渠聚落中的重点城池聚落——银川城，自西夏开始营建，历经元代衰败，其城址位置不变，延续至今。在唐徕渠影响下，明至民国的银川城格局变迁：城池形状因渠而变，向渠而生。明代城池四面引渠水，城内外湖渠相连，城内外大兴园林，渠水是城内外园林水景的水基础。清乾隆三年（1738），城池被毁。清乾隆六年（1740），城池重建，原城池的形制更新，城内外水系通过水关和水道内外输送，城内园林实景演变为城郊远景，园林文化被文化景观所取代，凸显意境空间。民国时期银川城内外有别，城外郊野旷地，所及之处多为湖渠之景，旷奥幽远，人迹罕至，疏离的郊野风貌。城内以东北角的公园和银湖为景观中心，两街与三区构成横轴向布局的城池格局，但城池格局态势松散而凌乱。

从银川城的建城过程可证实出唐徕渠水的深远影响：城池的选址和固定，不断接近于唐徕渠，远离黄河泛滥区，选址在平坦和富饶的引黄灌区腹地。城池形态变迁始终离不开唐徕渠系结构的影响，城池南北轴短、东西轴长，城池的发展沿东西横向延伸，渠系在古代约束了城池的发展边界，但今天成为了城市的水系密集区域，发挥着绿化、灌溉、生态的多种功能和社会经济效益。城墙体系的构建离不开唐徕渠系，城外护城壕、城内水循环系统等都依赖唐徕渠及其支渠红花渠进行规划。城内外的园林水系也由唐徕渠系进行提供和支撑。银川城作为宁夏地区和中北地区最重要的中心城市，与唐徕渠系的抚育关系最为密切，它的发展过程是唐徕渠系对历史时期银川城塑造的过程。

明至民国时期，在时态化延续过程中，宁夏唐徕渠对沿渠城池聚落内外格局影响发生主题变更，城内格局体系范围扩展至区域格局体系之中。宁夏唐徕渠两岸的微观格局以银川城景观格局最为典型，以城池为中心呈圈层化向边缘扩散的格局体系，城渠相依演变为城渠互动的城池格局。城内外实景园林主题和类型变化，演变为意向型的集称文化景观（见图7.1）。

综上所述，明至民国唐徕渠对沿渠聚落格局的影响是宁夏历史、地理、政治、社会等多重作用产生的结果，是古人在自然山水格局基底上营建初期，对人工设施和体系所在自然环境的认知和理解，并通过科学观察和实践积累运用科学技术对宏观、中观、微观格局的把握和思考。在此基础上，古人通过认知—建设—修正的营建方式，使其建设更具科学性和整体性。经历了明至民国的时间累积过程，后人延续前人的做法和技术，总结前人经验，持续不断地改造唐徕渠对沿渠聚落格局的不良影响，引导格局的良性发展，最终传承至今日。古人的营造智慧为今人提供了更多的经验、模式和技术，形成了可持续的传承理念，而理念的实践产物就是唐灌区文化景观遗产，成为今人之学习范本。

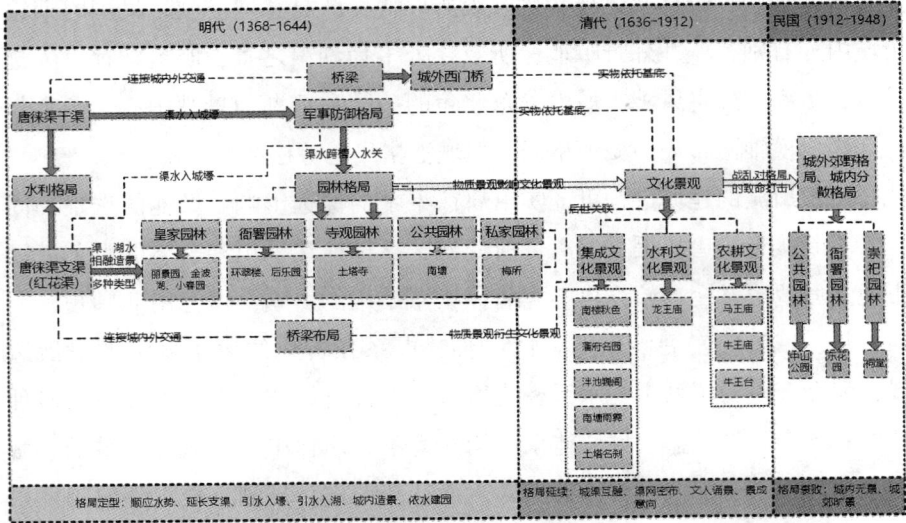

图 7.1 明至民国银川城格局演进过程分析图

图片来源：作者绘制

本书的 3 个创新点：

1. 前人研究内容的新补充。厘清明至民国宁夏唐徕渠系的空间格局，围绕唐徕渠系而形成的聚落格局，揭示唐徕渠系的演变对沿渠聚落格局的影响。

2. 研究对象价值的探讨。扩展宁夏唐徕渠水利工程遗产的价值外延研究，进一步发掘唐徕渠对沿渠聚落格局的影响价值内涵研究。

3. 提供历史灌区文化景观遗产整体性保护和利用的新方法。本书试图建构"时间维度—价值认知驱动—格局体系—类型—特点—价值内涵—保护建议"。该研究方法可为宁夏引黄古灌区文化景观遗产保护与利用研究提供新视角，对宁夏中北部地区中心城镇的建设和规划具有理论支撑和现实指导意义。

附　录

附录1：宁夏唐徕渠系现状调研情况记录

表1　宁夏唐徕渠干渠现状调研统计表

序号	名称	现状照片
1	青铜峡大坝 （图片来源：作者自摄）	
2	唐徕渠正闸遗址 （图片来源：作者自摄）	

序号	名称	现状照片
3	西干渠总闸口 （图片来源：作者自摄）	
4	唐徕渠跃进桥闸 （图片来源：作者自摄）	
5	唐徕渠跃进闸 （图片来源：作者自摄）	
6	银川段唐徕渠西门桥东面 古代著名水利专家 郭守敬雕像 （图片来源：作者自摄）	

续表

序号	名称	现状照片
7	银川段唐徕渠西门桥 （图片来源：作者自摄）	
8	银川段贺兰山路跨水槽 （图片来源：作者自摄）	
9	贺兰段满达闸桥 （图片来源：作者自摄）	
10	平罗段干渠渠身 （图片来源：作者自摄）	

续表

序号	名称	现状照片
11	平罗段威镇村一闸桥 （图片来源：作者自摄）	
12	平罗段渠尾闸 （图片来源：作者自摄）	

（资料来源：作者自摄与制作）

表 2　宁夏唐徕渠支渠现状调研表

序号	名称及说明	现状照片
1	银川金凤区火车站华联广场段良田渠渠道（图片来源：作者自摄）	
2	银川金凤区火车站华联广场段良田渠桥（图片来源：作者自摄）	
3	银川金凤区火车站华联广场段良田渠桥（图片来源：作者自摄）	
4	银川段红花渠与居住小区中冶·幸福宸西面的道路（图片来源：作者自摄）	

续表

序号	名称及说明	现状照片
5	银川段红花渠西面的道路 （图片来源：作者自摄）	
6	银川段红花渠闸口 （图片来源：作者自摄）	
7	银川段红花渠闸口 （图片来源：作者自摄）	
8	银川段红花渠东岸高台 锦绣苑小区西北门 （图片来源：作者自摄）	

续表

序号	名称及说明	现状照片
9	银川段红花渠东岸高台 锦绣苑小区西北门 （图片来源：作者自摄）	
10	银川段红花渠北京路桥 （图片来源：作者自摄）	
11	银川段红花渠上海路 银佐西区西面停车场 连接红花渠 （图片来源：作者自摄）	
12	银川段红花渠尾 （图片来源：作者自摄）	

续表

序号	名称及说明	现状照片
13	青铜峡段大清渠 （图片来源：作者自摄）	
14	青铜峡段唐正闸大清渠 （图片：作者自摄）	
15	西北小渠遗址现状，银川段中山公园西面西北小渠已经被水泥盖板覆盖，其西面护栏内为清代宁夏府城西城墙遗址（左图）；银川段中山公园西面西北小渠遗址界碑（右图）（图片：作者自摄）	

（资料来源：作者自摄与制作）

附录2：当代沿渠聚落现状调研情况整理

当代沿渠聚落现状调研统计表

序号	名称	现状照片
1	青铜峡瞿靖镇蒋顶村 （图片来源：作者自摄）	
2	营桥村一队 （图片来源：作者自摄）	
3	营桥村二队 （图片来源：作者自摄）	

续表

序号	名称	现状照片
4	营桥村三队 （图片来源：作者自摄）	
5	青铜峡邵刚村一队 （图片来源：作者自摄）	
6	青铜峡邵刚村二队 （图片来源：作者自摄）	
7	青铜峡邵刚镇 （图片来源：作者自摄）	

续表

序号	名称	现状照片
8	青铜峡瞿靖镇 （图片来源：作者自摄）	
9	杨显村 （图片来源：作者自摄）	
10	周澄堡遗址界碑 （图片来源：作者自摄）	
11	周澄堡遗址 （图片来源：作者自摄）	

续表

序号	名称	现状照片
12	周澄村三队 （图片来源：作者自摄）	
13	姚伏镇 （图片来源：作者自摄）	
14	桂文村十一队 （图片来源：作者自摄）	
15	桂文村十一队 （图片来源：作者自摄）	

序号	名称	现状照片
16	平罗段唐徕渠南门 桥南岸沿渠建筑 （图片来源：作者自摄）	
17	平罗段唐徕渠南门 桥北岸沿渠建筑 （图片来源：作者自摄）	
18	威镇村四队 （图片来源：作者自摄）	
19	威镇村五队 （图片来源：作者自摄）	

续表

序号	名称	现状照片
20	威镇村九队 （图片来源：作者自摄）	

（资料来源：作者自摄与制作）

附录3：当代沿唐徕渠堡寨遗址与中心村落现状调研情况记录

一、当代大坝堡

建国前，大坝营唐徕渠正闸右堤之上，建有一组"L"字形厅堂一座，砖木结构，四面出厦，扎柱走廊，每年春开闸放水的时候，政府官员及水利要员等都会在这官方"接水厅"举行隆重的放水仪式，祈求风调雨顺，五谷丰登。头闸左面设一座两层高的六角亭，其屹立于土台之上，亭顶角上挂有十二只风铃。此处是官员观赏开闸放水的最佳观点。位于唐徕渠和贴渠之间建有一座龙王庙，由正殿、配殿等围合成四合院，院门与正闸、唐徕渠遥相呼应。唐徕渠与贴渠之间的分水墩之上立有"唐徕渠大修碑记"，为清雍正时立。1976年，堡内外所有古建筑全被人们拆毁。

黄河水自青铜峡拦河坝西侧分出河西总干渠后，又被分流为三大干渠，三大干渠渠首与闸口自东向西分布为汉延渠、唐徕渠、大清渠。汉延渠独自开于河西总干渠东面，共6道闸口。唐徕渠正闸闸口开设10道，西面的7道为唐徕渠闸口，东面的3道为大清渠闸口。唐徕渠正闸桥桥房设置在桥坝南面，北面一部分桥面供人通行。唐徕渠正闸建筑为四坡顶式，灰瓦双层混凝土结构建筑；其首层为闸，层高约在4.5米，柱体的上部为白色，下部为红色；二层为封闭的平房，层高在2米，内设操作台，共10个开间，其立面的柱体和窗框被深红色油漆涂抹，其他墙体为白色。

大坝堡是明代银南地区重要的屯堡之一，始建年代不详，属宁夏右屯卫所辖的十八屯堡之一①，设官军仓场。明万历年间（1573—1620），这里成为宁夏南路守备官厅驻扎之地，驻官军四百五十二名、马骡二百六匹②。明万历十八年（1590年）巡抚都御史党馨奏设守备，属南路玉泉营管辖。

---

① "（右屯卫）……领屯堡一十八：大坝堡，有仓场。旗军二百名，把总官一员，守堡官一员。"《嘉靖宁夏新志》卷之一，宁夏总镇，74页。

② "南路守备官厅，在大坝堡""大坝堡，军丁四百五十二"，《万历朔方新志》（影印本）卷二，78页、58页。

清乾隆三年（1738）地震塌毁，清乾隆五年（1740）重修。

大坝堡遗址今仍存在。通过踏勘和卫星地图定位比对后，发现文献记录位置与以上内容重合，大坝堡遗址位置在小坝镇南10公里处的大坝乡韦桥村一队，韦桥村东靠唐徕渠，西邻银青公路，南临加气砌块厂，村西南为汉延渠、唐徕渠、大清渠、惠农渠等渠闸口所在。

此堡位于今青铜峡市大坝镇韦桥村一组村落内，在今唐徕渠的西岸边。这里属银川平原区，周围地势平坦，视野开阔。现地表已被开发为农田及果园，种植有苹果、梨树等。

此堡据《中国文物地图集·宁夏回族自治区分册》载"堡平面呈方形，边长约400米，墙高6.5米，基宽10米，顶宽5米，黄土夯筑，东面辟门。原城内建有城隍庙、苏武庙等，今已不存"[①]，但保存至今的仅有一段墙体，是以黄土夹杂小砾石分段版筑而成，其他部分均已无存。该段墙体基本呈南北向，方向195°，残长29.3米，壁面较为陡直，其版接缝因坍塌严重，现已难辨，夯层较为明晰，厚0.16—0.20米，夯打十分结实。夯土中小砾石块含量较少，墙体土色深灰，局部表面略泛赭红色，底宽20、残高11米，顶部则坍塌较多，壁面不甚齐整，顶部残宽3.5、南北残长12.5米。

从残损原因来看，此堡的残损中虽有风蚀、雨蚀、自然坍塌、植物生长、动物掏挖等自然破坏，最严重的是人为破坏，主要有以下几点：

（1）取土：据当地老百姓讲，墙体残损断裂严重的原因主要是前些年平田整地时，将夯土墙体挖断回填田地所致。

（2）搭建：在墙体顶上有一处人工搭建的三角形铁质指示塔，另外在偏南侧的夯土墙体顶部还有一座水泥质古城堡保护标志。

（3）建设破坏：大坝堡现已位于现代村落内，东侧紧贴墙体处现已开辟为唐徕渠灌溉水渠，水流整日流淌；西面已成为果园区，种植许多苹果、梨树等果树。

（4）踩踏破坏：大坝堡的西侧紧贴墙根处有一条南北向土路，是村民

①国家文物局主编：《中国文物地图集·宁夏回族自治区分册》［M］．北京：文物出版社，2010：299．

出行的重要通道，来往车辆多，对此堡的破坏亦很明显。①

韦桥村是一座以大坝堡原址为中心修建的村落。村南为一处办公场所，即宁夏青铜峡唐渠渠首管理处。据管理处工作人员介绍，于1986年在原接水厅和龙王庙遗址上修建现在的管理处，但今天的龙王庙位置与文献和考古资料不符，应为搬迁重建。

大坝镇韦桥村一队，其整座村落平面为长方形，边界清晰，沿大清渠和沿渠道路东面自南向北展开。村内分布着一条主干道，两侧均匀布置着民居建筑，多为三面围合式、L式、两面平行式的院落，其院门开设在道路一侧，即院落朝西设门，门为铁门，上为铁栅栏，下用铁皮封闭，起防护作用。一些院落的门头上有立柱和门框，另一些院门仅有瓷砖砌筑的装饰立柱。院落内的建筑多为砖砌平房，屋顶稍有斜度，且所有建筑屋顶全部向院内倾斜。每座建筑开间多为三间至五间，院落中部铺设红砖或种植植物。虽然所有院落沿渠布局，但院落的主房一般都坐北朝南，且北面房间尺度高于南面房间尺度，东面房间尺度最低，并作为厨房使用，院落东南角设有家畜棚。

图 1 大坝镇韦桥村一队居住合院建筑
图片来源：作者现场自摄

---

① 本段内容由宁夏自治区文物考古研究所长城调查组提供.

二、当代瞿靖堡

　　今天，瞿靖堡已成为一座集约化乡镇。它采用整合型和集中式布局。瞿靖镇北为友尚路，南为万光路。镇中心有纵横两条道路交汇，青黄公路从村西南角穿过。整个镇外围总长为3.7公里，总占地面积为0.6平方公里。镇内设有瞿靖村委会、镇政府办公楼、公安局、电力局、小学、邮局、药店、商店等各类公共建筑。瞿靖镇东南和南部为居住建筑群，封闭式四合院。镇中心修建了一座对称形的长方形广场，广场内部设有圆形观演台，广场西为瞿靖村村委会，其东侧为镇政府办公楼。

图2　当代瞿靖镇现状照片

图片来源：作者自摄

三、当代邵刚堡

　　邵刚村沿青黄公路与邵二公路两侧布置，青黄公路西修建为现代住宅小区名为玫瑰园，青黄公路东面为公共建筑和住宅建筑。沿青黄公路的村南北两侧还有两座一字型排开的院落建筑，全部分布在青黄路西侧。整座村庄全部沿交通主干道分布，是一座现代化小城镇。邵岗镇则由中心村落和南北两侧两个小村落组成。中心村落是指占据沿青黄公路和邵二公路两侧的大面积村落，该村平面呈现长方形，占地面积约为0.5平方公里，其外边缘周长为2.8公里。邵岗村内有村委会、中学、小学、邮局等公共建筑。公共建筑多为大合院，建筑在院内分散布置，外设一圈围墙。中心村落的东南角为民居建筑，而居住建筑多为东西窄长的围合式院落。中心村落内的建筑多为十九世纪八十年代新修混凝土建筑，建筑尺度基本与传统村落建筑相同。

邵刚村内民居院落坐北朝南，主屋位于北面，院落大门开设于西面，院落建筑呈一字型、L型、凹字型布局，建筑采用混凝土材料，屋顶修建为双坡顶。沿青黄公路一字排开的合院建筑。其院落外围有墙，围合成长方形，院内建筑呈一字型、L型，院落坐北朝南，主屋在院落北面，其尺度较高，主屋屋顶为向院内稍倾斜的平屋顶，其他建筑分布在主屋西侧，建筑尺度较小。整座合院东面开设院门，分散村落的民居建筑多采用砖木混合结构搭建。

四、当代玉泉营堡

玉泉营史籍记载亦较详备，其始建年代早期文献无载，而较晚的《乾隆宁夏府志》则载其"城周围三里，万历十五年（1587）筑"①。但此堡至晚在明弘治年间（1488—1505）便出现了其名称"玉泉营，有官军、仓场"②。到明嘉靖年间（1522—1566）属南路邵刚堡管辖，"旗军二百名，把总官一员"③；到明万历年间（1573—1620）"始设守备，题改游击"④。驻扎"旗军九百六十五，家丁三百二十三，备御军二百名"，马匹"五百八十一"。⑤

此堡残损较重，现仅存夯土墙垣残段，平面基本成方形。其中北墙保存相对较好，西墙则部分保存，南墙、东墙则直接塌毁不存。墙垣内现已成为村落聚居区和农家菜地，种植有玉米、土豆、烤烟等作物。

北垣：保存相对一般，细部残损甚多，全长262.5米，按其保存状况大致分为三段：

第一段：从残垣东端起，向西78.7米，整体保存一般。此段因临近村落，村民的房屋、牛圈以及新修的王母娘娘庙宇等建筑就直接倚墙而建，对墙体的破坏作用明显。现存墙垣的东侧不是原墙垣的东北角，而是残断

①《乾隆宁夏府志》卷五，建置［一］，城池：126.
②（明）王珣.《弘治宁夏新志》（影印本）卷之一：39.
③《嘉靖宁夏新志》，卷之一，宁夏总镇之十八，南路邵刚堡：84.
④《万历朔方新志》（影印本）卷二：51.
⑤《万历朔方新志》（影印本）卷二：58、60.

成一道豁口，再东墙体损毁无存。残存墙体顶宽 6.4—12.2 米、残高 5.6—7.8 米、底厚 5.5—21.2 米。

在此段起点的墙顶上，有青铜峡市政府于 1986 年竖立的一块保护碑。

第二段：第 1 段再向西 9 米，消失段。此段是东方红村 1 队开挖的一条南北向土路，直接贯穿墙体，从而形成一道宽阔的断口。

第三段：第 2 段再向西 183.8 米至西北角角阙处，保存一般。墙垣在此段无倚墙而建的民房等建筑，周围是老百姓种植的蔬菜田地。墙垣保存一般，坍塌等破坏较多，底部有较多的坍塌土堆积。底宽 8 米、残高 1.5—7.5 米、顶宽 2 米。此段偏西侧有一道南北向横贯墙垣的灌溉水渠，宽 7.8 米。

北墙中部有一处马面遗址，主体突出墙体北侧之外，仅西面保存较好，东侧则坍塌甚重，底部东西残宽 20 米、南北残长 20 米、残高 13 米；顶部不甚平整，东西宽 3 米、南北长 1.5 米。

西垣：保存较差，仅西北侧部分墙垣残存，其余部分则损毁无存。残长 162.7 米。按其保存状况大致分为四段：

第一段：为西北角处的角阙遗址，平面呈圆弧状，主体突出于墙体外。十分高大，壁面不甚平整，由底向上略有收分。壁面坍塌情况较重。底部南北长 15 米、东西宽 16.5 米（其中西南侧突出墙垣外 11.6 米）、残高 12.8 米；顶部不甚平整，大致在 2 米见方。

第二段：第 1 段向南 20 米，保存一般，墙垣坍塌损毁较重，残高 5.2 米。

第三段：第 2 段向南 2.7 米，消失段。此段有一道现代挖掘的灌溉水渠东西向贯通墙垣，形成一道不大的断口。

第四段：第 3 段再向南 125 米。保存相对尚可。墙垣残高 1—5.8 米不等，顶宽 0.8—4.2 米，底宽 2.4—6 米。

第五段向南，墙体今已不存。

从残损情况来看，此座堡的残损破坏中，除了自然坍塌、雨蚀等自然破坏外，人为破坏十分明显，主要有以下几点：

（1）建设破坏

玉泉营古城址因为地处东方红现代村落内，后期人为破坏十分严重，仅存的北墙体上有两道南北贯通的豁口，其中一条为道路，另一条为灌溉水渠至今仍有涓涓细流经此口流入城垣内，浇灌内侧农田。墙体南北两侧受平田整地影响，局部处有推出的豁口。而墙体中部有叶北公路东西向横穿。同时，南墙、东墙现已掩没于水田或盐碱滩地间。部分保存的西墙也存在着过水通道的破坏。

（2）后期搭建

北墙偏东部内侧现已被村落民居所占据，最近的居民房距离墙体不足3米。有的村民则直接将畜牲圈搭建在墙体上。更为严重的是，在墙体的顶部及内侧直接建有两间砖混庙宇，顶部为玉皇庙，底部为娘娘庙，庙宇东侧有新建的石板道路以供上下通行。

（3）人工掏挖

在墙垣西北角阙偏南侧底部，有一小的圆形凹洞，进深约1米，系人工掏挖而成。①

以下内容为本人实地调研记录：玉泉营古堡，位于青铜峡市邵刚镇东方红村一组，东南距小坝18千米，东至黄河15千米，南至广武营分守岭30千米，西至贺兰山15千米。古堡地处银川平原区，地势平坦，视野开阔。周围现已辟为农田和农村聚落区，城址中部被叶北公路东西向横穿。

今玉泉营所在地区为营桥村（四个队），该村庄呈分散状态，沿唐徕渠西侧延伸排列，都坐落在老玉泉营东南和东面。营桥村一队和二队距离太远，不赘述。最南面为玉泉营村四队，离老营1公里左右，村东为唐徕渠和道路，村西为农田，村北一二支沟，村南为废弃地。村落平面呈不规则形状，村落占地面积为0.02平方公里。营桥村三队距离老营最近，沿唐徕渠西侧一字排开，平面为长方形，东西短，南北长，东西距离在150米，南北距离为400米，占地面积为0.06平方公里。两座村落内全部为民居合院建筑，院落沿村中道路或者沿唐徕渠两岸南北均匀分布，形成狭长形布局。村内每座院落平面为长方形，东西长、南北短，其占地面积在700平方米，坐北朝南。主房位于院落北面，尺度较大，两侧房间低矮。每座院落的院门设置于主干道路一侧，便于居住者出入。

---

①本段内容由宁夏自治区文物考古研究所长城调查组提供.

据现场调研发现，玉泉营址在今青铜峡市小坝镇西北 15 里，与地图集中一致。即今天的青铜峡市邵刚镇营桥村三队西北 500 米。叶北公路自堡址中部贯穿而过，仅剩北面堡墙和东西各一小段堡墙，堡内东北角新建有一处庙宇，为仿古砖木结构建筑，北城墙基址保持直线，在其上近代修建有玉皇大帝庙，其下修有观音殿和娘娘庙等，呈品字形结构排列，附近乡民经常到该处祈福上香。玉泉营堡址内东北角仅存一户民居院落，堡寨外部分布着多处农田。根据堡寨西面墙内有引水渠道遗址的存在判断，明清唐徕渠支渠渠口可能设于堡寨之内。

五、当代姚伏堡

姚伏堡位于今平罗县姚伏镇姚伏村二队之内，姚伏村涵盖十三个队。其中一、二、三队集合成一座片状村落，分布于唐徕渠西侧，姚伏村二队距离唐徕渠最近，设在唐徕渠西侧道路边缘，其他几个队的村落分散于周边，整个辐射范围在 2 公里以内。姚伏村内公共建筑较少，仅有一座村委会院落。目前，姚伏镇水域及水利设施用地在 2031.03 公顷。

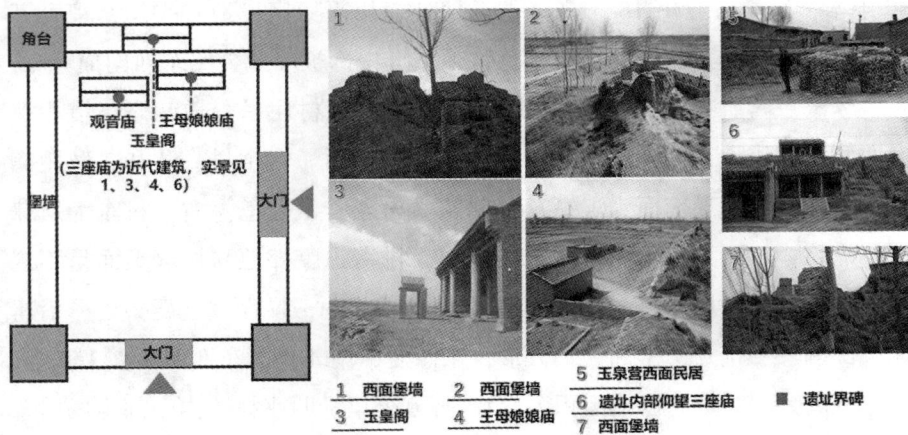

图 3　玉泉营堡寨复原图（左）、遗址现状照片（右）

图片来源：左图根据文字记录绘制；右图为现场调研自摄

六、当代周澄堡

文物地图集中记载：周澄城，堡城呈正方形，东西长 300 米，南北宽300 米，墙高 6.67 米，墙宽 2.5 米，女墙 1.67 米。城堡四角均建有墩台，门朝南开。城堡墙东北角残存一段墙，长 50 米，高 3 米。

　　经实地踏勘后，发现今周澄堡遗址在今平罗县姚伏镇周城村范围内，该村共五个队。周澄堡遗址在离周澄村三队东南 200 米处，其遗址周边分布着大片农田、荒地、盐碱地、树林、鱼湖等。周澄堡遗址平面几近正方形，边界整齐，地面留有夯土墙断垣和城墙基址，人为夯筑痕迹明显。经现场测量和数据记录，堡城东西长 312 米，南北宽 305 米，面积在 9 千平方米左右。周澄堡墙东北角残存一段墙体，长 50 米，高 3 米。现存堡址毁损严重，其夯土墙在自然风蚀和日光暴晒双重作用下，多处土址已消失。此外，堡址东面的一方鱼塘，北面的玉米田等对堡址地下土基有渗水的危害，长期积累会使基址土层和墙体产生盐碱化，对堡址极为不利。

　　离堡址最近的周城村三队是一座边界整齐、平面呈长方形的村落，南北长为 640 米，东西长为 95 米，占地面积为 0.061 平方公里。村西面为农田和周城堡遗址。村东面为农田和唐徕渠，村与唐徕渠的垂直距离为 535 米。村东北方向有一条宽约 4 米的东西向村道，它与 109 国道垂直相连，道路西面的尽头即为村委会大院。该村中设一条宽为 3 至 4 米的主干道，仅供一车通行。村道南北通往周城二队和周城四队。村主干道两侧各分布着一排整齐的民居院落，所有院落的大门朝向主干道开设。每座合院坐北朝南，主屋位于院落北面，屋顶为平屋顶或者双坡屋顶（坡度较小）。村中民居院落西侧或者东侧为牲畜房或者储藏间，其外部围合砖墙。

图 4　周澄堡遗址现状环境照片

图片来源：作者现场调研自摄

七、当代威镇堡

明至民国的唐徕渠逐步从远离的关系发展为靠近及围绕的关系，从平行关系发展为产生交集的关系，从相望变为相依的关系，从军事防御水系变为农田灌溉水系。明至民国，威镇堡附近的排水系统相对不够清晰与完善，当代则反之。

威镇堡是唐徕渠渠尾的一座堡寨，离唐徕渠尾西北角在2.5公里左右。威镇堡在其历史上的已出现过两次迁移。中华人民共和国建立初，威镇堡遗迹尚存完好。在农业合作化期间，将城墙逐步拆除，今遗迹不存。通过实地踏勘和调查，威镇堡址确切位置在今二闸乡威镇村九、十队附近的农田北面，在原址西北角处重建一座仿古建筑群院落，名为"城隍庙"，以此来界定该堡的位置，同时为该村提供聚会场所。威镇堡遗址北面仅留存一些黄沙与盐碱密布的滩涂、农田，且公路穿插其间。

目前，威镇堡由十个独立行政村大队组成，名为威镇村。每座村落之间平均距离在一公里左右，每座村落占地面积为三平方公里。但因村内居住人口少，村落内的建筑与院落相对分散，且每座院落的占地面积在400—600平米左右，院落形状与尺度和其他沿渠村落相同。威镇村内卫生所、村委会位于威镇村六队附近，除此之外别无其他公共建筑。威镇村西南角有一片"威镇湖"，水域总面积为三平方公里。目前，威镇堡现在所在的高庄乡水域及水利设施用地在990.18公顷。

威镇村是从威镇堡发展而来的，由独立式、单一式、封闭式的独立堡寨走向开放式、散落式、沿水式分布的多座组团村落。唐徕渠在村落的影响下，形态上也随之产生分支。其中，唐徕渠西岸的干渠分出四条支渠：陈渠、二陈渠、徐渠、吴渠，以上为一级支渠。一级支渠自干渠分出后，沿干渠西北侧放射和延伸，渠和渠之间形成平行态势。二陈渠、一陈渠、徐渠继续向西北延伸穿过村道下的涵洞后，徐渠不断向西延伸，而其他水渠延伸结束。徐渠的渠水经过六队后，再经过村中十字道路，一部分渠水被分配至十队和九队，渠水量少，村中道路两侧分布着排水渠和灌水渠，灌水渠位于村路北面，排水渠位于村路南面。二陈渠态势微弱，至十队和九队处水渠消失。威镇村十队南面为一片广域田野，其北面是一条宽为

2.5 米的排水沟。排水沟为纯土质渠道，剖面呈现倒等边梯形结构。灌水渠内底部用弧形现浇水泥板，渠壁则用长方形现浇水泥板，剖面呈现倒等边梯形结构。

　　无论排水渠还是灌水渠之上，凡是与合院联系和交接之地，都设置一道板石小桥或者土质夯实的小桥，联系院内与村内的交通，一些桥下设涵洞后封闭。排水渠与灌渠交接位置上都设有涵洞和水闸。涵洞是道路之下挖出一条笔直的通道，并用现浇钢筋混凝土柱管联通两侧，灌渠则用现浇混凝土砌块砌筑渠身。水闸口比涵洞的工程做法更复杂，闸口两侧为八字型喇叭口，用混凝土砌筑，闸口上设置闸板和手动螺杆式启闭器，启闭器用来控制渠灌溉田地的水量。

图 5　威镇村村委会建筑和入口现状照片

图片来源：作者自摄

图 6　威镇村三队和四队交接的主干道现状照片

图片来源：作者自摄

图 7　威镇村四队合院建筑现状照片

图片来源：作者自摄

图 8　威镇村九队东面村道入口现状照片

图片来源：作者自摄

图 9　威镇村九队村口现状照片

图片来源：作者自摄

图 10　威镇村九队东面村道现状照片

图片来源：作者自摄

图 11　威镇村九队西面村道现状照片

图片来源：作者自摄

图 12　威镇村九队一处院落建筑外围现状照片

图片来源：作者自摄

附录4：平罗古城的文化景观格局变迁

一、平罗古城的变迁

唐代，平罗地区布防了定远军、新昌军。定远军驻扎于定远城内，即在今天平罗县南姚伏镇附近。在灵州（今吴忠市北）东北二百里，景福元年（892）改警州。[167]100 该作者在对平罗城池的考辨中，认为：其一，定远军大致在今黄河西岸，平罗县南姚伏堡附近；其二，定远军是否为景龙二年（708）置，尚不能确定，也没有确定的定远军记载；其三，根据《元和郡县图志》记载，定远城似有东城和废城两处，有可能记载有误，实际仅有一城。新昌军位置不可确定，仅认为其位置在定远军北，约当今平罗县北。[167]101

宋威远军见本卷定州条。[167]144 定州治定远县（今平罗县姚伏镇）。唐置定远军城，后升为县。唐末改警州……至道年间（995－997）建为威远军。咸平四年（1001）入西夏，后置定州。[167]143

经考古论证后，在《中国文物地图宁夏分册》中平罗县定远故城，建于唐先天二年（713），初为朔方军城，景福二年（893）升为警州，宋为威远军，西夏改为定州，俗称田州。该城距离姚伏镇东南1.5公里，今城墙不存，面积约为2万平方米，地面散布大量砖瓦及瓷片。[173]283

明以前平罗地区动荡不稳定，区域内多设置军营或军城，唐代曾设两军营——定远军和新昌军，新昌军位置不可考，定远军则设置在平罗县东南姚伏镇内，名为军营，实际上修建有城池，但可能规模小，后城池过早消失，故从宋代开始仅有定州、定州县、威远军之名，但没有城池存在的证据。宋，定远军更名为威远军，西夏改为定州。至此，平罗地区唯一出现的城池即为定远军城，其位置就在今天的平罗县姚伏镇附近。而以上各时期的定远军、威远军等，位置多有变化，视其军事布局和防御需求而定。

明代平虏城的地理形胜可概括为："贺兰背于西北，黄河面于东南。"其城池建置："自古无城。国朝永乐初建，只有军马哨备。景泰六年（奏拔前卫后千户所十百户军余）居之。弘治六年，因居人繁庶，展筑新城。

正德六年……镇城迤北地方皆领之。"[160]177

因明平罗（虏）城位于唐徕渠干渠下段，且其周围水系分布少，故明平罗城周边的水系仅有唐徕渠。根据文献判断，唐徕渠干渠绕平罗城自西南向东后向北流，流经平罗城西南、东南、东、南四个方位。然而，在《陕西四镇说》中宁夏镇的河西总图表明：平虏城外的唐徕渠却由城南向北沿城西一侧流过，在城西南角流向改变，向东北方向流动，穿北边城后，流入一处湖泊之中。在《陕西四镇说》中宁夏镇的平虏城图内容和文献记录一致。而且与现代地理信息图的比对后，发现唐徕渠走向应与前面的文献资料记录内容一致，但可能到明后期，对唐徕渠干渠进行了重新的修整和排布，抑或是绘图者主观臆想造成渠水走向的绘制错误。

明平罗城以北疆域不稳定，大量军事堡寨聚落设定在此区域中，既能起到安全防御的目的，又能保障屯田官兵水源和粮食的供应。明平罗城外的军事景观构成，与宁夏镇军事防御景观互成一体：自然山体，即贺兰山，形成天然屏障，借助山势和地形严防死守，并在山体的豁口处设置关隘作为前哨，在山体高地处修建烽堠、边墙、墩台以瞭望敌情；平原地区分布大面积广袤土地，既可以用于耕地、军事演练等活动，也可以作为战争的战场之地；流动的水体，即黄河水源、山间泉水、引黄灌溉渠可供给农田和人畜用水，同时也可用于城壕之内的护城河用水；在有意识和有目的地修建沿山军事防御体系下，逐步形成"边墙—关隘—墩台—城堡—堡寨—营"等结构的人工军事防御景观体系，这种体系在防御上分段分层进行保护、防御与对战，且互为利用，相辅相成。明宁夏镇城和平虏城的军事防御体系是在一个大的框架中建设而成，故主要对两座城池之外的关隘、边墙、烽堠景观及城池景观为研究重点。

与宁夏镇城比较，宁夏镇城层层水系包围，是军事防御的核心城池，但处于北界的平虏城则是宁夏镇北部防御的重点城池。"苟失平虏，则无宁夏；无宁则无平、固；无平、固则关中骚动，渐及内地，患不可量矣。"[161]278明平罗城处于宁夏北境咽喉之地，南达甘陕，北往内蒙，军事战略地位极为重要。

"清代，平罗疲、难。府北少东百二十里。故平罗所。雍正三年置县，乾隆三年省新渠、宝丰二县，以其地来属。"[169]88清代，虽然沿渠堡寨数量保持不变，半环绕平罗城的唐徕渠发展相对稳定，但围绕平罗城的渠系却日益丰富。唐徕渠水的总走向自县城以南向北而行，经流县城南、城东、城东北后，与城东、城南各方位的渠水相连，形成平罗城三面环水之势，唐徕渠流经平罗城向城西北流，后汇入威镇堡唐徕渠分支，再流入西河。

民国，"宁夏以北，凡平罗石嘴子等地，皆为孙殿英攻宁时战场，故战痕特多。平罗城四周房屋，被炮火打得完者无几"[180]207-208。1934年，平罗城及其周围成为军阀混战的战场，地面之上的房屋和农田所剩无几，一片荒芜。清代建设的文昌阁及其园林景观已在战争中消失。

根据明至民国平罗城资料记载，发现其城墙之上没有设置水关，也没有水沟设施，仅有一圈护城城壕。因此，可判断该城没有采用引水入城的方式，也没有相应的水关建筑景观。

二、平罗古城文化景观格局变迁

明代平虏城主要以防御为目的，对于园林的修建没有涉及，但是进入清代之后，在清乾隆宁夏八景的影响下，平罗县城中也出现了一定规模和类型的园林，但和宁夏府城相比稍有逊色，而且园林多以建筑为主，水、植物等园林造景元素应用较少。

第一版八景为"西园翰墨、北寺清泉、傑阁层阴、边墙晚照、马营远树、虎洞归云、磴口春帆、贺兰古雪"[169]59，该版实为明人蒋延禄所创，始撰八景诗（见表1）。

表1　明代平罗八景分析表

序号	名称	位置	景致描述	景观类型
1	西园翰墨	城内西部	城内西面有一园	园林景观
2	北寺清泉	城西北武当山之上	城北武当山上清泉泪泪流	泉水景观
3	傑阁层阴	城南唐徕渠东岸	唐徕渠岸耸立文昌阁，登楼望远，凭栏寄诗	渠水景观
4	边墙晚照	城外北边墙	明代建设的北边墙，用于防御敌患	军事设施景观

续表

序号	名称	位置	景致描述	景观类型
5	马营远树	城西北，贺兰山脚下	明代哨马营掩映在北山坡的绿树丛中	军事设施景观
6	虎洞归云	城西北贺兰山之上	贺兰山中白虎洞，云雾渺渺，洞中生	山体景观
7	磴口春帆	城北三百里黄河渡口	黄河古渡口，往来商船繁忙	河运景观
8	贺兰古雪	城西北贺兰山	贺兰山上连年积雪	山体景观

（资料来源：根据清嘉庆《平罗县志》、清道光《平罗记略》、清道光《续增平罗记略》等相关内容作者绘制）

清代平罗城内外的风景园林借助自然山水和人工渠水，在前代的历史文化积淀下，采用人工造景的方式将园林造景元素加以甄选和文学修饰，创造出独具西北干旱区的宁夏水域文化景观，清代平罗八景即为平罗城内外的文化景观集称、写照与演绎。

清代平罗八景是按照清钦定的宁夏八景体例和取舍，因边愁浩浩，戎马山河，故以"平罗八景"来慰藉外迁之民，览古苍茫，忆往昔，叹今朝。明代"西园翰墨"和"佛寺风泉"，两处景观在清代已荒废，取而代之的是"官桥柳色"和"佛寺风泉"。故第二版则为清平罗旧八景，由清人徐保字所命名："官桥柳色、佛寺风泉、傑阁层阴、边墙晚照、马营远树、虎洞归云、磴口春帆、贺兰古雪。"[169]59因徐保字对八景内容的阐释与更新，使平罗八景得到全面整改，奠定了清平罗城的八景文化景观，详细内容见表2。

表2 清代平罗旧八景分析表

序号	名称	位置	景致描述及考古记录	景观类型
1	官桥柳色	平罗城永安门外的太平桥	桥岸边柳色青青的绿意盎然之景	渠桥景观
2	佛寺风泉	平罗城西北武当山之上	"武当山，西山下，有古刹"，山上宗教建筑群与山中泉水的融合景观。山中泉水清洌，山体青翠，山中若隐若现壮观的道教建筑群	建筑与泉水景观

续表

序号	名称	位置	景致描述及考古记录	景观类型
3	傑阁层阴	平罗城南唐徕渠东岸	唐徕渠水自城南穿流，环平罗城西，杨柳沿渠栽种，色泽鲜绿。城南文昌阁恰临唐徕渠岸，高阁登顶，极目远望，空旷久远，悠然意远	渠水景观
4	边墙晚照	平罗城外北边墙	清代北边墙已成为残垣断壁，该军事防御设施在清代演变为军事遗迹景观	军事遗迹景观
5	马营远树	平罗城西北，接近于贺兰山脚下	哨马营是古代驻兵屯堡，始建年代不详。清代成为军事遗迹景观。在《清实录》中记录的圣祖仁皇帝亲征葛尔丹自宁夏（银川）城赴北塔，绕哨马营、石嘴子等地。哨马营为清代重要的屯守之地。今其遗址尚存，在现在的惠农下营子乡五渠村四队，堡坐标为东偏南40度多。堡墙为黄土夯筑，呈正方形，门设于东南，有瓮城。民国堡城坍塌，但基址尚存。进入新中国后，被开垦土地的农民破坏。墙底宽20米，东南墙残存长20米，高1米，西北墙存长120米，高1米，西南墙存长50米，高1米，东北墙存长150米，高4.4米	军事设施景观
6	虎洞归云	平罗城西北贺兰山之上的白虎洞	白云穿梭于洞内，时隐时现，高耸入云的贺兰山，深邃隐秘的白虎洞。	山体景观
7	磴口春帆	平罗城北三百里黄河渡口	特指宁夏与内蒙古交界处，黄河自南向北流经宁夏平原后，进入内蒙古地界。清代"磴口渡"是一处发达的黄河水运渡口，春天黄河解冻，宁蒙交界在此进行着忙碌的水上货运运输活动	河运景观
8	贺兰古雪	平罗城西北贺兰山	平罗八景中的最后一景。平罗在宁夏平原贺兰山北界和西界，处于贺兰山环抱中。贺兰山形高峻，一年四时多雪，故山顶常年积雪覆盖。驻足于清宁夏府和平罗城内外，皆可欣赏到贺兰山之景	山体景观

（资料来源：根清道光《平罗记略》中名胜·平罗八景相关内容作者绘制）

　　清平罗八景产生于清道光年间（1821—1850），其形式上以景附诗。很明显，清平罗八景的创建受到了宁夏八景的影响，其体例格式多以清代皇家钦定的宁夏八景为主：在清乾隆年间（1736—1796）的宁夏八景中有一景名为官桥柳色。因而，清平罗八景则沿袭该名，将沿渠景观依桥之景名为官桥烟柳。但实质上，两处所指具体景观的内容上仍存差异。

平罗新八景（张梯版）是在旧八景上重新凝练和创作，并附以八景诗呈现景色。"官桥柳色"易为"官桥烟柳"、"佛寺风泉"改为"佛寺香泉"，"贺兰古雪"变为"贺兰夏雪"。旧八景诗以最早的"西园翰墨"等景为创作主题，经由徐保字和张梯重新修改后的八景，赋诗言景，多元化展示平罗县城园林景观的视觉、触觉、味觉、气候等特征，且用更多笔墨渲染文人气质，为其增添人文色彩。

清唐徕渠自平罗城的南面流向城市的东南角，环绕于平罗县城外。以上新旧平罗八景中，与唐徕渠的景色最为贴切即为"官桥柳色""傑阁层阴"。两景离城较近，位于县城南门外，离城中心距离在3—4里之内。

"官桥柳色"是平罗城外流经的唐徕渠，跨越于唐徕渠之上的永安桥一带沿渠的柳色植物景观。官桥烟柳之景为"亭榭高耸，树木阴浓"，景中有几处观赏点，"桥""岸""亭""榭"，这些观赏点既是休憩点，也是点景构筑物，"跨岸虹通砥道平，绿杨茞茞水盈盈"。桥跨于水面，连接桥梁两岸，水岸边杨柳青青，映衬于水光之中。远景眺望、近景驻足、联想翩翩，怀古之情油然而生，"余情也爱渊明柳，不在门边在水边"。"傑阁层阴"则为唐徕渠附近的文昌阁，其建筑临于古渠——唐徕渠岸边营建，登阁远眺以怀古，观赏景观之地为"渠岸""阁"，渠与楼阁为主景，且又可以转换观赏驻足点和角度，登高望远，静思其变，观今怀古，别有一番意境。

虽然，清平罗渠水景观在平罗八景中仅有两处，但其中离城最近的两处景观要素与特征全部以唐徕渠为主。而其他景观多以军事遗迹、贺兰山景、宗教建筑为主，且多数景观已衰败且离城远。平罗县城虽是清代宁夏最北边镇城，其水文化景观更显得极为珍贵，文人意境由此直抒。

平罗城外，在镇远门外北部有龙王台一座。清乾隆四年（1739），重建并题曰"永镇山河"。根据其位置和题词，在水利祭祀文化的基础上延伸出保卫北关的安全和地区防御之意，这与宁夏府城外的龙王庙寓意有所差异。清嘉庆（1796—1820）平罗县志中记载：城南门外有一座龙王庙。两座城池内外的龙王庙多以水利祭祀文化空间为主题。

至清代，平罗县城内外的园林景观建设也鲜有提及，仅有极少数的崇祀园林。清乾隆二十四年（1759），清代平罗县城文昌阁修建在城外东南角。建设时涵盖寓意"厚风俗，励学校"，且每年春、秋二仲之月，会在此举行祭拜典礼。建筑群格局沿袭旧制，阁左右有钟鼓楼各一座，后为寝殿，前后两庑，再前有过庭三楹。清嘉庆七年（1802），又在阁前拓地数丈，曾筑台基，甃以砖石。后修建山门，门内种植树木作为院落入口的屏障。又建南北轩各三楹，窗棂全部朝外，用来眺望赏景。建筑之间连接着游廊，便于通行。门前竖旗二杆，高可三余丈。自阁至门，各处悬以匾额，金碧晃耀。修建的乡绅们本想借助阁前的一道流水，修建寰桥状的水池，并在其上建立牌坊，但因受到经费限制，未能达成所愿。

3. 结论

明清平罗城则由军屯经济转化为农田水利经济，以唐徕渠为主要灌溉渠。清平罗成为银北灌溉的集大成者，对与渠水的利用与控制已基本成熟："渠两旁俱插柳秧……自此启闭以时，蓄泄有方，而大渠（唐徕渠）以东，遂无不溉之田矣。"[169]120 "经营查汗托护地方，开大渠以资灌溉，筑长堤以障狂澜，易畜牧为桑麻者三百余里。"[169]113 "渠之两旁，良田万顷，比户千家。"[169]130清平罗城及周边堡寨呈现出唐徕渠水灌千家、良田万顷的景象。

参考文献

［1］胡振洲. 聚落地理学［M］. 台北：三民书局股份有限公司，1977：5.

［2］Amos Rapport. HouseForm and Culture（Foundations of Cultural Geography Series）［M］. Englewood：Prentice Hall，1969.

［3］（美）凯文·林奇. 方益萍，何晓军译. 城市意象［M］. 北京：华夏出版社，2001.

［4］（挪）诺伯舒兹. 场所精神—迈向建筑现象学［M］. 武汉：华中科技大学出版社，2010.

［5］（日）原广司. 于天祎等译. 世界聚落的教示100［M］. 北京：中国建筑工业出版社，2003.

［6］（澳）Barrie Shelton. 向日本城市学习—城市设计向东看［M］. 北京：电子工业出版社，2016.

［7］（美）G. William Skinner 主编. 叶光庭等译. 中华帝国晚期的城市［M］. 北京：中华书局，2000.

［8］（日）宫崎市定. 张学锋，马超云，石洋译. 中国聚落形态的变迁［M］. 上海：上海古籍出版社，2018.

［9］李范文主编. 国外中国学研究译丛1［M］. 西宁：青海人民出版社，1986.

［10］夏日云，张二勋主编. 文化地理学［M］. 北京：北京出版社，1991.

［11］吴庆洲. 两广建筑避水灾之调查研究［D］. 广州：华南理工大学，1982.

［12］吴庆洲. 中国古代城市防洪研究［D］. 广州：华南理工大学，1986.

［13］吴庆洲.中国古代城市防洪研究［M］.北京：中国建筑工业出版社，1995.

［14］吴庆洲.中国古城防洪的历史经验与借鉴［J］.城市规划，2002，26（04）：84-93.

［15］吴庆洲.中国古城防洪的历史经验与借鉴（续）［J］.城市规划，2002，26（05）：76-84.

［16］吴庆洲.中国古代的城市水系（英文）［J］.华南理工大学学报：自然科学版，2007，35（10）：61-69.

［17］吴庆洲.华夏遗产之珍——古城水系［J］.城市建筑，2018（01）：14-19.

［18］吴庆洲."水都"的变迁——梧州城史及其适洪方式［J］.建筑遗产，2017（03）：44-55.

［19］吴庆洲.保护古城水系，借鉴防涝经验［J］.城市规划学刊，2018，241（01）：4-5.

［20］吴庆洲.中国景观集称文化研究［J］.中国建筑史论汇刊，2013，第七辑（01）：227-287.

［21］吴庆洲.古广州城与水［J］.中外建筑，1997（04）：13-14.

［22］吴庆洲.广州古代的城市水利［J］.人民珠江，1990（06）：36-37+35.

［23］吴左宾.明清西安城市水系与人居环境营建研究［D］.广州：华南理工大学，2013.

［24］徐好好.意大利波河流域历史城镇城市遗产的保护和更新研究［D］.广州：华南理工大学，2014.

［25］杨颋.古济南城水系与空间形态关系研究［D］.广州：华南理工大学，2017.

［26］贺为才.徽州城市村镇水系营建与管理研究［D］.广州：华南理工大学，2006.

［27］关菲凡.广州城六脉渠研究［D］.广州：华南理工大学学位论文，2010.

［28］陈建华.广州山水城市营建及其形态演进的研究［D］.广州：华南理

工大学，2002.

［29］蔡宜君.广州古城水系景观营建研究［D］.广州：华南理工大学，2018.

［30］邓颖贤.羊城八景与广州市城市形态演变关系研究［D］.广州：华南理工大学，2011.

［31］刘卫.广州古城水系与城市发展关系研究［D］.广州：华南理工大学，2015.

［32］刘卫.广州古城水系与城市发展关系研究［M］.广州：华南理工大学出版社，2016.

［33］许自力.濠泮风流——广州旧城水系景观的历史演变［J］.中国园林，2014，30（04）：51-55.

［34］江帆影，陈杰琳，高伟.广州玉带濠沿岸城市历史景观演变探究［J］.广东园林，2019，41（02）：52-58.

［35］赵斌.北方地区泉水聚落形态研究［D］.天津：天津大学，2017.

［36］李裕宏.水和北京·城市水系变迁［M］.北京：方志出版社，2004.

［37］孙贝.中国传统聚落水环境的生态营造研究［D］.北京：中央美术学院，2016.

［38］潘建非.广州城市水系空间研究［D］.北京林业大学，2013.

［39］徐敏.水利因素影响下的城市形态变迁研究：以慈城为例［J］.城市规划，2011，35（08）：37-43.

［40］张亮.水系变迁与合肥城市发展关系研究［J］.地域研究与开发，2014，33（03）：166-171.

［41］曹坤梓，王金根，许继清.隋唐运河通济渠与沿岸聚落空间关系初探［J］.华中建筑，2012，30（09）：132-134.

［42］邴启亮，张鑫.渭河水系与西安城市形态变迁研究［J］.中国名城，2014（02）：55-58.

［43］颜文涛，贵体进，赵敏华，邹锦.成都城市形态与河流水系的关系变迁：适应性智慧及启示［J］.现代城市研究，2018（07）：14-19.

［44］张玉坤，郭栋.遵化长城建筑［M］.南京：江苏凤凰科学技术出版

社，2017.

[45] 魏琰琰. 分统举要，纲维秩序——明辽东镇军事聚落分布及防御变迁研究 [D]. 天津：天津大学，2016.

[46] 常玮. 明长城西北四镇军事聚落研究 [D]. 天津：天津大学，2016.

[47] 张昊雁. 清代长城北侧城镇研究——以漠南地区为例 [D]. 天津：天津大学，2016.

[48] 曹迎春. 明长城宣大山西三镇军事防御聚落体系宏观系统关系研究 [D]. 天津：天津大学，2015.

[49] 尹泽凯. 明代海防聚落体系研究 [D]. 天津：天津大学，2015.

[50] 吕京庆. 齐长城沿线军事聚落研究 [D]. 天津：天津大学，2013.

[51] 余英. 中国东南系建筑区系类型研究 [D]. 广州：华南理工大学，1997.

[52] 郭谦. 湘赣民系民居建筑与文化研究 [D]. 广州：华南理工大学，2002.

[53] 刘定坤. 越海民系民居建筑与文化研究 [D]. 广州：华南理工大学，2000.

[54] 谭刚毅. 两宋时期中国民居与居住形态研究 [D]. 广州：华南理工大学，2003.

[55] 谭立峰，张玉坤，尹泽凯. 明代海防防御体系与军事聚落 [M]. 北京：中国建筑工业出版社，2019.

[56] 李严，张玉坤，解丹. 明长城九边重镇防御体系与军事聚落 [M]. 北京：中国建筑工业出版社，2018.

[57] 刘建军，张玉坤，谭立峰. 明长城甘肃镇防御体系与军事聚落 [M]. 北京：中国建筑工业出版社，2018.

[58] 王琳峰，张玉坤，魏琰琰. 明长城蓟镇防御体系与军事聚落 [M]. 北京：中国建筑工业出版社，2018.

[59] 魏琰琰，张玉坤，王琳峰. 明长城辽东镇防御体系与军事聚落 [M]. 北京：中国建筑工业出版社，2018.

[60] 杨申茂，张玉坤，张萍. 明长城宣府镇防御体系与军事聚落 [M]. 北京：中国建筑工业出版社，2018.

[61] 常青. 历史·理论·范式——"建筑学硕士"专业学位课程—"建筑历史与理论"教学大纲 [J]. 建筑师, 2019 (04): 19-23.

[62] 常青. 略论传统聚落的风土保护与再生 [J]. 建筑师, 2005 (03): 87-90.

[63] 常青. 建筑人类学发凡 [J]. 建筑学报, 1992 (05): 39-43.

[64] 常青. 人类学与当代建筑思潮 [J]. 新建筑, 1993 (03): 47-49.

[65] 杨毅. 集市习俗、街子、城市——云南城市发展的建筑人类学之维 [M]. 北京: 中国戏剧出版社, 2009.

[66] 高兴玺. 明清时期山西商帮聚落形态研究 [D]. 山西大学, 2016.

[67] 郝文军. 明清时期晋东南堡寨聚落地理研究 [D]. 陕西师范大学, 2015.

[68] 田毅. 山西传统民居地理研究 [D]. 陕西师范大学, 2017.

[69] 曾艳. 广东传统聚落及其民居类型文化地理研究 [D]. 华南理工大学, 2016.

[70] 闫杰. 秦巴山地乡土聚落及当代发展研究 [D]. 西安建筑科技大学, 2015.

[71] 王韡. 徽州传统聚落生成环境研究 [D]. 同济大学, 2006.

[72] 牛会聪. 多元文化生态廊道影响下京杭大运河天津段聚落形态研究 [D]. 天津大学, 2012.

[73] 叶祖灏. 宁夏纪要 [M]. 南京: 正论社, 1947.

[74] 冯乔寿, 胡玉宁. 宁夏引黄灌区盐渍地水利改良的途径 [J]. 内蒙古水利, 1982 (01): 148-158.

[75] 姚汉源. 中国水利史纲要 [M]. 北京: 水利电力出版社, 1987.

[76] 姚汉源. 中国水利发展史 [M]. 上海: 上海人民出版社, 2005.

[77] 王成敬编. 西北的农田水利 [M]. 北京: 中华书局, 1950.

[78] 宁夏水利学会编. 宁夏水利今昔 [M]. 宁夏: 宁夏水利学会内部资料, 1986.

[79] 宁夏水利志编纂委员会编. 宁夏水利志 [M]. 银川: 宁夏人民出版社, 1992.

[80] 卢德明. 宁夏引黄灌溉小史 [M]. 北京: 水利电力出版社, 1987.

［81］卢德明主编. 宁夏水利新志编纂委员会编. 宁夏水利新志 ［M］. 银川：宁夏人民出版社，2004.

［82］卢德明. 宁夏平原引黄灌溉的历史 ［J］. 人民黄河，1990（04）：69-72.

［83］卢德明. 宁夏引黄灌溉史略 ［J］. 宁夏史志研究，1986（02）：45-45.

［84］卢德明. 关于宁夏引黄灌溉创始年代问题 ［J］. 宁夏水利科技，1983（01）：12-15.

［85］吴忠礼，卢德明，吴晓红. 塞上江南：宁夏引黄灌溉今昔 ［M］. 银川：宁夏人民出版社，2008.

［86］高安泽，刘俊辉，韩军编. 中国水利百科全书著名水利工程分册 ［M］. 北京：中国水利水电出版社，2004：7-8.

［87］菜蕃. 元代水利家郭守敬 ［M］. 北京：当代中国出版社，2011：16-24.

［88］中国科学院水利电力部水利水电科学研究院. 科学研究论文集第22集（水资源、灌溉与排水、水利史）［M］. 北京：水利电力出版社，1985：195-204.

［89］中国水利学会水利史研究会. 水利史研究会成立大会论文集 ［M］. 北京：水利电力出版社，1984：43-51.

［90］郑肇经. 中国水利史 ［M］. 上海：上海书店，1984：272-274.

［91］水利水电科学研究院中国水利史稿编写组. 中国水利史稿（下册）［M］. 北京：水利电力出版社，1989：180-185+422-423.

［92］汪一鸣. 宁夏人地关系演化研究 ［M］. 银川：宁夏人民出版社，2005.

［93］汪一鸣. 宁夏平原渠名考 ［J］. 宁夏水利科技，1983（03）：34-38.

［94］汪一鸣. 试论宁夏秦渠的成渠年代--兼谈秦代宁夏平原农业生产 ［J］. 宁夏大学学报（人文社会科学版），1981（04）：89-94.

［95］岳云霄. 清至民国时期宁夏平原的水利开发与环境变迁 ［D］. 上海：复旦大学，2013.

［96］潘春辉. 西北水利史研究—开发与环境 ［M］. 兰州：甘肃文化出版

社，2015.

［97］左书谔. 明代宁夏屯田述论［J］. 宁夏社会科学，1986（03）：85-90.

［98］左书谔. 明清时期宁夏水利述论［J］. 宁夏社会科学，1988（01）：72-81.

［99］王岚海主编. 宁夏水利史话［M］. 银川：宁夏人民出版社，2018.

［100］吕卓民. 明代宁夏屯垦区的水利建设［J］. 中国历史地理论丛，1997（04）：199-208.

［101］郑连第. 宁夏引黄灌溉溯源（节录）［J］. 宁夏水利科技，1984（05）：42-45.

［102］陆超. 宁夏引黄古灌区流润千秋［J］. 中国防汛抗旱，2019（05）：60-62.

［103］周文君. 宁夏引黄古灌区的历史与文化价值［J］. 民族艺林，2018（03）：51-55.

［104］王薇，冯柯. 宁夏引黄古灌区古渠时空分布特征研究［J］. 华中建筑，2020，38（01）：114-118.

［105］张元，李习文，海天相主编. 长渠流润——唐徕渠历史与新貌［M］. 银川：宁夏人民出版社，2008.

［106］郭小凡. "海绵城市"理论下的河渠改造研究［D］. 兰州交通大学，2017.

［107］庞亚平，刘涛. 银川市唐徕公园的规划与建设［J］. 宁夏农林科技，2005（05）：69-70

［108］杨志，吴晓峰，温江丽，聂铭君，郭文忠，杨伟. 唐徕渠支渠灌溉专家决策系统应用研究［J］. 中国水利，2016（12）：43-44.

［109］李梅婷，蒋文喜，朱焱. 宁夏引黄灌区唐徕渠高地下水位渠段砌护方式研究［J］. 农业科学研究，2016，37（04）：40-43+52.

［110］苏笑曦，吴万国，韩磊. 宁夏引黄古灌区农业水资源科学管理的实践与思考——以宁夏唐徕渠灌区为例［J］. 水利发展研究，2019. 19（03）：51-55.

［111］殷锋. 唐徕水文化的实践与探索［C］//. 中国水文化（2017年第2

期总第 152 期），2017：36-38.

[112] 张前瑞，师华. 唐徕渠灌区为水资源管理现状分析 [J]. 科技创新导报，2019，16（36）：103-104.

[113] 赵竹君，常嘉欣，杨一帆. 阅海经济区：从水系特征看银川城市特色风貌塑造 [J]. 北京规划建设，2020（06）：33-38.

[114] 张郗. 基于遗产认知的宁夏唐徕渠灌溉工程遗产展示系统构建研究 [D]. 西安建筑科技大学，2020.

[115] 侯仁之. 历史地理学的理论与实践 [M]. 上海：上海人民出版社，1979.

[116] 张维慎. 宁夏农牧业发展与环境变迁研究 [M]. 北京：文物出版社，2012.

[117] 张玉坤主编. 中国长城志——边镇·堡寨·关隘 [M]. 江苏凤凰科学技术出版社，2016.

[118] 杨建林. 20 世纪 80 年代以来国内明代宁夏镇研究综述 [J]. 社科纵横，2012，（07）：89-91.

[119] 燕宁娜. 宁夏西海固回族聚落营建及发展策略研究 [M]. 北京：中国建筑工业出版社，2016.

[120] 燕宁娜. 宁夏西海固回族聚落营建及发展策略研究 [D]. 西安：西安建筑科技大学，2015.

[121] 王晓霞. 宁夏秦汉渠灌区回族社会历史变迁研究——清代至民国时期 [D]. 兰州：兰州大学，2017.

[122] 王曼曼. 盐池县乡村聚落时空演变与优化研究 [D]. 北京：北京林业大学，2017.

[123] 冯晓多. 宁夏地区明代城镇地理研究 [D]. 西安：陕西师范大学硕士论文，2007.

[124] 马依楠. 宁夏纳家户回族聚落空间特色研究 [D]. 西安：西安建筑科技大学，2016.

[125] 常玮. 宁夏地区明长城军事防御聚落的修筑特点与演变 [J]. 齐鲁学刊，2016，（1）：54-61.

[126] 温胜强, 刘小鹏, 王亚娟. 生态移民安置区聚落形态研究——以宁夏滨河家园安置区为例 [J]. 干旱区资源与环境, 2018, (05): 64-70.

[127] 拓晓龙. 西北军事堡寨聚落形态变迁影响因素解析——以宁夏地区为例 [J]. 中外建筑, 2017, (12): 99-101.

[128] 康扬眉. 宁夏乡村聚落空间布局探索——以中卫市郭滩村为例 [J]. 福建质量管理, 2017, (10): 278.

[129] 庞超, 谢芮, 陈淑青, 吴秀芹. 沙区聚落生态安全评价——以宁夏北部风沙区为例 [J]. 中国水土保持科学, 2015, 13 (05): 72-78.

[130] 孙贵艳, 王传胜, 肖磊, 刘毅. 黄土高原地区宁夏西吉县乡村聚落空间变化及其影响因素 [J]. 中国科学院大学学报, 2015, 32 (05): 612-619.

[131] 李钰, 张沛. 宁夏西海固地区乡村聚落规划方法构建与策略更新研究 [J]. 建筑与文化, 2014. (10): 55-57.

[132] 燕宁娜. 西北地区回族聚落营建研究基础与构想——以宁夏西海固地区为例 [J]. 南方建筑, 2013 (02): 21-23.

[133] 吴秀芹, 张艺潇, 吴斌, 张宇清, 方广玲, 秦树高. 沙区聚落模式及人居环境质量评价研究: 以宁夏盐池县北部风沙区为例 [J]. 地理研究, 2010 (09): 1683-1694.

[134] 王超琼, 董丽. 明代宁夏镇园林植物景观特色研究 [J]. 中国园林, 2016, 32 (03): 90-93.

[135] 段诗乐, 林箐. 明长城宁夏镇军事聚落分布与选址研究 [J]. 风景园林, 2021, 28 (06): 107-113.

[136] 段诗乐, 林箐. 区域水系影响下的明代宁夏镇城园林特征与风格研究 [J]. 中国园林, 2021, 37 (03): 130-135.

[137] 朱道清编. 中国水系词典 [M]. 青岛: 青岛出版社, 2007: 156.

[138] 上海辞书出版社编辑. 辞海·地理分册·中国地理 [M]. 上海: 上海辞书出版社, 1981: 1005.

[139] 夏征农. 辞海·工程技术分册 [M]. 上海: 上海辞书出版社. 1987: 819.

［140］李文章主编. 石嘴山史纲（上）［M］. 银川：宁夏人民教育出版社，2010：232.

［141］石嘴山市志编纂委员会编. 石嘴山市志（上）［M］. 宁夏人民出版社，2001：675.

［142］程建设. 工程建设信息［J］. 工程建设与设计，2005（08）：94-95.

［143］唐徕渠管理处编. 唐徕渠志［Z］. 银川：宁夏日报印刷厂，1990：12.

［144］王彦辉. 聚落与交通视阈下的秦汉亭制变迁［J］. 历史研究，2017（01）：38-53+191.

［145］（清）赖昌期总修，（清）卢廷棻，谭沄，王伟点校. 阳城县志·卷5·里甲（清同治点校版）［M］. 2016：349.

［146］段玉山主编. 学科教学详解（初中地理）［M］. 长沙：湖南教育出版社，2015：165.

［147］石峰，郝少波，张兴亮. 南漳堡寨的防御特征研究［J］. 建筑学报，2007（11）：84-87.

［148］李昕泽，任军. 地域传统堡寨聚落防御性比较［J］. 建筑与文化，2014（04）：92-94.

［149］吴涛. 空间生产的人文基点［D］. 上海：上海社会科学院，2017：18.

［150］（战国）韩非撰. 韩非子（第2版）［M］. 哈尔滨：北方文艺出版社，2018：16.

［151］林轶南，严国泰. 线性文化景观的保护与发展研究［M］. 上海：同济大学出版社，2017：164.

［152］（东汉）班固著. 汉书·纪·武帝纪［M］. 北京：中华书局. 1987：338.

［153］（宋）欧阳修，宋祁撰. 新唐书［M］. 北京：中华书局. 1975：1027.

［154］（宋）宋敏求. 唐大诏令集1-5［M］. 台湾：台湾华文书局. 1968：2814.

［155］（元）脱脱等撰. 宋史·卷486·列传245·外国二·夏下［M］. 北京：中华书局，1977：2877.

［156］杜建录. 西夏经济史［M］. 北京：中国社会科学出版社，2002：150.

［157］（明）宋濂，王祎等奉敕修. 元史·卷6·元世祖本纪［M］. 北京：中华书局，1976：110.

［158］（清）吴广成撰，龚世俊等校证.西夏书事校证［M］.兰州：甘肃文化出版社，1995：141.

［159］（明）朱栴撰，吴忠礼笺证.宁夏志笺证［M］.银川：宁夏人民出版社，1996：2.

［160］（明）王珣主修，胡汝砺纂修，范宗兴签注.弘治宁夏新志签注本［M］.银川：宁夏人民出版社，2010：45.

［161］（明）胡汝砺编，管律重修，陈明猷校勘.嘉靖宁夏新志［M］.银川：宁夏人民出版社，1982：20.

［162］佚名编纂，范宗兴签注.增补万历朔方新志校注［M］.银川：黄河出版传媒集团，宁夏人民出版社，2015：37.

［163］（清）张金城修，（清）杨浣雨纂，陈明猷点校.乾隆宁夏府志［M］.银川：宁夏人民出版社，1992：266.

［164］中国古都学会、银川古都学会编.中国古都研究（第九辑）［M］.西安：三秦出版社，1994：77.

［165］王有立主编，陈必淮主修，王之臣纂.中华文史丛书之七十二.民国朔方道志［M］.北京：华文书局股份有限公司，民国十五年（1926）刊印影印：320-322.

［166］佚名著.陕西四镇图说·宁夏镇［残本］：36.

［167］鲁人勇，吴忠礼，徐庄主编.宁夏历史地名考［M］.北京：中国社会出版社，2020：296.

［168］赵巽尔主编.清史稿·第六十四册·志三十九·宁夏府［M］.北方民族大学图书馆馆藏纸本：521.

［169］（清）佚名，徐保字纂修，张梯续修，徐远超校注，胡玉冰主编.（嘉庆）平罗县志（道光）平罗记略（道光）续增平罗记略（光绪）宁灵厅志草［M］.上海：上海古籍出版社.2018：85.

［170］平罗县县志编审委员会编.平罗县志重修（上）［M］.银川：宁夏人民出版社.2015：108.

［171］负有强，李习文主编.宁夏旧方志集成（民国编）［M］.北京：学苑出版社.2016：181.

［172］平罗县档案局，宁夏金顺集团有限公司编著. 影像平罗［M］. 银川：宁夏人民出版社. 2016：9.

［173］国家文物局主编. 中国文物地图集：宁夏回族自治区分册［M］. 北京：文物出版社. 2010：247.

［174］王晓颖. 北京已发现的金元两代水关遗址之比较分析［J］. 北京：北京文博文丛. 2020（02）：40-46.

［175］沈钰. 中国古代城市水关建筑研究［D］. 南京工业大学硕士论文. 2020：7.

［176］汪明玥. 南京城墙东水关、西水关的历史沿革及保护利用［D］. 南京师范大学硕士论文. 2020.

［177］张驭寰. 中国城池史［M］. 北京：中国友谊出版公司. 2015：252.

［178］康煜婕. 明清到民国初期宁夏沿黄地区城镇体系变迁研究［D］. 呼和浩特：内蒙古师范大学. 2021.

［179］潘静. 银川古城历史形态的演变特点及保护对策［D］. 西安：西安建筑科技大学. 2007.

［180］陈赓雅著，甄暾点校. 西北视察记［M］. 兰州：甘肃人民出版社. 2002：72.

［181］曹树基. 中国移民史·第5卷·明时期［M］. 上海：复旦大学出版社. 2022：432.

［182］长江. 中国的西北角［M］. 兰州：兰州古籍书店. 1990：189-190.

［183］郑彦卿，郑晨阳. 匪患与覆灭：民国时期宁夏的匪患与新中国的剿匪［J］. 宁夏师范学院学报. 2022（02）：64-77.

［184］（美）戈登·威利. 聚落与历史重建——秘鲁维鲁河谷的史前聚落形态［M］. 上海：上海古籍出版社. 2018：1.

［185］王亚勇，郭永龙主编. 宁夏旅游基础知识［M］. 北京：中国旅游出版社，2003：2.

［186］（明）魏焕撰. 皇明九边考［M］. 兰州古籍书店. 1990：1-12.

［187］（清）顾祖禹撰，贺次君，施和金点校. 读史方舆纪要［M］. 北京：中华书局，2005：2941-2969.

[188] 张诗阳. 东汉至北魏时期洛阳区域景观系统研究 [D]. 北京林业大学，2018.

[189] 吕婉玥，吴迪，郭巍. 扬州地区运河影响下的传统聚落布局与营建 [J]. 小城镇建设，2021，39（06）：79-91.

[190] 张诗阳，王向荣. 区域水系影响下的宁波州城空间特征研究 [J]. 中国园林，2017，33（11）：47-52.

[191] 王越，仝晖. 鲁运河影响下济宁古城风景体系特征解析 [J]. 中国园林，2021，37（01）：62-67.

[192] 张玉梅. 宁夏历代黄河文献整理及价值体现 [J]. 黄河文明与可持续发展，2021（01）：257-272.

[193] 李鹏. 长渠流润宁夏川 [J]. 宁夏画报，2021（01）：16-25.

[194] 陈菁. 历史性城镇景观（HUL）视角下一般历史城市文脉延续研究 [D]. 东南大学，2020.

[195] 张栩晨. 基于历史地图转译的重庆城市历史景观层积研究 [D]. 重庆大学，2019.

[196] 姚圣，车乐. 基于形态区域的景观管理方法及其在历史城镇保护中的应用 [J]. 城市发展研究，2018，25（02）：38-47.

[197] 张博雅. 历史性城镇景观视角下丰州镇遗产认知与保护研究 [D]. 华侨大学，2018.

[198] 张莎玮，林南谷，晏忠. 珠三角沙田地区传统聚落的类型与演进研究 [J]. 南方建筑，2022（03）：28-37.

[199] 王林，曾坚. 鲁西南地区村镇聚落空间分异特征及类型划分——以菏泽市为例 [J]. 地理研究，2021，40（08）：2235-2251.

[200] 周秀秀. 类型学下明清闽浙海防卫所聚落空间形态比较研究 [D]. 华东理工大学，2021.

[201] 张钰山，张勇，张方圆. 新型城镇化背景下村镇聚落空间类型划分方法流变研究 [J]. 建筑与文化，2021（05）：38-39.

[202] 乔敏. 面向空间规划的村镇聚落分类制图研究 [D]. 华北理工大学，2021.

[203] 邵甬，陈欢，胡力骏. 皖南地区历史聚落的体系、类型与特征 ［J］. 建筑遗产，2021（01）：38-51.

[204] 秦诗文. 村镇聚落体系空间结构特征及类型谱系研究 ［D］. 东南大学，2020.

[205] 张妍. 晋中盆地历史城市变迁研究 ［D］. 东南大学，2020.

[206] 李恒. 成都平原地域景观体系研究 ［D］. 北京林业大学，2018.

[207] （明）谈迁，张宗祥校点. 国榷 1 ［M］. 北京：中华书局，1958：939.

[208] 薄音胡，王雄编辑点校. 明代蒙古汉籍史料汇编·第一辑 ［M］. 呼和浩特：内蒙古大学出版社，2006：33.

[209] （清）纪昀撰. 四库全书精华 3 ［M］. 长春：吉林大学出版社，2009：158.

[210] 劳拉·安娜·佩泽蒂，李焜. 建筑考古与场地再写——中国科举博物馆，南京 ［J］. 时代建筑，2020（01）：106-113.

[211] 劳拉·安娜·佩泽蒂，张顺圆. 覆盖"城市重写本"——历史公共空间和建筑的再生结构 ［J］. 新建筑，2019（02）：5-14.

[212] Laura Anna Pezzetti，吴涵儒. 以设计为导向的历史性城市景观——一项意大利案例的研究 ［J］. 建筑与文化，2015（01）：74-77.

[213] 吴庆洲著. 文化景观营建与保护 ［M］. 北京：中国建筑工业出版社. 2017.

[214] 宁夏引黄古灌区世界灌溉工程遗产展示中心 ［N］. 宁夏日报，2022-02-28（003）.

[215] 周爵禄，范鑫，刘依君. "世界灌溉工程遗产"视域下的都江堰文创设计策略研究 ［J］. 美与时代（上），2022（01）：124-126.

[216] 王飞. 宁夏引黄古灌区世界灌溉工程遗产保护与利用措施 ［J］. 水利发展研究，2021，21（12）：5-8.

[217] 朱璨. 云南省水利工程遗产特征与价值研究 ［D］. 昆明理工大学，2021.

[218] 李云鹏. 从灌溉工程遗产看中国传统灌溉技术特征 ［J］. 自然与文化遗产研究，2020，5（04）：94-100.

［219］王睿哲. 世界灌溉工程遗产保护利用的问题与对策研究——以郑国渠为例［J］. 常州文博论丛，2019（00）：114-118.

［220］何瑞涓. 为郑国渠立传·为农耕文明存史［N］. 中国艺术报，2019-10-30（003）.

［221］任亚军. 中国古代水利工程遗产保护和开发研究——以郑国渠遗址为例［J］. 文物鉴定与鉴赏，2019（12）：146-147.

［222］王睿哲. 世界灌溉工程遗产郑国渠的保护利用研究［D］. 西北大学，2018.

［223］武佳琪. 郑国渠遗址保护与利用研究［D］. 西安工程大学，2017.

［224］李仓拴. 郑国渠渠首段遗产廊道构建研究［D］. 西安建筑科技大学，2015.

［225］农田灌溉研究所资料情报室. 世界农业灌溉面临的问题［J］. 灌溉排水，1985（04）：43.

［226］鲁西奇. 人地关系理论与历史地理研究［J］. 史学理论研究，2001（02）：36-46.

［227］王爱民，缪磊磊. 地理学人地关系研究的理论评述［J］. 地球科学进展，2000（04）：415-420.

［228］菊地利夫，辛德勇. 历史地理学的复原理论与说明理论——《历史地理学导论》选载之五［J］. 中国历史地理论丛，1988（03）：153-187.

［229］李润田. 关于人地关系问题初探［J］. 河南大学学报（自然科学版），1986（03）：1-9.

［230］钱今昔，王慧敏. 现代国外人文地理学研究的中心课题［J］. 国外人文地理，1986（01）：17-20.

［231］王晓伟，何小芊，戈大专，龚胜生. 中国历史聚落地理研究综述［J］. 热带地理，2012，32（01）：107-112.

［232］塞西莉亚·索达诺，赵郁芸. 国际章程中的文化景观［J］. 国际博物馆（中文版），2018（Z2）：67-72.

［233］玛塔·塞韦罗，张晓雯. 欧洲文化路线：构建多行动者途径［J］.

国际博物馆（中文版），2018（Z2）：120-127.

[234] 马军. 欧洲景观规划与管理评述 [J]. 山西林业科技，2016，45
（02）：63-64.

[235] 张丹. 欧盟景观政策发展研究 [J]. 城市规划，2011，35（12）：
57-61.

[236] 麦琪·罗，韩锋，徐青.《欧洲风景公约》：关于"文化景观"的一
场思想革命 [J]. 中国园林，2007（11）：10-15.

[237] 史念海. 汉唐长安城与生态环境 [J]. 中国历史地理论丛，1998
（01）：5-22+251.

[238] 史红帅. 明清时期西安城市历史地理若干问题研究 [D]. 陕西师范
大学，2000.

[239] 史红帅. 明代西安人居环境的初步研究——以园林绿化为主 [J].
中国历史地理论丛，2002（04）：6-20+159.

[240] 余太山主编，成一农著. 空间与形态——三至七世纪中国历史城市
地理研究 [M]，兰州大学出版社，2012.

[241] 李震. 文化景观视域下南宋长江上游抗元山城防御体系特质研究
[D]. 重庆大学，2021.

[242] 陈麦池. 基于人与自然关系的钱塘潮文化景观遗产属性研究 [J].
浙江水利水电学院学报，2022，34（02）：1-7.

[243] 杨宁，李和平，邱子懿. 古代西南军事城镇历史景观的层积解构与
保护发展研究 [J]. 城市发展研究，2021，28（10）：87-95.

[244] 杨宁. 基于层积规律分析的西南山地城镇历史景观保护研究 [D].
重庆大学，2020.

[245] 曾慧子，黄思成，饶成之，张云路. 区域协同视角下长城文化遗产
景观体系构建 [J]. 中国城市林业，2020，18（06）：126-130.

[246] 韩卫成，康璐璐. 穆村古镇聚落空间格局研究 [J]. 城市建筑，
2022，19（03）：98-100.

[247] 马克翱，解明镜. 高椅古村"梅花阵"聚落防御格局保护与利用研
究 [J]. 城乡建设，2022（08）：42-45.

［248］宁夏引黄古灌区世界灌溉工程遗产展示中心［N］. 宁夏日报，2022-02-28（003）.

［249］宁夏回族自治区引黄古灌区世界灌溉工程遗产保护条例［J］. 宁夏回族自治区人民政府公报，2020（20）：3-6.

［250］弭辉. 黄河文化公园宁夏段建设的文化内涵和时代价值［J］. 文化创新比较研究，2023，7（05）：125-128.

［251］王浩. 京杭大运河文化景观遗产保护与开发研究——以大运河常州段为例［J］. 黄河科技学院学报，2022，24（10）：25-31.

［252］夏莉莎. 我国世界文化景观遗产管理有效性评价［D］. 南昌大学，2021.

［253］徐峰，郭治鹏. 黄河国家文化公园的文化属性、内涵意蕴与传播表达［J］. 新闻爱好者，2023（01）：81-83.

［254］梁莉莉，布瑞丰. 宁夏引黄古灌区世界灌溉工程遗产：文化景观保护利用的实践现状与优化路径［J］. 宁夏大学学报（人文社会科学版），2023，45（01）：134-140+149.

致　谢

　　经过锲而不舍的坚持，作者完成了本书的写作与研究工作。

　　感谢导师侯卫东老师。他严谨细致、一丝不苟的作风一直是作者学习的榜样。在他独有的学术风格引导下，给予作者无尽的写作思路，贯穿作者整个写作过程之中。

　　感谢杨豪中老师的指导和帮助。从作者本科开始，杨老师就是作者的授课导师。在作者完成该著作的所有环节中，杨老师传道授业解惑，虽不是作者的导师，但仍肩负各环节的把关工作，帮助作者完成该论著。老师，您辛苦了！您受累了！

　　感谢吴庆洲老师，虽然作者不是吴老师的学生，但吴老师仍在百忙之中抽出时间审阅了作者的论著，不仅提供大量珍贵资料，而且还提出恳切的修改意见。作者时刻谨记吴老师的教导：一定要治学严谨，研究史料的来源需反复斟酌，不能马虎对待，要严肃认真。

　　感谢李志民老师、王军老师……如果没有各位老师的关心和爱护，如果没有各位老师的指正，作者不可能坚持走到今天，完成最后的写作。

　　再次感谢各位老师，祝各位老师身体健康，永葆学术青春！

　　感谢挚友冯柯，如果没有她无私的帮助和鼓励，作者可能永远无法完成这项艰难的工作。在关键和困惑时刻，她总是向作者伸出援手。在写作的过程中，她多次和作者讨论交流，提出问题，循循善诱，帮助作者突围困惑，走出黑暗，迈向光明。

　　感谢父母，他们不仅给予了作者生命，而且给予了作者无微不至的照顾和帮助。焉得谖草，言树之背，养育之恩，无以回报。祝二老永远健康快乐，这是作者最大的心愿。

感谢女儿，作为作者生命中最重要的人，永远都是那么乖巧和善解人意。在作者写作过程中，她不断鼓励作者，不断肯定作者。在作者快要放弃之时，成为支撑作者的信念，坚定作者的写作之路。

此时此刻，作者心情无法平静。从本书的选题开始，历经了每个写作步骤和环节，曾有多少可敬的师长、亲爱的同学、可亲的朋友给予作者的默默帮助和背后支持，请各位师长、同学、朋友、家人们再次接受作者诚挚的谢意！